51CTO学院丛书

决胜金融安全3.0时代

新金融 + 新科技 + 新安全

51CTO学院策划　李洋◎著

人民邮电出版社

北　京

图书在版编目（CIP）数据

决胜金融安全3.0时代：新金融+新科技+新安全 / 李洋著. -- 北京：人民邮电出版社，2019.12
（51CTO学院丛书）
ISBN 978-7-115-52317-4

Ⅰ. ①决… Ⅱ. ①李… Ⅲ. ①金融－信息系统－安全技术 Ⅳ. ①F830-39

中国版本图书馆CIP数据核字(2019)第225776号

内 容 提 要

金融科技目前处于蓬勃发展时期，但对其中涉及的安全、风险识别及解决方案，尚处于摸索和探讨阶段，业界普遍缺少有效、系统、科学、全面的实践方法论和技术体系。有鉴于此，本书给出了一个基于"金融安全3.0"理论框架的金融科技安全指南。

本书共分为12章，主要介绍了金融科技的兴起及挑战、"金融安全3.0"理论及生态、金融网络空间安全、金融云平台安全、移动互联安全、金融系统大数据安全、区块链安全、金融业务应用安全、人工智能安全、金融业务智能风控、智慧城市信息安全、金融行业安全前景展望等内容。

本书作为以金融科技安全为主题的专著，依托于科学、系统、全面的"金融安全3.0"理论体系，借助于案例对金融科技涉及的所有方面进行了全面介绍，可供互联网行业人员、制造业人员、医疗科技行业人员等参考。有志于在金融科技和金融科技安全领域耕耘发展的从业人员、企业高层管理人员以及技术决策人员（CXO等）可在阅读本书的过程中获益匪浅。

◆ 著　　李　洋
责任编辑　傅道坤
责任印制　焦志炜

◆ 人民邮电出版社出版发行　北京市丰台区成寿寺路11号
邮编 100164　电子邮件 315@ptpress.com.cn
网址 http://www.ptpress.com.cn
固安县铭成印刷有限公司印刷

◆ 开本：800×1000 1/16
印张：14.5　　2019年12月第1版
字数：282千字　2025年2月河北第2次印刷

定价：69.00元

读者服务热线：(010)81055410　印装质量热线：(010)81055316
反盗版热线：(010)81055315

作者简介

李洋博士,副教授,在业界首次提出"金融安全 3.0"及人工智能原生安全科学理论,提出并践行面向产业的"科技+安全+生态"科技创新和发展模式,并着力构建"金融安全 3.0"时代的安全生态圈,建立了以 A(人工智能)、B(区块链)、C(云计算)、D(大数据)、E(生态)、S(安全)为代表的良性可持续发展的科技生态模型。

李洋博士长期从事网络安全与信息化工作,有近 20 年的大型集团信息化建设及管理、信息安全管理经历。曾任职于中国移动通信集团有限公司、中国国际金融有限公司、海尔集团、阿里巴巴集团,出任首席信息官(CIO)、首席安全官(CSO)等要职。主持和参与完成多项国家自然科学基金、国家 973 计划、国家 863 计划、国家 242 信息安全计划项目,主导并完成多项互联网、运营商、金融、制造业的信息化专项和信息安全专项,包括成功应用 Hadoop2.0 落地制造业第一个"数据上云"集团数字化及数据安全共享平台,应用 ERM 落地金融行业数据共享及内容发布平台等;应用自主知识产权的企业信息安全风险评估量化方法指导集团信息安全管理,应用人工智能、大数据的科技手段,结合"金融安全 3.0"理论建立并运营新一代的企业信息安全运营中心等。

研究方向主要包括企业信息化及数字化转型、网络空间安全、数据安全及隐私保护、人工智能应用及安全、云计算应用及安全等,发布 10 余项技术专利、9 部个人专著,已在国际著名期刊和学术会议上发表学术论文近百篇,其中包括在通信及信息安全领域 TOP Ranking 的国际知名学术会议 ACM SigCOMM、ACM WWW、ACM AsiaCCS、ACM SAC、IEEE DSN、IEEE ICNP、IEEE Globecom、IEEE ISCC 以及 RAID(Recent Advances in Intrusion Detection)等。作为业界知名的网信行业专家,多次应邀在中国互联网安全大会、南方信息大会、中国网络安全年会、中国 CIO 高峰论坛、世界物联网安全峰会等分享在信息化和网络安全方面的企业实践成果和最新理念,并多次获得"中国 IT 年度人物奖""中国金融科技十大风云人物奖""国家工程实验室大数据安全优秀案例奖"等殊荣。

致　谢

首先，必须感谢这个时代，无论我们做什么，都离不开时代，离不开趋势。金融科技从 1.0 到目前的 3.0，从传统的金融信息化到互联网金融，直至现在的智慧金融和数字经济时代，都留下了时代进步和发展的脚印。也正是有了这个时代，我们才有机会在潮流中摸索、历练和总结，而这本书也正是我们实践和总结的阶段性成果。

其次，要感谢我的家人。没有家人的支持和理解，我难以走上现在的开拓进取和发展道路，也无法全身心地投入、带领团队践行"科技+安全+生态"的科技创新模式和理念。正是有了他们的付出，我今天才能有机会与大家分享一些经验和教训。

尤为需要感谢的是，在我过往的学习、研究、管理职业生涯中，在我创办平安金融安全研究院并提出"金融安全 3.0"理论的过程中，所有给予过我无私帮助和指导的师长、领导、朋友和业界同仁。我个人的从业背景比较丰富，从国家安全、电信网安全、金融信息化和安全，到制造业信息化和安全、互联网安全直至金融科技安全，都是沿着网络安全和信息化工作这条道路前行的。一路走来，我完成了众多大型集团面向业务、驱动业务的信息化、数字化、智能化和安全项目，也见证了中国网信事业的蓬勃发展。网信工作，尤其是网络安全工作，在近几年得到了国家、行业和企业极大的重视和发展，并成为了国家安全的重要组成部分。在这个重要的历史阶段，如何推陈出新，面向业务，使用先进的网络空间先进技术，来开展国家、行业、企业的安全工作，是一个亟需解决的难题，在金融安全领域尤其如此。因此，我们创办了业界首家综合性的金融安全研究及创新机构，以"聚焦金融、着力创新、引领行业、打造品牌"为指导方针，着力整合"政、产、学、研、金、介、用"的业界优秀资源，与国家、行业、高校、研究院所等强强联合，"一手抓创新，一手抓落地"，创造一个良好的金融安全创新环境和生态，为企业、行业、国家提供强有力的金融安全技术支撑，为金融机构在互联网、人工智能时代下的信息安全建设、业务安全风控、金融科技安全保障和国家金融安全做出科技贡献，形成可持续发展的独特学术研究优势、产品和服务，推动和引领我国在金融安全方面的科学技术进步。这是个艰难而令人兴奋的过程，可以说，我们是"摸着石头过河"。在这个过程中，非常荣幸地得到了方滨兴院士、柴洪峰院士、贾焰教授、陈晓桦主任等前辈、专家、领导的指点和支持。同时，这条创新之路不是突发奇想偶然得之，也不是一蹴而就的，是得益于我在中国科学院、中国移动通信集团有限公司、中国国际金融有限公司、海尔集团、阿里巴巴集团、平安集团多年学习、网信工作的积累和实践总结，得益于朱云来先生、佘敏博士等的关怀和指导，才能斗胆在数字经济时代，先于他人走一条科技和安全的创新之路。

还要感谢我的团队，我深知："没有实践的理论是空洞的理论，没有理论的实践是盲目的实践，无论是科技创新还是安全创新，落地和实践是检验创新的唯一标准。"在我进入平安集团以来，从无到有地组建了平安集团的安全运营团队、专家服务团队和金融安全研究院，以"前台—中台—后台"的模式来串联三个团队，在切实做好集团安全运营的前提下，进行对外服务输出和金融安全创新。在海尔集团和中国国际金融有限公司，我也是一直坚持这样一个战略加战术的运营和创新模式。只有这样的组织创新和架构创新，才能面向产业为最终的科技和安全创新提供坚实的实践和落地基础。很欣喜地看到，我带领的这样几个团队，在大型集团的企业信息化规划、建设、管理工作方面以及信息安全工作方面取得的成果，都在业界获得了较大的认可。例如，在海尔集团带领合作伙伴定制的"分布式数据上云平台"已经成为大型制造业集团信息化、企业上云和安全的标杆；平安金融安全研究院发布的《2017金融科技安全分析报告》以及形成的云安全解决方案、智慧城市安全解决方案、智慧办公解决方案等获得了社会广泛关注和大量引用（其英文版本成功亮相国际顶级安全峰会 RSA 2018）；我带领的平安集团 PASEC 战队在 2018 年"强网杯"比赛中一举进入全国前 40 强并囊括金融行业、金融科技行业双料桂冠；我牵头成立的大数据协同安全技术国家工程实验室-金融行业安全研究中心联合国家权威机构向业界发布了威胁情报和动态感知应用分析蓝皮书，并联合陆金所获得国家工程实验室的"大数据安全优秀案例奖"等殊荣。我为这支"想干事，能干事，敢干事"的团队感到骄傲和自豪！

还要感谢人民邮电出版社的傅道坤编辑。傅编辑从前期的选题沟通到耐心地等待我完成本书，并就如何解决这些问题给予了可靠的建议。

最后，感谢阅读本书的所有读者，希望本书能对你有所启发。

前 言

当前,以云计算、大数据、人工智能、区块链等为代表的新一代信息技术发展得如火如荼,以数字化、网络化、智能化为特征的信息化浪潮蓬勃兴起,这加速了信息技术与经济社会各领域、各行业的融合创新,推动着全球进入数字经济新时代。在新时代,金融科技不可避免地成为一种全球性趋势和潮流,传统金融必将迎来大变局。然而,金融科技安全问题也随之而生。

金融是国家重要的核心竞争力,是我们资源配置和宏观调控的重要工具。金融安全是国家安全的重要组成部分,是经济平稳健康发展的重要基础。传统的金融安全主要关注金融关键信息基础设施安全和金融业务安全,而随着金融科技的发展,云计算、大数据、人工智能、区块链等金融科技安全也不容小觑。"勿在浮沙筑高台",不解决这些金融科技的安全风险,金融安全就缺少了必要的基础,必定会在层出不穷的风险和威胁环境中出现问题,从而危害金融业务,甚至对金融行业产生毁灭性的破坏。

本书作为一本科学阐述金融科技安全的著作,以"金融安全 3.0"理论模型为依据,以如何保障金融科技安全为主要目标,详细介绍了金融安全形势分析、金融安全 3.0 理论,以及金融科技安全各个层面/领域的安全风险以及应对方法/措施/方案,旨在为广大读者提供科学、系统、全面的参考。

本书组织结构

本书共包括 12 章和 1 个附录,以下是相应内容的简要说明。

- 第 1 章:金融科技的兴起及挑战,主要介绍金融科技的发展历程、趋势以及面临的安全威胁。
- 第 2 章:"金融安全 3.0"理论及生态,提出了"金融安全 3.0"理论,并详细介绍了该理论模型的层次、相对于金融安全 1.0/2.0 的区别，以及生态构建。

- 第 3 章：金融网络空间安全，详细介绍了金融网络（空间）安全面临的风险和威胁，以及相应的安全防范和策略，并通过案例介绍了网络（空间）安全的经典解决方案。

- 第 4 章：金融云平台安全，从金融云现状出发，分析了金融云面临的云安全威胁和云合规要求，详细介绍了针对金融云安全威胁的技术解决方案。

- 第 5 章：移动互联安全，介绍了金融移动办公的安全威胁和场景，并介绍了如何通过有效的移动安全管理和控制来进行保障。

- 第 6 章：金融系统大数据安全，介绍了数字经济时代大数据的特性和发展，然后分析了其面临的安全威胁和风险场景，最后介绍了大数据安全防护的重要技术和方法。

- 第 7 章：区块链安全，开放性地讨论了当前金融科技的热点内容——区块链技术，从技术层面分析了它的安全风险。

- 第 8 章：金融业务应用安全，介绍了金融业务在应用安全层面存在的业务逻辑风险、信息泄露风险、自动化攻击风险、传统风险等，并通过实例介绍了针对这些风险的防护方法/机制。

- 第 9 章：人工智能安全，介绍了人工智能的国家战略、发展历程和基本应用，并深入分析了其在代码、模型、数据流等方面存在的风险，给出了基于这些风险的防护方法。

- 第 10 章：金融业务智能风控，介绍了金融业务风控在针对黑灰产、金融欺诈、信贷风险等方面，采用设备指纹、风控模型等进行缓解的手段/机制。

- 第 11 章：智慧城市信息安全，介绍了与云平台、大数据相关的国家战略智慧城市的发展、安全技术保障体系，并分析了智慧城市与金融的关联和发展。

- 第 12 章：金融行业安全前景展望，本章作为全书的结尾，对金融科技安全的未来发展趋势作了进一步的展望，以求起到抛砖引玉的作用。

- 附录：列出了书中与金融科技相关的专业术语的简单释义，以便读者更好地阅读和理解本书。

本书特色

本书作为以金融科技安全为主题的专著,其主要特色是依据科学、系统、全面的"金融安全3.0"理论体系,通过对金融行业的典型实例进行讲解,覆盖了金融科技的方方面面。本书讲解的理论体系和技术体系在监管最为严格的金融领域得到了充分验证,因此,其实践指南的具体内容亦可供互联网行业、电信行业、制造业、医疗科技行业等各行业人员参考及借鉴。

资源与支持

本书由异步社区出品,社区(https://www.epubit.com/)为您提供相关资源和后续服务。

提交勘误

作者和编辑尽最大努力来确保书中内容的准确性,但难免会存在疏漏,欢迎您将发现的问题反馈给我们,帮助我们提升图书的质量。

当您发现错误时,请登录异步社区,按书名搜索,进入本书页面,点击"提交勘误",输入勘误信息,点击"提交"按钮即可。本书的作者和编辑会对您提交的勘误进行审核,确认并接受后,您将获赠异步社区的 100 积分。积分可用于在异步社区兑换优惠券、样书或奖品。

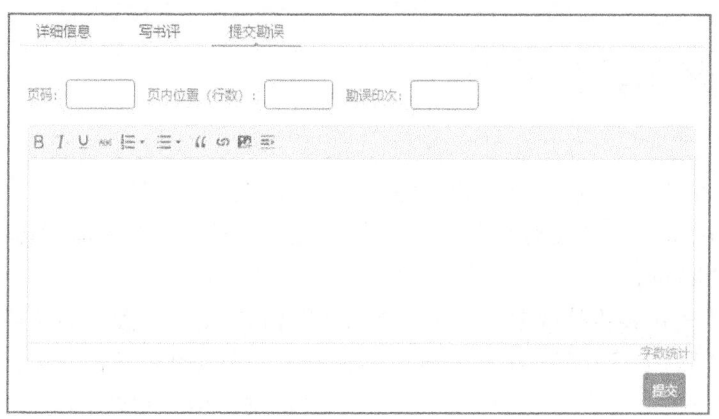

扫码关注本书

扫描下方二维码,您将会在异步社区微信服务号中看到本书信息及相关的服务提示。

与我们联系

我们的联系邮箱是 contact@epubit.com.cn。

如果您对本书有任何疑问或建议,请您发邮件给我们,并请在邮件标题中注明本书书名,以便我们更高效地做出反馈。

如果您有兴趣出版图书、录制教学视频,或者参与图书翻译、技术审校等工作,可以发邮件给我们;有意出版图书的作者也可以到异步社区在线提交投稿(直接访问 www.epubit.com/selfpublish/submission 即可)。

如果您是学校、培训机构或企业,想批量购买本书或异步社区出版的其他图书,也可以发邮件给我们。

如果您在网上发现有针对异步社区出品图书的各种形式的盗版行为,包括对图书全部或部分内容的非授权传播,请您将怀疑有侵权行为的链接发邮件给我们。您的这一举动是对作者权益的保护,也是我们持续为您提供有价值的内容的动力之源。

关于异步社区和异步图书

"异步社区"是人民邮电出版社旗下 IT 专业图书社区,致力于出版精品 IT 技术图书和相关学习产品,为作译者提供优质出版服务。异步社区创办于 2015 年 8 月,提供大量精品 IT 技术图书和电子书,以及高品质技术文章和视频课程。更多详情请访问异步社区官网 https://www.epubit.com。

"异步图书"是由异步社区编辑团队策划出版的精品 IT 专业图书的品牌,依托于人民邮电出版社近 30 年的计算机图书出版积累和专业编辑团队,相关图书在封面上印有异步图书的 LOGO。异步图书的出版领域包括软件开发、大数据、AI、测试、前端、网络技术等。

异步社区

微信服务号

目 录

第 1 章 金融科技的兴起及挑战 ··· 1

    1.1 金融科技的起源 ·· 2
        1.1.1 金融业历史 ·· 2
        1.1.2 金融科技概念的兴起 ··· 3
    1.2 金融科技蓬勃发展 ·· 4
        1.2.1 金融科技的演进 ··· 4
        1.2.2 金融科技发展现状 ··· 5
        1.2.3 金融科技监管 ·· 8
    1.3 金融科技领域的安全威胁 ··· 9
        1.3.1 知名安全事件回顾 ··· 9
        1.3.2 金融安全问题不可轻视 ··· 10
    1.4 2017 年金融科技安全分析 ··· 10
        1.4.1 网络安全威胁分析 ··· 10
        1.4.2 数据安全威胁分析 ··· 18
        1.4.3 业务安全威胁介绍 ··· 20

第 2 章 "金融安全 3.0"理论及生态 ··· 26

    2.1 "金融安全 3.0"理论 ··· 27
        2.1.1 金融安全 1.0 ·· 27
        2.1.2 金融安全 2.0 ·· 28
        2.1.3 金融安全 3.0 ·· 28
        2.1.4 金融关键信息基础设施安全 ··································· 28

		2.1.5 金融科技安全	29
		2.1.6 金融业务安全	30
	2.2	金融安全 3.0 生态构建	30
		2.2.1 "ABCDES" 安全生态	30
		2.2.2 安全意识和人才储备	31

第 3 章 金融网络空间安全 … 32

3.1	风险及威胁分析		33
	3.1.1	扫描攻击	33
	3.1.2	恶意软件	38
	3.1.3	DoS 攻击和 DDoS 攻击	44
	3.1.4	APT 攻击	49
3.2	网络空间安全策略分析		52
	3.2.1	DDoS 防御	52
	3.2.2	APT 防护	55
	3.2.3	蜜罐技术	56
3.3	案例分析		57
	3.3.1	高防 DDoS 建设	59
	3.3.2	主机入侵检测系统（HIDS）	61
	3.3.3	Web 应用层安全防火墙	62
	3.3.4	云加密服务	64

第 4 章 金融云平台安全 … 66

4.1	国内金融云安全现状		67
4.2	金融云安全合规要求		68
4.3	金融云安全威胁		71
	4.3.1	虚拟化安全威胁	72
	4.3.2	云网络安全威胁	75
4.4	针对金融云安全威胁的技术解决方案		76

    4.4.1　主机虚拟化安全解决方案 …………………………………………… 76

    4.4.2　网络安全隔离 …………………………………………………………… 80

第 5 章　移动互联安全 …………………………………………………………… 85

5.1　风险及威胁分析 …………………………………………………………………… 86

    5.1.1　内网安全威胁 …………………………………………………………… 86

    5.1.2　移动互联网安全威胁 …………………………………………………… 89

5.2　移动互联安全策略分析 …………………………………………………………… 91

    5.2.1　分权分域管理 …………………………………………………………… 91

    5.2.2　数据安全防护：防泄密、数据隔离 …………………………………… 94

    5.2.3　移动设备安全管理 ……………………………………………………… 95

5.3　移动安全案例分析 ………………………………………………………………… 98

    5.3.1　背景介绍 ………………………………………………………………… 98

    5.3.2　系统架构 ………………………………………………………………… 99

第 6 章　金融系统大数据安全 …………………………………………………… 103

6.1　大数据简介 ………………………………………………………………………… 104

    6.1.1　大数据定义 ……………………………………………………………… 104

    6.1.2　大数据思维 ……………………………………………………………… 106

6.2　大数据安全风险与威胁分析 ……………………………………………………… 109

    6.2.1　金融系统安全的分类 …………………………………………………… 109

    6.2.2　金融系统大数据安全的范畴 …………………………………………… 111

    6.2.3　数据源安全 ……………………………………………………………… 112

    6.2.4　数据平台安全 …………………………………………………………… 112

    6.2.5　结果呈现安全 …………………………………………………………… 113

    6.2.6　隐私泄露 ………………………………………………………………… 114

    6.2.7　数据丢失 ………………………………………………………………… 115

6.3　大数据安全策略分析 ……………………………………………………………… 116

    6.3.1　数据备份 ………………………………………………………………… 116

6.3.2　隐私保护 117
6.3.3　防篡改 120
6.3.4　大数据风控 122
6.4　大数据安全实际案例 123
6.4.1　大数据采集 123
6.4.2　大数据用户画像 124
6.4.3　大数据识别虚假简历 124
6.4.4　人才评价 125

第 7 章　区块链安全 127

7.1　比特币与区块链 128
7.1.1　比特币 128
7.1.2　区块链技术 129
7.1.3　区块链金融 133
7.1.4　区块链安全风险分析 134
7.2　应用场景分析 135
7.3　区块链发展 138

第 8 章　金融业务应用安全 139

8.1　风险及威胁分析 140
8.1.1　业务逻辑风险 140
8.1.2　信息泄露风险 142
8.1.3　自动化攻击风险 144
8.1.4　传统安全风险 145
8.2　金融业务应用安全的应对策略分析 146
8.2.1　安全评估 146
8.2.2　应用加固保护 147
8.2.3　自动化攻击防护 148
8.3　金融业务应用安全案例分析 149

  8.3.1 背景介绍 ……………………………………………………………… 149
  8.3.2 解决方案 ……………………………………………………………… 149

第9章 人工智能安全 ……………………………………………………………… 152

 9.1 人工智能国家发展战略 ……………………………………………………… 153
 9.2 人工智能的概念及关键技术 ………………………………………………… 154
 9.3 机器学习安全问题的起因 …………………………………………………… 155
 9.4 机器学习框架的安全威胁 …………………………………………………… 156
  9.4.1 代码实现缺陷 ……………………………………………………… 156
  9.4.2 模型缺陷——逃逸攻击 …………………………………………… 157
  9.4.3 数据流处理缺陷 …………………………………………………… 161
 9.5 机器学习应用安全威胁 ……………………………………………………… 162
  9.5.1 人脸识别应用安全威胁 …………………………………………… 162
  9.5.2 语音识别应用安全威胁 …………………………………………… 163
 9.6 机器学习安全防御方法 ……………………………………………………… 163

第10章 金融业务智能风控 ………………………………………………………… 166

 10.1 金融业务风险及威胁分析 …………………………………………………… 167
  10.1.1 网络黑灰产 ……………………………………………………… 167
  10.1.2 金融欺诈 ………………………………………………………… 168
  10.1.3 信贷风险 ………………………………………………………… 169
 10.2 业务安全策略分析 …………………………………………………………… 170
  10.2.1 设备指纹 ………………………………………………………… 170
  10.2.2 数据保护 ………………………………………………………… 171
  10.2.3 风控模型 ………………………………………………………… 171
 10.3 业务智能风控案例分析 ……………………………………………………… 171
  10.3.1 背景介绍 ………………………………………………………… 171
  10.3.2 系统架构 ………………………………………………………… 172

第 11 章　智慧城市信息安全 ········· 174

11.1　智慧城市概述 ········· 175
- 11.1.1　智慧城市的概念 ········· 175
- 11.1.2　国内外智慧城市发展现状 ········· 177
- 11.1.3　国内外智慧城市评估及标准化进程 ········· 178

11.2　智慧城市信息化技术体系 ········· 181
- 11.2.1　智慧城市技术体系结构 ········· 181
- 11.2.2　智慧城市关键支撑技术 ········· 183

11.3　智慧城市信息安全保障体系 ········· 185
- 11.3.1　智慧城市安全现状 ········· 185
- 11.3.2　智慧城市信息安全问题 ········· 186
- 11.3.3　智慧城市信息安全保障体系规划及设计思路 ········· 188

11.4　智慧城市与智慧金融 ········· 189
- 11.4.1　智慧金融 ········· 189
- 11.4.2　从金融云到城市云 ········· 190

第 12 章　金融行业安全前景展望 ········· 191

12.1　信息技术发展趋势 ········· 192

12.2　金融科技未来发展动向 ········· 193
- 12.2.1　金融业务需求多样化 ········· 194
- 12.2.2　金融科技革新 ········· 200

12.3　金融科技安全前景展望 ········· 201
- 12.3.1　智能与联动 ········· 201
- 12.3.2　合规与监管 ········· 202
- 12.3.3　安全教育与人才储备 ········· 203

附录　金融科技相关名词解释 ········· 206

后记 ········· 212

第1章

金融科技的兴起及挑战

信息技术的发展助燃了金融行业的转型，科技初创公司以及金融行业新进入者利用各种手段对传统金融行业的业务及产品进行革新并优化流程，从而提高了效率。金融科技成为金融新时代的代名词，并驱动金融服务业务的重构。而在科技促进金融业由外向内转型的同时，技术带来的隐患也可能对金融业务安全造成更大的威胁。本章将从金融科技的起源及发展开始，结合金融科技行业现状，浅析金融科技生态及安全问题。

1.1 金融科技的起源

1.1.1 金融业历史

如果你生活在公元前 2000 年的巴比伦或者公元前 6 世纪的希腊，你可能会遇到一群依靠货币借贷业务营生的人。同一时期，在古中国和古印度也可能有人进行着相似的借贷活动。随着生产力和社会的发展，人们对资金的需要使得类似的金钱交易活动进一步扩大，趋于正式的业务和机构也逐渐成型，比如公元前 5 世纪~3 世纪出现的银钱商和近似现代银行的商业机构。1580 年，意大利威尼斯出现了最早的银行；而直到 1694 年，英国建立的世界上第一家股份制银行——英格兰银行，才为现代金融业确立了最基本的组织形式。

金融是什么？简单来说，金融就是资金的融通。货币流通、信用借贷、清算结算等相关的经济活动都是金融活动。经营金融商品的行业，比如银行业、保险业、信托业、证券业和租赁业，都属于金融业。金融业需要研究资产和债务如何随时间和地点的变化转移配置，也要经常进行风险管理。若说资金的本质是价值，那么金融交易本身并不创造价值，而是体现价值的转移和浮动。因此，金融活动一般以信用工具为载体，而信用工具本身也是一种金融资产。信用工具极度依赖信息的流通，也就可以说，在现代金融中，信息是资金融通的关键（见图 1.1）。

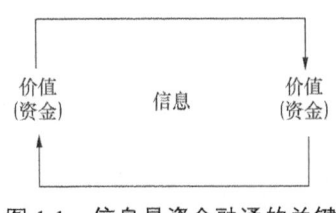

图 1.1 信息是资金融通的关键

相对于现代金融而言，传统金融只具备存款、贷款和结算三大传统业务功能。然而，随着信息技术的发展及其对金融业务的影响，现代金融业更具有多样化、自由化、全球化的特征。21世纪初，在信息技术和互联网迅猛发展的影响下，金融业的经营手段已经十分智能化，电子计算机和自动化服务也已相当普及。尤其是近年来，大数据、人工智能、云计算、区块链等技术的创新及推动，更为金融行业带来了巨大的发展空间。与此同时，大量相关领域的初创公司如雨后春笋应运而生，金融市场的竞争变得愈加激烈。在这个过程中，掌握先进技术的互联网金融公司对传统金融机构的龙头地位发起强烈的冲击。

但是，由于长期受到社会资本以及国家政策方面的支持，传统金融机构在面对市场竞争时应对能力明显不足。再者，业务模式的僵化也导致了其创新能力的低下。因此，传统金融机构的互联网化转型是极其艰难的过程。只有不断提高自身科技创新能力，掌握尖端技术，彻底完成从产品思维到用户思维模式的转变，传统金融机构才有望真正实现互联网化转型。

1.1.2 金融科技概念的兴起

金融科技（Financial Technology，FinTech）通常被界定为金融和科技的融合。这个说法最早可以追溯到20世纪90年代花旗集团一个名为"金融服务技术联盟"（Financial Services Technology Consortium）的项目，该项目旨在促进技术合作，创新业务模式。但是，"金融科技"这个说法并不是一开始就受到公众关注，直到2014年，金融监管者、投资者和消费者才开始广泛地讨论。

在被正式提出和受到关注之前，金融科技在业内主要指美国硅谷和英国伦敦的互联网技术创业公司将一些信息技术用于非银行支付交易的流程改进和安全提升。后来，这些科技初创公司开始将各种最前沿的信息与计算机技术应用到金融业务领域，如保险、信贷、证券交易等。金融科技初创企业通过技术工具的变革来推动金融体系的创新，逐渐形成冲击传统金融机构与体系的金融IT力量，因此在短时间内成为备受青睐的独角兽公司。

国际权威机构金融稳定理事会（Financial Stability Board，FSB）认为，金融与科技相互融合，创造新的业务模式、新的应用、新的流程和新的产品，对金融市场、金融机构、金融服务的提供方式形成了非常大的影响。金融科技的发展主要受到成本降低、利润再分配、金融服务平台崛起、人工智能、区块链应用等因素的驱动。此外，金融科技的外延囊括了支付清算、电子货币、网络借贷、大数据、云计算、智能投顾（也称"机器人理财")、智能合同等众多领域，正在对银行、保险和支付这些业务的核心功能产生非常大的影响。金融科技以"新进入者"的姿态加速改变金融体系，如今正在影响、推动着许多企业采取数字化、信息化和科技化策略。

1.2 金融科技蓬勃发展

1.2.1 金融科技的演进

金融与科技都拥有"数字"基因，但在融入 IT 技术之前，金融机构的运转高度依赖于人力，传统金融机构在激烈的市场竞争和急速变化的市场环境中，危机应对能力亟需加强。从信息技术对金融行业的推动和改革来看，科技与金融的融合至少经历了三个阶段——从金融业务信息化（或者说 IT 化）到互联网金融阶段，再到如今的金融科技阶段（见表 1.1）。

表 1.1　金融信息化发展

19 世纪 30～60 年代	电报、跨洋电缆	金融全球化	基础设施/计算机普及
20 世纪 50 年代	信用卡、ATM 机	金融业务 IT 化	
20 世纪 70～80 年代	电子股票交易、银行大型计算机		
20 世纪 90 年代	因特网、电子商务（在线股票交易网站等）、网上银行	互联网金融	互联网化/数字化
21 世纪	P2P 借贷平台、移动支付、智能投顾 人工智能、大数据、云计算、区块链	金融科技	智能手机普及/信息化/金融科技初创公司涌现

从信息化的角度看，金融信息化是指将现代信息技术应用于金融领域的过程。将诸如计算机技术、通信技术、人工智能技术等广泛应用于金融领域，从而引起金融理论与业务的根本性变革。所以金融业务信息化，是指通过添加 IT 软硬件为金融行业实现办公和业务的电子化，优化业务结构和提高数据处理能力。比如，从金融行业基础设施云化、办公移动化到智能投顾等业务层面的智能化。

金融信息化的发展在互联网和移动互联网的驱动下呈现出更多新特点，比如以网络连接为主、依赖金融基础设施的代际升级、强调数字效率和服务优化。但互联网金融侧重于搭建在线业务平台，实现金融业务中端对端的快速互联互通，实际上是一个渠道的拓展，通过互联网渠道实现商业模式的便捷性。而金融科技的重点在于技术变革，是用大数据、人工智能、云计算、区块链等一系列新技术手段，为金融机构服务。如果将互联网金融看作是一个发展阶段的话，那么金融科技是金融发展的最终目的。

若单单结合金融服务和信息技术的历史来看，也可以把上述阶段都纳入"金融科技"的范畴，举例如下。

- **金融科技 1.0**（1866—1967 年）：电报和海底电缆的出现实际上为金融全球化奠定了至关重要的基础，另一方面，计算机的普及促使许多业务模式发生了改变。

- **金融科技 2.0**（1967—2008 年）：传统金融机构大规模进行数字化建设，并且在互联网的冲击下，电子商务和网上银行迅速发展。

- **金融科技 3.0**（2008 年至今）：智能手机的普及进一步改变了人们生活和工作的方式，另外，人工智能、区块链等创新技术以极快的速度冲击着传统金融业务。

在金融发展的新时代，金融业运用大数据、云计算、人工智能、区块链等 IT 新技术来改变传统的金融信息采集来源、风险定价模型、投资决策过程、信用中介的角色，以此大幅提升传统金融服务的效率，解决传统金融的痛点。典型实践有大数据征信、智能投顾和供应链金融。金融科技迅猛发展的同时，金融监管科技也紧随其后，监管科技将是金融科技发展平衡的关键要点。

金融科技的出现频率越来越高，不仅转型中的金融行业人员需要深入了解，政策制定者、投资者，乃至普通市民都迫切地需要学习金融科技相关知识。对于金融业而言，底层技术的革新促使金融服务的方式发生了变革，重塑了金融产品的生成及定价模式，极大地提升了资产配置效率。但与此同时，金融业也面临着越来越多的安全威胁，近年来互联网金融安全事件的频发，对金融业造成了巨大的资金损失和极大的负面影响。而且近年来，亚洲、非洲的金融科技发展呈现出比欧美更快更强的趋势，而中国得益于庞大的消费者群体，在金融科技基础设施方面无疑有更多的优势和风险，因此关键信息基础设施防护和金融信息安全尤为重要，关注金融科技安全是金融科技发展不可忽视的前提条件。

1.2.2　金融科技发展现状

金融科技涉及领域广泛，包括数据检索、互联网和移动互联网、云计算、大数据、人工智能、区块链等。金融科技的应用场景也丰富多样，如互联网众筹、在线支付、跨境支付清算、证券发行、加密货币交易等。金融科技企业的核心竞争力主要体现在技术开发和实操水平两方面，核心技术主要涉及大数据、人工智能、区块链和云计算等。金融科技的实践日渐丰富，比如，基于人工智能的智能投顾、量化投资、融资授信、金融预测与反欺诈等；基于区块链的数字货币、票据与供应链金融、证券发行交易等。在大数据思维的主导下，人工智能、云计算、区块链与大数据互相依赖、互相促进，并与金融环境相结合，从而使金融服务更加高效，更加智能。

与前文讨论的不同，周伟等在其著作《金融科技：重构未来金融生态》中以互联网和移动互联网技术的发展为线索，认为金融科技 1.0 阶段是通过互联网的连接特性成功实现资金端的高效对接，而金融科技 2.0 阶段则进一步打通资产端环节，通过技术实现科学定价，从而达到资金端和资产端的精准高效匹配，创新金融生态。在金融科技 2.0 的图谱中，更聚焦于人工智能、大数据、云计算和区块链代表的新技术扩展和应用，并强调它们对提升金融效率和优化金融服务的作用（见图 1.2）。

图 1.2　金融科技应用场景

在金融科技独角兽公司辈出的近几年，已有不少成功案例。例如，在智能投顾方面，美国公司 Wealthfront 打破传统投资方式（见图 1.3），利用 AI+大数据技术，搭建自动化的投资理财服务平台，帮客户找出最佳的长期投资模式。传统投资理财资讯服务需要花 3%的费用，包括管理、资讯及各项隐藏费用。以 10 万美元投资计算，大约要花 3000 美元，而 Wealthfront 只需花费约 225 美元。而另一家美国公司 OnDeck，则在大数据应用上颇有成果。OnDeck 是一个向中小企业提供小额贷款的线上平台，用户只需要几分钟就能在线上提出信贷申请，OnDeck 透过大数据分析技术 OnDeck Score，依据数百个指标来评估企业风险，1 天之内就能完成所有审核，并在信贷申请通过后将款项汇至申请人的账户，而传统银行可能需要数周才能完成。OnDeck 累计放贷金额已超过 17 亿美元，跨美国 50 个州 700 多个行业。

图 1.3 机器人理财平台

金融科技技术正以最快的速度融入各个行业，促进了许多行业的增长。据麦肯锡估计，已经有至少 12 000 家金融科技初创企业成立。安永 2017 年发布的报告曾指出，全球金融科技采用率平均达 33%，比 2015 年的数据足足增长了一倍之多，而中国的金融科技采用率最高，已经达到 69%。在 2017 年第 3 季度，全球金融科技融资额前 10 名中，中国独占 8 席。其中，众安保险于 2017 年 9 月 22 日在香港上市，融资 15 亿美元，创下 2017 年以来全球金融科技领域最高融资纪录（见图 1.4）。世界经济论坛研究报告则

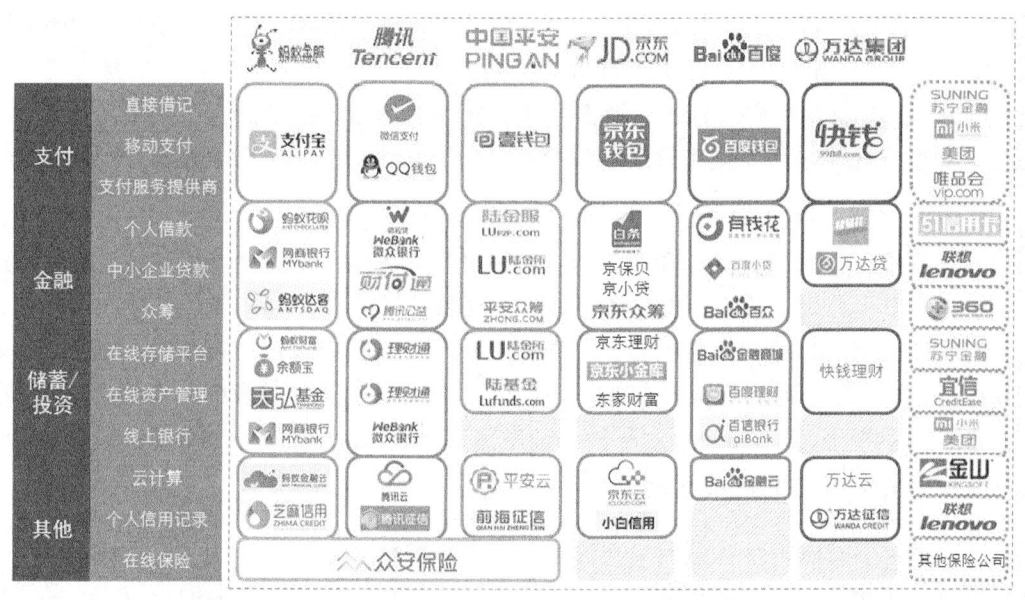

图 1.4 国内金融科技生态圈

1.2 金融科技蓬勃发展

指出，金融科技创新涵盖 6 大功能，包括支付、保险、存贷、筹资、投资管理和市场资讯供应，细化方向包括新兴支付、转移客户偏好、赋权投资等。金融科技的发展必以金融市场的需求变化为基础，而金融业务的模式也必将继续随着技术转型而改变。

1.2.3 金融科技监管

金融科技天生拥有创新基因，其健康的发展可以促进经济、民生和行业良性发展，但插上科技翅膀后的金融，将具有更强、更广和更快的破坏性，对金融体系的冲击也将难以预测，因而尤其需要引导和规范。

在国际方面，2017 年 1 月美国国家经济委员会发布了《金融科技监管白皮书》（A Framework for FinTech），白皮书中提出"监管创新计划"（Regulatory Innovation Plan），此计划探讨了监管如何适应并鼓励变革性的业务模式，并利用新技术来减少业务的监管负担。同年 4 月，英国财政部也发布了题为"监管创新计划"（Regulatory Innovation Plan）的政府工作文件。这份创新计划对英国的四大金融服务监管部门做出了明确的工作安排，并再次着重表明了英国政府对于金融创新的支持态度。另外，欧盟新版支付指令（PSD2）也已经于 2018 年 1 月 13 日起正式实行。新版指令要求，银行和支付服务提供者必须为初始支付提供者提供客户账户接口，以便协助客户进行交易。同时，初始支付提供者也要履行数据安全监管责任，对没有授权的交易承担责任。此外，新版指令还会促进信息服务的发展，比如允许客户在同一个地点可以获取账户的所有信息。初始支付服务提供者和账户信息服务提供者将承担数据安全的责任，除了要对用户的身份进行验证、强调第三方获取账户信息的数据安全和责任外，支付服务的提供者也要遵守其他有关透明度的监管规定，如提供营运和安全事件报告以及客户的负面评论反馈。

在国内方面，2017 年 5 月，中国人民银行成立金融科技（FinTech）委员会，旨在加强金融科技工作的研究规划和统筹协调。人民银行表示，将强化监管科技（RegTech）应用实践，积极利用大数据、人工智能、云计算等技术来丰富金融监管手段，提升跨行业、跨市场、交叉性金融风险的甄别、防范和化解能力。2017 年 8 月初，中国人民银行发布《中国区域金融运行报告（2017）》，其中在"促进互联网金融在创新中规范发展"的报告专题中指出，应"加快金融科技在金融服务中的应用，让金融服务惠及更多领域，提高金融服务效率，推进普惠金融发展"。

从总体上看，国家监管机构对金融科技发展持开放态度，但是对金融科技风险的重视程度也逐年增强。在当前科技与金融深度融合、金融科技迅猛发展的形势下，监管机构逐渐转为采取更为主动积极的监管措施，平衡行业发展与风险监管的关系，在防范大型金融风险的同时，促进金融科技行业为实体经济与普惠金融发挥更大作用。

1.3 金融科技领域的安全威胁

1.3.1 知名安全事件回顾

在金融科技势如破竹地进军金融行业的同时，自然也成为了攻击者的目标。攻击者不断变换攻击手段和目标，以牟取更高的利益。金融科技机构面临着网络、数据、业务等多方面的安全威胁，仅在过去一年内，就在多个领域发生了严重的安全事件。下面简短地回顾几例。

- **数据泄露**：Equifax 是美国一家知名的信用报告服务公司，提供个人消费、信用卡和信用评级的信息数据服务。2017 年 9 月，Equifax 曝出消息称曾遭黑客袭击，导致 1.43 亿名用户的信息泄露。黑客窃取的信息包括社保号码、生日、地址以及信用卡信息等。根据美国人口普查局数据（截至 2017 年 9 月），美国人口为 3.23 亿人，这意味着近半美国人可能已因 Equifax 的数据泄露而陷入危险之中。该公司还表示，英国和加拿大的民众也受到了此次事件的影响。

- **网络勒索**：2017 年 6 月，"无敌舰队"（Armada Collective）勒索事件再次上演，金融行业首当其冲，许多金融机构收到勒索邮件，被要求支付 10 比特币（当时市值约 20 万元人民币）作为保护费，部分机构还受到了一定程度的攻击。同月，"匿名者"（Anonymous）向全球金融机构发起代号为"Opicarus2017"的攻击，其攻击目标列表包括香港金融管理局等全球 140 多家金融机构。与以往不同，此次"匿名者"组织发起的是"DDoS+数据库注入"双拼攻击，不仅导致网站服务器瘫痪，还窃取了敏感数据，直击金融行业的业务核心。

- **系统入侵**：2017 年 10 月，中国台湾"远东银行"发现 SWIFT 系统异常，检测后发现银行的 SWIFT 系统遭黑客植入恶意程序，银行被盗领 6000 万美元，警方介入追回大部分窃款，损失约 50 万美元。同期，尼泊尔 NIC 亚洲银行发生类似的 SWIFT 事件，损失约 500 万美元。

- **加密货币被盗**：2018 年 2 月，132 名投资者向日本加密交易所 Coincheck 提起诉讼，要求其赔偿 2.28 亿日元（约 200 万美元）损失，原因是 Coincheck 在

2018 年 1 月下旬曾遭受黑客重大攻击，导致价值超过 5.23 亿美元的 NEM（新经币）被盗。索赔人还组成了一个"Coincheck 损害对策小组"，认为事件是 Coincheck 对"安全措施的忽视"造成的。

1.3.2　金融安全问题不可轻视

金融科技日渐成为金融产品的重要支撑手段，加之互联网金融应用繁多，业务复杂，通过 Web 接口进行渗透攻击的可能性显著增加。攻击者也在不断变换、改进攻击方式，不断丰富其攻击目标，以提升自身的攻击变现能力。我国网络灰黑产从业人员已逾百万，日均交易额数亿元，其中"羊毛党"就是灰产大军中不可忽视的一支，对金融业危害极大。

在金融科技发展、金融业务转型的同时，安全威胁手段也随之推陈出新，攻防发展的不对称导致金融安全事件层出不穷。对于以金融科技为目标的攻击者，获利是他们的核心诉求。那么对于金融科技安全从业人员而言，在传统的以脆弱点和检测点为核心的防护方案之外，更应从获利点出发，逆向分析，进而组织自身的防护体系。金融科技要持续健康地发展，必定不可忽视安全问题，而金融科技安全的未来离不开一个强大的安全生态环境，在协同人、技术、系统等多方面多层次的关系中，必须以"安全"作为防护罩，加强金融安全势在必行。

1.4　2017 年金融科技安全分析

1.4.1　网络安全威胁分析

金融科技的发展大力推动了金融服务领域的拓展和维度，其面临的安全威胁也与日俱增。有报告指出：网络犯罪是当今世界上所有公司面临的最大威胁，也是人类面临的最大问题之一。根据这份报告，到 2021 年为止，网络犯罪的成本将从 2015 年的 3 万亿美元增加到 6 万亿美元。众所周知，金融行业是我国网络安全重点行业之一，因其行业特殊性，金融机构一直是网络犯罪的主要目标。以下将通过 2017 年金融行业的重大安全事件说明安全威胁可能造成的影响及损失。

1. DDoS 攻击

分布式拒绝服务（Distributed Denial of Service，DDoS）攻击指借助于客户端或者服务器技术，将多个计算机联合起来作为攻击平台，向一个或多个目标发送大量合法的请求，从而占用其网络资源，致使无法正常提供服务，达到致使网络瘫痪的目的。

2017 年 6 月相继发生的"匿名者"和"无敌舰队"勒索事件，是对金融机构发起的大规模 DDoS 攻击。显而易见，拒绝服务攻击已是当前金融领域极为常见的安全威胁，金融业作为对安全性和稳定性都要求极高的行业，一旦服务瘫痪，资产管理系统中断，将会造成难以弥补的损失。

攻击仍然频繁，共发生 20.7 万次攻击

2017 年同 2016 年相比，攻击发生次数基本保持平稳，共计发生 20.7 万次（见图 1.5）。但是从攻击总流量上来看有较为明显的波动，从年初到 5 月份前后，攻击总流量有非常显著的增长，而 5 月份之后攻击总流量回落至较为平稳的水平。与 2016 年相比，2017 年攻击仍然频繁，攻击总流量大幅上升。

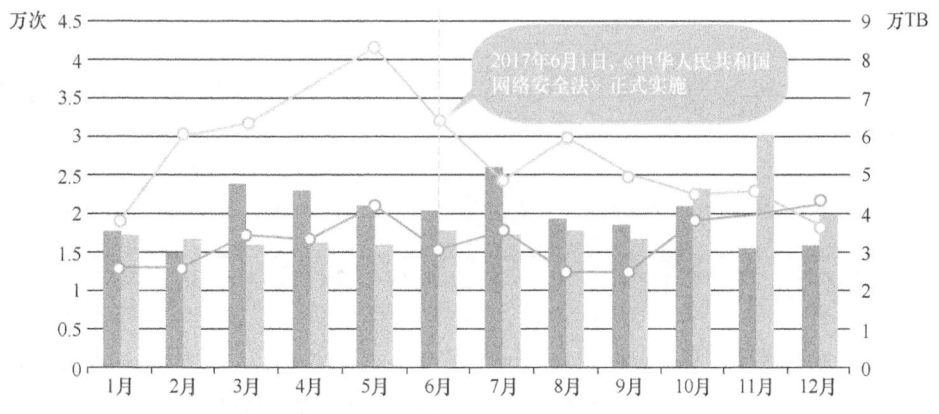

图 1.5 2016 年 vs 2017 年各月份攻击次数和流量

从类型上看，2017 年攻击次数占比最高的攻击类型仍然为反射型攻击。实施这类攻击，黑客只需要拥有很少的带宽，就能以此放大产生显著的攻击流量。从攻击流量上看，SYN Flood 2017 年度占比突出，超过 60%（见图 1.6）。综合 2017 年度网络环境分析，绿盟科技认为，这与物联网僵尸网络的扩张有较大的关系，互联网具有设备基数大、防护弱、在线时间长等特点，成为了发动 DDoS 攻击的温床。

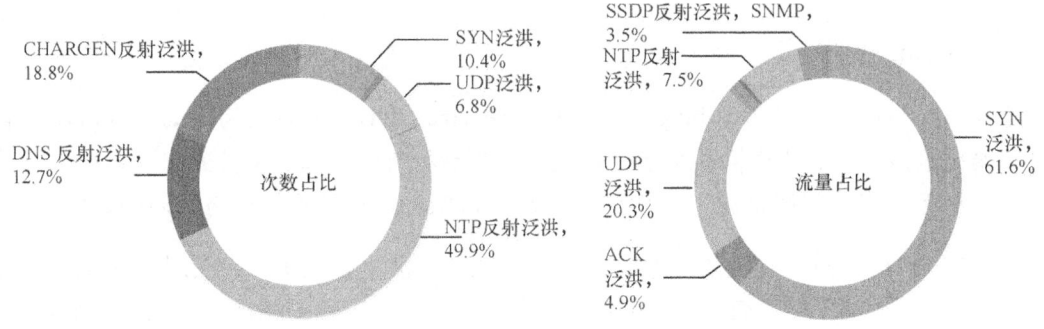

图 1.6　DDoS 攻击类型分布

流量再创新高，峰值高达 1.4Tbit/s

流量持续攀升似乎已经不是什么新的态势，从近两年的报告中都可以看到，每个月都会出现超过百 Gbit/s 的流量，最高的时候流量已经达到 Tbit/s 的级别。2017 年度攻击最频繁的是 5 月份，攻击最高的峰值更是达到了 1.4Tbit/s 的级别，这种"巨无霸"攻击，一次一次挑战着防御者的能力上限（见图 1.7）。

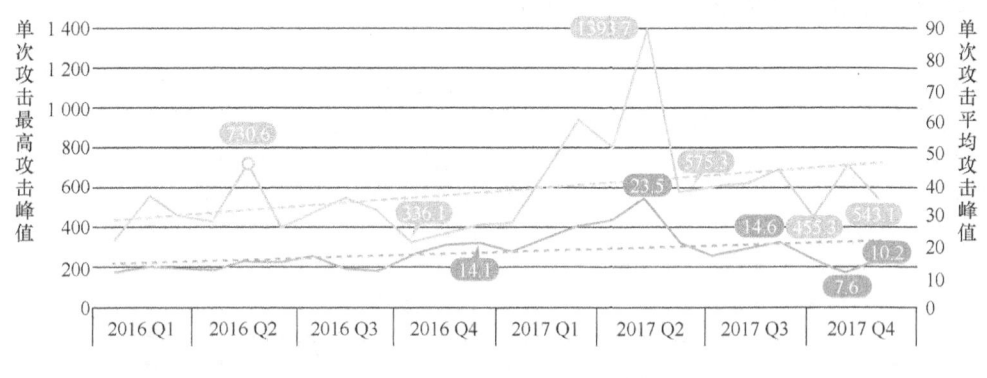

图 1.7　单次攻击最高攻击峰值与平均攻击峰值

另外，从流量的区间分布来看，大流量攻击明显增多，这也是 2017 年度一个显著的趋势。

来自 IoT 设备的攻击比例达到 12%

在 2017 年的 DDoS 攻击中，攻击源中 IoT 设备的数量已经占据相当的比例（见图 1.8）。在或大或小规模的 DDoS 攻击中 IoT 设备都有显著的占比，已经成为 DDoS 网络环境中需要重点关注的一个类别。从网络总体态势来看，物联网迅猛发展的过程中必然伴随着安全技术的滞后，可以预测 IoT 设备的威胁治理会被进一步提上日程，而作为最易实施的攻击类型之一，IoT 遭受 DDoS 攻击的数量会进一步上涨。

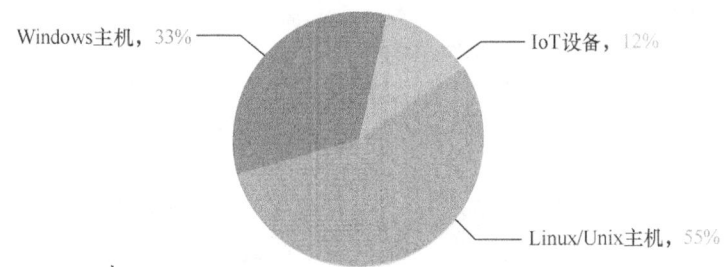

图 1.8　DDoS 攻击源设备类型

在 IoT 设备参与的 DDoS 攻击中，路由器、摄像头是主要的设备类型。这与近两年 IoT 发展的情况基本是一致的，大量的路由器、网络摄像头被引入生产、生活环境，而安全配套措施尚未进一步完善，可以合理预期的是，在物联网攻击领域会有更多的攻击形式出现。从数据统计上可以观察到，在属于物联网设备的 IP 中，恶意 IP 的比例高于平均水平。例如，在对公网摄像头 IP 进行统计时，我们发现其中恶意 IP 的比例约 4.8%，而对于所有 IP（大陆境内）而言，恶意 IP 的平均占比仅为 1.57%，也就是说，摄像头恶意 IP 比例是平均水平的 3 倍，因此物联网设备的风险明显是较高的（见图 1.9）。

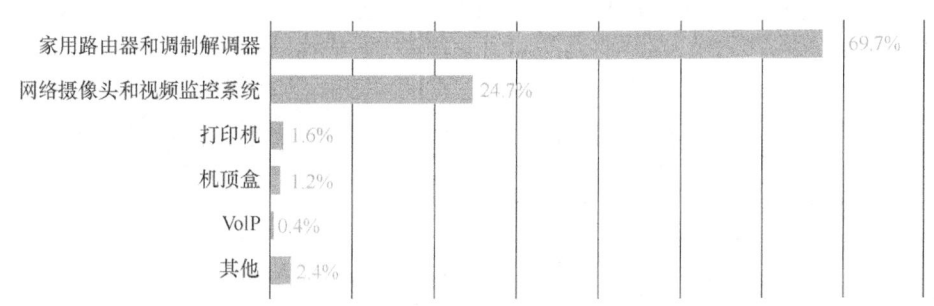

图 1.9　DDoS 攻击源 IoT 设备

2．网络勒索

网络勒索（Cyberextortion）是一种犯罪行为，它对企业造成攻击事实或攻击威胁，同时向企业提出金钱要求来避免或停止攻击。近年，网络犯罪人员已经开发出可以用来加密受害人数据的勒索软件（Ransomware），然后利用解密密钥向受害人索取钱财。2017 年，此类攻击事件数量占比靠前的勒索软件有 LockScreen、Cerber 和 WannaCry

等。其中，WannaCry 感染事件爆发后，全球范围近百个国家（地区）遭到大规模网络攻击，攻击者利用 MS17-010 漏洞，向用户机器的 445 端口发送精心设计的网络数据包，远程执行代码，加密被攻击者计算机中的大量文件，被攻击者只有支付比特币后才能解密文件（见图 1.10）。

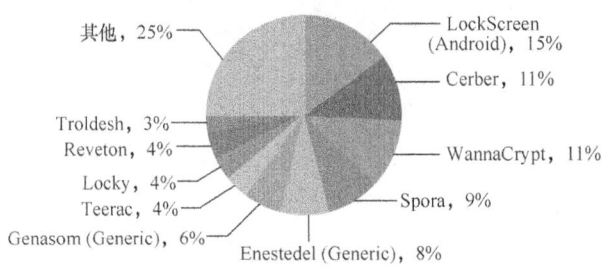

图 1.10　2017 年上半年最流行的勒索软件

现今，对互联网服务的勒索攻击已经成为一种网络攻击趋势，平均每天会发生 4000 起勒索软件攻击。

3．僵尸网络

据绿盟科技监测的数据显示（见图 1.11），2017 年 Botnet 活动仍然十分猖獗，尤其第 2 季度更是 Botnet 活动的高发期。根据绿盟科技监控的僵尸网络 C&C 攻击指令数据，在 Botnet 活动最高峰时期，平均每天共发出 5187 次指令，单个 C&C 每天发出的指令最高达 114 次。

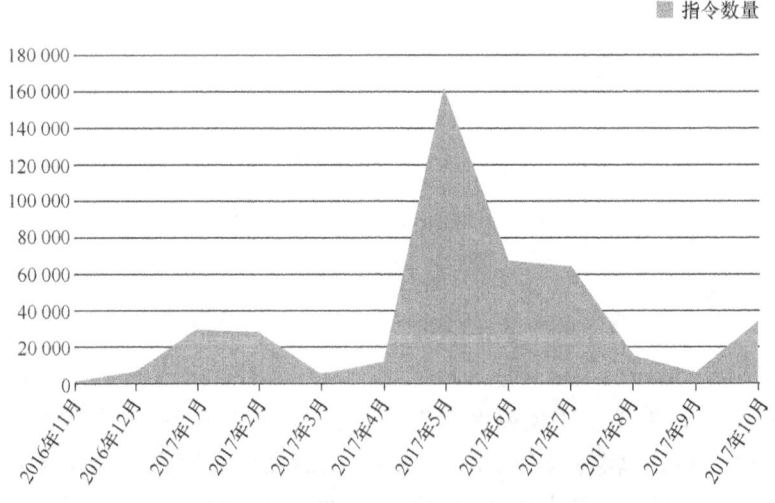

图 1.11　僵尸网络 C&C 攻击指令数据

2017 年，Botnet 的数量和规模在不断扩大（见图 1.12）。其中，C&C 的数量持续不断增长，进入 8 月份后增速明显，10 月份环比增长达到 1.67%。另一方面，全球受控主机的数量间歇性增长，8 月份的数量环比增长高达 3 倍（增长 320%）（见图 1.13）。

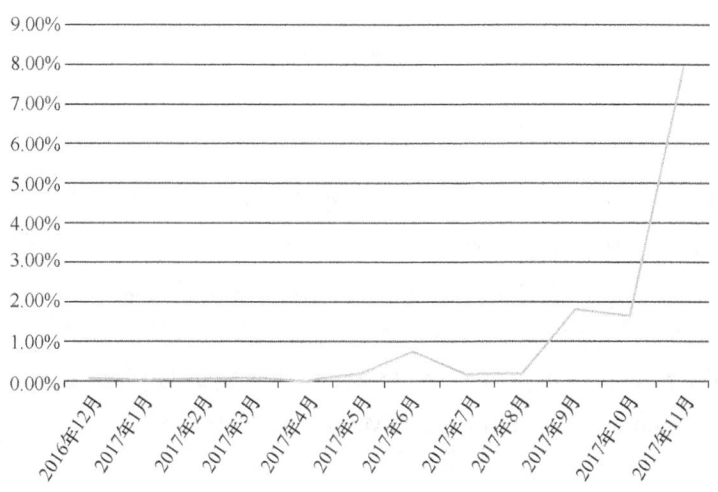

图 1.12　C&C 数量增长率的变化趋势

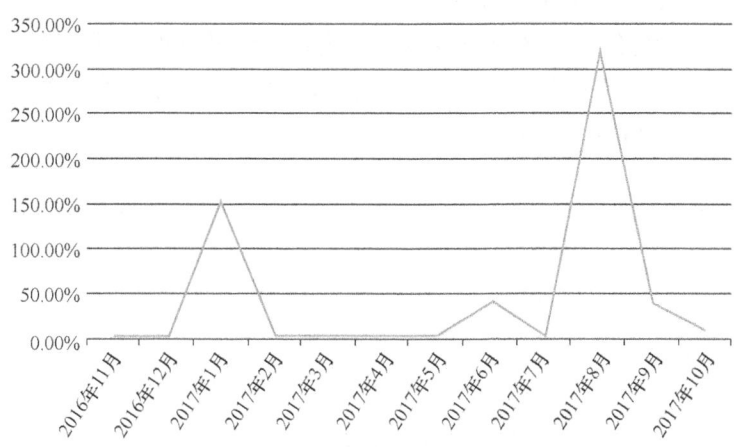

图 1.13　僵尸网络受控主机增长率

物联网和智能设备、移动设备构成的 Botnet 开始对 Botnet 战场的形势产生新的影响。在绿盟科技持续跟踪的 Botnet 中，至少存在 4% 的样本攻击目标为物联网设备。虽然 Botnet 形式还是以 Windows 平台的设备为主，但是近年来，随着 IoT 设备、智能设备、移动设备的入网，针对 IoT 或其他智能设备、移动设备的恶意样本也逐渐增多（见图 1.14）。

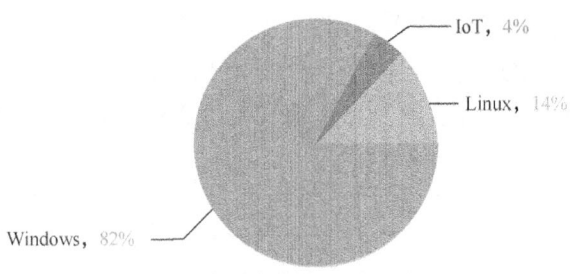

图 1.14　僵尸网络运行平台统计

对于 PC 用户，邮件、"水坑"站点或者在软件安装包中捆绑恶意代码都是很有效的入侵手段，而对于物联网设备来说，其在线时间长、数量规模大、用户普遍疏于升级和配置，黑客通过简单扫描就可以捕获大量存在漏洞的设备。2017 年 10 月，绿盟科技发现并命名的机顶盒蠕虫 Rowdy，就是利用了机顶盒的脆弱性在国内互联网上大规模传播。另外，绿盟科技关注到一些 Botnet 家族攻击的目标是 Android 平台的设备，典型的家族包括 Dendroid、FlexiSpy、GMbot 等。Botnet 俨然是一个全平台存在的互联网威胁。

Botnet 持续不断地追求规模的扩张，通过俘获大量设备提升自身攻击的能力，IoT 设备具有的脆弱性使其成为理想的切入点。但是贪婪的黑客们野心并未停止，我们观察到有的 Botnet 已经具备了跨平台的能力，在兼具自传播特点的同时还能够根据设备类型，植入对应平台的程序来获取控制权限，进一步提升自己的传播能力。图 1.15 是几个典型的具有跨平台传播能力的 Botnet。

Botnet家庭	运行平台
Rowdy	Linux(x86/x86_64、ARM、ARM4、ARM7、MIPS、MPSL等)
Mirai	Windows、Linux(ARM、EABI4、MIPS、MIPS-I、PowerPC或Cisco 4500、Renesas SH、SPARC、Inter 80386)
Gafgyt.bax	Linux(x86/x86_64、ARM、MIPS、PowerPC、SuperH以及Motorola 68000)
darkshell族	Windows、Linux(x86)
jRAT(远控)	依赖Java环境实现跨平台，Windows、Linux、macOS、FreeBSD等

图 1.15　僵尸网络跨平台传播能力分析之运行平台

从 Botnet 采用的程序语言上，也可以发现其跨平台的趋势。C 语言和脚本语言具有良好的跨平台能力，在 ARM 架构的嵌入式系统和 Linux、Windows 系统中都有良好的适应能力，因此在此基础上构建的 Botnet 程序，具备跨平台传播运行的能力（见表 1.2）。

表 1.2 僵尸网络跨平台传播能力分析之编写语言

Botnet 家族	编 写 语 言
Rowdy	C++
Gyddos	C++
LuaBot	Lua
Aldi_bot	Delphi
yi2.0	易语言

另外，脚本语言的编写相对容易，可以更加快速高效地实现一个新的 Botnet 程序。较低的门槛、快速的收益吸引着更多的黑客，使得网络中 Botnet 的威胁形势更加严峻。2017 年 9 月，众多网站发现其网页内嵌了用于挖矿的 JavaScript 脚本。一旦用户进入网站，JavaScript 脚本就会自动执行，占用大量机器资源挖取数字加密货币，导致机器异常卡顿。挖矿病毒就是僵尸网络的一种。

2017 年大规模爆发了挖矿木马僵尸网络病毒，金融、运营商及互联网等众多行业均有相关安全事件发生。2017 年 12 月底，有安全公司发布预警称"知名激活工具 KMSpico 内含挖矿病毒"。据绿盟科技安全专家分析，该工具原作者的官方版本并不含挖矿病毒，而是黑客假冒复制 KMSpico 的网页，发布捆绑挖矿软件在内的多种病毒，然后利用搜索引擎优化技术提升其网页排名，诱导用户下载，进而窃取用户隐私信息或利用用户计算机挖矿牟取暴利。

4．APT 攻击

高级长期威胁（Advanced Persistent Threat，APT）又称高级持续性威胁、先进持续性威胁等，是指隐匿而持久的计算机入侵过程，通常由某些人员精心策划，仅针对特定的目标。高级长期威胁通常是出于商业或政治动机，针对特定组织或政府而发起的，它要求在长时间内保持高隐蔽性。

在过往的监控中，实现政治诉求的 APT 居多，例如伊朗的"震网"事件、白俄罗斯军事通讯社事件。随着时间的迁移，APT 概念和技术开始被行业熟知，各种层面的对抗也更加复杂。2017 年 NSA "方程式组织"与 CIA 网络情报机构的武器库泄露，为整个黑色产业链条提供了大量有价值的"弹药"，更多的组织和个人可以利用更加成熟的技术实施高级攻击。相较普通的攻击手法，APT 攻击的实施难度和成本都更高，在巨大的利益驱使下，金融行业成为攻击者的首选目标。2017 年绿盟科技发现的境外 APT-C1 组织利用"互金大盗"恶意软件攻击我国某互金平台，窃取平台数字资产就是针对金融行业新型业务所采取的典型 APT 攻击事件。

金融行业与其他行业一样，都在面对技术的革新和升级，这一方面带来了更多的便利性，另一方面势必诱发许多潜在的风险。但与其他行业不同的是，金融行业的资产天生比其他行业具有更直接的价值，因此金融行业更需要特别关注 APT 风险。

1.4.2 数据安全威胁分析

近年，大规模数据泄露事件激增，2017 年前 11 个月的数据泄露事件数量已比 2016 年全年总数量多出 10%。美国知名信用机构 Equifax 在 9 月份透露曾遭黑客袭击，导致 1.43 亿名用户的信息泄露；科技公司 Uber 则发现，5700 万名乘客和司机的信息在 2016 年一次大规模数据泄露事件中被黑客窃取。数据泄露的目标除了政府机构和金融机构，已经扩大到第三方承包商、数据集成商，以及安全厂商和解决方案提供商自身，企业和个人可能会因为敏感数据泄露而处于危险之中。

1. 数据库漏洞与利用

许多数据库的读取接口直接暴露在互联网上，而且没有设置完整的访问控制策略，攻击者通过弱密码甚至空密码就可以直接获取数据库的控制权限。数据库勒索是指黑客通过各种攻击手段获取数据库控制权，加密或破坏数据，以此要挟受害者支付赎金。

数据库安全成为 2017 年的安全热点，我们针对近三年来勒索事件涉及的数据库的中危、高危漏洞进行了统计（见图 1.16）。

其中 MySQL 的漏洞暴露最严重，从增速方面看，除了 MySQL 外，PostgreSQL 在过去三年里的漏洞也有较快的增长。相比之下，MongoDB、ElasticSearch、Redis、Hadoop 等数据库则相对安全，不过漏洞数量有一定程度的增长。从数据库漏洞的发展态势上看，数据库的安全问题也越来越受到关注。

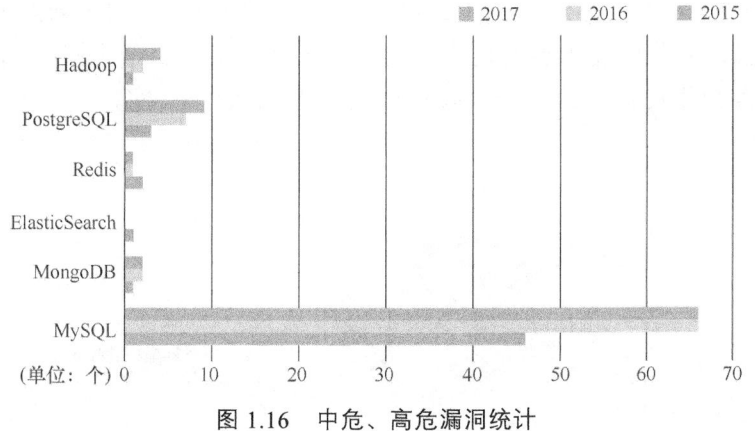

图1.16 中危、高危漏洞统计

2．内部人员数据倒卖

根据 Identity Theft Resource Center 和 CyberScout 发布的报告，2017 年全年有多达 1500 起数据泄露事件发生，相比 2016 年发生的 1093 起增加 37%。Loudhouse 曾发布的企业安全调查报告也显示，如果价格到位，35% 的员工会倒卖包括公司专利、财务记录和客户信用卡等在内的敏感数据（见图 1.17）。

图1.17 数据泄露成因

2017 年 6 月，Verizon 证实有 600 万用户的数据被泄露，并表示此次数据泄露是由该公司供应商的一名员工造成的，他因操作失误导致可通过外部进入云存储区域访问信息。同年，Verizon 发布的数据泄露调查报告指出，在已发生的数据泄露事件中，有 25% 是由内部人员造成的。因此，金融行业作为信息泄露高发的行业，应完善敏感信息保护措施，加强内部管理，建立必要的制度与控制机制。

3．云上数据窃取

2017 年中国私有云市场规模预估已达 425 亿元左右，到 2020 年市场规模将达到

762.4 亿元。有问卷调查显示，我国金融行业约 60%的机构使用了云服务，大部分使用的是私有云，也有超过 20%的机构使用公有云或者混合云（见图 1.18）。在使用云业务时，金融行业最关注的安全风险是数据及隐私保护、业务的访问权限控制（见图 1.19）。

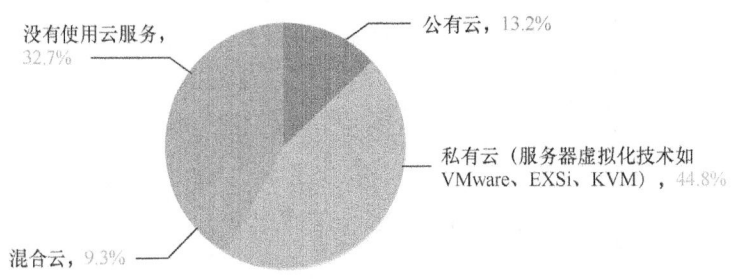

图 1.18　企业使用云计算服务比例

图 1.19　云计算服务安全风险点

个人数据及隐私安全不仅是企业自身的安全要求，也是国家监管机构越来越重视的方面。如欧盟颁布的《一般数据保护条例》（General Data Protection Regulation，GDPR），于 2018 年 5 月 25 日起实施，要求加强对欧盟所有人的隐私权保护、物联网的隐私权保护，并简化数据保护的管理。而在国内，新颁布的《中华人民共和国网络安全法》和正在制订的《中华人民共和国个人信息保护法》也突出了国家对数据及隐私安全的重视。

1.4.3　业务安全威胁介绍

业务安全威胁来源有很多，如使用不安全的函数或协议，集成了有缺陷的 SDK、Web 插件、服务器程序，或者业务流程上的逻辑缺陷等。

据数据统计，金融行业中有 83.5%的机构或企业都开展了互联网业务。在调查中可以发现，企业机构对业务面临的互联网风险，最关注以下三个方面：

- 自身资产是否存在漏洞；
- 自有资产开放的高危端口与服务情况；
- 是否存在信息泄露风险。

结合金融行业的业务发展现状，本小节重点梳理了 Web 攻击、银行机构 ATM 与 SWIFT 攻击威胁、金融欺诈威胁、移动支付威胁、区块链安全威胁。

1．Web 攻击与代码缺陷

Web 攻击是常见的攻击类型。根据绿盟科技防护数据统计，73.6%的网站遭遇过不同程度的 Web 类型的攻击，65.9%的网站遭遇过利用特定程序漏洞发起的攻击（见图 1.20）。

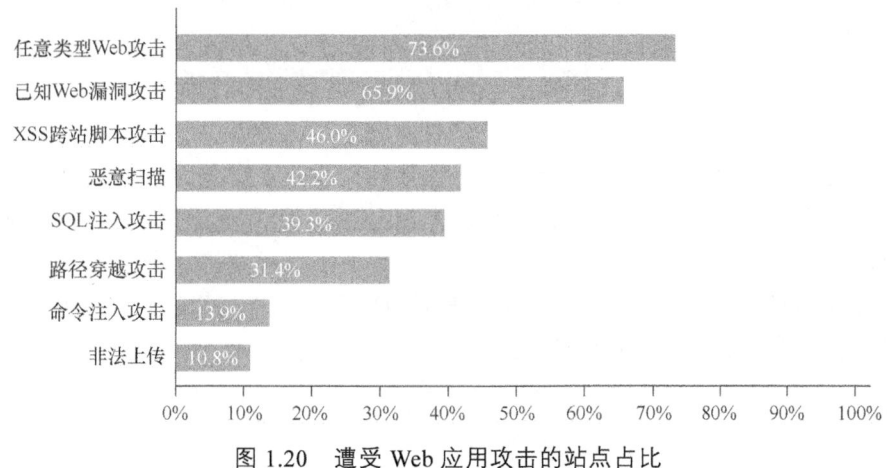

图 1.20　遭受 Web 应用攻击的站点占比

在金融行业针对 Web 服务器的攻击中，攻击次数最多的仍然是一些最常规的攻击手段，包括 SQL 注入、XPATH 注入、跨站、路径穿越、命令注入等，这部分攻击占比超过 60%。Web 攻击已经成为一个基本的攻击手段，也是各类攻击中相对容易实施的。此外，针对特定的 Web 插件、服务器程序的攻击比例也相对较高，企业应该定期维护系统，升级相关的服务器应用（见图 1.21）。

从服务器类型上来看，在金融行业中 Nginx、IIS、Tomcat 服务器是遭受攻击最为频繁的资产类型，在使用这类服务器时应该仔细防护（见图 1.22）。

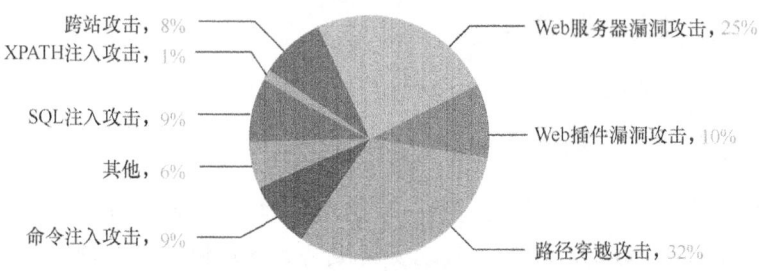

图 1.21　Web 类攻击类型细分

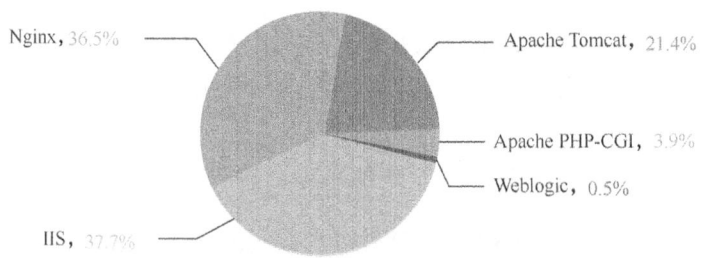

图 1.22　受攻击的 Web 服务器类型

从服务器系统应用程序的角度来看,针对金融行业的攻击普遍利用的漏洞类型是关键信息泄露,这类漏洞通常是服务器软件配置上的错误造成的,这些信息包括文件在服务器磁盘系统中的位置、系统版本号等。此外,文件类型过滤错误导致的文件执行也是经常出现的漏洞类型,这类攻击造成的危害更为严重,直接可以获取高权限 WebShell,为黑客提权控制创造了条件(见图 1.23)。

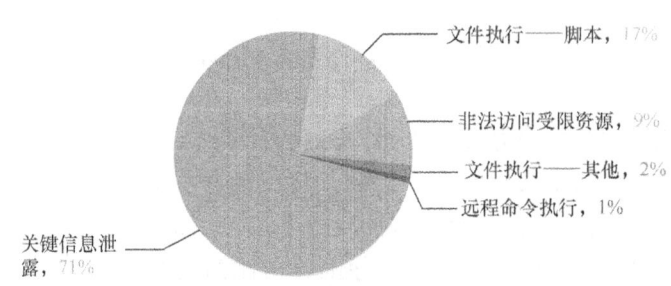

图 1.23　Web 服务器最常被利用的漏洞类型分布

代码存在缺陷是 Web 攻击事件逐年增加的主因。参考 Fortify 官方的表述,根据代码缺陷形成的原因、被利用的可能性和表现出的安全问题等因素进行分析,代码缺陷可分为 8 类(见图 1.24)。

图 1.24　常见的代码缺陷分类

在金融行业的信息系统开发环节，仅有 32.9% 的机构采用 SDL 管理，而且调查显示，大部分安全管理工作集中在运维、上线、测试阶段，在需求、设计、编码阶段对安全考虑十分欠缺。

2．业务欺诈

随着消费金融的快速发展，各类金融机构都面临着一个严峻的问题——欺诈。在《2017/18 年度全球反欺诈及风险报告》中提到，中国有 86% 的受访企业表示 2017 年曾遭受欺诈，较全球平均值的 84% 高 2 个百分点（见图 1.25）。

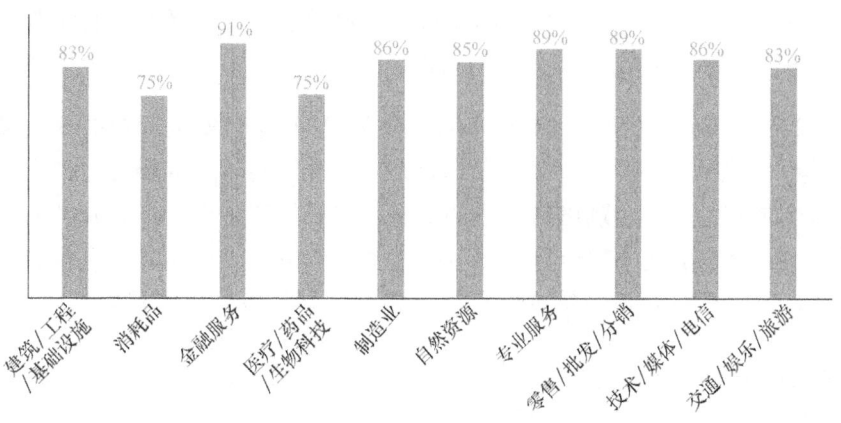

图 1.25　2017 年各行业发生欺诈事件比例

《中国金融反欺诈技术应用报告》指出，2017年第1季度，金融服务领域被拒绝的交易相较于2016年增长了40%，相关僵尸攻击的增长幅度为180%；预计到2020年，在线支付欺诈将达256亿美元，而预计到2019年因数据泄露造成的经济损失在全球范围内将达到2.1万亿美元。金融欺诈涉及的业务环节多、手段多样、隐蔽性强，且金融欺诈移动化、组织化程度不断增加，新型金融科技公司逐渐成为欺诈者的目标。

3. ATM与SWIFT攻击

2017年度，针对银行ATM设备的攻击方式有了新发展，攻击者开始利用红外插入式卡槽器展开网络攻击活动。据悉，插入式卡槽器是一款采用短距离红外通信技术的超薄微型设备，隐藏在ATM机卡槽内，用于捕获信用卡数据并存储在嵌入式闪存中。虽然该设备构造简单，但主要通过天线将窃取的私人数据传输至隐藏在ATM机外部的微型摄像头中，进而收集信用卡或借记卡数据，这些数据之后极有可能被用于伪造信用卡或借记卡以便获取用户资金。

2017年10月，中国台湾"远东银行"SWIFT事件遭盗领6000万美元，警方介入后追回大部分窃款，损失约50万美元。同期，尼泊尔NIC亚洲银行在类似的SWIFT事件中损失约500万美元。而且这并非银行机构首次遭受黑客攻击，这充分说明银行业金融机构对于反复发生的此类安全事件没有足够重视，且缺乏有效的控制措施。信息安全管理不能只靠运气，建立健全的安全管理体系和有经验的安全团队才是降低风险的正确道路。

4. 移动支付安全

在《2017年移动支付用户调研报告》中提到，有59.0%的用户担心移动支付安全问题。用户在使用生物识别技术进行移动支付和交易验证时，首要担心的问题是个人隐私泄露和相关安全隐患，占比分别为77.1%和70.2%。

根据《2017移动互联网支付安全调查报告》，移动支付安全存在的5大风险是：随意扫码；删除手机应用时不解除银行卡绑定；上网时如实填写各类支付信息；浏览有危险链接的短信或邮件；安装跳出来的不明文件。该报告还指出，有6成以上的被调查者在使用手机时，存在上述不安全行为，由此对个人信息或支付账号安全产生了威胁。因此，作为移动支付的使用者，需要时刻提高警惕，防范各种支付风险。

5. 区块链安全

区块链是一种分布式网络交易记账系统。它具有的开放性、全球性等特点，保证了交易活动可以在任何时间、任何地点进行，突破了传统贸易在时间和空间上的限制，因此被认为在金融、征信、物联网、经济贸易、结算、资产管理等众多领域都拥有广泛的应用前景。2017 年，随着国务院把区块链技术列入"十三五"信息化规划，中国的加密货币市场总值也增长了 30 倍。

《Distributed Ledger Technology & Cybersecurity》报告分析了区块链技术，同时也明示了它所带来的一些挑战，如密钥管理、隐私、智能合约等。该报告指出，传统系统和区块链中使用的一些安全原则虽然是相同的，比如共识劫持和智能合约管理，但是它仍然带来了新的挑战，这值得我们关注。

然而，区块链在不断得到研究、应用的同时，它在技术层面和应用层面依旧存在一定的安全局限，在共识机制、私钥防盗等方面仍需提高安全意识和加强防范措施。

第 2 章

"金融安全 3.0" 理论及生态

从传统的金融应用科技的 1.0 时代，到以互联网实现资金端高效对接的金融科技 1.0 时代，再发展到资金端与技术端融合创新的金融科技 2.0 时代，金融科技已被提升至行业转型发展中前所未有的战略高度。国家积极倡导利用移动互联网、人工智能、大数据、区块链等底层技术丰富金融监管手段，强化监管科技的应用实践，加快金融科技在金融服务的落地。

然而，金融安全并没有与金融业务的快速转型同步发展，攻防发展的不对称导致金融安全水平仍停留在传统金融时期。操作风险下的信息安全受到严峻挑战，大规模数据泄露、安全漏洞泛滥、风控体系不健全、新技术领域安全感知缺陷等威胁，使金融业务可能面临资金损失和重大负面影响。

金融信息化是金融业务升级的趋势，金融行业无疑是网络信息安全的重点防护部分，要增强金融服务实体经济的能力，必须加强网络安全信息统筹机制、手段、平台的建设，提高应对网络威胁的能力。

在此形势下提出的"金融安全 3.0"理论，旨在将理论研究应用到实践中。不同于传统金融时期由最高级别"一委一行两会"监管驱动的安全防护，金融安全 3.0 全面融合了金融与技术，在金融边界不断扩大、技术创新不断增强的前提下保障网络信息安全，是全场景、深层次的金融安全体系。

2.1 "金融安全 3.0"理论

金融业由于其天然的服务性质，对安全保障能力极为重视，甚至可谓要求严苛。而在 IT 技术引入金融行业并与业务深度耦合后，网络及信息安全已成为了金融安全的扎实根基。

工欲善其事，必先利其器。建立系统有效的安全防御架构，需首先完善安全理论体系。金融行业信息安全体系建设也经历了从无到有的过程。本节将介绍金融安全体系的发展历程，并阐述金融安全 3.0 的概念。

2.1.1 金融安全 1.0

金融安全 1.0 是指传统意义上的金融安全，金融资产安全与金融机构安全作为独立的两部分存在，目标各异，且均具备独立的安全策略。

金融资产安全主要通过传统风控策略及安保措施实现。银行等传统金融机构主流的风控模型的出发点为评估借款方的还款能力，即对其进行信用评级。定量评估指标如公司年度审计财务报告、银行流水、缴税金额等，定性评估包括行业趋势、经理人专业度等，需分析师进行人工评估。金融机构严密的安保措施毋庸置疑是确保资产安全的必备步骤。金融行业常用的安全防范手段有防盗报警系统、门禁系统、视频监视系统、紧急报警装置、专业安保人员等。

在互联网技术尚未得到广泛应用之时，金融机构 IT 信息系统的应用场景为支撑金融业务开展，如交易记录数据库、ERP 系统等，其信息安全保障原则及目标等同于其他信息系统，无明显行业属性特征。

2.1.2 金融安全 2.0

互联网金融兴起后，大金融机构紧跟时代脉搏，网上银行、手机银行、P2P 金融等业务开展如火如荼，IT 技术不再只是金融业务在机构内部流转信息的手段，它已成为连接客户与金融机构的关键桥梁，是金融业务收入来源的一个极为重要的渠道。

在金融安全 2.0 阶段，金融业务中的互联网属性加强，金融业务安全与网络信息安全并无深层次融合，依旧相互独立。

2.1.3 金融安全 3.0

金融业务转型的同时，安全威胁手段也随之推陈出新，攻防发展的不对称导致金融安全事件层出不穷，金融安全 3.0 的演进则成为必然。金融安全 3.0 是全场景、深层次的金融安全体系，在金融边界扩大、技术创新增加的前提下保障网络信息安全。安全防护技术与金融业务需求全面结合，以底层的金融信息基础设施安全保障为基石，为金融科技 2.0 及创新金融业务提供立体化的安全保障，代表性解决方案包括大数据安全、区块链安全、物联网安全、风控反欺诈、用户隐私保护等（见图 2.1）。

2.1.4 金融关键信息基础设施安全

关键信息基础设施安全是我国信息安全建设的重要目标，1994 年国务院令第 147

号《中华人民共和国计算机信息系统安全保护条例》的发布实施是信息安全立法过程的起点，20 余年来持续精进，2016 年 11 月 7 日《中华人民共和国网络安全法》的正式通过，宣告了我国对网络空间主权的重视上升到了新高度。

图 2.1　金融安全 3.0 层次架构

《中华人民共和国网络安全法》第三十一条要求："国家对公共通信和信息服务、能源、交通、水利、金融、公共服务、电子政务等重要行业和领域，以及其他一旦遭到破坏、丧失功能或者数据泄露，可能严重危害国家安全、国计民生、公共利益的关键信息基础设施，在网络安全等级保护制度的基础上，实行重点保护。"

金融机构在落实《中华人民共和国网络安全法》的实施过程中，应按照物理安全、主机安全、网络安全、数据安全、应用安全的层面，清晰界定保障主体责任，完善金融安全预警、保护、检测、响应、恢复的流程。

2.1.5　金融科技安全

传统应对网络安全方法的核心是对网络划分边界，只要守住边界便可以保障网络安全。但人工智能技术的发展使得黑客也可以直接控制消费者的使用终端，传统意义上的网络边界不复存在，网络攻击已不是可以用传统手段解决的隐患。

因此在当前大背景下，要解决安全问题，必须要有创新的解决方案。物联网使得全球遍地都是接收数据的传感器，都是大数据的来源和载体，它们不断产生数据、分析数据、利用数据。要解决它们的安全问题，也必须要用大数据的方法。

例如，金融业是 APT 攻击的重灾区，而传统的安全产品很难阻挡和检测 APT 攻击。通过大数据和机器学习，则可防御这种专业、未知的攻击。特定设备采集大量恶意或疑似恶意的数据，然后通过机器学习分析恶意程序的特征，以识别未知的黑客手法，从而有效防御 APT 攻击。

在金融科技 2.0 安全层面，新兴技术是一把双刃剑：一方面新兴技术可赋能于安全产品；另一方面也带来了更多样更严重的安全隐患。因此需深入研究大数据安全、云计算安全、物联网安全、区块链安全等。

2.1.6　金融业务安全

金融业务安全保障涉及多层面内容，随着金融科技研发突飞猛进，金融业务从起初的基于应用系统已逐步转变为基于应用场景。场景的多元化、业务的复杂性均导致了金融业务安全风险与日俱增，金融业务对安全策略的需求也愈发强烈。金融业务安全可包括身份认证、移动 APP 安全、智能风控、反欺诈、隐私保护、数据防泄露等内容。

2.2　金融安全 3.0 生态构建

2.2.1　"ABCDES" 安全生态

安全是业务的基础，安全是"金融安全 3.0"理论的核心与大前提。构建金融安全 3.0 生态必须以金融业务为导向，以金融信息基础设施为底层建设，为人工智能（A）、区块链（B）、云计算（C）、大数据（D）等金融科技提供立体化安全保障。在构建安全生态圈的同时，需要着力整合业界优秀资源，结合"政、产、学、研、金、介、用"的行业体系，国家、行业协会、高校、研究院所等强强联合，推动和引领"金融安全 3.0"的健康发展，完善金融安全生态（E），促进行业金融安全（S）健康大环境的形成（见图 2.2）。

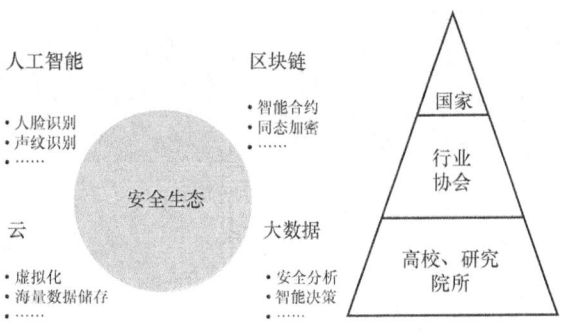

图 2.2 "金融安全 3.0"生态构建

2.2.2 安全意识和人才储备

金融科技安全是国家信息化策略的重要组成部分,信息安全人才是大环境下发展和确保金融科技安全的关键要素。然而,面向公众的信息安全教育相对不足,甚至某些企业、单位人员在业务、生产中也缺乏信息安全观念。构建和完善金融安全生态,从国家(政府)、企业、个人层面都必须做好信息安全教育,逐步提高从业务到生活的信息安全意识,为金融信息和科技安全增添一道思想防线。另外,在面对金融科技信息安全市场人才缺口的问题上,国家和企业需要做好人才培养和储备规划,重视安全人员的发展,提高金融科技安全科研能力和技术水平,为增强国家金融科技及网络安全掌控能力做出贡献。

在金融科技发展和金融行业加速转型的同时,金融安全的概念也逐渐影响行业的发展。只有信息基础设施的安全得到保障,才能更好地运用云计算、大数据、区块链等技术为金融活动服务。金融科技的安全将越来越关乎金融业务安全,由于攻击者始终盯紧"利益"并不断变换攻击手段和方式,因此金融安全 3.0 强调金融科技在基础设施、运营、维护、安全管控、应急响应和修复等方面的实践。健康的金融环境离不开健全的金融安全生态体系,重视和加强新时代下的金融安全必是大势所趋。

第3章

金融网络空间安全

安全威胁目前是计算机网络面临的最大问题。随着应用协议的不断增加以及网络应用的不断普及，上网用户也越来越多。黑客和不法用户都将计算机网络作为从事非法活动和攫取非法利益的"温床"。因此，了解计算机网络目前存在的安全威胁以及一些常用的应对策略是非常必要的。本章将对计算机网络安全威胁做一个非常全面的总结，并给出一些常见的应对策略，以供用户和管理员在日常工作中参考使用。

3.1 风险及威胁分析

3.1.1 扫描攻击

对于位于网络中的计算机系统来说，一个端口就是一个潜在的通信通道，也就是一个入侵通道。对目标计算机进行端口扫描，能得到许多有用的信息，甚至可以发现系统的安全漏洞。通过端口扫描，系统用户可以了解系统目前向外界提供了哪些服务，这也为管理网络提供了一种参考手段。同时，端口扫描也是黑客对目标发动攻击的一种方式。

从技术原理上来说，端口扫描是向目标主机的 TCP/UDP 服务端口发送探测数据包，并记录目标主机的响应。通过分析响应来判断服务端口是打开还是关闭，就可以得知端口提供的服务或信息。端口扫描也可以通过捕获本地主机或服务器的流入/流出 IP 数据包来监视本地主机的运行情况，它不仅能对接收到的数据进行分析，而且能够帮助用户发现目标主机某些内在的弱点，而不会提供进入一个系统的详细步骤。一般说来，端口扫描通常用于如下目的。

- **发现开放端口**：发现目标系统上开放的 TCP 或 UDP 端口。
- **了解主机操作系统信息**：端口扫描可以通过操作系统的"指纹"来推测被扫描操作系统或者应用程序的版本等信息。
- **了解软件或者服务版本**：软件或服务版本可以通过"标志获取"或者应用程序的指纹来识别获得。
- **发现脆弱的软件版本**：识别软件和服务的缺陷，从而有助于发起针对漏洞的攻击。

端口扫描主要有经典的扫描器（全连接）以及所谓的 SYN（半连接）扫描器，此外还有间接扫描和秘密扫描等。TCP 扫描方式是通过与被扫描主机建立标准的 TCP 连接进行的，因此这种方式最准确，很少漏报、误报，但是也容易被目标主机察觉、记录。SYN 方式是通过与目标主机建立半打开连接，这样就不容易被目标主机记录，但是扫描结果会出现漏报，而且在网络状况不好的情况下这种漏报很严重。

1. TCP 全连接扫描

全连接扫描是 TCP 端口扫描的基础，现有的全连接扫描有 TCP connect 扫描和 TCP 反向 ident 扫描等。

其中 TCP connect 扫描的实现原理为：扫描主机通过 TCP/IP 协议的三次握手与目标主机的指定端口建立一次完整的连接。连接由系统调用 connect 开始。如果端口开放，则连接将建立成功；否则返回-1，表示端口关闭。如果成功建立连接，则响应扫描主机的 SYN/ACK 连接请求，这一响应表明目标端口处于监听（打开）的状态。如果目标端口处于关闭状态，则目标主机会向扫描主机发送 RST 的响应。

反向 ident 扫描允许看到通过 TCP 连接的任何进程的拥有者的用户名，即使这个连接不是由这个进程开始的。比如，连接到 HTTP 端口，然后用 identd 程序来发现服务器是否正在以 root 权限运行。这种方法的明显缺点是只有在和目标端口建立了一个完整的 TCP 连接后，才能看到进程拥有者的名字。

2. TCP 半连接（SYN）扫描

若端口扫描没有完成一个完整的 TCP 连接，在扫描主机和目标主机的指定端口建立连接时只完成了前两次握手，在第三步时扫描主机中断了本次连接，使连接没有完全建立起来，这样的端口扫描称为半连接扫描，也称为间接扫描。

SYN 扫描的优点在于即使日志中对扫描行为有所记录，但是尝试进行连接的记录也要比全扫描少得多。缺点是在大部分操作系统下，发送主机需构造适用于这种扫描的 IP 包。通常情况下，超级用户或者授权用户需要访问专门的系统调用，才能构造 SYN 数据包。

3. UDP 扫描

UDP 扫描中不使用工具来设定特定的状态标志。如果源 UDP 包的响应为 ICMP 端口不可达消息，则说明端口已经"关闭"。UDP 扫描的过程比较长，速度比较慢。

4. 标志获取扫描

标志获取扫描是指连接到系统的特定端口，检查监听该端口的应用软件的标志的过程。它可以利用 TCP 端口连接来获得特定系统上运行的软件和程序版本信息。在实际的应对过程中，系统管理员可能会更改或者删除相关标志，从而隐藏被监听的应用程序。

5. 包分片

许多端口扫描器都支持包分片功能。这个功能有助于包穿透包过滤设备并逃避入侵检测系统的监测。包分片技术将 TCP 或者 UDP 包头分成多个包，从而增加访问控制设备检测端口扫描信息的难度。当前大多数防火墙和 IDS 都能够在评估原始 IP 包前先对其进行重组，这可以阻挡包分片的企图。但一些旧的防火墙和 IDS 设备缺乏这种功能。

6. 欺骗扫描

Nmap 和其他一些端口扫描工具都有"欺骗"功能，能够在直接扫描的同时进行一个或者多个欺骗性的扫描。由于这种欺骗性通常掩盖了真实源地址，并与真实的扫描同时进行，所以目标系统追踪扫描来源的难度大大增加。

7. 标识扫描

标识扫描能够用来识别与特定 TCP 连接绑定的用户账户，它可以通过与 113 号 TCP 端口进行通信来完成。该端口会返回该连接所有者的身份信息。这种扫描仅仅对于运行 ident 服务的系统有效，也可以用于识别使用特权账号（例如 root）的服务。

8. FTP 反弹扫描

FTP（File Transfer Protocol，文件传输协议）反弹扫描利用 FTP 服务器进行欺骗扫描，它利用的是"FTP 协议对代理 FTP 连接的支持"这一特性。利用 FTP 服务器作为反弹"代理"，黑客能够隐藏源扫描器的原始地址。

9. 源端口扫描

端口扫描工具中的源端口扫描允许扫描者设置静态的 TCP 或者 UDP 源扫描端口，

以避开包过滤访问控制设备。用于扫描的源端口通常与常用服务的端口相关联（比如 HTTP、DNS、SMTP、FTP 等），这些端口经常处于访问控制设备的许可范围之内。

10．主机扫描

主机扫描的目的是确定在目标网络上的主机是否可达。这是信息收集的初级阶段，其效果直接影响到后续的扫描。主机扫描主要包括如下几类：

- ICMP Echo 扫描；
- ICMP Sweep 扫描；
- Broadcast ICMP 扫描；
- Non-Echo ICMP 扫描。

ICMP Echo 和 ICMP Sweep 扫描

它们在判断一个网络上的主机是否开机时非常有用。ICMP Echo 扫描的机制是向目标主机发送 ICMP Echo Request（Type 8）数据包，然后等待回复的 ICMP Echo Reply 包（Type 0）。如果能收到，则表明目标系统可达，否则表明目标系统已经不可达或发送的包已被对方的设备过滤掉。该机制的优点是简单且系统支持；缺点是很容易被防火墙限制。在实际使用过程中，可以通过并行发送，同时探测多个目标主机，以提高探测效率（ICMP Sweep 扫描）。

Broadcast ICMP 扫描

该扫描机制将 ICMP 请求包的目标地址设为广播地址或网络地址，可以探测广播域或整个网络范围内的主机。该机制明显的缺点是只适合于 UNIX/Linux 系统，Windows 操作系统会忽略这种请求包。并且这种扫描方式容易引起广播风暴，从而占用大量的网络资源。

Non-Echo ICMP 扫描

该扫描机制指的是除上述 3 种扫描之外的一些其他的 ICMP 类型包，它们也可以用于探测主机或网络设备，具体如下：

- Stamp Request（Type 13）；
- Reply（Type 14）；

- Information Request（Type 15）；
- Reply（Type 16）；
- Address Mask Request（Type 17）；
- Reply（Type 18）。

11．操作系统"指纹"扫描

是指根据各个操作系统在 TCP/IP 协议栈实现上的不同特点，采用黑盒测试方法，通过研究其对各种探测的响应形成的识别指纹（footprint），进而识别目标主机运行的操作系统。根据采集指纹信息的方式，又可以分为被动扫描和主动扫描两种方式。

被动扫描

通过抓包程序（tcpdump、Sniffer、Wireshark 等）收集数据包，再对数据包的不同特征（TCP Window Size、IP TTL、IP ToS、DF 位等参数）进行分析，来识别操作系统。被动扫描基本不具备攻击特征，具有很好的隐蔽性，但其实现严格依赖于扫描主机所处的网络拓扑结构；与主动探测相比较，具有速度慢、可靠性不高等缺点。

主动扫描

采用向目标系统发送构造的特殊包并监控其应答的方式来识别操作系统的类型。主动扫描具有速度快、可靠性高等优点，但同样严重依赖于目标系统网络拓扑结构和过滤规则。

主动扫描主要包括以下几种技术。

- FIN 探测：发送一个 FIN 包给一个打开的端口，这个打开的端口一般不进行响应。
- BOGUS 标记探测：在 SYN 包的 TCP 头中设置一个未定义的 TCP "标记"（64 或 128）。
- TCP ISN 取样：原理是在操作系统对连接请求的回应中寻找 TCP 连接初始化序列号的特征。
- 不分段位：许多操作系统开始在送出的一些包中设置 IP 的 Don't Fragment（不分段）位。

- TCP 初始化窗口：检查返回包的窗口大小，比如使用 Queso 和 Nmap 保持对窗口的精确跟踪，因为窗口大小对于特定 OS 基本上是常数。
- ACK 值：在不同实现中 ACK 的值是不同的。如果发送了 FIN/PSH/URG 到一个关闭的 TCP 端口，大多数实现会为发送的初始序列数设置 ACK，而 Windows 会回送序列数加 1。
- ICMP 错误信息终结：一些操作系统跟踪限制各种错误信息的发送率。例如，Linux 内核以 80 个/秒的速率限制目的不可达消息的生成。一种测试办法是，发送一串包到随机的高 UDP 端口并统计收到的不可达消息的数量。
- ICMP 消息引用：ICMP 错误消息可以引用一部分引起错误的源消息。对于端口不可达消息，几乎所有实现只回送 IP 请求头外加 8 个字节。然而，Solaris 回送的稍多，Linux 回送的更多。
- SYN 洪水限度：如果收到过多伪造的 SYN 数据包，一些操作系统会停止新的连接尝试。许多操作系统只能处理 8 个包。

3.1.2 恶意软件

1. 木马

特洛伊（Trojan）木马源于古希腊的特洛伊木马神话，传说希腊人围攻特洛伊城，久久不能得手。后来想出了一个木马计，让士兵藏匿于巨大的木马中。大部队假装撤退而将木马摈弃于特洛伊城外，让敌人将其作为战利品拖入城内。隐藏在木马内的士兵则趁夜晚敌人庆祝胜利、放松警惕的时候从木马中爬出来，与城外的部队里应外合而攻下了特洛伊城。

在计算机网络安全领域，特洛伊木马通常是指一个包含在合法程序中的非法程序。用户会在不知情的情况下执行该非法程序。一般的木马都有客户端和服务器端两个执行程序，其中客户端是攻击者用于远程控制植入木马的机器，服务器端程序即是木马程序。攻击者要通过木马攻击系统，所做的第一步是要把木马的服务器端程序植入到被攻击用户的计算机中。

目前，木马入侵的主要途径还是先通过一定的方法（如邮件、下载等）把木马执行文件植入到被攻击者的计算机系统里，然后通过一定的提示故意误导被攻击者打开执行文件，比如故意谎称这个木马执行文件是朋友发送的贺卡。当被攻击者打开这个文件后，确实有贺卡的画面出现，但这时可能木马已经悄悄地在被攻击者的后台运行了。

一般的木马执行文件非常小，大都是几 KB 到几十 KB。如果把木马捆绑到其他正常文件上，用户很难发现。所以，一些网站提供的下载软件往往捆绑了木马文件，在用户执行这些下载文件的同时，会不觉间运行了木马。另外，木马也可以通过 ActiveX 及 ASP、CGI 交互脚本的方式植入。木马在被植入攻击主机后，一般会通过一定的方式把所入侵主机的信息，如 IP 地址、木马植入的端口等发送给攻击者，攻击者获得这些信息后才能够与木马里应外合控制攻击主机。

大多数早期的木马病毒是通过发送电子邮件的方式把入侵主机信息告诉攻击者的，有一些木马文件干脆把主机所有的密码用邮件的形式通知给攻击者，这样攻击者无需直接连接攻击主机即可获得一些重要数据（攻击 QQ 密码的 GOP 木马即是如此）。但电子邮件对攻击者来说并不是最好的选择，因为如果木马被发现，被攻击者可以通过电子邮件的地址找出攻击者。所以现在有一些木马是通过发送 UDP 或者 ICMP 数据包的方式通知攻击者。

木马主要有如下几种类型，用户需多加注意。

- **破坏型**：唯一的功能就是破坏并且删除文件，可以自动地删除计算机上的 DLL、INI、EXE 文件。

- **密码发送型**：可以找到隐藏的密码并把它们发送到指定的信箱。有人喜欢把自己的各种密码以文件的形式存放在计算机中，以图方便；还有人喜欢用 Windows 提供的密码保存功能（这样就可以不必每次都输入密码了）。许多黑客软件可以寻找到这些文件，并把它们送到黑客手中。也有些黑客软件会长期潜伏，记录操作者的键盘操作，从中寻找有用的密码。

- **远程访问型**：最广泛的是特洛伊木马，只要有人运行了服务端程序，获取了服务端的 IP 地址，就可以实现远程控制。这类远程控制程序可以监控被攻击者在系统中的一举一动，因此危害非常大，早年流行的"冰河"木马软件就是这类程序。这类程序多数采用 UDP 协议。与 TCP 协议不同，它是一种非连接的传输协议，没有确认机制，尽管可靠性不如 TCP，但效率却比 TCP 高，因此 UDP 协议被大量用于远程屏幕监视。

- **键盘记录木马**：这种特洛伊木马非常简单，通常只完成一件事情，就是记录被攻击者的键盘敲击行为并且在相应的日志文件中查找密码。这种特洛伊木马随着系统的启动而启动，有在线记录和离线记录选项，分别用于记录被攻击用户在线和离线状态下敲击键盘时的按键情况。木马植入者可以从这些按键中得到被攻击者的密码等有用信息，甚至信用卡账号。当然，对于这种类型的木马，邮件发送功能也是必不可少的。

- DoS（Denial of Service，拒绝服务）攻击木马：随着 DoS 攻击应用的越来越广泛，被用作 DoS 攻击的木马也越来越流行。当攻击者成功入侵了一台机器后，通常会给这台机器种上 DoS 攻击木马，此后这台计算机（也称为肉鸡）就会成为攻击者实行 DoS 攻击的得力助手。攻击者控制的肉鸡数量越多，那么成功发动 DoS 攻击的概率就越大。所以，这种木马的危害不是体现在被感染的计算机上，而是体现在攻击者可以利用它来攻击一台又一台计算机，并给网络造成的很大伤害和损失上。还有一种邮件炸弹木马，它类似于 DoS 木马，一旦机器被感染，木马就会随机生成各种主题的信件，不停地向特定的邮箱发送邮件，一直到对方瘫痪，不能接收邮件为止。

- 代理木马：黑客在入侵的同时为了掩盖自己的足迹，谨防别人发现自己的身份，会给被控制的"肉鸡"种上木马，使其变成攻击者发动攻击的跳板，这就是代理木马最重要的任务。通过代理木马，攻击者可以匿名使用 Telnet、ICQ、IRC 等程序，从而隐蔽自己的踪迹。

- FTP 木马：这种木马可能是最简单和古老的木马了，其唯一功能就是打开 21 端口，等待用户连接。现在的新 FTP 木马还添加了密码功能，这样，只有攻击者本人才知道正确的密码，用来进入对方计算机。

- 程序杀手木马：上面介绍的木马虽然形形色色，不过想在被攻击的机器上发挥自己的作用，首先要能躲避防木马软件的查杀。常见的防木马软件有 Zone Alarm、Norton Anti-Virus 等。程序杀手木马的功能就是关闭对方机器上运行的这类防木马程序，让其他的木马更好地发挥作用。

- 反弹端口型木马：木马开发人员在分析了防火墙的特性后发现，防火墙对于连入的连接会进行非常严格的过滤，但是对于连出的连接却疏于防范。于是，有别于一般的木马，反弹端口型木马的服务端（被控制端）使用主动端口，客户端（控制端）使用被动端口。木马定时监测控制端，发现控制端上线立即弹出端口，主动连结控制端打开的主动端口；为了隐蔽起见，控制端的被动端口一般使用的是 80 端口，即使用户使用扫描软件检查自己的端口，也很难发现端倪，都会以为自己是在浏览网页。

2. 系统漏洞

入侵者对业务系统的入侵在很大程度上依赖于业务系统存在的漏洞。可以说，业务安全问题本质上源于软件质量问题，软件质量问题的直接体现就是漏洞。漏洞是指计算机软件（包括硬件固化指令、操作系统、应用程序等）自身的固有缺陷或因使用不当造成的配置缺陷。这些缺陷可能被黑客利用并对计算机系统进行入侵或攻击。

安全漏洞有很多种分类方式。

- 基于漏洞宿主分类

  - 操作系统本身设计缺陷带来的安全漏洞：这类漏洞将被运行在该系统上的应用程序所继承。
  - 应用软件程序的安全漏洞：主要指应用程序在开发、部署、分发的过程中存在的可以被利用的 bug 和缺陷。
  - 应用服务协议的安全漏洞：主要指各种协议和服务本身存在的流程缺陷、防护缺点等。

- 基于利用位置的分类

  - 本地漏洞：需要操作系统级的有效账号登录到本地才能利用的漏洞，主要是权限提升类漏洞，即把自身的执行权限从普通用户级别提升到管理员级别。
  - 远程漏洞：无须系统级的账号验证即可通过网络进行利用。

- 基于威胁类型的分类

  - 获取控制：可以导致劫持程序执行流程转向执行攻击者指定的任意指令或命令，来控制应用系统或操作系统。这类威胁最大，同时影响系统的机密性、完整性，甚至影响可用性。主要来源为内存破坏类、CGI 类漏洞。
  - 获取信息：可以导致劫持程序访问预期外的资源并泄露给攻击者，从而影响系统的机密性。主要来源为输入验证类、配置错误类漏洞。
  - 拒绝服务：可以导致目标应用或系统暂时或永久失去响应正常服务的能力，从而影响系统的可用性。主要来源为内存破坏类、意外处理错误处理类漏洞。

- 基于技术类型的分类
    - 内存破坏类：此类漏洞的共同特征是由于某种形式的非预期的内存越界访问（读、写或兼而有之），在可控程度较好的情况下执行攻击者指定的任意指令，在其他大多数情况下则会导致拒绝服务或信息泄露。
    - 逻辑错误类：涉及安全检查的实现逻辑存在问题，导致设计的安全机制被绕过。
    - 输入验证类：这类漏洞都是由于对用户的输入没有做充分的检查过滤就用于后续操作而导致的，绝大部分的 CGI 漏洞属于此类。威胁较大的常见漏洞有 SQL 注入、跨站脚本执行、远程或本地文件包含、命令注入、目录遍历等。
    - 设计错误类：系统在设计时对安全机制考虑不足而导致的存在于设计阶段的安全漏洞。
    - 配置错误类：系统运维过程中默认不安全的配置状态，大多涉及访问验证的方面。

3. 病毒蠕虫

病毒是指编制的或者在计算机程序中插入的破坏计算机功能或者破坏数据，影响计算机使用并且能够自我复制的一组计算机指令或者程序代码。病毒一般具备两个属性。

- 能自行执行。通常将自己的代码置于另一个程序的执行路径中。
- 能自我复制。例如，可用受病毒感染的文件副本替换其他可执行文件。

此外，病毒往往还具有很强的感染性、一定的潜伏性、特定的触发性和很大的破坏性等。

病毒的危害性包括破坏系统、修改或删除数据、占用系统资源、干扰机器的运行等。一般的病毒不会自我传播，必须通过共享文件或者电子邮件等方式进行扩散。

计算机蠕虫病毒是一个独立的恶意计算机程序，能自我复制，以传播到其他计算机。蠕虫一般通过网络或者可移动媒介传播，比如 U 盘。任何旨在传播蠕虫的代码通常称为"有效载荷"。典型的恶意载荷可能会删除主机系统上的文件（例如 ExploreZip 蠕虫）、加密勒索软件攻击中的文件或者泄露诸如机密文档或密码之类的数据。蠕虫最常见的载荷可能是后门程序。这使蠕虫作者可以将计算机作为"僵尸"进行远程控制。这些机器所利用的网络通常称为僵尸网络,这类网络通常用于一系列恶意目的,包括发送垃圾邮件或执行 DoS 攻击。

近两年,勒索病毒兴起。勒索病毒主要以邮件、程序木马、网页挂马等形式进行传播,利用各种加密算法对文件进行加密,并弹出勒索界面索要赎金。WannaCry、BadRabbit、Petya 等就是这种病毒。

2018 年 5 月 12 日晚,WannaCry 蠕虫病毒在全球大肆爆发。据 BBC、CNN 等媒体报道,恶意攻击者利用 NSA(美国国家安全局)泄露的 Windows 0day 漏洞对 99 个国家(地区)实施了超过 75000 次攻击。攻击受害者包括俄罗斯联邦内政部、英国国家医疗服务系统以及包括联邦快递、西班牙电信公司 Telefonica 和法国汽车制造商 Renault 等在内的企业。

这次攻击的始作俑者是一款名为 WannaCry 的勒索病毒,WannaCry 可以扫描计算机的 445 端口,利用 EternalBlue 获取访问权限,并将 WannaCrypt 恶意软件部署到计算机中(利用恶意软件下载器 DoublePulsar)。被感染的计算机上的文件会被加密,屏幕会显示如图 3.1 所示的告知付赎金的界面。然后 WannaCry 会以相同方式扫描附近的计算机,并开始在网络中横向移动,将恶意载荷转移到更多终端。

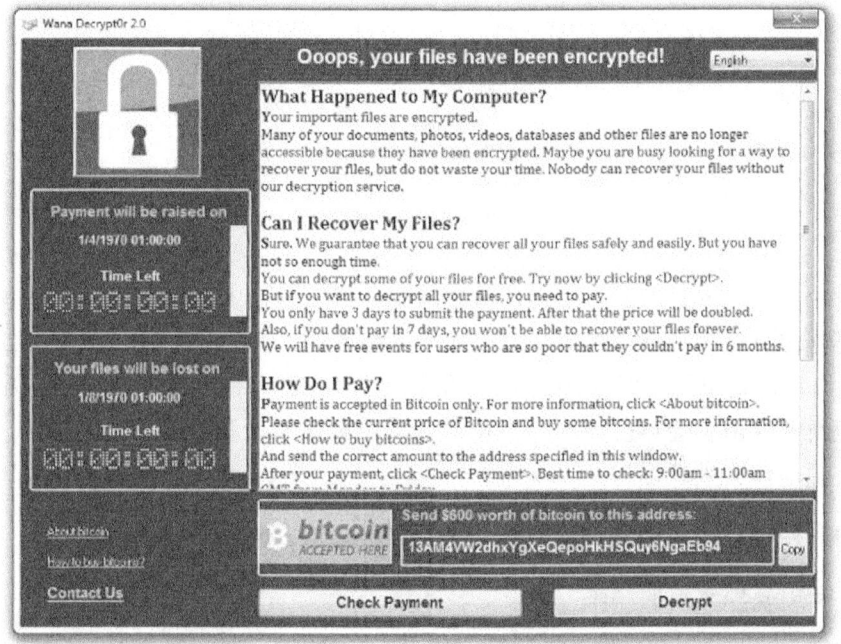

图 3.1　WannaCry 勒索病毒

3.1　风险及威胁分析

3.1.3　DoS 攻击和 DDoS 攻击

1．DoS 攻击

从网络攻击的方法和所产生的破坏情况来看，DoS 是一种简单有效的进攻方式，其目的就是拒绝用户的合法访问，破坏服务器的正常运行，最终使合法用户无法得到服务（见图 3.2）。

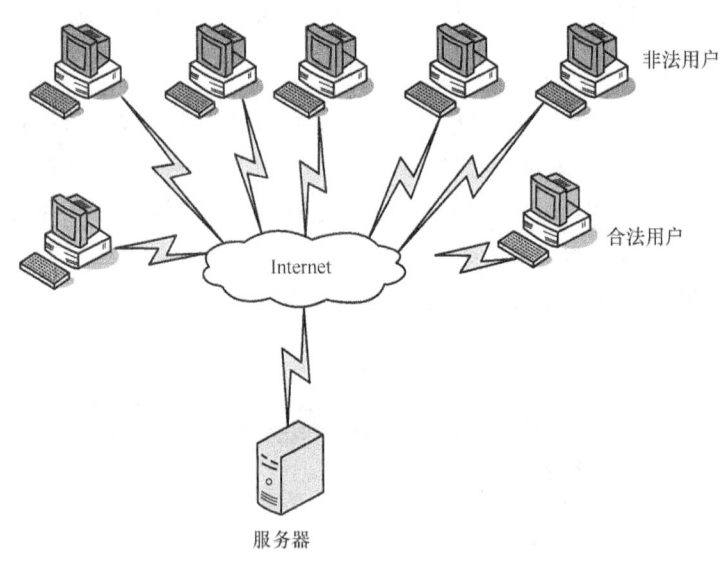

图 3.2　DoS 攻击

DoS 攻击的基本过程是：攻击者首先向服务器发送众多带有虚假地址的请求，服务器发送回复信息后等待回传信息；由于地址是伪造的，所以服务器一直等不到回传的消息，分配给这次请求的资源就始终无法释放。当服务器等待一定的时间后，连接会因超时而被切断，攻击者会再度传送一批新的请求，在这种反复发送伪地址请求的情况下，服务器资源最终会被耗尽。

根据利用漏洞产生的来源，可将 DoS 分为如下几类：

- 利用软件实现的缺陷；
- 利用协议的漏洞；

- 资源消耗。

利用软件实现的缺陷

这类攻击包括 OOB（Out of Band）攻击、TearDrop 攻击、Land 攻击、IGMP 碎片包攻击、Jolt 攻击、Cisco 2600 路由器 IOS VI 12.0 远程拒绝服务攻击等，它们都是利用了被攻击软件的缺陷完成 DoS 攻击的。通常，攻击工具向被攻击系统发送特定类型的一个或多个报文，且这些攻击通常都是致命的，一般都是一击致死。另外，由于很多攻击可以伪造源地址，所以即使通过 IDS 或者 Sniffer 软件记录到攻击报文，也不能找到攻击来源，而且这种类型的攻击多是使用特定类型的几个报文或非常短暂的少量报文而发起的，因此几乎不可能追查源 IP 地址。

利用协议的漏洞

这种攻击的生存能力非常强。为了能够在网络上进行互联互通，所有的软件实现都必须遵循既有的协议，而如果这种协议存在漏洞的话，那么所有遵循此协议的软件都会受到影响。

SYN 泛洪攻击就是利用 TCP/IP 协议的漏洞发起的。TCP 连接的建立一般包括 3 个步骤：客户端发送 SYN 包给服务器端；服务器分配一定的资源给这里连接并返回 SYN/ACK 包，并等待连接建立的最后的 ACK 包；最后客户端发送 ACK 报文。这样两者之间建立起连接，就可以通过连接传送数据了。SYN 泛洪攻击的过程就是疯狂发送 SYN 报文，而不返回 ACK 报文，从而导致服务器占用过多资源，没有能力响应别的操作，或者不能响应正常的网络请求。

SYN 泛洪不仅可以远程进行，而且可以伪造源 IP 地址，要查找源 IP 地址，必须在运营商骨干网络中沿着路由器逐级向上查找。

当前一些防火墙产品声称有抗 DoS 的能力，但通常能力有限，大多 100Mbit/s 的防火墙只能抵抗 20～30Mbit/s 的 SYN 泛洪攻击。现在有些安全厂商认识到 DoS 攻击的危害，开始研发专用的针对 DoS 攻击的产品。

由于 TCP/IP 协议相信报文的源地址，由此带来了另一种攻击方式——反射拒绝服务攻击。攻击者还可以利用广播地址和组播协议辅助反射拒绝服务攻击，这样的攻击效果更好。不过大多数路由器都不支持广播地址和组播协议的地址。

还有一类攻击方式是使用大量遵循协议的正常服务请求，由于每个请求会耗费很大的系统资源，由此导致正常服务的请求不能成功。如 HTTP 协议是无状态协议，攻击者通过构造大量搜索请求来耗费大量服务器资源，从而导致 DoS 攻击。这种方式攻击比较好处理，由于是正常请求，暴露了正常的源 IP 地址，直接禁止这些 IP 就可以了。

资源消耗

这种攻击方式凭借占有的丰富资源，发送大量的垃圾数据侵占用户的资源，导致 DoS 攻击。比如，ICMP 泛洪、mstream 泛洪、Connection 泛洪。为了获得比目标系统更多的资源，通常攻击者会发动 DDoS 攻击。攻击者控制多个攻击"肉鸡"发动攻击，这样才能产生预期的效果。在 ICMP 泛洪、mstream 泛洪和 Connection 泛洪攻击中，前两类攻击是可以伪造 IP 地址的，因此很难追查，第 3 种攻击由于需要建立连接，因此可能会暴露攻击"肉鸡"的 IP 地址，通过防火墙禁止这些 IP 地址即可防御这种攻击。对于难以追查、禁止的攻击行为，则需要用到专用的抗拒绝服务产品。

在日常的网络威胁中，如下几类 DoS 攻击较为常见。

- 死亡之 ping（ping of death）攻击：ICMP 在 Internet 上用于处理错误和传递控制信息。它的功能之一是与主机联系，通过发送一个回应请求（echo request）信息包看看主机是否"存活"。最普通的 ping 程序就是这个功能。而在 TCP/IP 的 RFC 文档中，包的最大尺寸都有严格限制规定，许多操作系统的 TCP/IP 协议栈都规定 ICMP 包大小为 64KB，且在对包的报头进行读取之后，要根据该报头里包含的信息来为有效载荷生成缓冲区。死亡之 Ping 攻击就是故意产生畸形的测试 ping 包，声称自己的尺寸超过 ICMP 上限，使未采取保护措施的网络系统出现内存分配错误，导致 TCP/IP 协议栈崩溃，从而造成最终接收方宕机。

- TearDrop 攻击：也叫泪滴攻击。它的工作原理是向被攻击者发送多个分片的 IP 包（IP 分片数据包中包含该分片数据包属于哪个数据包以及在数据包中的位置等信息），某些操作系统收到含有重叠偏移的伪造分片数据包时会出现系统崩溃、重启等现象。

- UDP 泛洪：UDP（用户数据报协议）在 Internet 上的应用比较广泛，很多提供 WWW 和 Mail 等服务的设备通常使用的是 Linux 系统，它会默认打开一些被黑客恶意利用的 UDP 服务。如 Echo 服务会显示接收到的每一个数据包，而原本作为测试功能的 Chargen 服务会在收到每一个数据包时随机反馈一些字符。UDP 泛洪就是利用简单的 TCP/IP 服务（如 Echo 和 Chargen 服务）传送毫无用处且占满带宽的垃圾数据,从而导致网络可用带宽耗尽。

- SYN 泛洪:这是一种利用 TCP 协议缺陷,发送大量伪造的 TCP 连接请求,使被攻击方资源耗尽的攻击方式。
- Land 攻击:黑客利用一个特别伪造(spoof)的 SYN 包(它的原地址和目标地址都被设置成某一个服务器的地址)进行攻击。这将导致接收服务器向它自己的地址发送 SYN/ACK 消息,结果这个地址又发回 ACK 消息并创建一个空连接。每一个这样的连接都将保留直到超时,由此导致系统崩溃。
- IP 欺骗攻击:这种攻击利用 TCP 协议栈的 RST 位来实现,它通过迫使服务器把合法用户的连接复位来影响合法用户的连接。假设现在有一个合法用户 A 已经与服务器建立了正常的连接,现在攻击者构造攻击的 TCP 数据,将自己的 IP 伪装为 A 的 IP 地址,并向服务器发送一个带有 RST 位的 TCP 数据段。服务器接收到这样的数据后,认为从用户 A 发送的连接有错误,就会清空缓冲区中已建立好的连接。这时,合法用户 A 再发送合法数据时,服务器就已经没有这样的连接了,该用户就被拒绝服务而只能重新开始建立新的连接。

2. DDoS 攻击

DDoS 攻击原理

与基本的 DoS 攻击不同,DDoS(Distributed Denial of Service,分布式拒绝服务)攻击是一种基于 DoS 的特殊形式的拒绝服务攻击,是一种分布、协作的大规模攻击方式,主要瞄准比较大的站点,比如商业公司、搜索引擎和政府部门的站点。通常,DoS 攻击只需要一台单机和一个 MODEM 就可实现,而 DDoS 攻击则是利用一批受控制的机器向一台机器发起攻击,这样来势迅猛的攻击令人难以防备,因此具有较大的破坏性。

一个经典的 DDoS 攻击体系分成 4 大部分,如图 3.3 所示。第 1 部分是黑客主机(hacker),用于对控制的傀儡机发号施令。第 2 部分和第 3 部分分别是控制傀儡机和攻击傀儡机,它们分别用作控制和实际发起攻击。第 4 部分则是最终的受害者(被攻击者,victim)。

在图 3.3 中,需要特别注意控制傀儡机与攻击傀儡机的区别:对第 4 部分的受害者来说,DDoS 的实际攻击包是从第 3 部分的攻击傀儡机上发出的,第 2 部分的控制傀儡机只发布命令而不参与实际的攻击。对第 2 部分和第 3 部分的计算机,黑客有控制权或者是部分的控制权,并把相应的DDoS程序上传到这些机器上。这些程序与正常的程序一样运行并等待来自黑客的指令,通常它还会利用各种手段隐藏自己以免被发现。平时,这些傀儡机并没有什么异常,只是一旦黑客连接到它们进行控制,并发出指令的时候,被攻击的傀儡机就成为攻击者去发起攻击了。由此可见,在严格意义上,除了第1部分的黑客主机之外,第2部分到第4部分的机器都是受害者。

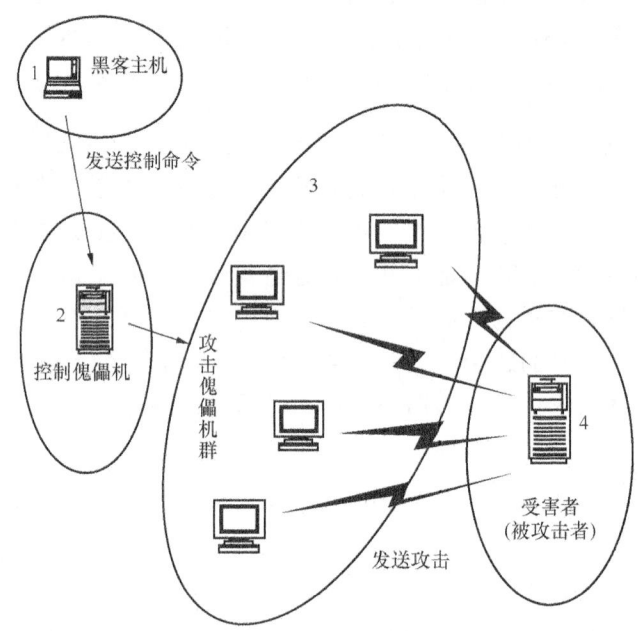

图 3.3　分布式拒绝服务攻击体系结构

DDoS 常见的攻击类型

比较常见的 DDoS 攻击有 Smurf 攻击、Fraggle 攻击、Trinoo、Tribal Flood Network (TFN)、TFN2k 以及 Stacheldraht 等。

- **Smurf 攻击**：一种简单但有效的 DDoS 攻击技术。在 Smurf 攻击中,攻击者向网络广播地址发送 ICMP 包,并将回复地址设置成受害网络的广播地址,通过使用 ICMP 应答请求数据包来淹没受害主机,最终导致该网络的所有主机都对 ICMP 应答请求作出答复,从而导致网络阻塞。

- **Fraggle 攻击**：Fraggle 攻击对 Smurf 攻击作了简单的修改,使用的是 UDP 应答消息而非 ICMP。

- **Trinoo 攻击**：Trinoo 是较为复杂的 DDoS 攻击程序，它以 UDP 泛洪攻击为基础，使用 master 程序来控制用于发起实际攻击的任何数量的"代理"程序。攻击者连接到安装了 master 程序的计算机，然后启动 master 程序，由 master 程序负责启动所有的代理程序。接着，代理程序用 UDP 数据包冲击网络，它向被攻击目标主机的随机端口发出全零的 4 字节 UDP 包，被攻击主机在处理这些数据包的过程中，网络性能不断下降，最终因垃圾数据包过载而不堪重负，从而不能提供正常服务，乃至崩溃。

- **Tribal Flood Network（TFN）和 TFN2K 攻击**：TFN 与 Trinoo 一样，都是使用一个 master 程序与位于多个网络上的攻击代理进行通信，利用 ICMP 向代理服务器下命令。TFN 可以并行发动数不胜数的 DoS 攻击，类型多种多样，而且还可建立带有伪装源 IP 地址的数据包。TFN 可以发动的攻击包括：SYN 泛洪、UDP 泛洪、ICMP Echo Request 泛洪及 Smurf 攻击等。TFN2K 是 TFN 的升级版本，可对包含命令的数据包加密，从而使命令内容更难查询，还可以伪造命令来源。

- **Stacheldraht 攻击**：Stacheldraht 与 TFN 和 Trinoo 一样，其中 master 程序与潜在的成千个代理程序进行通信。攻击者在发动攻击时只需与 master 程序进行连接即可。Stacheldraht 还可以对攻击者与 master 程序之间的通信进行加密、伪造命令来源，还可以防范一些路由器的过滤行为。若检查出有过滤现象，它将伪造 IP 地址的后 8 位，从而使用户无法了解到底是哪几个网段的哪些机器被攻击。Stacheldraht 还可以使用远程复制技术对代理程序进行自动更新。Stacheldraht 所发动的攻击包括 UDP 泛洪、TCP SYN 泛洪等。

3.1.4 APT 攻击

高级持续性威胁（Advanced Persistent Threat，APT）是利用先进的攻击手段对特定目标发起的长期持续性网络攻击。APT 攻击通常都有强大的组织支撑，通常用于国家/地区之间的对抗，或者是针对某个组织的特定攻击。APT 攻击的方式包括鱼叉攻击、水坑攻击等社会工程学攻击，还包括 DDoS、木马、0day 漏洞攻击以及针对特定目标定制恶意软件等攻击手段。这种攻击行为往往经过长期的经营与策划，具备高度的隐蔽性。它的攻击手法是在隐匿自己的同时，针对特定对象，长期、有计划、有组织地窃取数据。

很多经典的 APT 攻击事件的攻击流程都可以分为 3 个核心阶段。

- 第 1 阶段：采用鱼叉、水坑等攻击方式对特定目标开展社会工程学攻击，并利用 0day 漏洞植入恶意软件或代码。
- 第 2 阶段：通过恶意代码进行远程监控、信息收集。
- 第 3 阶段：利用恶意代码对内网进行渗透攻击，窃取机密数据或者进行破坏攻击。这些恶意代码通常都是特别定制的武器级恶意代码，携带着不止一个 Nday 已知漏洞甚至 0day 未知漏洞。

APT 攻击的主要特征如下所示。

- 潜伏性

APT 可能在用户环境中存在一年以上甚至更久，主要目的是不断收集各种信息，直到收集到重要情报。而黑客发动 APT 攻击的目的并不是为了在短时间内获利，而是把"被控主机"当成跳板持续搜索，直到能彻底掌握所针对的目标人、事、物等信息。APT 攻击实质上是一种"恶意商业间谍威胁"。

- 持续性

由于 APT 攻击具有持续性甚至长达数年的特征，因此网络管理人员很难察觉。在此期间，这种"持续性"体现在攻击者不断尝试各种攻击手段，以及渗透到网络内部后长期蛰伏。

- 安装远程控制工具

在 APT 攻击中，攻击者建立一个类似于僵尸网络（Botnet）的远程控制架构，之后会将有潜在价值的文件副本定期发送给命令和控制（C&C）服务器审查，然后将过滤后的敏感机密数据利用加密的方式外传。

1. 解析震网病毒

2010 年被发现的震网病毒又名 Stuxnet 病毒（见图 3.4），是一个席卷全球工业界的病毒。截至 2011 年，震网病毒感染了全球 45000 个以上的网络，其中伊朗遭到的攻击最为严重。

震网病毒利用了微软操作系统中之前未被发现的 4 个漏洞，而且由于这种新病毒采取了多种先进技术，因此具有极强的隐身和破坏力。只要将被病毒感染的 U 盘插入 USB

接口，震网病毒就会在神不知鬼不觉的情况下（不会出现任何其他操作要求或者提示）取得一些工业用计算机系统的控制权。通常，黑客会利用这些漏洞盗取银行和信用卡信息以获取非法收入。而震网病毒的目的并不是为了赚钱，而且它的研制成本也不低，所以专家们均认为震网病毒出自情报部门。

图 3.4　震网病毒

2. 针对韩国金融机构和媒体的 APT 攻击

2013 年 3 月 20 日，韩国多家银行和媒体同时遭受攻击，迫使业务运行出现中断，信息系统几乎瘫痪，部分节目制作受到负面影响，电视台工作人员无法使用公司系统；不少银行终端和取款机无法正常运行，银行员工无法正常登录网络开展银行服务。直到四五天后业务才得以恢复。

据分析，攻击者采用了社会工程学攻击，共使用了 76 个定制的恶意软件，其中包括 9 个破坏性恶意软件，其余软件用于进行渗透和监控。另外，攻击者通过一家防病毒供应商的管理服务器传播恶意软件，利用合法的更新机制将恶意软件更快地部署到了端点。除了这些手段外，攻击者还对许多个人计算机和 Linux 服务器发起定制攻击，并通过从受感染的客户端获取服务器登录凭证来发起远程攻击。

3.1　风险及威胁分析

3. 证券幽灵

2013 年 8 月，在数家金融公司的网络环境中发现了一种危险度较高且具有 APT 性质的恶意程序。这种恶意程序的主要攻击目标为证券行业，因此被命名为"证券幽灵"。"证券幽灵"恶意威胁拥有更加典型的 APT 攻击的特点，以银行、证券等更具攻击价值的企业网络为目标，主要针对的是 IT 管理人员的终端、域控制器、DNS 服务器、网络安全和业务管理软件服务器。"证券幽灵"通过网络共享或由其他病毒及被篡改后的第三方软件传播释放，但进入企业内网后不会立即大规模传播，反而会潜伏下来，并寻找其他更具价值的数字信息。该恶意程序可以接受控制端发来的命令，充当后门程序，亦可以通过 SMB 协议进行自传播并收集被感染主机中的敏感信息，因此危险性极高。

3.2 网络空间安全策略分析

3.2.1 DDoS 防御

DDoS（分布式拒绝服务）攻击通过巨大的流量拥堵带宽，造成业务中断。在金融系统中，业务中断会造成巨大的资金损失，还需要上报相应的监管机构。根据攻击流量的规模，可以将 DDoS 防御划分为三个层次：数据中心级近目的清洗、云清洗以及运营商清洗（见图 3.5）。

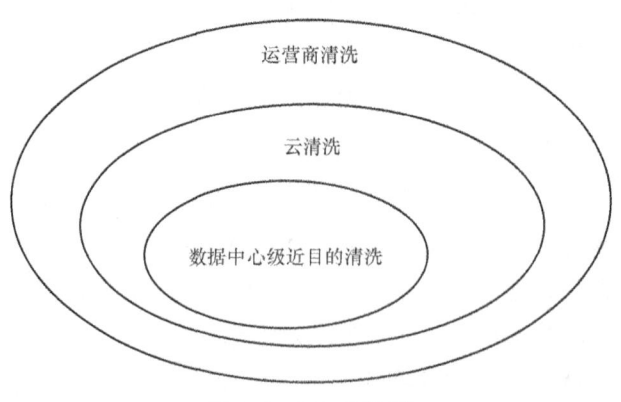

图 3.5 DDoS 防御

数据中心自建抗 DDoS 系统能够解决不高于自身带宽的流量攻击（见图 3.6）。带宽较大的企业会采取这种方案，能够在一定程度上处理部分攻击。企业可以采购一套抗 DDoS 设备，此类设备一般分为流量检测和流量清洗两部分。通过结合路由配置，抗 DDoS 设备在攻击发生时可达到检测、牵引、清洗、回注的效果。

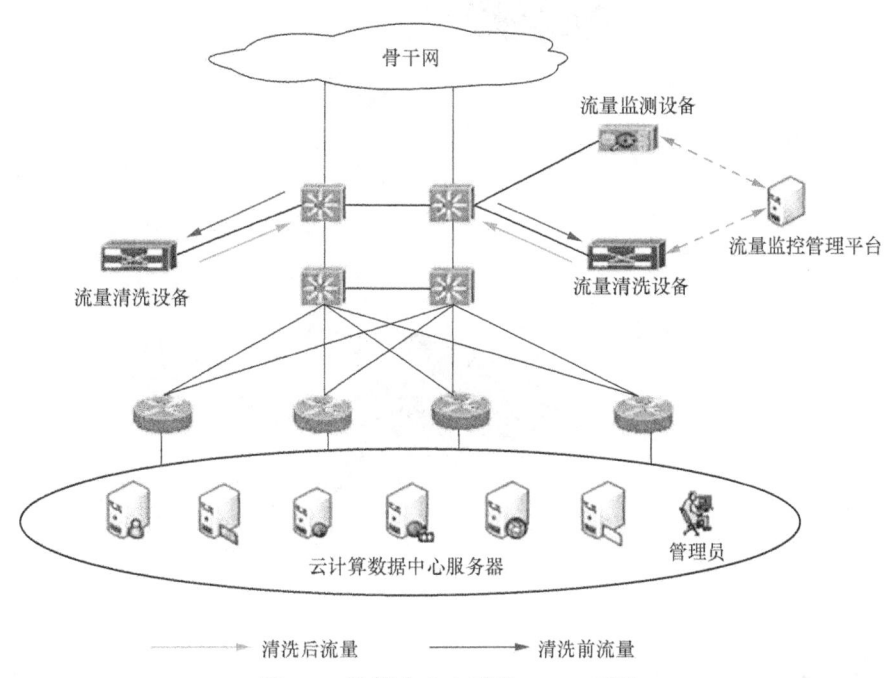

图 3.6　数据中心自建抗 DDoS 系统

自建抗 DDoS 系统的局限在于数据中心的带宽，当攻击流量超过其拥有的带宽时，就必须要借助外部的力量。企业可与具备抗 DDoS 能力的云安全厂商建立关系，形成云防护抗 DDoS 机制。云防护抗 DDoS 主要是通过修改域名 CNAME 记录，将流量导到云上进行清洗，完成后再返回到企业的数据中心。由于国情限制（比如不支持任播机制、小运营商众多），通过 DNS 牵引的方式在历经较长时间后才会生效，DNS 缓存刷新周期时间不可控，在这期间只能等待。

若企业规模足够大，除了与云安全厂商合作，也可直接采购运营商的抗 DDoS 防护方案，比较典型的是"电信云堤-抗 D"。"电信云堤-抗 D"除了能提供云防护厂商修改 CNAME 对流量进行牵引的功能外，还有另外两种独有的 DDoS 防护方式：近源清洗和流量压制。在 IDC 自建抗 D 系统对攻击流量进行清洗属于近目的清洗（见图 3.7），攻击流量已经到达目的网络。而近源清洗（见图 3.8）通过位于攻击源就近的防护节点对流量进行清洗，到达目的网络的恶意流量基本被清洗掉了。

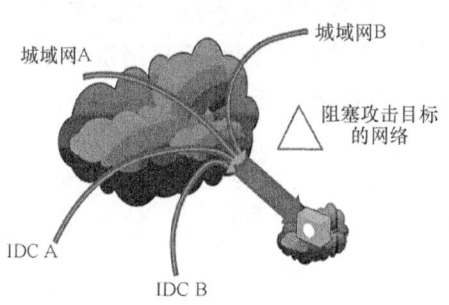

图 3.7　近目的清洗

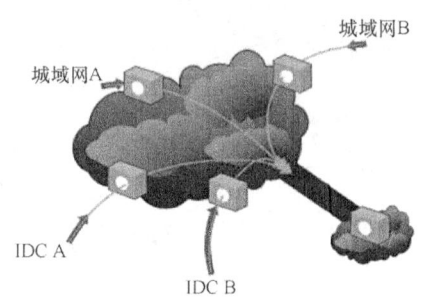

图 3.8　近源清洗

无论是 DC 级的近目的清洗、云清洗，还是运营商清洗所使用的检测策略和清洗策略，基本方式是一样的。DDoS 攻击主要发生在 TCP/IP 协议的第四层和第五层，在清洗时首先需要识别出攻击特征，并且要尽可能减少对正常业务的影响。DDoS 攻击与正常流量相比有某些异常特征，包括 IP 发包频次异常、协议异常、请求异常等。如 2018 年 3 月发生的利用 Memcached 服务器实施反射放大攻击，其攻击特征就很明显，因此可直接对 UDP 协议且端口号是 11211 的包进行封禁。针对第四层 TCP 层面的泛洪攻击，除了在协议层进行调整外，可封禁那些高频次发起 TCP 请求的 IP。CC（Challenge Collapse，挑战黑洞）攻击是一类比较典型的应用层 DDoS，这类攻击主要会消耗计算资源，可根据实际情况分析攻击点，然后对具体的 API 进行总体限速，也可对每个 IP 进行限速，在防御的同时也尽可能保证业务的连续性。在实际情况中，也可能同时存在多种 DDoS 攻击类型，因此在清洗时也要组合使用多种方式。

3.2.2　APT 防护

近年来发生了多起针对金融行业的 APT 攻击事件，其目的都是针对某个对象进行渗透行为以达到获取利益的目的。APT 攻击一般分为情报收集、单点突破、通道控制、横向渗透、数据挖掘的过程。我们可以看一个典型的例子。

2011 年 10 月底，赛门铁克公司发布的一份报告公开了主要针对全球化工企业进行信息窃取的 Nitro 攻击。该攻击的过程十分典型，步骤如下所示。

1. 受害企业的部分雇员收到带有欺骗性的邮件。

2. 当受害人阅读邮件的时候，往往会看到一个通过文件名和图标伪装成一个类似文本文件的附件，而这实际上是一个可执行程序；或者看到一个有密码保护的压缩文件附件，密码在邮件中注明，并且如果解压该文件则会产生一个可执行程序。

3. 只要受害人执行了附件中的可执行程序，就会被植入 Poison Ivy 后门程序。

4. Poison Ivy 会通过 TCP 80 端口与 C&C 服务器进行加密通信，将受害人计算机上的信息上传（主要是账号相关的文件信息）。

5. 攻击者在获取了加密的账号信息后可通过解密工具找到账号的密码，然后借助事先植入的木马在受害企业的网络寻找目标、伺机行动，不断收集企业的敏感信息。

6. 所有的敏感信息会加密存储在网络中的一台临时服务器上，并最终上传到公司外部的某个服务器，从而完成攻击。

我们可以根据 APT 攻击的过程，在攻击的各个环节进行有意识的防范。

APT 攻击的第一步要搜集大量情报信息，包括企业组织架构、人员信息、IT 设备以及软件信息等。这些信息基本上是通过网络搜索、历史已泄露数据、收集企业丢弃的文字资料，以及通过一些手段从员工处获得的，收集的信息能够提高下一步攻击的成功率。可通过制定安全管理制度，对员工有可能损害公司的行为进行明确规定和惩罚说明，如规定不得向无关人员透露公司的敏感信息，重要资料要妥善保管，不再使用时要销毁处理，公司相关数据不得放在公网等。

单点突破阶段主要是利用人和系统的弱点，一般采用的方式是钓鱼邮件攻击、水坑攻击。诱导相关人员点击恶意链接，甚至是插入在公司门口捡到的 U 盘，然后结合系统上软件存在的漏洞执行恶意代码下载控制程序。2011 年 3 月，EMC 公司的下属公司

RSA 遭到入侵，部分 SecurID 技术及客户资料被窃取。后来发现是 RSA 有两组员工在两天时间内分别收到了标题为 2011 Recruitment Plan 的恶意邮件，附件是名为 2011 Recruitment plan.xls 的电子表格。其中一位员工对此邮件感兴趣，并将其从垃圾邮件中取出来阅读，殊不知此电子表格包含了当时最新的 Adobe Flash 的 0day 漏洞（CVE-2011-0609），攻击者利用此漏洞执行系统命令安装了远控软件。针对人性的弱点，只能通过不断的安全培训和事件教育，来弥补这一重要的短板，尤其是培养员工在钓鱼邮件、安全上网和设备安全接入等方面的安全意识。日常系统和软件及时更新升级也是必要的，除非对方使用 0day 漏洞，否则更新升级能够较为有效地阻止攻击程序的运行。在主机上安装防病毒软件和邮件附件扫描，也能够在一定程度上提高攻击的门槛。

如果攻击人员已经控制了通道并进行横向渗透，说明单点攻击已经成功。要想发现这两个阶段的行为，完善的安全监控和日志记录体系是十分必要的。IDC 机房各节点的 IDS、网络设备、服务器应用等各种类型的日志是发现异常行为的关键。这对安全人员的技术要求比较高，需要对异常记录格外敏感，以及对企业架构和业务数据流有基本的了解。恶意软件在安装成功后，一定会与 C&C 服务器进行通信，获取将执行的命令或者上传窃取到的数据。C&C 服务器通信地址有多种方式，比如 IP、域名、DGA 算法生成等，因此被准确定位的难度也越来越大。安全人员在这方面需要具备一定的经验，同时对企业数据有一定的了解，才能借助数据分析手段从海量的数据中进行挖掘，发现异常行为。

攻击者需要花费数月甚者数年的时间来找到目标数据，而目标数据也正是攻击的最终目的。企业内部核心数据一般来自于核心成员的 PC 机或者核心服务，因此对核心数据的保护是十分关键的。比如，加密存储核心成员的资料，对企业生产的数据进行访问限制等。

3.2.3 蜜罐技术

蜜罐技术本质上是一种针对攻击者的欺骗技术，通过布置一些作为诱饵的主机、网络服务或者信息，诱使攻击者对它们实施攻击，从而对攻击行为进行捕获和分析，了解攻击者所使用的工具与方法。安全人员可根据蜜罐中掌握的攻击信息，对实际环境进行审视和加固，以做到提前防御。比如在防火墙中对攻击者的 IP 进行拦截，或者对攻击者使用的有效负载进行告警和阻断。

网络空间中每天都有大量的系统和应用漏洞被发现，攻击者有时会使用厂商未出补丁或者未被重视的漏洞进行大范围利用，企业对这些漏洞的具体利用细节和攻击方法并不了解，也就无法进行有效防御。当企业成为攻击对象，业务受到影响时，应急保证业务和找出攻击方法是当务之急。保证业务继续提供服务相对简单，只要服务器的控制权还在，停止恶意服务和删除恶意程序基本上能够让服务重新正常运行。为避免再次被攻击，需要找出攻击方法堵住缺口，这需要完善的监控体系和日志记录。在正常情况下，出于性能和空间的考虑，服务器并不会打开所有的监控功能，有限的日志往往会限制对问题的进一步深入追查。但蜜罐服务器自身不承载业务，且目的就是为了发现攻击和溯源，因此可以最大程度地开启所有的监控记录日志，甚至是记录所有的流量包。

可以在蜜罐中部署与实际应用相似的环境，包括操作系统、中间件、应用方面。发生安全应急时，蜜罐中的发现或许能够提供很大的帮助。在 2017 年年末，不少企业服务器被安装了挖矿木马，导致 CPU 负载过高，服务被强行终止。在应急删除恶意挖矿软件来保证业务持续运行的同时，找出攻击者使用的手段和缺陷软件是十分急迫的，这样才能进行有效的防御。若企业有部署 WebLogic 的蜜罐，这台蜜罐服务器也可能会受到相同的攻击。对蜜罐中攻击前后五分钟的日志和流量包进行分析，就能够根据挖矿软件中出现的 IP 溯源找到攻击者使用的恶意有效负载，而大部分企业并不会在访问日志中记录 POST 部分的内容或者一段时间内的流量包。

腾讯反病毒实验室曾使用蜜罐系统监控到大量名为 Okiru（Satori）的 IoT 蠕虫活动情况。该蠕虫使用了路由器 0day 漏洞进行大规模传播，无需获得密码就能够控制受害设备，然后从感染设备上发起第二轮的网络攻击。目前，蜜罐技术被越来越多的企业所接受，用来捕获网络中的行为，为企业自身的安全防护提供策略依据。

3.3 案例分析

某租户（银行用户）BANK A 为了响应国家号召，积极推动业务上云，并在上线初期进行了充分的调研，尤其是安全方面，与某云平台的安全团队进行了充分的论证。最终业务成功上云可以说与云平台上的安全能力不无关系。租户不仅从云平台自身的安全性、身份认证、登录授权等方面进行了充分的沟通，以便了解云平台的各种安全机制，而且对近几年非常流行的 DDoS 攻击、云上主机的安全性（暴露在互联网上的机器最终总会被攻破）、应用层安全（互联网上各种扫描、恶意攻击等）、数据安全（近些年各大论坛售卖的各类数据）等都提出了自己的担忧。针对租户的担忧，云安全团队提供了全方位的方案，其安全方案框架如图 3.9 所示。

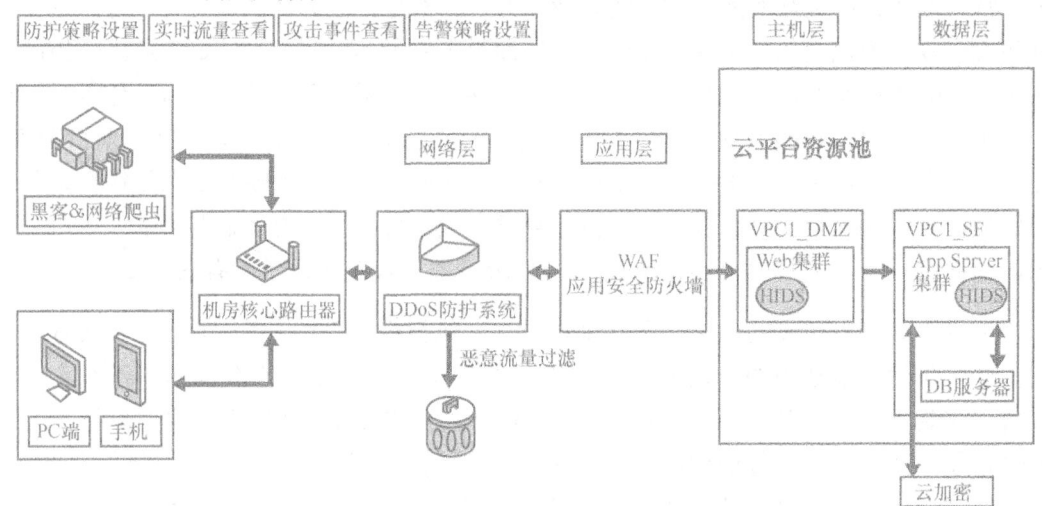

图 3.9　云平台安全方案

可以看到，为了确保租户的安全，网络层、应用层、主机层、数据层均提供了相应的安全能力，有效消除了租户的担心；同时将各层面的安全进行统一，采用大数据安全分析，充分展示租户云上的安全态势，提供优秀的安全态势可视化界面（见图3.10）。

图 3.10　某云平台安全态势可视化界面

为了更好地说明网络层 DDoS、应用层防御、主机层安全检测、数据层的加密等方案，下面几小节分别对这几个安全服务进行概述。

3.3.1 高防 DDoS 建设

1. 介绍

以国内某云平台为例。该云平台为用户提供了 DDoS 基础防护能力,能够从网络流量中精确区分出攻击流量,并通过集成的检测和阻断机制对 DDoS 攻击实时响应。DDoS 基础防护可完美地防御 SYN 泛洪、ACK 泛洪、ICMP 泛洪、UDP 泛洪、NTP 泛洪、SSDP 泛洪、DNS 泛洪、HTTP 泛洪、CC 攻击等常见的 DDoS 攻击。

2. 功能描述

DDoS 攻击流量检测功能

云平台采用硬件抗 D 设备,部署在 IDC 流量出口的核心路由器上,采用分光方式,将所有网络流量旁路到抗 D 设备的 DDoS 攻击流量检测板卡上,为数据中心提供 DDoS 攻击流量检测能力。

DDoS 攻击流量清洗功能

云平台的 DDoS 基础防护流量清洗服务是针对公网 IP 地址被 DDoS 攻击而进行防护的一种网络安全服务。此服务实时监控访问公网 IP 地址的网络流量数据,并在网络出口对网络访问流量进行检测,能快速地发现收到的 DDoS 攻击的异常流量。DDoS 攻击流量清洗功能可在不影响正常业务的前提下,根据用户配置的防护策略,清洗掉异常网络攻击流量。

DDoS 防护控制台功能

云平台的 DDoS 基础防护系统通过用户控制台管理查看自己名下公网 IP 的防护信息。用户控制台支持用户公网 IP 流量实时查询、报文实时查询、攻击事件查询、防护状态展示、防护阈值设置。

3. 系统架构与部署

系统逻辑架构图

该云平台的系统逻辑框架包括 POU、ATIC、远程管理、KVM 管理等功能模块,如

图 3.11 所示。

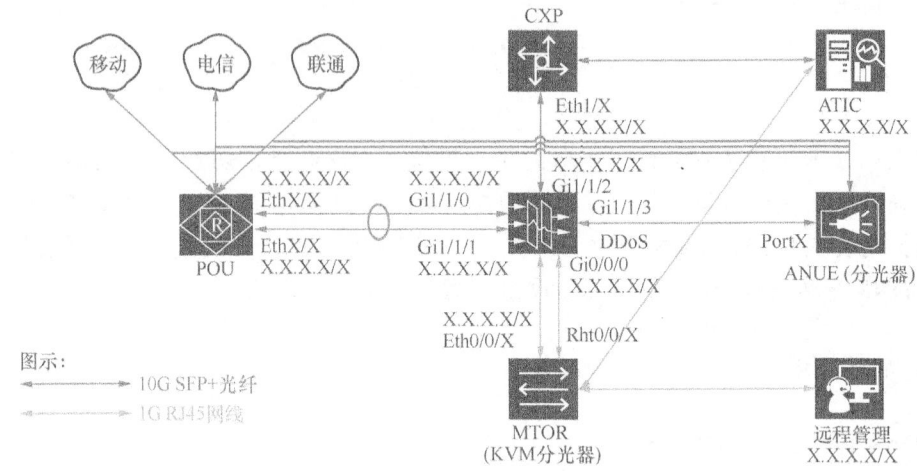

图 3.11　云平台系统逻辑框架

系统部署架构图

云平台设有多地部署系统，图 3.12 以华东 A 机房和华南 B 机房为例演示了云平台的多地部署架构。

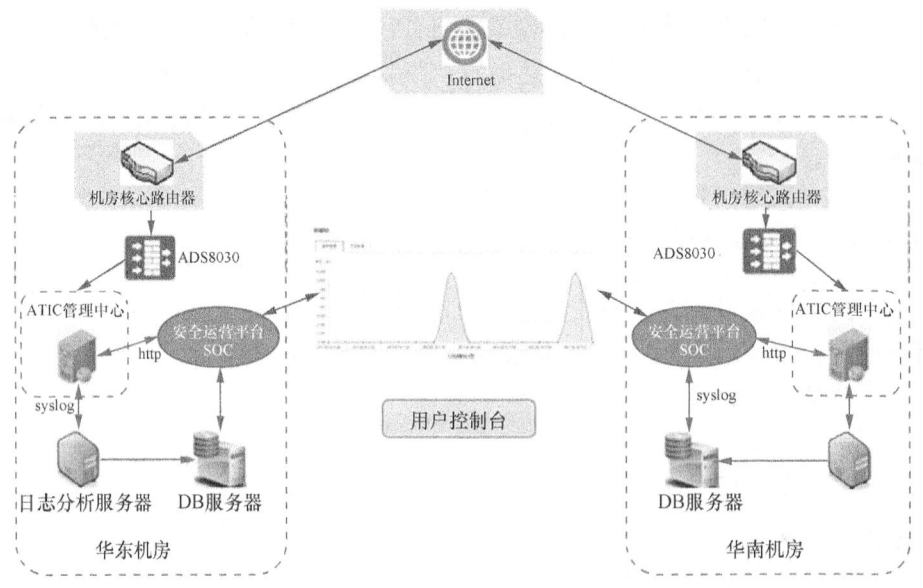

图 3.12　云平台系统部署架构图

3.3.2 主机入侵检测系统（HIDS）

1. HIDS 逻辑架构

HIDS 的逻辑架构如图 3.13 所示，它采用经典的 CS 架构模式，分为 Agent 和服务器两部分。

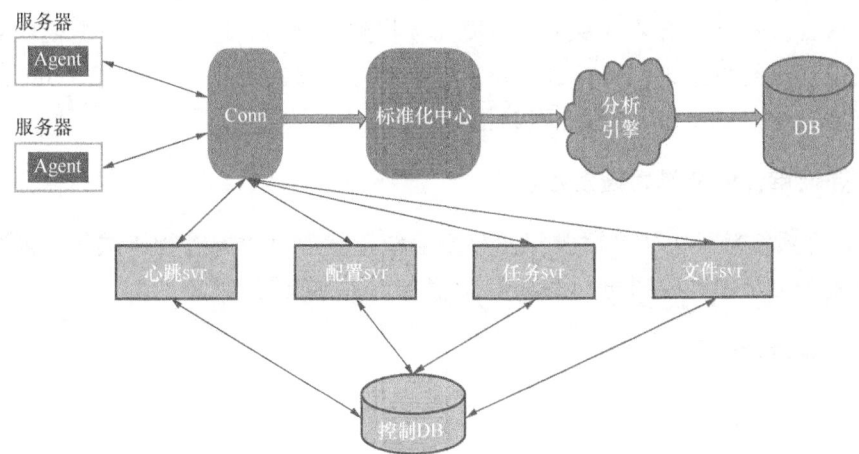

图 3.13　HIDS 的逻辑架构

- Agent 安装在 VM 上面，负责收集数据以及执行任务。
- 服务器分为多个模块：Conn、标准化中心、分析引擎、心跳 svr、配置 svr、任务 svr 以及文件 svr。

  ➢ Conn：进行负载均衡。

  ➢ 标准化中心：负责各种数据的格式化工作。

  ➢ 分析引擎：对数据进行安全性分析，将分析结果写入 DB。

  ➢ 心跳 svr：检查 Agent 和服务器之间的连接有效性。

  ➢ 配置 svr：下发配置给 Agent。

  ➢ 任务 svr：下发各种任务给 Agent。

  ➢ 文件 svr：存放安装包、任务文件。

2．HIDS 的工作机制

HIDS 包括 WebShell/恶意进程检测、登录审计及暴力破解检测、基线检查检测 3 个功能模块。

- WebShell/恶意进程的检测

Agent 实时或者定时收集登录信息、进程信息、Web 服务、数据库服务等各种日志信息，并上传到后端系统。数据经过标准化服务器格式化后成为能够满足分析引擎所需要的数据格式。分析引擎采用多线程的模式接收到数据后，通过木马检测模块实时分析每一条数据，最终将结果写入 DB。分析引擎拥有丰富的规则库，现有 1000 条以上的规则，支持多种 WebShell/恶意进程的检测。

- 登录审计以及暴力破解检测

Agent 将系统登录信息实时上报给后端系统，然后对数据进行格式化，再通过分析引擎登录安全分析模块实时分析每条登录信息，将结果写入 DB。

- 基线检查检测

通过任务 svr 定时或实时地下发检查任务给 Agent，Agent 把检查结果上报给后端并写入 DB。

3.3.3　Web 应用层安全防火墙

1．介绍

Web 应用防火墙（Web Application Firewall，WAF）是为企业提供的网站应用级入侵防御系统，用于对 Web 网站的常见攻击进行监测和阻断。WAF 支持发现 SQL 注入、XSS 跨站等 OWASP 常见攻击。WAF 可以为用户降低停机时间、篡改和数据失窃的风险，并隐藏源站，以防止针对源站的直接攻击。

2．功能描述

WAF 包括 4 个方面的应用层安全功能。

- Web 常见攻击防护

WAF 支持全面检测和阻断 SQL 注入、XSS 跨站脚本、文件包含、命令执行等 OWASP

常见威胁。

- 缓解 CC 攻击

WAF 可对单一源 IP 的访问频率进行控制、重定向跳转验证等；针对海量慢速请求攻击，识别异常响应码、IP 访问、URL 异常分布等；针对异常 referer、User-agent（用户代理）的请求，可结合访问控制进行过滤。

- 0day 补丁定期及时更新

WAF 可在 24 小时内及时更新最新漏洞补丁，并及时更新防护规则。

- 支持客户自定义规则

WAF 支持根据客户自身业务状况来自主定义防护规则，精准拦截恶意流量或者放行合法请求。

3．WAF 系统架构图

云平台的 WAF 作为一个 SaaS 服务，不仅可以为云平台上的租户提供服务，还可以为非云平台及传统环境的用户提供 WAF 服务。它采用类似 CDN 的接入方式串接在请求链路中，把恶意请求阻挡在源站之外；而对正常请求则放行到源站，确保客户的业务正常运行，免受恶意扫描及攻击（见图 3.14）。

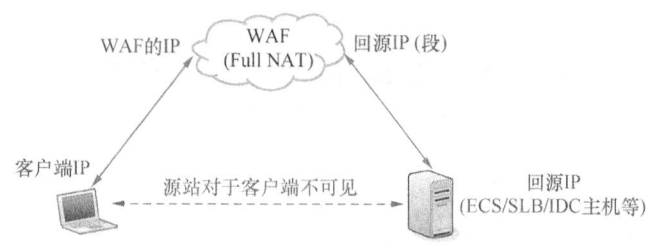

图 3.14　Web 应用防火墙系统原理图

云平台 WAF 为了更好地提升用户体验，在华中、华东、华南、华北等地均部署了 WAF 集群，并在 GSLB 上设置相应策略，根据用户源 IP 分配最近的 WAF 集群，从而提升了用户体验，降低了访问线路上的时间消耗。

3.3.4 云加密服务

1. 简介

云加密服务（Cloud Encryption Service）是云上的加密解决方案，底层采用国家密码管理局认证的物理加密机，利用虚拟化技术，提供弹性、高可用、高性能的数据加解密和密钥管理等云上数据安全服务。云加密服务符合国家监管合规要求，可满足金融、互联网等行业的加密需求，保障业务数据隐私安全。借助加密服务，用户能够对密钥进行安全可靠的管理，也能使用多种加密算法来对数据进行可靠的加解密运算。

2. 功能描述

加密算法支持

云加密服务支持符合国家和行业标准的数据加密算法，具体如下。

- 对称加密算法：SM1、SM4、DES、AES。
- 非对称加密算法：SM2、RSA（1024~2048）、ECC 等算法。
- 摘要算法：SM3、MD5、SHA1、SHA256、SHA384 等算法。

金融支付数据加密

云加密服务对符合金融支付规范要求的数据提供加密和验证等服务，保证支付过程中敏感信息的安全性和数据的完整性。云加密服务的主要加密范围包括：

- PIN 产生/加密/转加密/验证；
- MAC 计算及验证、TAC 验证；
- 敏感数据加密、转加密、报文 MAC 计算及验证；
- ARQC 验证、ARPC 产生、脚本加密、脚本 MAC；
- 外部认证、更新密钥、内部认证；
- CVV/CVN 产生及验证、PVV/PVN 的产生及校验。

数字签名和密钥管理

云加密服务提供多种数字签名和验证功能,支持密钥的管理和备份,切实保证密钥的安全:

- 密钥产生、存储、备份;
- PKCS#1、PKCS#7 Detach、PKCS#7 Attach、SM2 签名、验证、ECC 签名、验证、ECDH;
- 管理员 USBKEY 身份认证;
- 服务实例间密钥安全隔离。

3. 系统部署架构图

云加密服务系统的部署架构如图 3.15 所示。云加密服务系统中,多机房分布式部署、加密机的地位对高可用性提出了较高的要求。为了满足云上租户的服务正常使用,云加密服务自身采用 3/2/2 模式确保租户服务的高可用性。任何一台加密机发生故障时均会自动切换到备用加密机上,切换可在 5 秒之内完成。

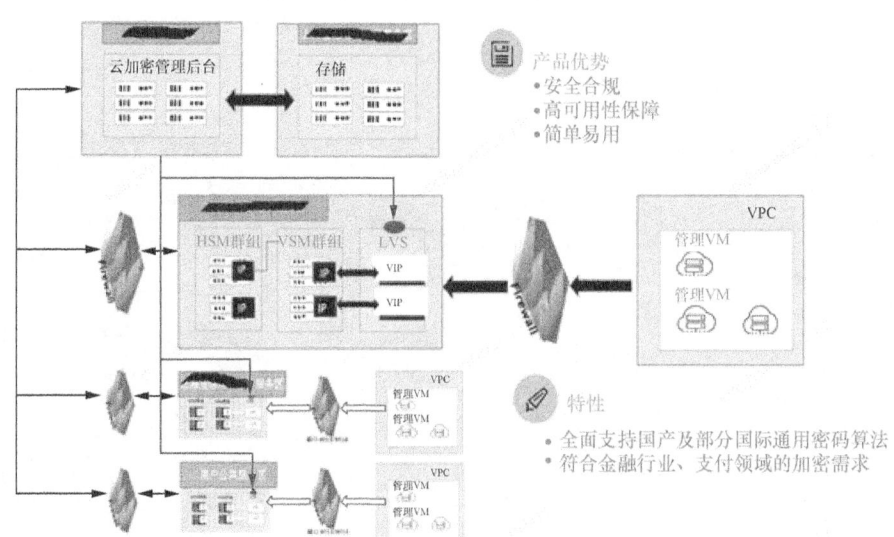

图 3.15 云加密服务系统的部署架构图

第4章

金融云平台安全

金融领域已经成为迫切需要使用云计算技术的行业之一。大量的金融机构逐渐开始使用云来承载应用和高并发的业务。云计算技术正在与金融行业快速结合，并在金融行业内快速发展。银行、基金、保险、券商等金融机构逐步涉及云计算，打开了云上业务和金融信息相结合的金融平台的新篇章。但是很多人对金融云的了解并不深入。

什么是金融云？金融云是指金融机构利用云计算的运算和服务优势，将数据、客户、流程及价值通过数据中心、客户端等技术手段分散到"云"中，以改善系统体验，提升运算能力，为客户提供更高水平的金融服务，并降低运行成本，最终达到精简核心业务，扩充分散渠道的目的。

4.1 国内金融云安全现状

伴随着市场份额的不断壮大，金融云越来越火热。计世资讯（CCW Research）发布的《2016-2017年中国金融云市场现状与发展趋势研究报告》中指出，2016年中国金融云市场整体规模为43.4亿元；预计到2017年，市场规模将达到63亿元，同比增长45.2%。计世资讯的调研结果还显示，目前已有40%的金融机构尝试将IT业务搭建在云上，并且这一数字在未来将持续增长（见图4.1）。

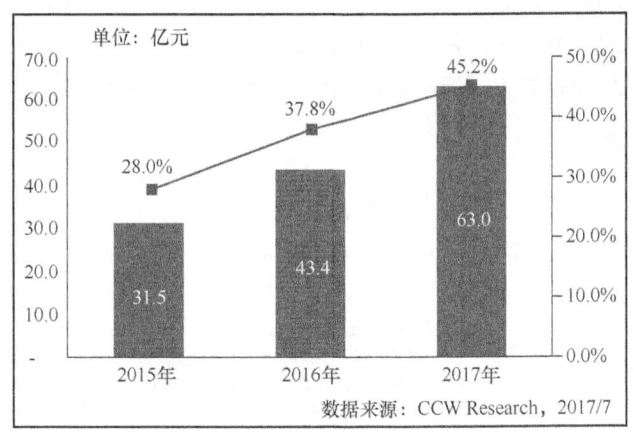

图4.1　2015-2017年中国金融云整体市场规模及增长率

越来越多的金融机构开始尝试把基础架构搭建在云上。面对高速增长的市场份额，金融业务上云呈现多样化，其中包括自建私有云和与第三方云提供商合作的方式。因为涉及云上服务的安全问题，对安全措施把控更为严格的传统银行和证券企业则更多地使用金融私有云和混合云的云架构建设。

目前阻碍云计算在金融机构普及的因素是安全性和可靠性问题。不少金融服务公司不愿使用基于云的服务，因为安全和隐私在这个严格管制的行业中是必不可少的，而云计算的安全性和可靠性还有待考验。当隐私和安全措施遭到破坏时，会对客户、股东，甚至公司员工造成毁灭性的影响。CSA（Cloud Security Alliance，云安全联盟）的一项研究指出：60%的金融服务行业调查者表示，云计算策略只在他们的组织中形成；31%~41%的人认为他们的 IT 策略是以云计算和内部计算的混合模式存在的；18%的人说他们的云战略将在很大程度上和私有云混合。解决金融云安全问题，是云计算在金融行业领域普及的必要条件。

4.2　金融云安全合规要求

当单位将其业务从传统数据中心迁移至云计算数据中心时，将面临新的安全挑战，其中最大的挑战即为遵从众多监管条例，而面向金融行业开放的云服务是监管最严格的区域，因此云服务提供商除了遵守国际云计算规范、国内政策标准之外，还必须参照金融行业对数据中心和云计算服务的相关要求制定自己的合规策略，以避免潜在的政策风险。在众多法规和行业要求的认证中，包含了准入型审计（pass-through audit）。准入型审计是合规性继承的一种形式，依照合规标准对云供应商的所有或者部分基础设施和服务进行审核。供应商承担这些认证的成本并维护认证。表 4.1 列举了部分可能会遇到的认证标准、政策法规和规章制度。

表 4.1　金融云合规标准参考

类别	标准	说明
国际标准	CSA STAR 云安全认证	STAR 云安全评估是由国际权威的非盈利组织云安全联盟推出的针对云安全特性的一项国际性认证。它将 ISO/IEC 27001 信息安全管理体系进行拓展，结合云安全控制矩阵（Cloud Control Matrix，CCM），将云安全的特有问题可视化，为用户提供了直观的安全架构评估总览
	ISO 9001	国际质量保证体系
	ISO 27001	目前国际上最权威、最严格，也是最被广泛接受和应用的信息安全标准

续表

类别	标准	说明
国际标准	ISO 27017	ISO/IEC 27017:2015 云服务信息安全认证是一种国际标准，也是 ISO/IEC 27002:2013 的补充，加强了云计算漏洞的威胁和风险的控制
	ISO 27018	ISO 27018:2014 主要针对保护云中个人数据安全的国际实施规程
	ISO 22301	ISO/IEC 22301 是第一份以业务连续管理（Business Continuity Management，BCM）为主题的国际标准，提供了一种完整通用的 BCM 方法论，让企业能够达到国际上公认的最佳实践。该认证适用于所有行业中的大、中、小型公有及私有组织，并且特别适用于处于高风险和高度监管环境下的行业，例如金融业、信息技术业、制造业等。在企业业务的运行过程中，往往会受到各种内在或外在因素的影响，严重时甚至会导致中断业务，而意外的中断会给企业带来重大损失。从降低风险的角度来看，业务连续性管理越来越受到重视
	PCI DSS	支付卡行业标准，主要关注支付卡信息在组织范围内全生命周期的管理和控制，包括生成、传输、存储、处理和销毁等
	SOC 审计	根据 AICPA（Trust Service Principles，AT 101）标准执行审计并出具的鉴证报告，对云服务商提供的服务的相关安全控制的设计有效性和执行有效性进行评定，是在一系列常见的认证中唯一一份根据会计准则出具的鉴证报告
国内标准/政策法规	信息安全等级保护	信息安全等级保护是对信息和信息载体按照重要性分级别进行保护的一种工作，是在很多国家/地区都存在的一种信息安全领域的工作。在中国，信息安全等级保护广义上为涉及该工作的标准、产品、系统、信息等均依据等级保护思想的安全工作；狭义上一般指信息系统安全等级保护。2017 年新增的云扩展要求规定了云计算信息系统应具备什么样的安全防护措施，如何通过等级保护测评工作检查和验证安全措施的合规性和有效性
	可信云	可信云服务（TRUCS）认证是由国内 100 多家行业会员单位组成的数据中心联盟组织，由中国信息通信研究院（工信部电信研究院）测试评估。通过多维度、透明的安全指标数据进行评测，为用户选择安全、可信的云服务提供了重要的、透明化的参考依据
	CS-CMMI	CS-CMMI（Cloud Security Capability Maturity Model Integration，云安全能力成熟度技术评估）是由 CSA 大中华区、亚太区与全球共同开发和研制的，把《CSA CSTR 云计算安全技术标准要求》和《CSA CCM 云安全控制矩阵》的技术能力成熟度模型，集成到一个治理框架中，形成云安全能力成熟度评估模型。云安全能力成熟度模型集成分为 5 级，1 级是最低级，5 级是最高级
	网络安全审查	中央网信办推出的针对网络产品和服务安全的审查
	大数据产品能力认证	大数据产品能力认证，由国家大数据战略和工信部推出，覆盖了大数据平台产品的功能、运维、多租户、可用性、安全性、兼容性和扩展性等 7 个维度
	CNAS 云计算国家标准测试	基于国际标准的云产品国家实验室认证
	云服务能力标准测试	由工信部基于国家标准推出的唯一公有云和专有云的服务能力认证
	CSA C-STAR	结合国内相关法律法规和标准要求，对云计算服务进行全方位的安全评价

续表

类别	标准	说明
行业规范	HIPPA	个人医疗健康信息保护认证，遵守美国健康保险流通与责任法案
	《支付机构互联网支付业务风险防范指引》	由中国支付清算协会网络支付应用工作委员会发布，其中对于金融机构的数据中心，要求任何人员进出数据中心机房需要登记，涉及重要数据的区域需要提前申请并由相关责任人陪同方可进入；参观人员仅可访问指定授权区域
	《保险机构信息化监管规定》	由中国保险监督管理委员会发布的公开征求意见稿，其中要求保险行业的数据中心规划应当报中国保监会备案，并且对来源于中华人民共和国境内的数据，其数据中心的物理位置应当位于境内
	《金融业信息系统机房动力系统规范》	2015年12月10日由中国人民银行正式发布，规定了金融业信息系统机房动力的系统规划、设计要点和管理的基本要求，特别是在机房动力的管理系统应用方面提出了建设性方案，适用于金融行业各种规模和等级的信息系统机房动力系统，以及金融行业租用第三方数据机房时动力系统的评估
地方规定	《广东省计算机信息系统安全保护条例》	要求第三级备案的计算机信息系统以及政府投资的计算机信息系统的数据中心必须设在境内。此外还要求在发现有害信息后应及时采取删除、停止传输、关停账号或者服务等技术措施
	《杭州市计算机信息网络安全保护管理条例》	第十八条原则定，互联网接入服务提供商及主机托管、租赁和虚拟空间租用等互联网数据中心服务提供商，应当建立并落实以下安全保护制度和安全保护技术措施。然后在其第三十九条进一步具体规定，互联网接入服务和数据中心服务提供商、互联网信息服务提供商或者互联网上网服务提供单位违反本条例第十八条、第十九条或者第二十一条规定的，由公安机关给予警告，并责令限期改正。云服务商只能承担理应由网络供应商和用户承担的安全保障义务

但对于以上审计（包括准入型审计），都需要了解其局限性：

○ 利用审计证明供应商是合规的；

○ 在云服务上建立合规的应用程序和服务仍是客户的责任；

○ 供应商的基础设施/服务不在客户审核/评估范围内，但客户建立的自己的一切内容仍在审计范围内；

○ 客户为自己所建立和维护的部分，承担最终的合规责任。

例如，如果一个IaaS供应商获得了PCI DSS认证，客户可以在该平台上建立自己的PCI合规服务，则该服务属于客户的评估范围，而供应商的基础设施和运营应在客户的评估范围之外。

4.3 金融云安全威胁

传统的金融数据中心环境面临各种各样的安全威胁,如应用威胁、主机安全威胁、网络攻击威胁、数据安全威胁等。而这些传统环境的威胁在金融云环境中仍然存在。由于云环境中广泛使用了虚拟化,因此安全边界变得不那么清晰。传统环境中有防火墙、IPS 等安全设备,因此可以从逻辑上较好地区分出安全域。但是在云环境中,虚拟化的大范围使用使得安全入侵点也渗入到各个层面。图 4.2 是针对各个层面的云平台的深度防御框架。安全威胁从底层物理安全开始,逐步入侵至网络安全、云平台安全、主机安全、应用安全、数据安全等层面。

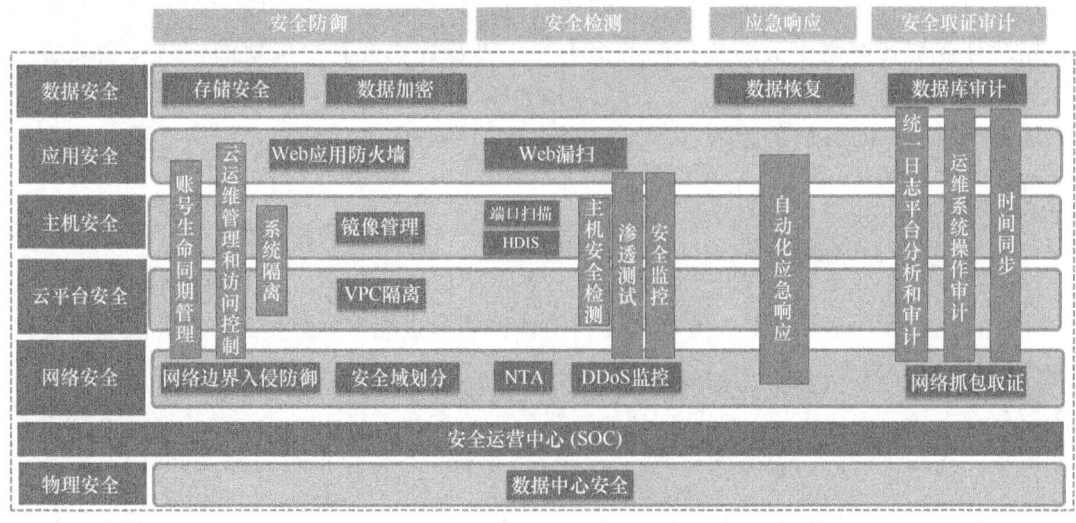

图 4.2 云平台深度防御框架

数据安全层面要关注金融数据存储的安全性、是否需要加密存储以保障数据的机密性,以及是否需要相应的数据备份和数据恢复措施以保证数据的可用性,并在发生数据泄露事件的同时,能够通过审计取证拿到数据泄露的证据。应用安全层面使用 Web 应用防火墙做好安全防御能力建设,通过安全监测方法保障应用漏洞及时更新。主机层面做好相应的镜像管理,保障操作系统的完整性和可用性;通过端口扫描、文档化记录各个服务端口的使用目的;使用 HIDS(Host-based Intrusion Detection System,主机入侵检测系统)对主机层面的入侵检测做好监控。云平台层面使用 VPC(Virtual Private

Cloud，虚拟专有云）做好租户与租户之间的隔离。网络安全层面，重点把控互联网边界的入侵防御工作，使用不同的安全域划分提升网络防御能力；通过网络流量分析监控网络层安全；同时提供能抵御高流量 DDoS 攻击的能力；贯穿于应用、主机、云平台、网络的账号生命周期管理、访问控制和云运维管理等管理工作，与各个层面纵向把控，结合安全运营中心（Security Operation Center）使安全事件可视化，促进自动化的安全应急响应事件管理。

在云环境中，虚拟化的大范围使用也引入了新的安全威胁——虚拟化安全威胁。如虚拟化平台漏洞、多租户运行在同一物理机上、物理资源使用安全漏洞等。接下来的内容主要针对虚拟化威胁展开。

4.3.1 虚拟化安全威胁

虚拟化正在成为企业基础架构管理的基础，但是虚拟化也面临新的安全威胁。据数据统计，现在网络上的恶意代码层出不穷，每秒钟就会有一个新的网络安全威胁产生，每 5 分钟就会发生一起网络入侵行为，高级威胁随时都可能感染数据中心平台。市场调研机构 Gartner 的报告显示，虚拟化数据中心面临比传统数据中心更大的安全挑战。

1. 主机虚拟化威胁

虚拟化的发展逐渐成熟，能够高度利用各种物理资源和软件资源，因此成为云计算的关键技术。主机虚拟化是虚拟化方案中的一种，它通过在主机上虚拟出多个操作系统，然后在各个操作系统上运行不同的应用。和传统服务器比较，主机虚拟化能够大幅度降低成本，提高软硬件资源的使用效率，并在虚拟机管理等方面有更显著的优势。

图 4.3 所示为主机虚拟化的基本框架。从底层开始，物理主机提供硬件资源（包括 CPU、内存、I/O 设备），宿主机操作系统调用硬件资源分配出虚拟硬件资源，Hypervisor 将虚拟硬件资源分配给上层虚拟机并对其进行资源管理。虚拟机操作系统上则运行不同的 App。

云环境下主机虚拟化的多层虚拟化结构大幅度提高了资源使用率，但也给安全问题带来更高的挑战。除了面临传统环境的主机安全威胁，多层虚拟化结构中的各层面也出现了新的安全威胁，并且层与层之间的安全威胁相互影响。如 Hypervisor 的漏洞可能使黑客拿到宿主机的资源分配权限等。

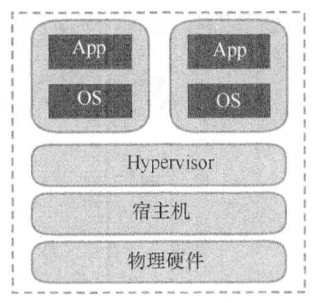

图 4.3　主机虚拟化框架

2. 虚拟机之间的安全威胁

在传统环境下,跨越网络的虚拟机流量更多的是通过传统网络的防火墙等硬件安全防护设备进行安全防护。传统环境的这种安全防护机制主要是针对东西向(纵向)的业务安全防护。在云环境的架构中,多租户的模型使得同一物理机下不同虚拟机之间产生了南北向(横向)流量,且南北向流量不经过纵向安全防护的硬件设备。对于云上主机管理员来说,横向流量的监控和访问控制成为安全威胁点,在图 4.4 中,虚拟机之间的横向流量如果没有受到监控,则一台虚拟机被入侵后,容易通过横向扩展影响到其他的虚拟机。

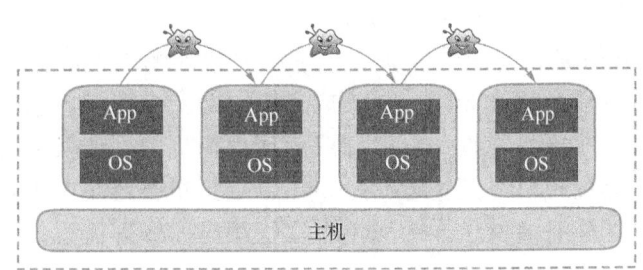

图 4.4　虚拟机之间横向流量威胁

3. 虚拟机与宿主机之间的安全威胁

宿主机作为虚拟机的载体,为虚拟机提供资源。宿主机的安全性极其重要,因为一旦攻击者破解了宿主机的最高权限,将会对虚拟机的资源使用造成严重影响,攻击者甚至会关闭当前使用的虚拟机,彻底中断业务,或者监控和分析虚拟机的流量,造成业务层面的信息泄露等后果。

在图 4.5 中，Hypervisor 作为宿主机和虚拟机之间的中间层，其安全漏洞会同时影响到虚拟机和宿主机的安全性。如虚拟机通过 Hypervisor 漏洞攻击提取到 Hypervisor 层权限，则可影响到同宿主机的其他虚拟机，若通过物理硬件层执行攻击，则入侵会扩展到其他宿主机。如 2012 年 5 月出现的 VMware vMA 不明细节本地权限提升漏洞，就可以被攻击者用来执行任意代码。

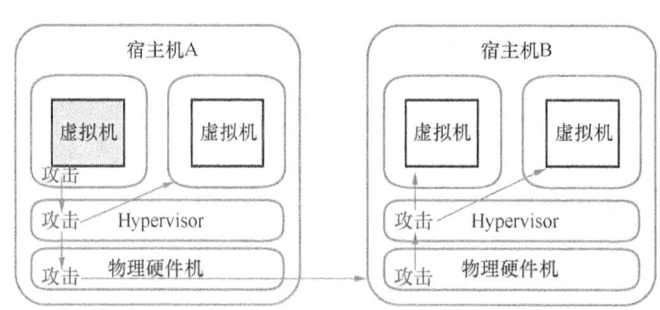

图 4.5　虚拟机与宿主机之间攻击

VMware 公司之前宣布了一系列漏洞，这些漏洞会直接影响 ESX 和 ESXi 管理程序，导致远程 DoS 攻击、代码执行，权限提升和其他重要安全问题。

4．VM 蔓延

虚拟机可以在数秒内完成部署，同时创建未经批准的虚拟机非常容易（例如，测试系统）。实时动态创建的虚拟机可能在补丁、更新或配置方面没有动态管理。一个未打补丁的虚拟机可能会被曝光，进而变成环境中的安全漏洞。虚拟机创建起来越容易，数量就会越多，而想要回收计算资源或清理虚拟机的工作就会越难，这种不受控制的虚拟机繁殖称为虚拟机蔓延（VM Sprawl）。虚拟机蔓延很常见，尤其在安全监管不太严谨的公司。在部署虚拟化技术而没有实行相应的管理流程的环境中，这是普遍存在的问题。

5．虚拟镜像安全

虚拟机镜像为云上快速部署提供了"装机盘"的角色。传统环境下安装一个虚拟机可能需要 1～2 天的时间，现在云上提供的虚拟机镜像能在 3～5 分钟内完成虚拟机的部署。虚拟机镜像的多样性也根据各种需求而异，由此会引发虚拟机镜像的安全性问题。

虚拟机镜像以文件形式保存，由于文件存在易访问性和移植等特性，所以虚拟机镜像安全更像是敏感数据安全的一种。虚拟机镜像的非法访问和篡改，会影响到大范围虚拟机的创建，产生"有问题"的虚拟机。镜像安全管理问题成为云服务提供商重点关注的问题，它们需要建立一套镜像管理流程，以管理虚拟机镜像的生产、存储、变更和销毁工作，同时也要引入安全技术来防止虚拟机镜像的非法读取、使用，此外还要建立防篡改机制。

6. 虚拟机逃逸

虚拟机逃逸是指虚拟机绕过安全隔离的限制，从而使得虚拟机程序运行在宿主机上。理论上说，在安全的情况下，宿主机负责分配虚拟机的所有硬件资源，虚拟机使用的资源相互隔离，互不影响。但是，一旦虚拟化软件出现漏洞，攻击者就会利用漏洞获取到宿主机的特权权限，使得虚拟化的安全框架崩溃。如 2016 年在韩国首尔举行的 PwnFest 2016 黑客破解大赛上，虽然黑客的权限限制在工作站虚拟机中，但是只运行了一个程序就让宿主机弹出了计算器程序。这说明，虚拟机中的用户已经意识到自己虚拟的身份，并成功逃逸到宿主机上。从虚拟机逃逸出来的攻击者可以监控其他虚拟机的 I/O 流，读取到该虚拟机上的敏感信息。攻击者还可以利用 Hypervisor 漏洞，强行关闭或删除虚拟机，造成业务中断等灾难性事件。目前，针对虚拟机逃逸问题没有完美的解决方案，业界提出的针对虚拟机逃逸的解决方案有：轻量化 Hypervisor，从代码层面简化 Hypervisor，减少代码层面安全漏洞的可能性；监控虚拟机异常行为，对特权提取和逃逸等操作进行安全预警；及时发现和修补漏洞；对资源使用采取强访问控制，利用访问控制措施控制虚拟机对资源的使用。

4.3.2 云网络安全威胁

1. 网络边界安全

云网络边界出口和传统网络边界出口一样，面临相同的网络边界出口安全问题。一般来说网络边界上的安全问题主要有以下几个方面。

- **信息泄露**：网络上的部分资源是共享的，但是未经授权的访问会造成信息泄露。攻击者通过网络渗透的方式进入网络获取数据信息，这是从网络外部入侵造成的泄露。

- **网络入侵者的攻击**：网络上有各种势力与团体。入侵就是相关势力或团体通过互联网进入网络，篡改数据，实施破坏行为，造成网络的瘫痪。
- **网络病毒**：在与非安全网络的业务互联后，网络边界会有感染病毒的风险，一旦病毒在个人系统中发作，业务将受到巨大冲击，且病毒的发作与传播一般有不确定性。

传统的安全技术依然适用于云网络。不同的是，云网络环境会涉及针对边界防御能力的开发工作，并把相应的边界防御能力通过云平台分发给用户使用。

2. 虚拟网络流量隔离

在传统物理网络中，仅需对不同网段进行安全隔离，而在虚拟化网络中，则需要更细粒度的虚拟机之间的隔离。各虚拟机之间可能存在直接的二层流量交换，因此需要实施严格的策略以实现对虚拟机之间流量的访问控制。通过在网络中部署东西向安全资源池，使用服务链技术把流量引导出来，可以实现安全防护和流量监测。

3. 网络安全区域划分

涉密的网络与低密级的网络之间的访问是不安全的，特别是与未知网络之间的访问，因为来自未知网络的入侵攻击是不可控制的。互联网一方面要提供公共应用服务，另一方面也要提供安全访问，为此需要通过合理的安全域划分将不同安全级别的网络划分出来，从而将网络风险通过网络隔离控制在特定的安全域中。

4.4 针对金融云安全威胁的技术解决方案

4.4.1 主机虚拟化安全解决方案

图4.6是针对主机虚拟化安全威胁的解决方案框架，它在不同的层面制定了相应的安全措施。从顶层的虚拟化层开始，通过使用虚拟机安全隔离防止虚拟机之间的未授权访问；同时进行虚拟机安全监控，有效监控虚拟机的异常安全行为。在资源化层，Hypervisor的安全加固和防御能力提升，能够提升Hypervisor的健壮性（健壮性是指软件对于规范要求以外的输入情况的处理能力。一个健壮的系统，对于规范要求以外的输

入,要能够判断出这个输入不符合规范要求,并具有合理的处理方式);宿主机的安全加固可以保障宿主机的安全性;在物理硬件层面引入可信计算,使每个虚拟机使用对应的信任根,从硬件层面做到资源调用的认证。

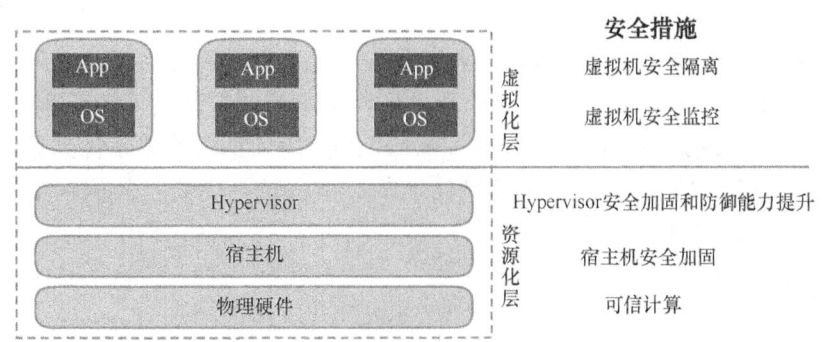

图 4.6　主机虚拟化安全框架

1. 虚拟机安全隔离

虚拟机安全隔离分为两种情况:

- 同宿主机环境下的虚拟机隔离;
- 不同宿主机环境下的虚拟机隔离。

同宿主机环境下的虚拟机隔离依靠 Hypervisor 的安全机制来实现,主要针对流量的访问控制和资源的调用控制。

- **流量的访问控制**:流量在虚拟机中间传递时通过虚拟交换机转发,在同一宿主机中,流量不会外发到别的网络环境中。因此需要有访问控制机制在虚拟交换层面充当虚拟防火墙的功能,对不同虚拟机之间的流量进行过滤和保护。

- **资源的调用控制**:Hypervisor 给虚拟机分配的资源应当做到互不干扰,且制定虚拟机的优先级,在虚拟机需要额外资源的时候,优先分配资源给高优先级的虚拟机,避免低优先级的虚拟机过多占用资源,影响关键业务的资源调用。

2. 虚拟机安全监控

作为主机虚拟化层的重要安全措施,虚拟机安全监控能有效监控被入侵的虚拟机,避免被入侵的虚拟机攻击其他虚拟机。目前，业界虚拟机安全监控有各种解决方案，这里介绍两种安全监控方案：安全代理服务监控和虚拟化流量监控。

在图 4.7 中，安全代理服务监控主要是指建立一台特殊的安全代理服务器，此安全代理服务器在特定的安全区域，且在 Hypervisor 层开放安全 API 接口，其他虚拟机会调用这个安全 API 接口。当虚拟机即将执行受限代码时，需要将执行请求发送给安全代理服务器来检测合法性。安全代理服务器检测完毕后，再返回是否能执行的命令给虚拟机，同时通过安全 API 接口告知安全代理服务器虚拟机的资源使用情况和安全事件等。虚拟化流量监控是指通过 Hypervisor 将 vSwitch 之间的虚拟机流量镜像到第三方的安全监控应用上，从而监控所有虚拟机的网络活动，定制单个虚拟机的网络安全策略，如 VMware 的 VMsafe 架构。

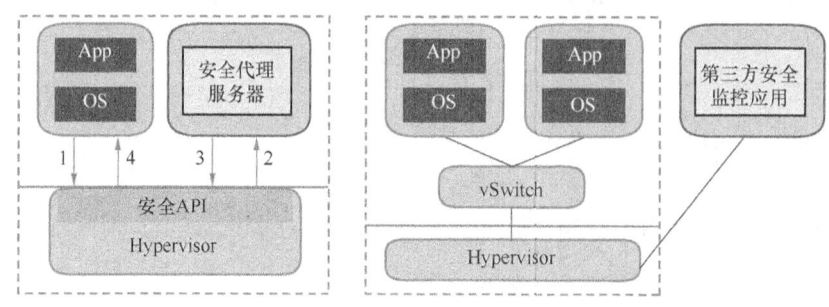

图 4.7　虚拟机内部监控和虚拟化流量监控

3. Hypervisor 安全加固和防御能力提升

当前主流的虚拟化软件都出现了安全漏洞，针对 Hypervisor 的攻击（如虚拟机逃逸）逐渐增多。下面针对 Hypervisor 安全加固和防御能力提升提出了安全建议。

- **Hypervisor 安全加固**：Hypervisor 的代码量越多，存在安全漏洞的可能性就越大。为保证 Hypervisor 的简单性，建议简化功能，减少代码中存在漏洞的可能性。对于已发现的安全漏洞，应及时做好漏洞修复工作，降低 Hypervisor 自身的安全风险。

- **防御能力提升**：利用虚拟防火墙确保 Hypervisor 的安全。若虚拟机连接到一个虚拟交换机，该虚拟交换机与物理网络适配器连接。则在这种类型的架构中，每个虚拟机共享物理网络适配器和虚拟交换机。这意味着，如果两台虚拟机共享一个虚拟交换机，则这两台虚拟机之间可以直接沟通，数据不需要穿过物理网络，因此也不受硬件防火墙监控。克服这种缺陷的最好方法是创建虚拟防火墙，来控制虚拟机之间的网络流量威胁。

4．宿主机安全加固

传统的安全加固技术对宿主机仍然有效，如安全基线的配置、从操作系统层面加强主机安全性、关闭不使用的服务、使用强密码策略、开启日志审计等。其中 HIDS 的使用，也能对宿主机的系统、网络及应用程序等层面进行全面入侵防御。

5．可信计算

可信计算平台包含硬件 TPM、可信软件栈、信任根、信任链机制等几个部分，提供了一种运算和防护并存、主动免疫的新计算模式。可信计算安全的起点、基础以及强度相较于传统安全技术有本质的区别，可信计算基于硬件密码芯片，从平台加电开始，到应用程序执行，会构建完整的信任链，并逐级认证，未获认证的程序不能执行，从而使信息系统实现自身免疫，构建起高安全等级的主动防御体系。

6．虚拟化隔离

CPU 隔离

基于硬件虚拟化的 CPU 隔离主要是指虚拟化平台与虚拟机之间的隔离，以及虚拟机内部的权限分配和虚拟机与虚拟机之间的隔离。CPU 隔离是通过 root 和非 root 两种运行模式的切换、各运行模式下的运行权限分配，以及以 VCPU（Virtual CPU）形式呈现的虚拟计算资源的分配与切换等方式来实现的。云平台通过控制虚拟机对物理设备以及虚拟化运行环境的访问权限，来实现虚拟化平台与虚拟机之间以及不同虚拟机之间在信息和资源上的隔离，从而减轻了共享系统资源所带来的风险。也就是说，一个虚拟机无法获得其他虚拟机或虚拟化平台的信息和资源，从而保障了租户之间的计算隔离。

内存隔离

虚拟化平台还负责为虚拟机提供内存资源，保证每个虚拟机只能访问到其自身的内存。虚拟化平台管理保证虚拟机内存与真实物理内存之间的一一映射关系。通过虚拟化层转换虚拟机对内存的访问地址，可保证每个虚拟机只能访问到分配给它的物理内存，无法访问属于其他虚拟机或虚拟化平台自身使用的内存。

I/O 隔离

虚拟化平台还为虚拟机提供了虚拟 I/O 设备，通过为每个虚拟机提供独立的 I/O 设备，避免了多个虚拟机共享设备造成信息泄露；通过控制每个虚拟磁盘对应虚拟化平台上的一个镜像文件或逻辑卷，确保只有一个虚拟机的一个虚拟磁盘设备跟一个镜像文件关联，实现了虚拟机使用的虚拟设备与虚拟化平台 I/O 管理对象之间一一对应的关系，保证了虚拟机之间无法相互访问 I/O 设备，从而实现了 I/O 路径的隔离。

流量隔离

在传统物理网络中，仅需对不同网段进行安全隔离，而在虚拟化网络中，则需要更细粒度的虚拟机之间的隔离。各虚拟机之间可能存在直接的二层流量交换，因此需要实施严格的策略以实现对虚拟机之间流量的访问控制。云平台通过在网络中部署东西向安全资源池，使用服务链技术把流量引导出来，可以实现安全防护和流量监测。

4.4.2　网络安全隔离

根据业务功能和网络安全风险，网络划分了多个安全区域，实现了生产网络与非生产网络的安全隔离、对外提供云服务网络和支撑云服务的物理网络的安全隔离（见图 4.8）。

- **DMZ 区**：DMZ 区主要部署面向外网和租户的前置部件，如负载均衡、代理服务器等，以及服务部件，如服务控制台、API 网关等。为了防止外部请求接触云服务后端部件，所以需要对 DMZ 单独隔离。

- **公共服务区**：该区域主要部署 IaaS 服务化组件，以及一些基础设施服务部件，如 DNS、NTP、补丁服务等。租户根据业务需要，受限访问此区域内的服务部件，且租户访问此区域的服务部件时必须经过 DMZ 区。

- **资源交付区**：此区域为租户提供所需的基础设施资源，包括计算、存储、网络资源，如租户虚拟机、磁盘、虚拟网络等。资源交付区通过多层安全控制手段实现租户之间资源隔离，使租户不能访问其他租户的资源，以及平台侧管理平面、数据存储平面隔离，且都与租户数据平面隔离。

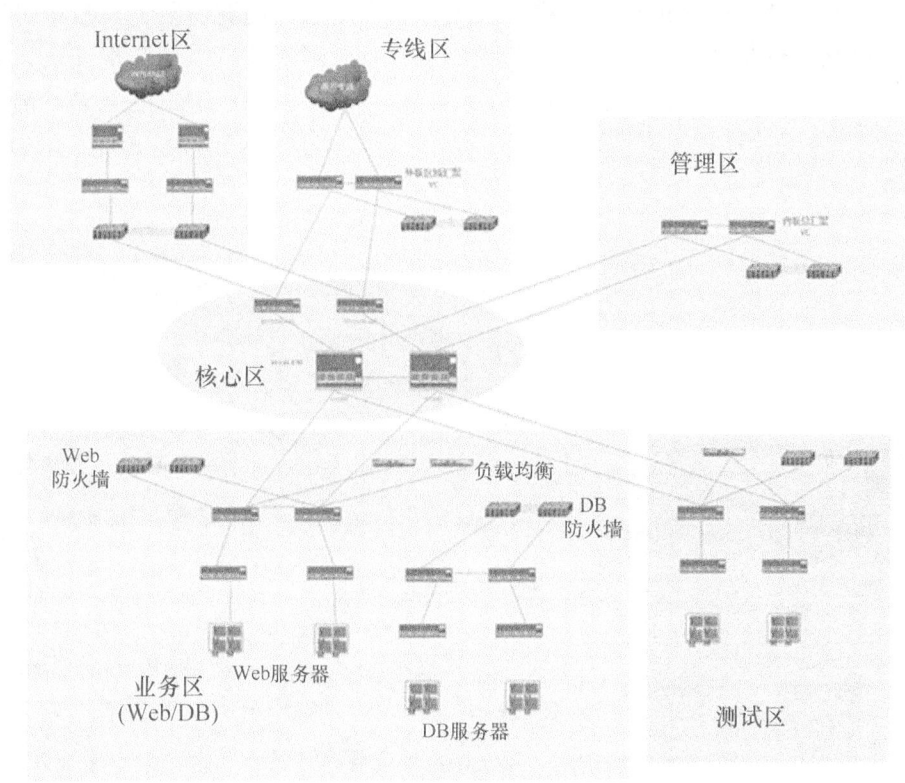

图 4.8　云网络架构

- **数据存储区**：该区域部署对象存储系统，提供对象存储服务，存储租户隐私数据，因此必须进行分区隔离。在该区域边界，租户在云平台提供的安全组件上自行配置所需的访问控制规则。

- **运维管理区**：该区域主要部署操作运维部件，运维人员先接入该区域，再访问被管理节点。

1. 专有网络

涉密的网络与低密级的网络互联是不安全的，来自不可控制网络上的入侵与攻击也给定位和应付带来了难度。互联网是世界级的网络，也是在安全上难以控制的网络，它既要提供公共业务服务，又要防御各种攻击与病毒。如何在保证数据交换正常运作的情况下建立安全隔离，是各企业和政府等机构在建设网络时首先要考虑的问题。VPC

是为云金融用户提供了隔离的网络环境（见图 4.9 和图 4.10），运用金融云专属网络域类型的概念，对网络域进行二层网络的隔离，保证了各区的隔离和安全的互访。租户可以在云平台创建自定义的专有网络，实现专有网络之间的逻辑隔离。租户可以在自己的专有网络里创建和管理云主机、负载均衡、互联网网关，以及实现安全访问控制等。租户还可以使用 VPN 网关和专线服务实现云平台与传统 IDC 的互联，部署混合云业务。

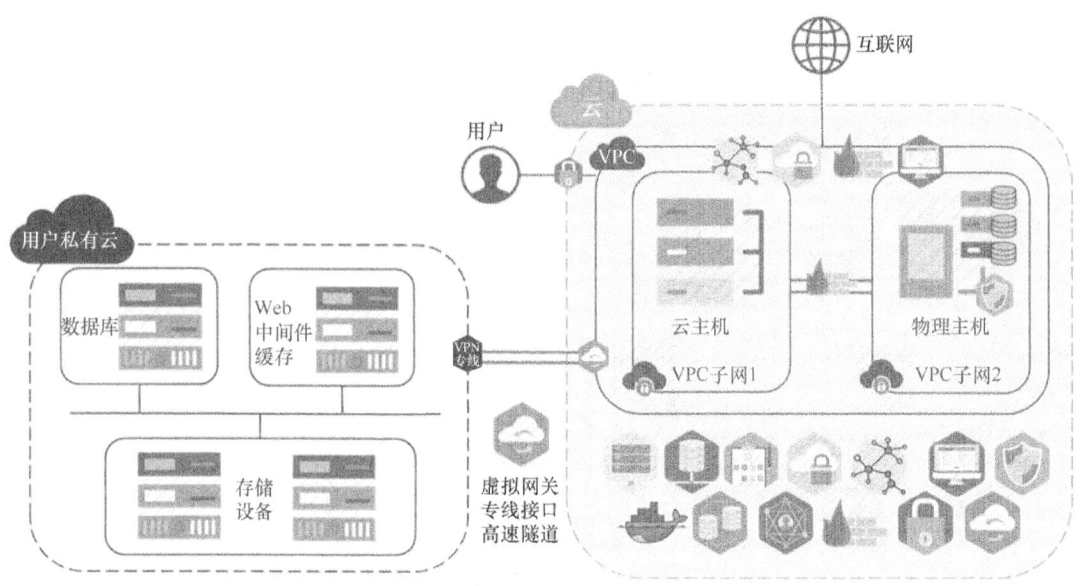

图 4.9　VPC 专有网络

租户的专有网络通过虚拟化技术完全隔离，可通过虚拟防火墙和安全组进行安全访问控制；通过自定义路由灵活互通，实现专有网络间的灵活访问。

VPC 具有如下优势。

- **软件自定义网络**：软件自定义网络实现了用户专有网络的实时创建和管理，一键构建数据中心的方式也降低了基础设施的投入及运维成本。

- **多样的网络接入**：支持专线、IPSec VPN、OpenVPN 接入专有网络，用户可轻松实现安全接入和混合云的搭建。

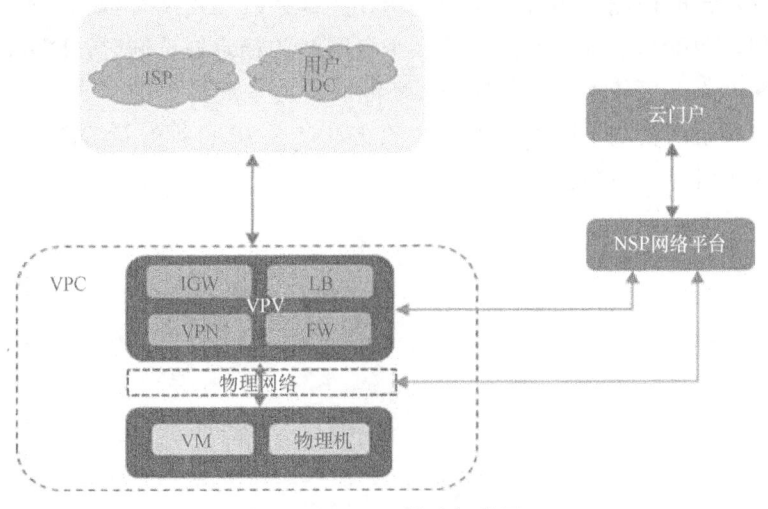

图 4.10　VPC 基础架构图

- **安全隔离**：不同用户的专有网络之间采用逻辑隔离，生产区、合作伙伴区、DMZ 区使用虚拟防火墙隔离，从而保证生产区的安全性。
- **异地容灾**：通过 VxLAN EVPN 技术实现跨地区的容灾，为用户轻松实现"两地三中心"解决方案。
- **安全合规**：在专有网络内定义生产区、合作伙伴区、DMZ 区，使用虚拟防火墙实现访问控制，保证专有网络的安全和合规性。

2．分布式防火墙

安全组是云平台提供的分布式虚拟化防火墙，具备状态检测和包过滤功能。安全组是指逻辑上的分组，由同个地域（region）内具有相同安全保护需求且相互信任的实例组成。安全组可设置单台或多台云服务器的网络访问控制，用于在云端划分网络安全域，是重要的网络安全隔离手段。为了方便用户开通安全策略，云平台的安全组规则以白名单的方式体现，即所有规则默认的转发动作都是允许转发，如果访问报文无法匹配任何安全组规则，系统将禁止这一访问。

3．DDoS 防御

云平台根据业务功能和网络安全风险将数据中心划分为多个安全区域，实现物理控制和逻辑控制并用的隔离手段；通过在每个数据中心边界部署抗 DDoS 设备来完成对异常和超大流量攻击的检测及清洗；使用 DDoS 防御系统保护所有数据中心，提供 DDoS 攻击自动检测、调度和清洗功能，保证云平台网络的稳定性。同时，DDoS 防护系统在防护触发条件上不仅仅依赖于流量阈值，还能够从背景流量中精准地区分攻击流量，通过集成的检测和阻断机制实时响应 DDoS 攻击，针对 IP 进行海量 DDoS 清洗，确保在遇到 DDoS 攻击时客户业务的连续性。

第 5 章

移动互联安全

当今，移动互联网发展迅速，为了提升员工办公效率，企业建设了各种移动办公应用软件。企业移动应用打破了传统企业网络的访问控制边界，且移动设备具备个人消费品特性，导致个人信息和工作信息混杂，给企业带来了严重的信息安全隐患。本章将从移动安全风险、策略和实际案例等角度出发，深入探讨金融移动办公安全。

5.1 风险及威胁分析

随着通信技术的成熟发展及智能终端的普及，大众生活对移动互联网的依赖越来越大，移动支付、移动社交、移动办公等也越来越常见。与此同时，移动互联网也暴露出越来越多的安全问题，例如电信诈骗、病毒木马攻击、隐私泄露等。现阶段，许多企业将安全工作的重心放置在企业级网络边界之上，但病毒、工具和攻击手法也不断发展，单一的防火墙、入侵检测等边界防护技术已经无法抵抗各类攻击。此外，针对企业内网的安全威胁问题也日渐突出，例如内部信息泄密、非授权的访问等。同时，随着诸如移动办公等办公方式的兴起，企业数据和计算终端慢慢走出企业安全边界，数据脱离企业内部管控环境。企业除了做好传统的安全防护工作之外，对移动安全的需求和投入也逐渐加大。

5.1.1 内网安全威胁

企业信息化建设的持续发展有效地提高了办公和生产效率，然而在众多效益和便利的背后，企业信息安全问题日益突出，特别是企业内网安全威胁。以网络边界为限，企业网络可划分为企业内网和外网两个部分。企业内网安全指的是，企业内部局域网的信息安全，具体来说就是对企业级边界防火墙和路由器以内的网络信息安全进行综合管理。进一步分析，内网安全可分为两方面的安全隐患：员工的内部泄密以及黑客利用办公设备的漏洞或木马病毒等方式控制办公设备，窃取内部信息。

据权威机构调查，2/3 以上的安全威胁来自泄密和内部人员犯罪，而非病毒和外来黑客。FBI 和 CSI 曾对几百家公司发起了网络安全专项调查，结果显示超过 85% 的安全威胁来自企业内部。在经济损失上，内部泄密导致的损失是黑客造成损失的 16 倍；企业遭受的损失方面，专利信息被窃占 14%，内部人员财务欺骗占 12%，黑客攻击占 5%。

下面从不同的维度介绍了一些常见的企业内网安全威胁。

- **内部非法外联**：内部网络用户通过网卡（包括但不限于 3G 网卡和无线网卡）等设备上网，或将专网专用的计算机带出内部网络，接入到其他网络，从而引发数据泄露等风险。

- **外部终端缺乏准入机制**：未经认证授权的外部终端接入到内网，会导致组织内部重要信息泄露或丢失。企业很难管理接入终端对内网的非授权访问，进而造成不可弥补的损失。未经检查的移动设备（包括笔记本计算机、智能手机和平板计算机等）可能会接入企业内网，存储内网数据，甚至成为病毒传播的媒介。

- **病毒、蠕虫入侵**：目前，开放网络面临的病毒、蠕虫具有传播速度快、种类多、变化快等特点。病毒、蠕虫非常容易利用各种途径入侵企业内部网络。除了企业网络自身的安全漏洞以外，最大的威胁来自于企业内部安全管理不规范，例如未安装或未及时更新病毒库、允许接入未采取安全措施的外来设备等。这些都可能会将病毒和蠕虫带入企业内网，让企业承担风险。

- **恶意软件**：许多大型企业网络拥有成千上万的用户终端，同时，可供使用的网络应用层出不穷，网络管理员很难快速精准地控制企业网上的各类应用，由此导致了诸多安全隐患。员工使用未经企业允许的网络应用，如使用未经允许的邮件服务器收发邮件，就可能会使企业的保密数据外泄或感染邮件病毒，同时，在此过程中还可能下载到带有病毒、木马程序的恶意软件，进而感染内部网络，造成内部网络中敏感数据的泄密或损毁。

- **软件漏洞**：企业网络往往由种类繁多、数量庞大的软件构成，例如系统软件、数据库软件、应用软件等，尤其是终端桌面上的软件，它们管理起来尤为繁杂，每个软件都不可避免地存在已知或者未知的漏洞，只要漏洞被利用，就会危害到企业的网络安全。

- **系统和软件的安全配置不当**：很多系统、软件在安装时都会采取默认配置，例如默认的账号策略和审核策略等。这些配置漏洞可被不法分子利用，从而对企业信息系统造成很大的威胁。

- **员工恶意行为或安全意识薄弱**：员工在工作时段进行一些与工作无关的网络活动，这会影响工作效率，也会造成网络带宽的浪费。而一些员工蓄意通过各种手段主动泄露公司机密，倒卖公司数据谋取非法利益，会使公司蒙受巨大损失。另外，员工安全意识薄弱，企业对员工行为的管理疏忽，以及安全政策、合规及内审等控制措施不到位，都会对企业造成风险。

上述威胁一旦被不法分子利用,就有可能招致敏感信息泄露、业务中断等危害,进而导致企业声誉受损甚至面临法律层面的风险。目前,很多企业将安全工作的重心放置在企业网络的边界安全上,以达到防护企业内网的效果,但大多数企业的核心内网还是非常脆弱。另外一些企业对内网采取了相应的保护措施,例如采用网络防火墙、IDS、IPS 等安全检测及防护手段,寄希望于这些安全设备实现内网与互联网的安全隔离。但实际情况并非如此,信息泄露等威胁依旧能够通过其他手段达到。实践证明,很多能成功防范企业网络边界安全的技术在用来保护企业内网时并没有发挥很大的作用,这使得安全人员开始大规模致力于寻找增强内网防御能力的技术和管理手段。

针对上述企业内网安全威胁,下面从几个维度简单介绍了一些相应的安全防护措施。

- **终端管理**:安装杀毒软件并及时更新病毒库,并对系统和软件进行统一配置和补丁管理。目前市场上有很多桌面终端管理产品集系统基线配置、防病毒、补丁管理等功能于一身,简化了安全管理工作。

- **应用管理**:建立企业应用统一管理制度,员工只能在企业应用商店下载经企业 IT 管理部门批准的应用软件。

- **外设管理**:禁用计算机的 USB、光驱、并口、串口等外部设备。

- **访客网络隔离**:访客网络需与企业内网、办公网等进行有效隔离,对访客的行为操作日志进行保留及审计,确保事后有踪可寻。

- **上网行为管理**:员工在工作时间内聊天、玩游戏、炒股、下载电影、登录不良网站等行为大量存在,导致内网流量负荷增加,影响工作效率及网络的正常使用。应禁止访问与工作无关的外网,并对员工的上网行为进行审计。

- **邮件管理、数据防泄露**:邮件外发需申请权限,且需由专人审核邮件内容,经确认无误后才可放行。还要启用垃圾邮件过滤等功能,以及对邮件主题和内容进行敏感字段识别,防止企业敏感信息外泄。

- **移动设备管理**:对企业员工 BYOD(Bring Your Own Device)设备进行管控,例如禁止 root 或越狱过的手机安装企业应用,禁止将企业数据复制粘贴到企业应用以外,使用应用容器或沙箱技术隔离个人及企业数据等。

- **安全意识培训**:对员工开展安全意识宣导及培训,针对不同的岗位需求开发定制化的安全课程。例如,由安全培训专员对开发人员进行开发安全培训,并设立考核机制,检验培训效果。

除了上述几点安全防护措施，企业内网安全管理还需要结合企业的实际情况，从严格的访问控制、权限职责分离、安全域的划分、员工安全培训等方方面面展开。企业内网的安全管理离不开技术、人员、流程的共同参与。

5.1.2 移动互联网安全威胁

对企业而言，移动办公对员工工作效率和企业生产力都有着深远影响，BYOD办公方式让原本用于个人消费的移动终端，开始不断地承载企业关键业务和核心应用。一项由赛门铁克公司发起的调查显示，在受调查的600名智能手机用户中，有60%的人将商业机密数据储存在自己的手机中。各种移动应用让手机病毒具备了合适的传染源、传染途径及目标，使得黑客有机可乘。BYOD的应用使得企业数据和计算终端慢慢走出企业安全边界，数据脱离企业内部管控环境，给企业带来了诸多新的信息安全问题。

通过表5.1可以清晰看到，相比传统PC，移动办公面临的挑战更多，环境更为复杂，企业在移动设备管理方面也会面临更多的难题。

表 5.1 传统 PC 与移动办公的对比

	传统 PC	移 动 办 公
时间	工作时段使用	全时段使用
地点	工作环境可控	工作环境复杂，难以控制
用户	企业统一配发，限固定人员使用	用户自己购买，容易被非授权用户使用
设备类型	系统以 Windows 为主	不同型号的设备为安全策略制造了障碍
设备功能	用来处理工作事务	混合处理工作/私人事务，潜在风险较大
系统迭代	迭代周期长，环境较稳定	迭代周期短，环境变化较快
网络边界	安全边界相对明确	安全基本无明确边界
网络连接	无需过多考虑网络切换带来的安全变化风险	需充分考虑 4G/WiFi/Internet 等不同网络环境的切换
安全风险入口	可实现较高的封闭性	无法强制要求用户实现全封闭性
用户体验	系统相对统一成熟，安全产品的使用体验较好	设备的使用体验要求较高，落实安全方案时不能影响用户体验

移动互联网具有小屏终端、隐私性、便捷性、准确性、可定位、实时性等特点。总体来说，移动互联网面临的风险大致可分为3类：业务层面、网络层面、终端层面（见表5.2）。

表 5.2 移动互联网面临的风险

业务层面	信息自身（完整性、保密性、不可否认性）	信息内容（不传播非法、违背社会公德、侵犯公民隐私的信息）	○ 移动支付业务安全 ○ 垃圾短信过滤 ○ ……
网络层面			○ 3G/4G 安全 ○ WiFi、蓝牙安全 ○ ……
终端层面	业务应用（管理和控制信息安全）	设备/环境（设备环境符合标准要求，防攻击入侵）	○ 身份认证 ○ 防病毒 ○ 业务访问控制能力 ○ ……

在业务层面，非法访问业务及数据、DDoS 攻击、垃圾信息泛滥、不良信息传播、个人隐私和企业敏感信息泄露、内容版权的不合理使用等，对移动互联网造成了巨大的威胁。特别是在个人移动办公设备上公私数据混用，个人应用及企业应用可相互授权访问、存取数据，这给个人隐私的保障带来了难题。从企业的角度来看，如何隔离公私数据，防范企业数据泄露，成为它们重点关注的一个问题。此外，近年来移动应用的质量参差不齐，应用市场安全堪忧。据 360 公司统计，78%的知名应用被盗版，61%的恶意程序都是通过第三方应用市场及论坛进行传播的。

在网络层面，威胁的主要来源有网络非法窃听、用户身份仿冒、服务滥用导致的高带宽占用、数据和信令完整性的破坏、非授权定位等。移动网络经常被曝出漏洞，攻击者可利用这些漏洞对移动网络发起攻击，进而控制网络或导致网络服务中断。攻击者还可以通过破解无线终端的密码来获取网络的访问权限，进而导致用户隐私泄露等。与企业 PC 设备所连接的网络相比，移动设备连接的网络不固定，可能会连接 3G/4G 网络，以及公司、家庭、公共场合的 WiFi 网络等。这些网络的安全性无法保障，黑客可以轻易地通过 DNS 域名解析或 ARP 欺骗等手段获取涉密信息。基于移动网络终端接入方式的多样性，当移动智能终端被攻击者控制时，网络很可能变成僵尸网络，攻击者可以随意控制移动终端之间的通信。特别是 root 或越狱过的设备，由于其拥有较高的系统权限，再结合使用日新月异的黑客技术，黑客可以通过渗透个人移动设备来达到攻击企业内网的目的。

在终端层层面，威胁主要集中在病毒、木马、蠕虫、网络钓鱼、身份伪造、DDoS 攻击、隐私窃取、未经授权使用资源、远程控制等。凡是网络终端就必然会存在脆弱性，尤其是 Android 移动终端存在着种类繁杂的漏洞，可被攻击者利用。移动终端遭受着各类恶意软件的威胁，这些恶意软件通过蓝牙接口、互联网感染等方式传播，甚至有些移动终端会被植入间谍软件。市场上有很多 Android 手机制造商，手机型号数不胜数，Android 系统的开源属性使得制造商可以自定义 Android 功能，这一开放性造就了一个分散的管理和安全环境。相比 iOS 而言，Android 面临的安全风险更大，这促使许多企业对 Android 平台实施更严格的安全管控。因此，选择支持哪个平台将对移动设备的安全策略有重大影响。除此之外，便携式设备虽然给办公带来了极大的便利，但由于其体积小，很容易因疏忽而丢失或被盗，由此引发企业数据泄露的风险。

5.2 移动互联安全策略分析

在险象环生的移动互联网安全环境中，个人移动设备的加入，使得移动端敏感数据的泄露风险成为金融系统移动办公应用安全中亟待解决的首要安全隐患。移动办公应用需要强化自身的安全性，能够有效抵御安全威胁，满足金融系统对数据安全的需求，同时也要能有效保护个人隐私。移动办公产品的信息安全工作应该是基于企业整体信息安全策略的，是与企业内部安全管理与业务流程息息相关的。限于文章主题和篇幅的限制，这里将就移动办公产品 App 自身所涉及的安全策略进行描述和分析。

5.2.1 分权分域管理

用户身份和权限的管理是移动办公安全的第一道安全大门，可通过分权分域管理对用户身份进行细粒度的识别和管控，这一方案可适用于各种用户场景。移动办公应用所处的用户环境通常涵盖两个维度：企业内部的移动办公系统网络安全域；不同的用户域。

移动办公应用可以划分为 4 个网络安全域（见图 5.1）。

- 用户移动端所处的互联网安全域：这是信息最不可信的区域，用户在该域中输入数据。
- 应用系统部署的企业 DMZ 域：用于接收、分析用户请求。

- 核心的服务器农场（Server Farm）域：用于响应用户前端的数据请求，以及响应用户移动端手机设备的控制指令。
- 企业内部办公域：用于对移动办公系统的运维管理。

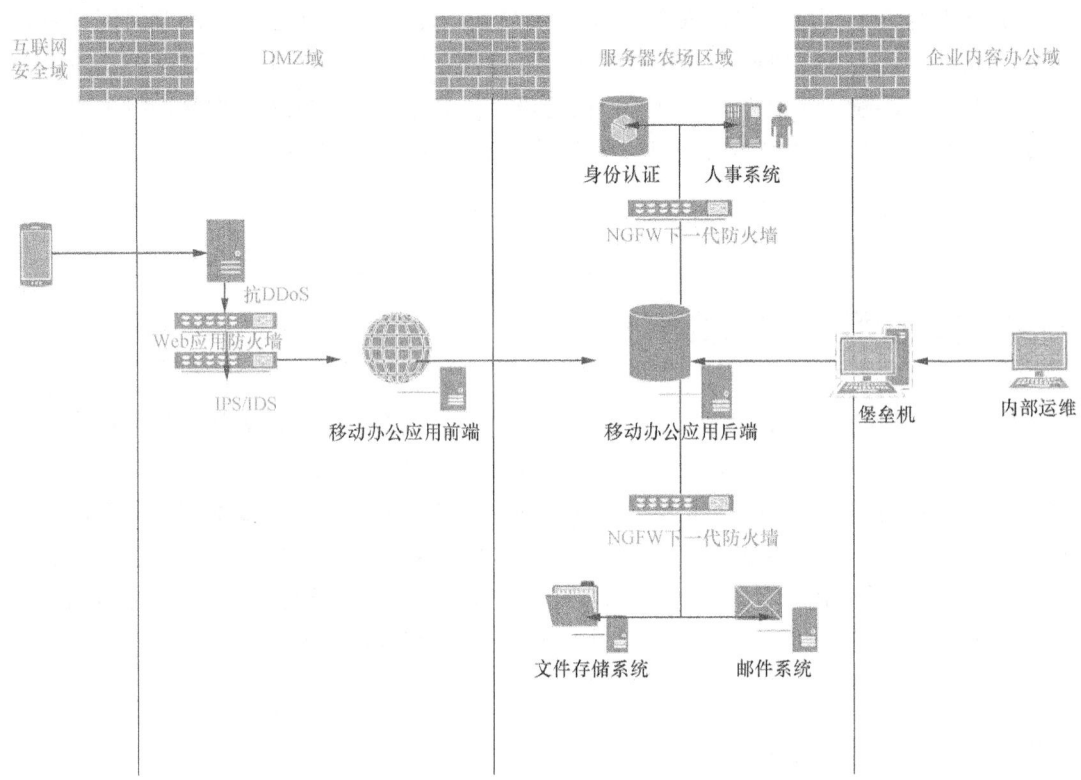

图 5.1 移动办公应用网络安全域

互联网安全域在移动办公应用中直接面对用户，由于用户的权限及所处网络环境的不同，因此需要对用户身份认证与权限管理加以更多关注。企业通过将应用系统对接到自身 AD 域或其内部的 IDM（身份认证管理系统）对用户身份和权限进行限制。因其自身的发展历程不同，或存在不同的监管要求，企业的内部身份认证的接口可能是复杂、不统一的，因此需要在互联网环境下同时满足对不同认证环境的兼容性和管理需求。移动办公应用要区分内部集成的各种模块，针对不同应用场景划分免除重复登录模块、二次认证模块。这在提升用户体验的同时，加强了重点模块的保护措施，也提升用户的安全意识。二次认证自然可以选择用户登录时采用的账号密码，同时也可以采用图形、指纹、人脸识别、声纹等认证机制。

另一方面，移动办公应用多是集成了企业内部丰富的办公系统的移动办公产品。数据在流转到个人移动设备上时，企业防护的控制能力往往已经失效。因此，需要在移动端通过划分安全域来进行保护，即将企业数据保护的范围向外围移动互联网延伸。企业移动办公，当然可以采用近些年流行的 MDM（移动设备管理）解决方案，或者利用这样的设计思路进行产品设计。但这会牺牲员工个人隐私和设备管理权限，需要在个人隐私权益与企业利益间进行平衡与调和，在当前社会对个人隐私的保护越来越重视的情况下，去损害员工个人隐私权益是不可取的。

DMZ 域内部署了移动办公应用前端的负载均衡和 Web 容器，负责接收和响应用户请求。为了防御常见的网络攻击并保护 Web 应用系统，在互联网边界应部署抗 DDoS、Web 应用防火墙、IPS（入侵防御系统）或 IDS（入侵检测系统）等诸如此类的安全防御设备。当然，由于企业基础设施环境的差异，实现上述防御机制的手段千差万别——有传统串联部署的，有按 Web 服务不同进行差异化防护的，也有自主设计研发产品的。

在通过互联网访问 DMZ 的过程中，由于移动办公应用的特殊性，企业会为了保证数据的传输安全性而使用 HTTPS 协议或 VPN（虚拟专用网络），此时需要对通过加密通道访问企业内部资源的权限进行限制，并且有效验证用户身份。对于 VPN 的使用，无论是采用何种方式实现，能够与用户侧 App 端身份认证机制打通十分重要，这会获得用户体验的一致性。

存储移动办公应用数据的服务器农场域位于金融企业内部的核心区域，其中不仅有集成在移动办公应用内部的各个系统，更包含了企业内部的关键系统，比如财务、人事系统。除了保护移动办公应用系统外，更要保护企业内部核心系统，因此移动办公应用系统与企业内部核心系统之间除了必要的集成需求和数据传递外，应采用隔离防御机制。相应的实现方案依然是多样的，比如，可以使用传统的防火墙，也可以使用 NGFW（下一代防火墙）或者 IPS/IDS。总之，借助于纵深防御的策略，可避免因为互联网应用的引入而增加服务器农场域的安全风险。移动办公的核心数据库存放在这个服务器农场域，为此需要对数据库的部署、运维操作实施细致的权限管控，以保护数据不被泄露和篡改，同时保护用户隐私。依照《中华人民共和国网络安全法》，系统日志应保存 6 个月以上，存放在服务器农场域的移动办公系统日志不仅对存放时间有要求，最好存储到单独的日志存放平台以供后续查询，并且日志中不得留有用户的个人信息。

企业内部办公域对移动办公应用系统的影响主要体现在网络管理员在运维时出现

的违规操作。网管人员在执行运维操作时，要通过内部的运维审计系统进行监控记录，限制访问权限，从而有效控制和记录员工操作。

5.2.2 数据安全防护：防泄密、数据隔离

移动互联网打破了原有的企业边界，内部与外部之间的界限不断模糊，同一部移动设备同时承载着业务、个人应用和数据。金融系统移动办公应用的数据安全防护策略应该突破传统的防御限制，虽然边界安全依然需要且重要，不过基于数据流和数据生命周期的层次化防御才是应对移动办公安全风险的良药，知其所需与最小权限依然是金融系统移动办公应用数据访问的设计原则。

当企业数据流转到移动设备上时，数据已不受企业安全措施的控制，这将引出一系列问题。先不要急于去制定安全措施，而是要先明确保护对象，毕竟移动办公App中并非所有数据都是企业的重要且敏感的数据。例如同事间的即时通信数据，虽然可能会包含企业信息，但与人事信息、企业内部的公告数据相比，敏感程度要更低一些。因此可以将移动端数据依照企业内部数据定级标准进行分类管理，这里列举三类数据，第一类是企业完全不关注的，即如果App产生了此类数据，不会对企业造成影响，也就无需施加安全措施；第二类是可能存在企业的敏感信息（如即时通信记录），或为了发布而产生的信息（如企业的宣传信息），此类信息可以适当地施加安全措施；第三类便是企业内部敏感信息，如通信录、人事信息、邮件信息等，此类信息应采取全面的安全措施。

传统的PC端办公模式下，IT部门可以统一下发安全代理到每台PC机上，来实现细粒度的行为管理和访问控制。而与之相比，移动办公应用面临的最大两个问题便是用户隐私和用户体验。对于企业自身的移动设备，可为其施加全面的、强制的安全控制，而如果是个人设备，安全控制过于严格可能影响用户对于移动办公应用的使用兴趣，导致应用无法在企业内有效推广。因此，这里对移动办公应用的安全分为基础安全控制和增强安全控制两个维度进行介绍，以应对不同的企业场景。

基础安全控制对于设备的控制较少，更多的是在应用本身。前文提到的第三类数据流转到移动设备上进行存储时，应采用每次请求每次加载的方式，确保不在移动设备上存放实际的文件。例如企业邮件和附件、内部公文等数据，用户在每次访问时都采用浏览器以Web视图的方式打开，而不会在本地留痕，从而降低了数据泄露的风险。当然，数据如果有落地存储的情况，需要对其采用加密措施，这里建议仅对第二类数据进行加密，第三类数据尽量不要留存在移动设备本地。在展示数据时，要对展示的屏幕进行控

制,比如禁止截屏,有效地提醒和监控敏感页面的异常操作。另外,可在敏感信息的展示页面增加用户的水印,以免被拍照泄露;禁止用户进行复制和粘贴操作,限制用户将应用内部的文本复制到应用外部。数据在传输过程中需要进行加密,同时要采用加密的网络传输(比如 HTTPS 协议或 VPN),并通过服务端下发密钥的方式对数据进行解密。当然这些控制会防范一般用户潜在的泄秘行为,还不能全面阻挡恶意的攻击者。那么,为了提高设备的可信任性,需要对移动办公应用增加设备指纹的限制,收集足够多的信息,以防攻击者仿冒。与此同时,采用 App 安全加固并增加反调试功能,一旦检测到移动设备处于调试状态,应用将返回到初始的登录状态,以保障自身安全性。设备信息、截屏信息、潜在的攻击信息等数据要定时反馈到企业内部的安全管理控制端,对移动应用本身的安全风险进行评判,当出现设备丢失等威胁时,可以通过管理端清除移动办公应用中的数据。

增强的安全控制需要在基础安全控制基础上,增加对设备本身的控制。这种模式更多地适用于移动设备属于企业资产而非个人资产的情况,当然,如果已经获得了个人用户的同意,也可以对个人用户的移动设备应用增强的安全控制。针对基础安全控制情况下第三类数据落地产生的高风险,可通过增加移动设备本地文件沙盒的方式,有效区分和保护企业敏感数据,降低数据泄露的风险。另外,为了增强对移动设备的控制,可以对屏幕解锁密码、密码设置规则、屏幕、摄像头、蓝牙等进行控制,并结合用户操作行为来制定策略。还需要将异常行为的响应发送至企业内部安全管理控制端,形成安全告警,以备安全人员进行分析。

5.2.3 移动设备安全管理

在移动办公盛行的大趋势下,传统的 IT 管理步履维艰,越来越难以胜任,各类移动设备安全管理技术应运而生。针对 5.1.2 节提到的各类移动安全隐患,市场上主要有两种移动安全解决方案:VMI(Virtual Mobile Infrastructure,虚拟移动基础架构)和 MDM(Mobile Device Management,移动设备管理)。

VMI 即在服务器上搭建 Android 虚拟机,相较于 PC 虚拟镜像,Android 虚拟机镜像体积较小,载入速度快。用户移动设备通过网络连接到虚拟服务器,从而实现桌面传输及操控。而且使用 VMI 技术后,应用及数据都不离开数据中心,这确保了数据的安全性。虽然 VMI 的安全性相对较高,但它对网络的要求和实施成本也高,因此主要面向中高端用户。

MDM（见图 5.2）是企业 IT 向移动互联网过渡的技术，可帮助企业将 IT 管理能力从传统的 PC 延伸到移动设备甚至移动应用。MDM 提供了完整的移动设备生命周期管理，从设备注册、激活、使用、淘汰等各个环节进行全面管理。

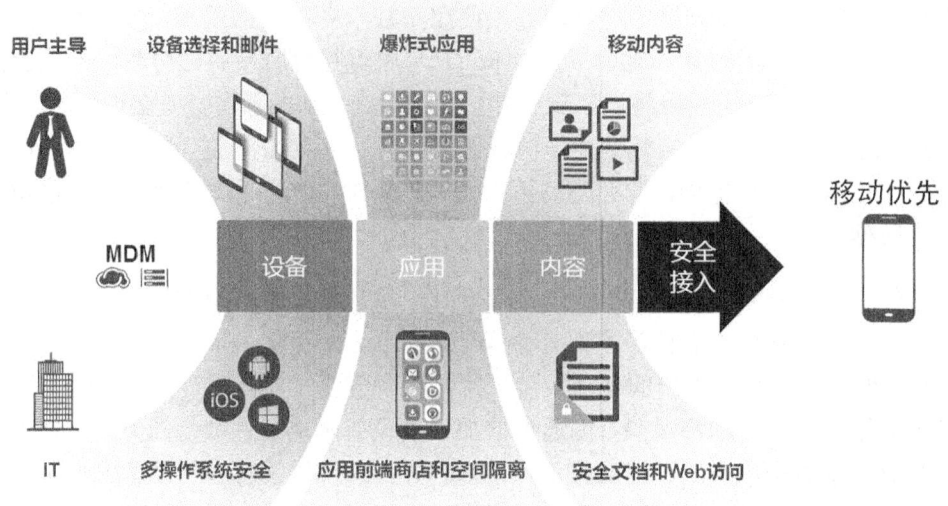

图 5.2　MDM 移动安全解决方案

企业可以基于 MDM 实现对用户设备的生命周期管理、配置管理和安全控制。同时，企业的焦点正逐渐从设备管理转移到这些设备上的应用和数据的管理。BYOD 管理目前的发展趋势是将管理更加细粒度化，即在 MDM 中增加 MAM（Mobile Application Management，移动应用管理）、MCM（Mobile Content Management，移动内容管理）等功能（见图 5.3）。

MAM 是 MDM 向应用的延伸，可帮助企业将 IT 策略从设备级延伸至应用级，从而使企业更好地控制企业应用，实现自动化应用配置、应用内数据安全管理及移动端应用到后台服务系统的安全数据传输等功能。由于 iOS、Android 等移动操作系统已经严格定义了应用程序的权限和操作范围，因此主流的 MAM 厂商都是通过应用 App 再次封装和专有的 API 技术来实现企业应用管理。

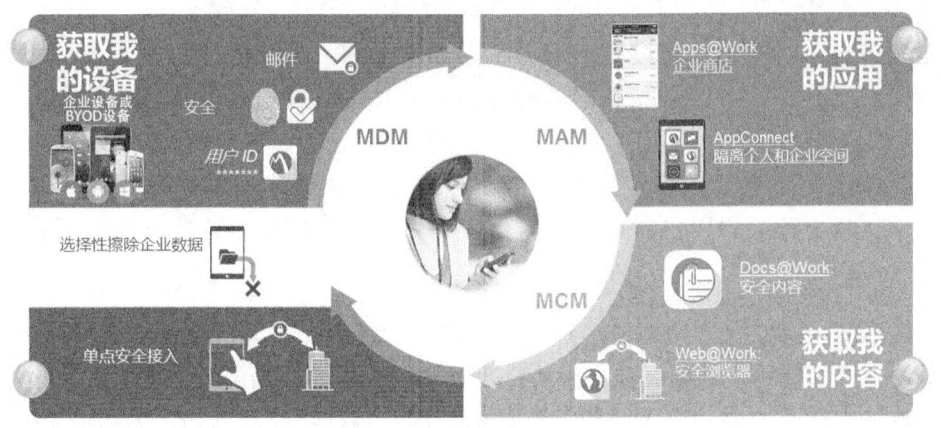

图 5.3　MDM、MAM 与 MCM

MCM 通过一种称为容器化或者沙箱化的技术，根据企业组织设置的安全策略，可以隔离、监控和控制敏感信息的分发与访问。例如，应用容器、沙盒等技术使得用户可以在 BYOD 设置中隔离个人数据和企业数据（电子邮件客户端的容器可以隔离用户的企业电子邮件与个人电子邮件）。容器是加密和集中管理的，可用来有管理数据的访问，以及实现电子邮件及其他功能的策略保护。在企业 BYOD 环境中，MAM 和 MCM 也已经成为企业 IT 管理的重要组成部分。

相较于 VMI，MDM 的成本低、技术成熟，同时能够灵活管控移动设备，但它存在安全漏洞、侵犯用户隐私、设备兼容性差等缺陷。对信息安全要求高的企业，可以考虑对部分特殊人群（例如能够接触机密、绝密类信息的管理层）实施 VMI，对于广大普通员工实施 MDM，这样既能做到安全合规又能保护用户隐私，同时还兼顾了实施成本。

针对常见的移动终端安全威胁，MDM 从三个方面考虑防护，即设备自身的安全、应用安全和数据安全。移动终端物理硬件、系统、应用软件和数据文件存在一种紧耦合的关系，如要对其上的数据进行管理和控制，需对数据存储和运行的载体（即设备和应用）进行统一的安全管理和防护。

在设备自身的安全层面上，主要是加强对移动设备本身的管理控制。移动端的杀毒能力降低了由病毒引起的企业数据泄露的风险；设备的安全管理策略，例如给被盗手机远程下发恢复出厂设置指令，能够解决因移动终端丢失而导致的企业数据泄露的问题；设备准入策略解决了移动终端成为入侵企业网络跳板的问题；对设备硬件信息的实时收集更新，如手机厂商、手机型号、IMEI 号、操作系统版本、是否越狱等，为企业 IT 管理人员提供了有效的设备信息，为移动设备安全管理提供了助力。

在应用安全层面上，通过对应用加密、加壳保护，不仅能使应用远离恶意破解、反编译、二次打包、内存抓取等常见的威胁，而且能给应用提供额外的安全保护，如数据加密、签名校验、防内存修改、完整性校验等。还可通过可集成 AD 账号身份系统等禁止非法用户进入应用；采取双因子或多因子认证方式建立有效的身份认证系统；而长时间未登录的用户需通过重新认证后方可进入应用。这些方式均可给予应用最强的保护。

在数据安全层面上，数据的追踪审查与操作行为审计（如频繁截屏、复制粘贴等）降低了员工恶意泄密的风险；基于容器和沙箱技术的公私数据隔离解决了员工个人隐私和企业数据安全的冲突（个人区和工作区的应用及数据不能相互访问）；加有水印的敏感数据有助于防止员工外发内部图片等信息；对应用内的敏感模块进行二次验证，有助于防止对高安全级别数据的非法访问。

最后，上述三个层面的自带移动设备管理都必须获得用户的授权。用户应该知道 MDM 如何采集数据、采集哪些数据、如何存储和使用数据。用户不再将设备用于企业办公时，应有权停止提供并撤回所有关于其个人设备的信息。

5.3 移动安全案例分析

近年来，随着移动互联网的发展和智能手机的普及，企业用户对移动办公的需求催生了移动办公应用的井喷式发展。企业都在争先布局移动办公私有化产品，这给企业员工提供了极大的便利。在这些私有化办公产品中，也不乏很多如钉钉、云之家、微信企业号等市场化产品，用来向企业用户提供多样化的移动办公解决方案。在金融领域的移动办公场景下，本文选取 X 企业及其安全措施较为完善的移动办公应用 DigitalOffice 作为案例，结合使用调研情况，简述金融系统移动办公安全的解决方案。

5.3.1 背景介绍

X 企业打造了一款名为 DigitalOffice 移动办公产品，具有沟通、办公、服务三大模块，涵盖了即时通信、网络电话会议、网络视频会议、邮件、日程管理、云盘、项目任务管理等诸多功能，同时也集成了差旅系统、人事系统和签报系统、移动打卡、直播平台等 X 企业内部使用频率较高的内部办公系统。DigitalOffice 凭借其功能的互联网化和内部办公系统的移动化，已覆盖了公司数十万员工，它将同事、任务与流程连接在一起，并通过连接帮助每一位成员提升工作效率。

DigitalOffice 作为企业内的移动办公产品，一方面要满足内部员工对移动互联网化办公的需求，同时产品本身要符合"一委一行两会"的监管要求，具有可靠的安全性。

5.3.2 系统架构

DigitalOffice 针对企业移动应用门户的应用安全需求，提供了一套增强应用安全的管理方法，包括软件开发包（SDK）及服务器。其中 SDK 运行在移动终端操作平台之上，供移动门户应用中的移动应用跨平台引擎进行无缝集成，可以实现对移动终端底层数据访问、设备能力访问和程序界面交互的增强安全管理，并通过与服务器连接实现安全操作监控（见图 5.4）。

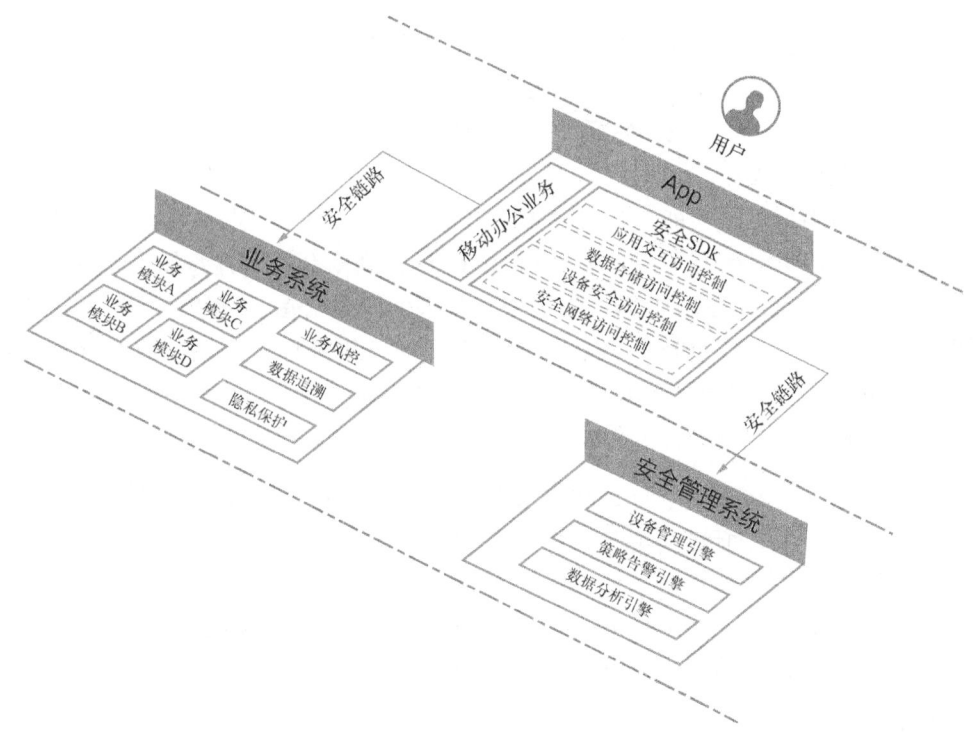

图 5.4　DigitalOffice 安全系统架构

DigitalOffice 应用中内置了移动应用跨平台引擎，通过打通移动终端操作系统内置浏览器内核的回调接口，可以实现移动 Web 应用中 JavaScript 对原生 API 接口的访问。

通过 App 内的终端限制、服务端的安全管控措施、网络边界的防御能力，再结合该应用业务模块的业务安全风控机制，可形成一整套安全体系，有助于此办公 App 快速地在公司内推广，甚至进行社会化普及和应用。

以下就两个具体场景讨论此移动办公软件的应用实践。

1. 代理人场景

X 企业采用代理人和经纪人的市场推销模式来扩大其产品的市场。代理人作为产品的推销员，常常需要进行路演、移动展业，以及在市场一线与客户线上沟通、探讨和推销产品。同时，代理人彼此之间也存在市场动向、产品内容方面的沟通需求。

针对业务场景和需求，DigitalOffice 提供的是移动展业签到、移动打卡、即时通信等主体功能和服务。它通过特定的权限划分，一方面满足了客户和代理人的使用需求，另一方面也减少了因过度授权而引发的权限滥用和数据泄露等问题。

展业签到和移动打卡主要是解决代理人在办公职场以外位置的签到问题，便于人事和展业管理。代理人在展业签到时，可通过 DigitalOffice 的签到功能定位所在位置、输入展业位置或拜访客户的名称。然后 DigitalOffice 将代理人所在的地理位置信息和个人信息加密回传到服务器中完成签到。为了防止出现伪造签到的情况，DigitalOffice 在移动端增加了设备指纹标记功能，以唯一地标记设备信息，且用户与设备的关联关系存储在后台服务器，若使用他人设备登录 DigitalOffice 签到则会作为异常情况告警。另一方面，该移动办公 App 具备模拟器检测模块，如果发现当前运行环境是模拟器，那么将禁用相关功能，也就是说代理人或恶意攻击者无法使用模拟器登录应用进行签到或打卡。除上述机制之外，代理人使用 DigitalOffice 进行移动打卡前，先要使用正确身份登录，再使用人脸认证机制进行身份确认。

即时通信应该是代理人之间、代理人与客户之间使用最为频繁的功能了。代理人团队经常会组成一个即时通信群组，在这个群组中安排工作任务、考核工作指标以及交流工作和生活情况。客户更多就其关心的产品、理财、医疗等业务向公司服务平台进行沟通。DigitalOffice 在满足上述两种沟通需求的实时性、便捷性之外，也加强了安全性。因为即时通信的过程中必然会涉及代理人或客户的个人信息，这些信息是需要加强保护的。

该移动办公 App 通过在即时通信窗口界面增加屏幕水印，可避免通信信息被拍照泄露（因为添加水印的图片在泄露后比较容易追溯泄露来源）；通过限制剪切板的粘贴功能，用户在 App 内复制的内容仅能在该 App 内粘贴，可避免数据在手机应用之间传递泄露；通过对手机本地的聊天日志进行加密，可避免数据因手机文件系统中被访问而泄露；通过对聊天记录中存在敏感的信息进行匹配和识别，并制定相应的安全策略，对频繁命中策略的情况进行告警，可及时识别可能存在敏感信息批量泄露的情况。

2. 移动办公场景

DigitalOffice 的主体业务是将员工日常办公所涉及的方方面面进行移动化，这种办公模式的替换可以让公司内勤人员摆脱时间和空间的束缚，随时随地进行交流和沟通。通过建立员工个人设备与企业网络互联互通的运作机制，工作也将更加轻松有效，整体运作更加协调，企业运转效率也更高。

借助于移动办公 App，员工手机也具备了和计算机一样的办公功能，而且它还摆脱了必须在固定场所、固定设备上进行办公的限制。这样一来，用户无论何时何地都能高效迅捷地开展工作。这对于突发性、应急性事件的处理都有着极为重要的意义。

由于移动办公要通过开放的无线互联网接入公司的内部网络，DigitalOffice 的许多功能在使用和推广时面临的首要问题就是安全问题。在网络安全威胁日益严重的今天，DigitalOffice 为了让员工在移动办公场景下更加安全地使用网络视频会议、邮件、日程管理、云盘、即时通信、人事系统等功能，在安全层面进行了各种增强。这里以日常移动办公场景为例，简要描述安全机制。

DigitalOffice 的邮件模块是 X 企业信息化向移动化转型过程中不可或缺的重要组成部分，移动化的邮件功能为企业员工和外部客户提供基础的电子邮件通信服务、即时通信服务、日程管理服务等高级功能。DigitalOffice 中的邮件模块使用 HTML5 针对 X 企业内部的邮件系统进行定制化展示，使其更适应手机屏幕。与即时通信功能类似，为了避免数据因为展示和编辑的原因出现泄露，邮件模块中依然加强了页面水印和剪切板限制。在移动邮件系统中，为了兼顾数据安全与用户体验，增加了邮件附件预览功能，日常办公中常见的文件格式都可以通过附件预览功能进行查看和转发，从而保证公司数据无法通过邮件模块存储到用户个人手机上。

该移动办公 App 支持将某一封邮件作为一个链接消息发送到一个聊天界面中，供用户对该邮件进行即时通信讨论。此时用户会点开邮件链接查看内容，产生邮件与即时通信间的数据流动。DigitalOffice 支持邮件模块、即时通信模块等诸多模块的独立授权、独立设置等安全控制机制，在模块之间切换时保持权限的一致性，不会出现数据由高密级流动到低密级的情况。如果仅仅是手机端本身的安全控制措施，将难以保证控制措施的全面性和实时性，因此 App 后台引入的安全管理后端便具有重要意义。用户手机截屏、敏感信息的查阅和复制、数据传输、手机设备遗失等行为均是敏感数据外泄的主要途径，而管理后台会对上述场景进行重点记录和分析，实时告警可能存在的安全风险，以帮助安全人员立即响应可能存在的泄密事件，保护数据资产的安全。

第6章

金融系统大数据安全

金融行业是信息密集型、知识密集型和价值密集型行业，金融机构在经营过程中与整个社会各行业构成了巨大的交织网络，沉淀了大量数据。无论是以创新为目标的金融科技（FinTech），还是以合规为目标的监管科技（RegTech），大数据的深入应用都有助于从海量数据中发现价值、识别风险、加速创新以及推动行业健康发展。而与此同时，数据的安全问题尤为重要，一旦发生信息泄露事件，很容易引发电信网络诈骗等违法犯罪活动，从而危及公众生命财产安全，给行业带来负面影响，更有甚者还可能危及国家利益及国家安全。

6.1 大数据简介

随着大数据的发展，从银行到P2P理财再到保险、证券等，越来越多的金融企业开始建设自己的大数据平台。在传统上，对于数据的管理，金融界是有经验的。但在当前的大数据年代，数据规模越来越庞大，接触数据的人越来越多，数据的使用越来越频繁，数据种类越来越多样，数据模型越来越复杂，内网数据和外网数据在很多场景下需要实时交互……这给数据安全带来了更严峻的挑战。

6.1.1 大数据定义

麦肯锡咨询公司认为：大数据就是其大小超出常规数据库工具获取、存储、管理和分析能力的数据库，并且不是说一定要超过特定TB的数据集才是大数据。这个定义并没有诠释什么是常规的数据库工具，也没有诠释大数据与数据量的关系，是一个比较原始的大数据定义。

国际数据公司（International Data Corporation，IDC）从4个特征定义了大数据：数据规模庞大（Volume）、数据更新频繁（Velocity）、数据类型多样（Variety）和数据价值巨大（Value）。在此基础上，我们现在一般偏向于再加上"数据处理复杂"（Complexity）这一特征，它们一起构成了相对完整的大数据的定义，这就是我们耳熟能详的4V+1C（见图6.1）。

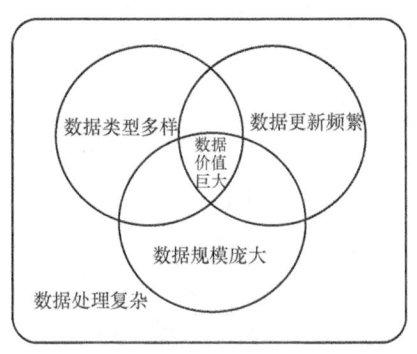

图 6.1 大数据特征

1. 数据规模庞大（Volume）

当数据规模很小时，存在非常成熟的数据存储、计算、分析、呈现方案，人们对数据模型也有非常多的研究。而大数据必须是规模异常庞大的数据，只有当规模庞大时，才有新的研究价值。

前面已经提到，不是说一定要超过特定 TB 的数据集才是大数据。由于计算能力、存储能力、分析能力的局限性，现在看起来很简单的问题，在历史上可能都是大数据的问题。

2. 数据更新频繁（Velocity）

我们知道，摩尔定律揭示了处理器性能与时间的关系，即，当价格不变时，集成电路上可容纳的元器件的数目，约每隔 18～24 个月便会增加 1 倍，处理器的性能也将提升 1 倍。对于一个静止的数据集，哪怕今天的处理器无法处理，存储器不好存储，但随着技术的进步，未来可能变得非常容易处理。

针对大数据处理，我们需要想出更多"巧妙"的分析办法，提出更"优秀"的处理模型，而不能只依赖存储能力、处理水平、网络带宽等硬件设备的性能改进。所以大数据技术要处理的是频繁更新的数据集。

3. 数据类型多样（Variety）

传统的关系型数据库，无论在理论上还是在应用上都已经非常成熟。关系型数据库一般保存格式固定、类型单一的数据。几十年的数据库理论、数据挖掘、数据仓库的研究，也产生了相当多的研究成果。

6.1 大数据简介

在大数据环境下，我们的分析对象是异构、异质的数据集，可能包括文本、音频、视频等多种形式，也可能是结构化、半结构化数据或无结构的数据。

4. 数据价值巨大（Value）

如果数据没有价值，也就没有了分析的必要。因此，我们处理的数据必须有巨大的商业价值或社会价值。阿里巴巴愿意花巨大代价提高推荐系统的准确性，原因就是其推荐系统的准确率提高后能大大提高平台的交易量，因此具有巨大的商业价值。我们在全国部署"天眼"系统，增加大数据技术在"天眼"系统中的分量，就是因为哪怕是"天眼"系统的分析能力只提升了一小步，都能在打击犯罪、保障人民群众安全、信用取证等方面带来巨大的改进，因此具有极大的社会价值。

在"数据价值巨大"这个层面，除了要求"价值巨大"外，我们一般会额外增加一点要求，那就是数据的价值密度极低。我们常说，大数据是一个"金矿"，这包含两个方面的含义：一方面，黄金很值钱，金矿很有价值；另一方面，金矿不是金库，几万吨的矿砂中也许只有几十公斤黄金，也就是说金库的价值密度是非常低的。大数据价值方面的含义，也意味着数据的价值密度非常低。如果数据集中每一条数据都非常有价值，那也就无所谓"挖掘"了。没有了挖掘，大数据的意义也就荡然无存了。

5. 数据处理复杂（Complexity）

IDC 公司的大数据只有 4 个特征，我们一般偏向于增加另一个特征：数据处理复杂。例如，在统计中国人口的平均年龄时，产生的数据是非常庞大的，有近 14 亿条记录；由于每天都有生老病死，因此这个数据集也是动态更新的；这个数据集也可以是多样的，比如湖南的数据可以放在 MySQL 中，湖北的数据可以放在 Oracle 中，北京的数据可以放在文本文件中，上海的数据可以放在 Word 文档中；这个数据集和相应的分析都是有价值的，但是平均到每一条数据时，价值又非常有限。也就是说，尽管这个数据集符合大数据的 4 个特征，但是"统计中国人口的平均年龄"这个问题怎么看都太简单，只需将年龄加起来求平均即可，因此它并不是真正意义上的"大数据问题"。

大数据要求数据处理复杂，不能套用现有的、成熟的数据库工具得到答案。

6.1.2 大数据思维

每个行业都有特有的思维方式，这种思维方式是从事这个行业的精英从若干年的实践中总结出来的行之有效的方法论。无数的互联网从业者也总结了互联网行业的思维方式,我们一般称为互联网思维。百度创始人李彦宏较早提出了互联网思维这个概念,雷军、周鸿祎、张亚琴、柳传志等业界知名人士也有许多关于互联网思维的精彩解读。

随着大数据技术的深入人心,很多大数据技术专家、战略专家、未来学家等开始提出、解读并丰富大数据思维概念的内涵和外延。总体来说,大数据思维包括:

- 全样思维;
- 容错思维;
- 相关思维。

1. 全样思维

抽样又称取样,是从待研究的全部物品中抽取一部分作为样品,其基本要求是要保证所抽取的样品能充分代表全部物品,目的是通过被抽取样品的分析、研究结果来估计和推断全部物品的特性。抽样是在科学实验、质量检验、社会调查中普遍采用的一种经济有效的工作和研究方法。

抽样曾经在一定历史时期内极大地推动了社会的发展,在数据采集难度大、数据分析和处理困难的时候,抽样不失为一种非常好的方法。例如,要计算洞庭湖中银鱼的数量,可以事先给 10000 条银鱼打上特定记号,并将这些鱼均匀地投放到洞庭湖中。过一段时间进行捕捞,假设捕捞到 10000 条银鱼,其中有 4 条带有特定记号,那么我们可以得出结论"洞庭湖大概有 2500 万条银鱼"。

抽样的好处显而易见,坏处也很明显。抽样保证了在条件不具备的情况下,得出一个相对靠谱的结论,从而使研究有的放矢。但抽样也带来了新的问题。由于抽样是不稳定的,因此会导致结论与实际可能存在明显差异。上面的例子中,有可能今天捕捞到了 4 条带有标记的银鱼,但明天有可能会捕捞到 400 条带有标记的银鱼。再比如,国贸大厦上掉下一块砖头,砸死一个博士,由此得出结论"北京人的学历都是博士"。这是抽样在极端情况下结论不稳定的极端表现。

再就是,在很多情况下也不能抽样。例如,为了获得准确的人口数字,以便在制定政策、方针时更加符合时代要求,此时基本不会采用抽样,而是采用人口普查。所谓人口普查,就是获得所有人的信息,计算精确的人口数量。

大数据与小数据的根本区别在于大数据采用全样思维方式,而小数据强调的是抽样。抽样是在数据采集、数据存储、数据分析、数据呈现技术达不到实际要求或成本远超过预期的情况下采取的权宜之计。随着技术的发展,不能获取全样数据,不能存储和分析全样数据的情况都将一去不复返。大数据时代是全样的时代,抽样最终将消失在历史长河中。

2. 容错思维

在小数据时代,我们习惯了抽样。但是从理论上讲,抽样生成的结论是不稳定的。一般来说,全样的样本数量比抽样样本数量大很多,因此抽样过程中出现的一丁点错误,都会导致结论的"失之毫厘,谬以千里"。为了保证抽样得出的结论相对靠谱,人们对抽样的数据精益求精,容不得半点差错。

这种对数据质量近乎疯狂的追求,是小数据时代的必然要求。这一方面极大地增加了数据预处理的代价,并产生了一大堆数据清洗算法和模型,由此导致系统逻辑特别复杂。另一方面,不同的数据清洗模型可能会导致清洗后的数据差异很大,从而进一步加大了数据结论的不稳定性。最后,现实中的世界本身就是不完美的,现实中的数据本身也存在异常、纰漏、疏忽,甚至错误。在将抽样数据进行极致清洗后,很可能导致结论不符合客观事实。这也是很多小数据模型在测试阶段效果非常好,一到了实际环境中效果就非常差的原因。

在大数据时代,因为我们采集了全样数据,而不是一部分数据,而且数据中的异常、纰漏、疏忽、错误都是数据的实际情况,也没有必要进行任何清洗,由此产生的结论也是最接近客观事实的。

3. 相关思维

在小数据时代,大家总是更愿意相信因果关系,而不太认可其他关系。但是因果关系非常不稳定,"有因必有果"的结论也非常武断,甚至在大部分情况下这种关系是不合时宜的,甚至是错误的。以前大家都认为天鹅是白色的,"因为是天鹅,所以是白色的",这是世界上所有人的认知。但是当人们在澳大利亚发现了黑天鹅时,世人关于天鹅的知识体系崩溃了。我们曾经认为千真万确的牛顿力学理论,在高速运行的世界里被完全颠覆,许许多多曾经认为理所当然的因果关系荡然无存。这都说明因果关系是非常脆弱的,是非常不稳定的。

在现实生活中,有很多人做了很多坏事,但是终生都没有得到任何报应。这本来可以证明因果关系在很多情况下是不成立的,或者说因果报应是不靠谱的。为了保证因果关系在这种情况下继续成立,圆因果报应的理论,佛教中增加了一种报应——生报(即前生作业今生报，或今生作业来生报）。

因果关系根源于数据抽样理论。因果关系的得出，一般分为如下几个步骤。

1．在一个抽样样本中偶尔发现某个有趣的规律。

2．拿到另一个更大的样本中发现规律依然成立。

3．在能见到的所有样本上都判断一下，发现规律依然成立。

4．由此得出结论，这个规律是一个必然规律，因果关系成立。

因果关系是一种非常脆弱的关系，只要存在一个反例，因果关系就会失败。从"黑天鹅事件"中可以看出，上述步骤3中涉及的并不是全样样本。在人们得知澳大利亚存在黑天鹅之前，他们认为天鹅都是白色的。但在得知这一事实之后，整个因果关系就瞬间崩塌了。

在大数据时代，我们不追求抽样，而追求全样。当对全部数据进行分析时，由于只要有一个反例，因果关系就不成立，因此在大数据时代，因果关系变得几乎不可能。而另一种关系由此进入大数据专家的眼中：相关关系。比如，很多男人去超市买了啤酒后会顺便买纸尿裤，但不是买啤酒就一定买纸尿裤。因此，啤酒与纸尿裤的关系不能算因果关系，而只能是一种相关关系。同样，女性裙子的长短与经济热度、摩天大厦与经济危机的关系都是一种相关关系，而不是因果关系。

6.2 大数据安全风险与威胁分析

6.2.1 金融系统安全的分类

金融系统的安全一般包括4个层面的安全：

- 管理安全；
- 生产安全；
- 网络安全；
- 业务安全。

1. 管理安全

注意及时、准确地填写内容，并利用现场监管的机会充分展示安全保障能力。由于行业特点，金融行业普遍比较保守，对新技术的应用（例如人脸识别、二维码付款、大数据风控等）较为谨慎，因此不建议在汇报沟通中过多渲染。

主管机构在监管层面主要还是注重于安全制度、信息安全等级保护评测。在安全制度层面，由于不同金融业态对应不同的安全管理要求，因此需要结合专业的安全管理制度来开展。有些机构为了取得更多安全证书，会去追求一些国外的安全体系认证，这在监管层面不是很认可。除非有国外业务，或者真正需要证书来完善自己的安全管理体系，否则不建议片面追求证书。

除监管之外，安全管理还有一个重要内容，就是传递安全的信任感。一个平台是否安全，是投资者非常关心的一个问题。平台安全可以分为资金安全和信息安全，而信息安全则需要向投资者传递这种信心。如果一个平台被黑客攻击，或者聚集了大量羊毛党，或者出现了批量受害者，这将对平台产生致命打击。在安全信心的传递上，一是用人民群众喜闻乐见的形式在平台上宣传，二是要处理好应急事件，尤其在公关层面。

2. 生产安全

相较于其他行业，金融行业在研发安全和运维安全上的要求相对较高一些，但本质上并无较大差异，因此也不再介绍。

3. 网络安全

传统金融机构对办公终端的管理都比较完善，甚至启用了"双网双机"机制。一些互联网公司在这方面反倒有所欠缺。由于终端层面的监控和防护已经是最后一道防线，而且终端也是重要的信息泄露点，因此对终端的安全管控必须向金融机构的安全管控强度看齐，但手段上可以不同。这里涉及 DLP、终端杀毒防木马、BYOD、邮件、上网行为管理、准入、透明加密等多方面内容，不再一一解释。

4. 业务安全

在业务安全层面，刷库和倒卖是征信业务特有的风险，而账户安全则是所有业务都关心的风险。由于多年以来安全受到的重视程度不足，原因是相对业务来说安全是个成本中心，而如果以业务安全领域作为切入点，则不但能给整个业务带来价值，而且可能会成为利润中心,由此提高安全队伍的话语权。

- 防刷库。征信公司本身的业务特点是接入各方数据,加工成产品后再对外输出。它们的典型产品如信贷黑名单,其中就汇集了逾期用户的信息。这就会有下游机构进行刷库(可以简单理解为使用所有人的身份证号进行查询)。对于这种情况,需要进行业务监控,并根据机构大小进行分类。针对异常查询行为,可根据中国人民银行相关要求,调阅用户授权。另外,为防止意外,可进行阈值设定,使其在超出阈值后自动阻止并报警。

- 防盗卖。下游机构在接入接口后,会将数据对外转售以此牟利,并留存数据。这种盗卖行为在技术上很难防范,但可以通过下钩子的方法,放置一些特定数据。一旦这些数据在未授权的机构出现,则意味着有人进行了盗卖,可以根据不同的钩子数据找到盗卖方。

6.2.2　金融系统大数据安全的范畴

在大数据时代,我们讲金融系统的大数据安全,更多地是在强调数据的内容安全。大数据安全是一个综合工程,每一类数据安全都涉及管理安全、生产安全、业务安全和网络安全(见图 6.2)。

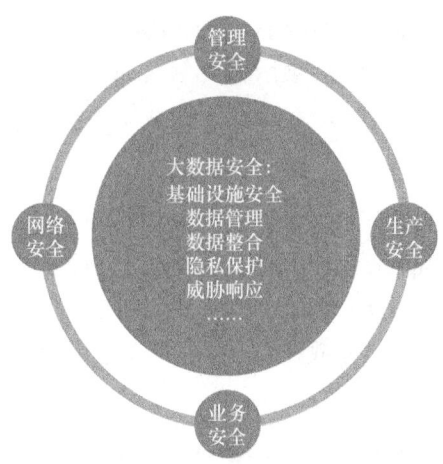

图 6.2　大数据安全内容

6.2.3 数据源安全

金融系统的数据源是指系统所有可能的数据来源，包括各金融子系统的业务输入数据，也包括可能的数据合作以及爬虫采集的数据等。一个大数据平台，必然面临各种形式的数据接入，数据有结构化数据、非结构化数据、爬虫数据、上报数据、图片数据等各种类型。数据又可分为个人身份信息、支付信息、移动数据、法院信息等。数据还可根据来源分为组织内数据和组织外数据，还可根据接入方式分为互联网数据、专网数据等。

在一个大型集团的大数据平台上，每天都会有各种各样的数据接入需求。安全部门需要有统一、强制的介入方式。比如这涉及连接类型、数据流量预测、接入的鉴权方式和证书管理，以及使用期限和下线管理。建议形成统一的数据接入平台进行管理，并按照不同的数据保密性级别分类处理，约定统一的安全强度。这件事情越晚做越痛苦，等到业务发展起来，有无数的接口需要梳理时就积重难返了。

6.2.4 数据平台安全

大数据平台首先要考虑自身基础设施的安全。由于金融属性，大数据平台不太会考虑使用云的形式。另外，取决于搭建大数据平台的技术及数据库，还需要针对 Hadoop、MongoDB、NoSQL 等进行安全管理。需要指出的是，大数据设计的初衷并不是为了安全考虑，因此整个安全管理机制并不成熟，比如 Hadoop 的早期版本缺少身份认证机制，而且节点之间无法进行加密传输，后续版本尽管提供了此类机制，但升级后又可能导致 Hadoop 不可用。NoSQL 数据库则缺乏一些传统数据库提供的安全功能，比如基于角色的访问控制功能。

具体而言，应用层面的安全要考虑使用一些比较新的版本来搭建大数据平台。如果是已有平台，可以使用 Cloudera Sentry、DataStax Enterprise、Accumulo 这一类应用安全的加强方案。可以使用 Apache Oozie 进行日志的统一监控。由于大数据平台具有较多的集群服务器，物理位置可能分散在四处，所以需要对运维安全进行加固，使用统一的、最小化权限的版本进行自动化配置。

大数据平台的账户管理也是重要的一部分。密码强度的控制、离职休假员工的账户回收、登录失败限制、对账户的监控等日常工作需要定期审计。但最核心的内容是做好安全域管理，做好边界防控，使大数据平台在内部运转。

6.2.5　结果呈现安全

许多系统或平台的业务,都需要将处理结果以某种形式展示给用户:百度需要根据用户的搜索关键词展示可能的结果网页;淘宝需要根据用户的关键词展示相应的商品信息;携程需要根据关键词展示符合条件的机票信息;前程无忧需要根据关键词展示合适的候选人简历等。这些原本正常的业务提供流程,在大数据时代,也容易出现数据的不安全因素。

1. 结果呈现导致的知识产权安全

360公司曾经上线的综合搜索,其实是把其他搜索引擎的结果采集过来,然后再对各个搜索引擎的结果进行综合,然后展示搜索结果(一般在技术上称为元搜索引擎)。今日头条刚开始时本身并没有生成任何信息,只是把各家新闻站点的新闻都采集过来,然后进行分析和整理,以自己的形式展示出来。我们先姑且不去探讨其中谁是谁非的法律问题,但是可以看出,在大数据年代,结果的呈现会有许许多多的安全问题,或者说知识产权的问题。

2. 相关关系泄露商业机密

如果大家认为360公司的综合搜索、今日头条的新闻推荐还没有太多直接的大数据的特征,那么大家应该还记得大数据的第一个商业应用吧。在2003年(那时候还没有大数据的概念),Oren Etzioni准备乘坐从西雅图到洛杉矶的飞机去参加弟弟的婚礼。他知道飞机票越早预订就会越便宜,于是他在这个大喜日子来临之前的几个月,就在网上预订了一张去洛杉矶的机票。在飞机上,Etzioni好奇地问几位邻座的乘客花了多少钱来购买机票。当得知所有人的机票比他买得更晚,而且票价更便宜时,他感到非常气愤。飞机着陆之后,Etzioni下定决心要开发一个系统,用来推测线上的机票价格。

这个小项目逐渐发展成为一家得到了风险投资基金支持的科技创业公司,名为Farecast。到2012年为止,Farecast公司用了将近10万亿条价格记录来帮助预测美国国内航班的票价。Farecast预测的票价准确度高达75%,使用Farecast票价预测工具购买机票的旅客,平均每张机票可节省50美元。2008年,Etzioni计划将这项技术应用到其他领域,比如酒店预订、二手车交易等。只要这些领域内的产品差异不大,同时存在大幅度的价格差和大量可运用的数据,就都可以应用这项技术。但是在他实现计划之前,微软公司找上了他并以1.1亿美元的价格收购了Farecast公司。而后,这个系统被并入到Bing搜索引擎中。

3. 关联分析泄露商业机密

Farecast 公司将大数据思维方式用到了极致，尤其是相关思维。招聘网站现有的商业模式在大数据时代也有很多问题。招聘网站是一个撮合型的简历交易平台，在候选人上传简历后，招聘网站会对简历的手机号码、邮箱等信息进行屏蔽。当 HR 浏览了候选人的简历，需要跟候选人联系时，招聘网站将收取费用。这个商业模式在大数据时代很容易被攻破。例如职品汇等公司一直关注人力资源的大数据挖掘，当通过分布式多账号采集了招聘网站的大量没有联系方式的简历后，再采集大量其他数据，例如微博数据、领英数据、脉脉数据、人人数据等，然后通过内容的相似度对各类数据进行融合，融合后的数据可以互相补充，在简历中没有的联系方式等信息也就很容易获取了。

6.2.6 隐私泄露

隐私泄露是一个老生常谈的问题，自从有信息系统开始，就有各种各样的隐私数据被泄露的事件出现。2017 年 6 月，国内某大型招聘服务公司的两名内部人员被检方指控利用公司漏洞向某公司人事经理私自出售个人简历信息 15 万余条，涉嫌侵犯公民个人信息。

如果说这样的数据泄露是赤裸裸的隐私信息被贩卖，很容易界定并确定法律问题，那么在大数据年代，还有许许多多表面看似没有隐私的隐私信息被泄露。2018 年 3 月 16 日，Facebook 被曝在 2014 年有超过 5000 万名用户（接近 Facebook 美国活跃用户总数的 1/3，美国选民人数的 1/4）的资料被剑桥分析公司非法用来发送政治广告，部分媒体将其视为 Facebook 有史以来遭遇的最大型的数据泄露事件，但 Facebook 否认这是一起数据泄露事件。Facebook 的点赞行为可以透露出博主的很多隐藏信息。Facebook 内部就一直通过分析点赞行为来实现广告的精准投放。剑桥大学心理测量学中心可以从用户点赞的帖子和新闻中分析出每个人的性别、宗教信仰、性格是外向还是内向、政治理念是自由开明还是偏保守、是否种族主义者、会给哪个党的候选人投票等。

或许大家认为 Facebook 泄密事件与我们没有多大关系，但是另一个名为反向身份识别的技术（国内更多地称为技术实名制）可能会让你觉得隐私泄露就在眼前。2006 年 8 月，美国在线（AOL）公司公布了大量的旧搜索数据以供社会研究使用。这些数据进行了精心的匿名化处理，即用户姓名和地址等个人信息都采用特殊的数字符号代替。尽管如此，《纽约时报》还是在几天之内通过对搜索记录综合分析后，发现数据库中的"4,417,749 号"代表的是佐治亚州利尔本的一位 62 岁寡妇 Thelma Arnold。这件事情引起了公愤，导致美国在线公司的首席技术官和另外两名员工被开除。由此是否可以得出这样的结论：单纯的匿名化对大数据可能是无效的。

尽管法律要求数据的收集者必须隐去资料提供者的姓名等信息，比如医学研究中收集的患者资料，都遵循惯例略去了患者的姓名、年龄和性别，但反向身份识别技术使这种惯例失去了意义。有关研究表明，仅需根据邮政编码、生日和性别，就可以准确识别87%的美国公民的身份。

6.2.7 数据丢失

数据丢失一般是指由于人为、自然、软件或硬件原因导致原来可以读取、访问的数据不再可用。数据丢失也是金融系统大数据安全的重要防范对象。

1. 人为原因

人为原因主要是指由于使用人员的误操作导致数据被破坏，如误格式化或误分区、误克隆、误删除、误覆盖、经常不正常退出、人为地摔坏或磕碰硬盘等。

因人为原因导致的数据丢失现象一般表现为无法正常启动系统、磁盘读写错误、找不到所需文件、文件无法打开、文件打开后全是乱码、硬盘没有分区、系统提示某个硬盘分区没有格式化、硬盘被强制格式化、硬盘无法识别或发出异响等。

2. 自然原因

自然原因主要指由于自然灾害导致数据被破坏，如水灾、火灾、雷击、地震等破坏了计算机系统，导致存储的数据完全损坏或完全丢失，或断电、意外电磁干扰等造成数据丢失或破坏。

自然原因导致的数据丢失现象一般表现为硬盘损坏、硬盘无法识别、磁盘读写错误、找不到所需文件、文件无法打开、文件打开后全是乱码等。

3. 软件原因

软件原因主要是指由于病毒感染、零磁道损坏、硬盘逻辑锁、系统错误或瘫痪等导致数据丢失或破坏。

软件原因导致的数据丢失现象一般表现为无法正常启动系统、磁盘读写错误、找不到所需文件、文件无法打开、文件打开后全是乱码、硬盘没有分区、系统提示某个硬盘分区没有格式化、硬盘被锁等。

4．硬件原因

硬件原因主要是指由于计算机设备的硬件故障（包括存储介质的老化、失效）、磁盘划伤、磁头变形、磁臂断裂、磁头放大器损坏、芯片组或其他元器件损坏等导致数据丢失或破坏。

硬件原因导致的数据丢失现象一般表现为系统无法识别硬盘，且伴随一种"咔嚓咔嚓"或"哐当哐当"的磁阻撞击声，或电机不转、通电后无任何声音、磁头定位不准造成读写错误等现象。

6.3 大数据安全策略分析

大数据时代也给金融系统的安全提出了更高的要求。一方面原因是随着数据量的增加，数据采集、存储、分析、呈现的环节也会增加，参与的部门和人员也随之增加，而每一个环节都有可能对数据安全造成威胁。另一方面，大数据分析技术越来越发达，隐私挖掘能力也越来越强，以前认为没有隐私问题的数据现在都有可能出现隐私问题。

6.3.1 数据备份

很多大数据系统已经自带了数据备份功能。例如 Hadoop 中就自带了冗余备份功能。在 HDFS 中，系统默认 replication 为 3，也就是当往 Hadoop 上写一个文件时，系统会自动生成 3 个备份。Hadoop 的冗余不光是为了备份，它还有额外的好处：分布式并行读取和分布式并行计算。当需要读取某个文件时，并不是从一个节点上从头到尾读取，而是可以从 3 个节点同时读取文件的不同片段，从而提高文件读取和分析速度。

备份策略的制定是备份系统的一个重要部分，备份策略的选择依赖于数据的重要性、允许备份的可用时间以及其他一些因素。一般来说，主要有 3 种备份策略：

- 完全备份（full backup）；
- 增量备份（incremental backup）；

○ 差量备份（differential backup）。

1. 完全备份

完全备份是对所有的数据进行备份，而且每天对自己的系统进行完全备份。这种备份策略的好处是很直观，而且当发生数据丢失的灾难时，只要用灾难发生前一天的备份就可以恢复丢失的数据。然而它亦有不足之处。首先，由于每天都对整个系统进行完全备份，这会造成备份数据的重复，这些重复的数据会占用大量的磁带和磁盘空间，由此导致成本增加。其次，由于执行备份时需要备份的数据量较大，因此备份所需的时间也就较长。对于那些业务繁忙、数据量大、备份时间有限的单位来说，选择这种备份策略是不明智的。

2. 增量备份

相对于完全备份而言，增量备份只备份上一次备份后数据的改变量。这种备份策略没有重复的备份数据，节省了磁带或磁盘空间，又缩短了备份时间。它的缺点是当发生灾难时，数据恢复比较麻烦。另外，这种备份的可靠性也很差。在这种备份策略下，各盘磁带（磁盘）间的关系环环相连，其中任何一盘磁带（磁盘）出了问题都会导致整个备份链条脱节。

3. 差量备份

差量备份是指对上一次完全备份之后新增加的和修改过的数据进行备份。比如，管理员先在星期一进行一次系统完全备份，然后在接下来的几天里，再将当天中与星期一不同的数据（增加的或修改的）备份到磁带上。差量备份策略在避免了以上两种策略的缺陷的同时，又具有了它们的所有优点。差量备份无需每天都做系统完全备份，因此备份所需时间短，并节省磁带空间。而且它的灾难恢复也很方便，系统管理员只需两盘磁带（磁盘），即系统完全备份的磁带（磁盘）与发生灾难前一天的备份磁带（磁盘），就可以将系统完全恢复。

6.3.2 隐私保护

1. 隐私保护与大数据挖掘的对立统一

隐私保护与大数据挖掘是对立统一的关系。隐私保护就是要防止特定信息被挖掘、发现和泄露，而大数据挖掘就是从数据中分析出某些特定的规律、事实、关联，并呈现出来。从这方面看，隐私保护和大数据挖掘天生是对立的。另一方面，隐私保护和大数据挖掘又是统一的。隐私保护不能"过度"，不能以隐私为由牺牲业务场景的安全性，例如在向金融机构申请贷款时必须提交个人信息，并且允许金融机构对个人信息进行分析、核实等。大数据挖掘也不能"过度"，不能在没有授权的情况下泄露个人的隐私信息。

历史上，"隐私保护"与"隐私挖掘"之间是这样"走马灯"的：人们通过对隐私的"挖掘"获得了空前的好处，但又产生了更多需要保护的"隐私"。于是，又不得不再回过头来，认真研究如何保护这些隐私。当隐私积累得越来越多时，"挖掘"它们就会变得越来越有利可图，于是，新一轮的反复迭代又开始了。如果以时间长度为标准来判断，人们在"自身隐私保护"方面整体处于优势地位，因为在大数据挖掘之前，"隐私泄露"好像并不是一个突出的问题。

2. 大数据年代的隐私保护含义的变化

从字面上看，隐私=隐+私，即，有"私"之后，才有需要"隐"的对象，才产生了"隐私"；有了"隐"之后，才有去发现被隐之"私"的动力，才诞生了"挖掘"去发现隐私。隐私保护和大数据挖掘天生是一对孪生兄弟：没有私，就不用隐；有了私，就得隐。

在大数据技术粉墨登场之前，所谓隐私保护，其实就是隐藏"私"，不让别人发现想保护的内容。例如，我觉得我的肖像是隐私，那么就千方百计地保护好自己的照片，不让别人有机会看到甚至传播。我觉得我的财产是隐私，不想让别人知道，就不要立一块"此地无银三百两"的牌子。我觉得我的个人信息是隐私，就不要拿自己信息到处宣传。我觉得我的亲属关系是隐私，就不要在任何公共场合公开自己的父母、伴侣、子女等信息。

在大数据时代，要想隐藏我们的"私"几乎没有可能。在使用手机时，我们的各种数据被运营商获取；在使用微信时，我们的身份、爱好、关系、位置都被记录下来；在交友时，我们的各种信息都会被上传到互联网；出行时，大街小巷的摄像头、WiFi 热点、移动基站，都能准确地知道我们的"私"。在这种情况下，对于"私"的隐藏变得难上加难。既然"私"没法隐，那么还不如干脆把私公开，只隐藏自己的身份。

概括来说，在大数据之前，隐私保护的哲学是：把"私"藏起来，而我的身份可公开。今后，大数据隐私保护的哲学将变成把"私"公开，而将身份藏起来，这就是匿名。

3．大数据时代的匿名

大数据时代的隐私保护更多地采用匿名方式来实现。常见的匿名方式有如下几类。

- **身份匿名**：任何绯闻或丑事儿，当大家并不知道你就是当事人时，请问你的隐私被泄露了吗？当然没有！没准你还踮着脚，伸长脖子往前挤，还想多看几眼热闹呢！

- **属性匿名**：如果你觉得自己的某些属性（比如，工作地点、爱好、病史记录等）需要保密，那么，千万不要在网上发布自己的这些消息，甚至要有意避开与这些属性相关的信息。这样别人就很难对你"顺藤摸瓜"了。

- **关系匿名**：如果你不想让别人知道你与张三是朋友，那么最好在网上离张三远一点，不要去关注与他相关的任何事情，更别与他搭讪。

- **位置匿名**：这一点不用多说了。至少别主动在社交媒体上暴露自己的行踪。

4．大数据时代的匿名技术

当然，要想实现绝对的匿名也是不可能的。大数据时代主要的匿名技术有下面几种。

- **基于数据失真的匿名技术**：假如你能够像孙悟空那样，一会儿是猫，一会儿成鸟，一会儿变蛇，一会儿为草，那么，除了观音菩萨之外，谁能知道你的真实身份呢（观音菩萨能认出孙悟空，就是因为能够还原失真）。你本来要上山，却偏要说下河；本来要杀鸡，却偏要说宰鹅；那么，谁会知道你到底要做什么，或者已经做了什么呢！

- **基于数据加密的匿名技术**：数据的加密和解密是安全的重要方面，而且这种技术的应用几乎遍地开花。这里不再赘述。不过，请想想看，如果别人连你发布的信息都读不懂，他怎么会知道那是你的隐私呢；就算他知道是你的隐私，他又怎么知道隐私的具体内容呢。

- **基于限制发布的匿名技术**：不该说的不说，不该问的不问，不该动的不动，只要人人都严格按照规矩，老老实实地约束自己在网上的言行，也就不用发愁隐私泄露了。如果你不老实的话，这项技术就是专门为你量身定制的；如果你胆敢越雷池半步，你的信息就会发不出去，甚至还有可能被追究责任！

6.3.3 防篡改

1. 传统的防篡改机制

一般的防篡改机制都是以加密算法为基础。选择密文安全性（chosen ciphertext security，CCA-security）是公钥密码中的安全性概念。构造 CCA 安全的公钥密码体制具有重要的意义，如 Bellare 和 Rogaway 提出的 OAEP 体制就成为了 SET 协议的加密标准。

长期以来，只有很少的加密方案能在标准模型中被证明是可以抗选择密文攻击的，而实用的方案就更少了。第一个实用的方案由 Cramer 和 Shoup 于 1998 年提出，他们后来把该方案的构造推广成平滑哈希证明系统（Smooth Hash Proof System，SHPS）。长期以来，SHPS 是构造标准模型中实际可行的 CCA 方案的唯一方法。2004 年，Canetti、Halevi 和 Katz 提出了将任意 Selective-ID 安全的基于身份的加密（IBE）方案转化成 CCA 安全公钥加密方案的一般方法。为了加密 m，加密者利用接收者的公钥 PK，产生一次性签名密钥对（vk，sk）将密文（vk，Enc（vk，m），σ）发送到接收者，其中 Enc（vk，m）可以看作是对 m 以 PK 为主公开参数和 vk 为身份的加密，σ 表示用私钥 SK 对前两个部分密文的签名。解密时，先验证签名的合法性，若合法，再利用主密钥提取身份 vk 的私钥 d，并用 d 进行解密。可以看出，该方案相较于原来的 IBE 方案产生了明显的通信和计算负荷，因为加密时要产生一次性签名的密钥对，还要利用所产生的私钥对 IBE 的密文进行签名，解密时还要先验证签名的合法性，然后再解密。

Waters 方案是 Adaptive-ID 安全的，即攻击者可以是适应性地选择身份攻击，但 Canetti、Halevi 和 Katz 转化的是 Selective-ID 安全的，即攻击者只能非适应性地选择身份（所攻击的身份在参数产生前就已决定）攻击。

选择密文安全性的步骤如下。

（1）挑战者执行参数产生算法和密钥产生算法，并将公共参数 Param 和加密公钥 PK 发送给攻击者 A。

（2）攻击者 A 用若干个密文询问解密预言机，挑战者按照解密算法进行解密，并将解密结果发送给攻击者 A。

（3）攻击者 A 选出两个等长消息 m0 和 m1，随机地选取一个比特值 γ，并对 mγ 进行加密，将形成的挑战密文 C=E（mγ）发送给攻击者。

（4）攻击者 A 可以继续选择密文询问解密预言机，唯一的限制是不能用挑战密文 C

本事进行询问。

（5）攻击者最后输出一个猜测 γ'。当 $\gamma'=\gamma$ 时，攻击者 A 成功。

2．区块链技术

2017 年最火的技术是什么？大家一定会说是区块链。下面先给大家介绍一下比特币系统的账户模型。在比特币系统中，它没有用户资产记录这样的概念，不会像在 MySQL 或 Oracle 中那样用一条数据存储记录表达。它的资产是通过把所有的交易记录串联聚合之后得到的，而且区块链系统明确表达了账户中的资产来源，你可以一直向上追溯，一直追到创世块，也就是挖矿时的所得。

例如，你收到了小张 50 元的转账。小张转给你的 50 元中，有 20 元是来自小李的，30 元是来自小王的。小李的 20 元有 3 元是来自小刘的，17 元是来自小孟的……这个资金的流动传递会在交易链上完整地表达出来。

下面看看区块链系统是如何做的。

我们用 MsgTx 表达一次交易。这个交易结构体中，有个切片字段 TxIn，完整的定义是紧挨着 MsgTx 的下一个结构体。这个结构体里，有个 PreviousOutPoint，它表示这笔交易的来源地址；这样一笔交易信息会先封装到一个 block 结构体中，然后经过验证存到数据库中；在前一个交易记录中，同样也会有一个 PreviousOutPoint 指向前一笔交易的来源地址。这样就比较容易弄清楚每笔资金的具体来源了。我们甚至可以在数据库中一直向上追溯，直到创世块。

下面来看下区块链是如何防篡改的。以小张账户的 50 元说起。这里需要提一下 P2P 网络，这是区块链正常运转的基础。区块链系统是一个完全松散自治的 P2P 网络，在这个网络中，每时每刻都会有节点加入和离开；而且这个网络没有中心节点进行管理，每一个节点都靠算法来维护自身的数据块信息。

现在来看小张的账户；如果小张想把账户中的 50 元改成 50 万元，他要做的第一件事情是控制全网 51%以上的节点，从概率上来推算这基本是不可能的，可以认为是必定失败的（概率上的极大似然估计法）。假设小张的运气非常好，真的控制了全网 51%的节点将面临一个更严峻的挑战——拿到用户的私钥。上面提到，小张要把这 50 元改成 50 万元，需要把小张之前的小李的、小王的、小刘的、小孟的……总之和这 50 元相关的所有的人的私钥都要拿到，然后把数据篡改掉，才能骗过区块链系统。

这里面有如下两个问题。

- 为什么需要改这么多人的数据？因为前文讲到，区块链系统会记录每笔资金的详细来源，在交易验证时若发现数据不对，会不断向前回溯验证。

- 为什么要私钥？这个需要配合交易的数据结构来说，来看这个交易中的最后一个数据结构 TxOut。该数据结构表示用户的交易输出。例如小张 50 元的来源是小李的 20，小王的 30，那这 20 和 30 分别对应的是小李的交易输出；大家注意，在这个 TxOut 中有个 PkScript 字段（专业的说法是锁定脚本）。意思是说如果想花掉这笔钱，或者动这笔钱，需要有相应的解锁脚本和锁定脚本进行匹配；否则就会失败，就会被系统发现。这个锁定脚本通常是用户的公钥，而解锁脚本是用户的私钥。简单来说就是，如果用户想篡改资金额度，不仅要控制全网 51% 以上的节点，还要窃取很多相关人的密钥，其难度可想而知。

6.3.4 大数据风控

就传统的风控技术来说，多由各机构自己的风控团队以人工的方式进行经验控制。但随着互联网技术的不断发展，传统的风控方式已逐渐不能支撑机构的业务扩展。而大数据对多维度、大量数据的智能处理，以及批量、标准化的执行流程，更能贴合信息发展时代风控业务的发展要求。外加越来越激烈的行业竞争，这些都是现今大数据风控如火如荼的重要原因。

上海冰鉴信息科技有限公司创始人兼董事长顾凌云将中国的网贷市场及其风控发展分成 3 个阶段。

- 第一阶段是 2014 年之前，移动互联网的发展逐步成熟，基于移动端的网络借贷兴起。为了满足借贷需求，各种借贷机构层出不穷，银行也开始加大关注消费贷。此时监管没有跟上，行业内部竞争不充分，借贷需求未被完全满足。

- 第二阶段是 2014-2017 年，随着监管层逐步加强监管以及资金托管等要求的出台，"跑马圈地"和"野蛮生长"已行不通，大家开始转向内生增长和寻找独特数据源。此时行业内对个人隐私的侵犯成灾，业内都希望通过原生的数据优势打击竞争对手。直到 2017 年 6 月《中华人民共和国网络安全法》正式实施，这个阶段终结。

- 第三阶段是 2017 年之后，行业内数据的差异逐渐抹平。随着数据交易的市场化和规范化，行业已进入深水期，在数据源和价格趋同的情况下，算法和模型等技术因素成为差异化竞争的关键。

大数据风控是指通过运用大数据构建模型的方法对借款企业或借款人进行风险控制和风险提示。

与原有的以人为方式对借款企业或借款人进行经验式风控不同，通过采集大量借款企业或借款人的各项指标进行数据建模的大数据风控更为科学有效。

6.4 大数据安全实际案例

我们以国内某职场大数据征信服务商为例来讲述大数据安全。该公司成立于 2014 年 8 月，是国内领先的职场大数据征信服务提供商。它通过整合权威部门数据、合作伙伴数据、互联网采集数据、注册用户数据等，利用大数据技术挖掘从业者在基本信息、教育背景、工作经历、工作能力、薪酬福利、职业道德、犯罪记录、失信记录等方面的信用状况，生成从业者的职业信用报告，为猎头、投资机构、金融机构、业主提供决策支持，提升人力资源管理效率。

6.4.1 大数据采集

该公司除了由合作的招聘网站、猎头公司提供数据外，还需要从互联网上采集各种可能有用的数据，包括简历、人物百科、公司数据、人脉关据、市场活动信息、失信黑名单、工商处罚信息等。数据的采集采用并行化采集器集群来实现，保证采集的系统吞吐率，以及对待采站点的正常访问。采集系统的整体结构如图 6.3 所示。

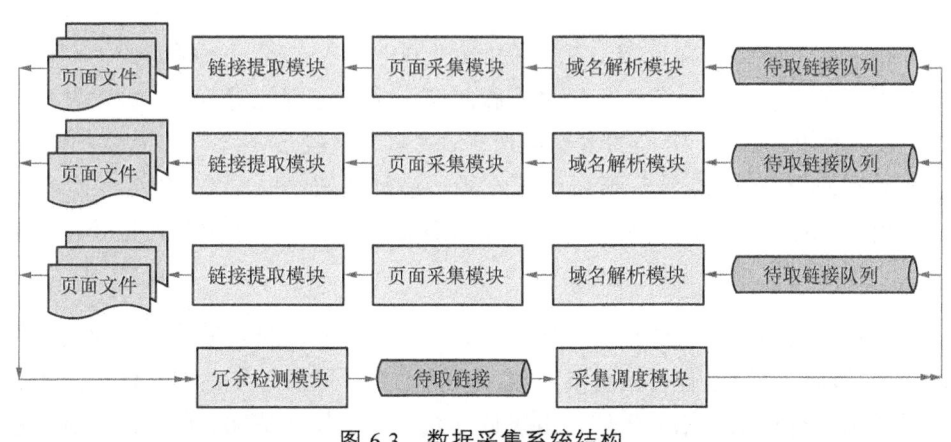

图 6.3　数据采集系统结构

6.4.2　大数据用户画像

该公司把各个维度的候选人数据进行融合，生成候选人的职业画像。职业画像涉及候选人的简历、领英信息、脉脉信息、运营商信息、电商信息、物流信息、城市缴费信息等。有些数据融合比较简单，有些相当复杂，例如，简历和领英信息的融合可以采用文本相似度来计算。在计算相似度时若采用传统的词袋模型，效果一般比较差，而根据 Google 图书馆项目的经验，采用三元模型效果会更好。

画像过程中还涉及一个技术问题，即简历一般使用的是中文，而候选人在领英中的信息大多是英文，甚至姓名也会用英文名而不是拼音，这给画像带来了一定的挑战。在这种情况下，一般事先准备中英文双语对齐库，然后根据对齐库计算两个文档的相似度。

在融合了候选人信息后，可以画出候选人各个维度的职业画像，然后再根据候选人之间的关系，可以生成一个完整的知识图谱。

6.4.3　大数据识别虚假简历

真实的东西都很类似，虚假的东西各有特色。简历尤其如此。人们对自己的真实经历会记忆深刻，因此在不同的简历中不会有很大的差异；当他在编造某段经历时，有可能会根据岗位的要求来动态调整工作时间、职位名称、工作内容、工作业绩等。在实际的背景调查中，某段工作的时间有一两个月的出入一般不会认为是造假，但超过半年就很有可能涉及简历造假了。

大数据虚假简历识别（见图 6.4）通过分析同一个人在同一个时间的不同简历、同一个人在不同时间的简历，以及与相关人脉的简历集合进行比对分析，可以发现许多可能的虚假点。例如，在同一个人的多份简历中，针对同一段工作经历的描述有较大差异，甚至会在某些简历中缺失，这一般表明工作经历涉嫌造假；也可以把相关人脉，如同学、同事提示出来，从而在面试过程中发现可能的虚假性；还可以把相关项目经验中的人员提示出来，以辅助发现项目经验的虚假性。

该公司从背景信息、工作经历、技术能力、薪资福利、职业道德、职业素养等各方面对候选人的职场生涯进行征信计算。候选人的学历、职称、年龄、工作年限等客观信息可以由候选人自行上传相关证明，也可以与第三方（如学信网、国政通）合作进行征信。在面试过程中，面试官的反馈也会用作候选人的征信计算。也可以对候选人的简历之间进行交叉诚信检测。猎头、HR 也将纳入征信范畴，发布虚假职位骗取候选人简历、不及时处理简历、面试无反馈等行为都将影响其征信。候选人与猎头之间的互相征信可以一定程度上避免"职业差评师"的出现。

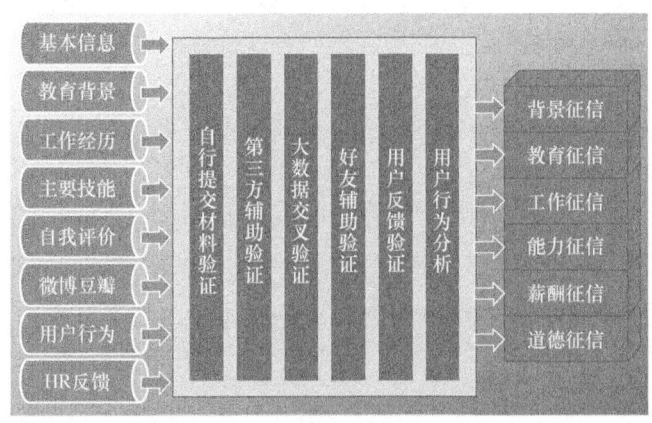

图 6.4　大数据虚假简历识别

6.4.4　人才评价

我们在淘宝上买了商品，可以对商品进行评价。后面的用户可以浏览商品的评价，以决定是否购买。淘宝的商品评价为用户的购买决策提供了信息支撑，因此很多招聘系统也希望能够开发类似于淘宝的商品评价系统，来评价职场人士的职业过程。但是人才的评价很难形成可行的业务场景，一方面，HR 根本没有动力对在职员工进行评价，即使评价或变相的评价（例如 KPI 考核），也很少到第三方系统进行评价。另一方面，如果员工离职，在没有商业利益的驱使下，让 HR 到第三方平台提交评价也是不现实的。当然，最根本的原因是人才评价与商品评价不一样，人有情感，有荣辱感，有隐私，每一条评价都会影响他未来的职业生涯。因此，所有的人才评价系统都因为业务使用场景问题和公民隐私问题而流产。

一个可行的人才评价平台，首先应该尊重个人隐私，没有当事人授权或由当事人发起，不能进行评价。其次，HR 和候选人都可以看到评价内容，但是不能透露谁是评价人。最后，评价内容不可修改，不可删除。从这些要求来看，目前很火的区块链技术恰好满足这些条件。

HR 向候选人 A 提出背景调查要求，并要求 A 至少提供 5 个人的评价，其中必须提供上一家公司的 HR、老板以及至少一名同事的评价。A 向自己的人脉发出评价请求。A 的朋友或同事 B 收到请求后，填写评价内容。数据库分两部分来保存这些评价。一个数据库表保存 A 的 ID 以及评价内容，另一个数据库表保存 A 的 ID 以及评价内容的哈希值，并且把后者写入区块链中。这样就可以很容易根据两个表找到对候选人 A 的所有评价，同时也没有任何人知道是谁评价了 A。另一方面，区块链的使用也保证了评价是不可抵赖的，也不可篡改。

第 7 章

区块链安全

继大数据、人工智能、云计算等新兴技术之后，区块链技术迅速在全球范围内掀起一轮研究浪潮。区块链的出现提供了一种新的信用创造机制，推动着互联网从传递信息的信息网络向传递价值的价值网络进化，许多学者、专家甚至认为区块链在不久的将来成为推动经济、社会发展的重要技术。从区块链技术进入大众视野开始，它在金融服务、经济贸易等方面的应用已被广泛讨论，当前，也已有不少企业和金融机构将区块链技术运用到具体业务中。然而，区块链因其创新性和便利性而备受关注的同时，区块链在具体应用中的安全问题却少人问津。金融场景下的区块链应用需要注意哪些问题？我们将先介绍区块链的基本知识，进而介绍区块链的广阔应用前景，最后介绍区块域的局限性和安全发展策略。

7.1 比特币与区块链

中国人民银行在 2011 年开始颁发第三方支付牌照是互联网金融起步的标志性事件，随后互联网金融变成了热门行业，尤其是明星产品的不断涌现，互联网金融的发展进一步加速。特别在随后的几年，在各级政府工作报告中都有提到要促进互联网金融发展的相关内容。

7.1.1 比特币

作为互联网金融的一部分，数字货币近几年的发展可谓突飞猛进。比特币是数字货币的一种，它由网络节点计算生成，没有发行方，也就是说网络中的任何人都可以参与比特币的制造。目前，比特币可以在任意一台接入互联网的计算机上进行挖掘及买卖，同时无须担心交易方的用户身份信息泄露。比特币实际上是互联网上的一个去中心化账本。当用户在计算机上运行比特币客户端软件时，这台计算机就可以称为一个节点。大量节点互相连接形成了一张 P2P 网络。比特币的提出解决了两个重要的互联网金融问题。

- 双花问题：所谓"双花"，即一笔钱被花了两次或者两次以上，这也称为"双重支付"。传统货币因为有中心化的机构（类似中国人民银行）进行监督管理，从而避免了双花问题。加密数字货币和其他数字货币因具有无限可复制的能力，同时网络中没有中心化的监管机构，因此其很容易将一个文件以附件的形式保存并任意发送多次,并且没有办法确定同一笔资金是否已经被花掉或提取。

- 拜占庭将军问题:拜占庭将军问题的含义是,在存在消息丢失的不可靠信道上试图通过消息传递的方式达到一致性是不可能的。拜占庭将军问题的核心是互联网上的用户众多,且彼此之间无法互相信任(可能存在攻击者),也无法进行有效沟通。为了能够使大家获利一致,就必须建立某种协调沟通机制。

7.1.2 区块链技术

比特币的去中心化公开账本称为区块链,比特币的底层技术使用了区块链,它提供了公开的且不可篡改的数据存储服务。网络中的各个节点通过区块来同步交易信息,保证了网络中数据的一致性。固定时间内的交易会被打包成一个区块,每个新的区块都会连接到它的上一个区块,以此延续形成链条的形式。区块链本质上是一个去中心化的数据库,每一个数据块中包含了一次比特币网络交易的信息,用于验证其信息的有效性和生成下一个区块。区域链具有的开放性、全球性的特点,保证了交易活动可以在任何时间、任何地点进行,突破了传统贸易在时空上的限制,因此被认为在金融、征信、物联网、经济贸易结算、资产管理等众多领域拥有广泛的应用前景。

区块链技术不仅推动了加密货币的发展,而且还加强了现有的安全解决方案。区块链技术不需要第三方权威认证,并且不可伪造数字安全证书,这使得网络结构既安全又简单。在区块链系统中,数据不能在一个集中点收集、篡改或者删除,因此具有更好的完整性、可靠性以及不可抵赖性。

7.1.2.1 工作量证明机制

由于区块链应用在分布式网络场景下(见图 7.1),因此,共识机制尤为重要。如何使全网节点在一定时间内达成一致呢?中本聪提出了一个解决方案,该方案给出了一个需要消耗计算机 CPU 计算资源的数学问题,而 CPU 计算出来的每一次答案都会作为下一次计算的初始条件。比特币就是采用工作量证明机制(Proof of Work,PoW)来达到共识目的。全网节点都会计算这个问题,先得到答案的节点就有权生成一个新的区块并广播到网络中。收到这个新区块的其他节点则会停止上一个区块的计算,利用新区块的数据开始下一轮新计算。比特币就是通过各节点的运算能力,来决定一段时间内的记账权,以保证网络节点的一致性。其中如果新生成的区块被其他网络节点接受,那么产生新区块的节点就会获得一笔比特币作为奖励。

图 7.1 区块链应用

目前，由于工作量证明机制需求的计算资源较大，因此，一些专家也提出了新的共识机制。

- 权益证明机制（Proof of Stake，PoS）：是工作量证明机制的一种升级共识机制。节点记账权的获得与节点持有的权益成反比，简单来说，就是谁持有的币越多，谁就越有可能挖到矿。它在一定程度减少了数学运算带来的资源消耗，性能也得到了相应的提升。比较典型的例子有 Peercoin（点点币）、NXT（未来币）、以太坊（PoS+PoW 混合机制）。

- 股份授权证明机制（Delegate Proof of Stake，DPoS）：是将 PoS 中的记账人角色进行了专业化。在该机制中，先通过权益来选出记账人，然后记账人之间再轮流记账。这种方式缩小了参与记账的节点数量，效率得以提升。

- 拜占庭共识算法（Practical Byzantine Fault Tolerance，PBFT）：以计算为基础，没有代币奖励。由链上的所有人参与投票，只要反对的节点数少于 (N-1)/3 个，就获得共识信息的权利。这种机制不含有奖励币，可以由业务需求来决定各节点的角色是参与方还是监管方。在这种机制下，安全性和稳定性可以得到一定保证。比较典型的例子有蚂蚁区块链。

7.1.2.2 分布式账本技术

区块链是一种分布式账本技术，用户可以使用它执行数据增加和数据查询两个操作。在存储方式上，区块链可以归类为混合模式，首先它按照一定的时间，将这段时间内的交易数据打包成一个数据块，然后将它发布给所有区块链网络节点，使每一个网络节点都拥有相同的数据。这种存储方式可以保证数据的完整性以及不可篡改性，同时在一定程度上提高了数据检索的效率。

我们可以使用图 7.2 来帮助理解区块链的结构。区块链是通过时间顺序串联起来的一条数据链，每一个区块中都明示了本区块 ID 和上个区块的 ID。但是在区块链的实际运行中可能出现分叉的现象，即同一时刻产生了两个新的区块，且它们都指向了同一个前区块。针对这个问题，中本聪给出的方法是被多数网络节点接受的分支即主分支，同时抛弃其他分支。在比特币中，只要确认 6 个区块周期就可以明确主分支。这种链式结构保证了网络中数据的一致性，从而维护了区块链上的数据安全。

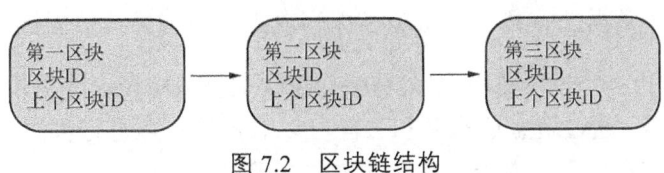

图 7.2　区块链结构

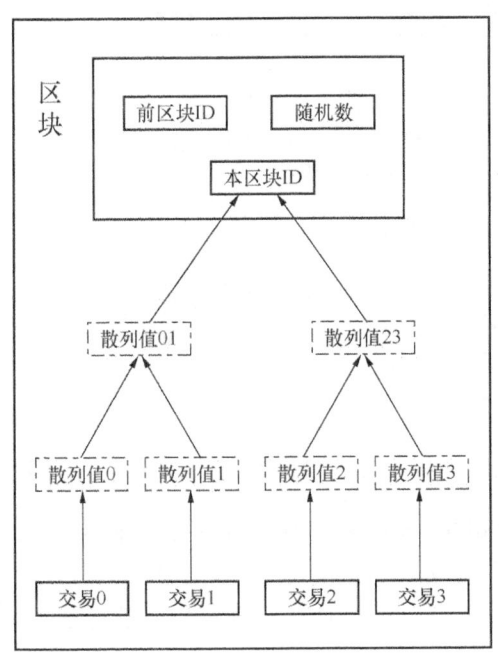

图 7.3　区块的内部结构

图 7.3 引用自《比特币：一个点对点的电子现金系统》一文，表示区块的内部结构。在一个区块中，时间段内所有的交易信息是按照默克尔树（Merkle tree）的结构组织起来的。在树的最底端，每一个交易经过哈希计算之后生成一个散列值（哈希值），这些

7.1　比特币与区块链

散列值再两两结合,再次进行哈希计算得到新的散列值,以此向上生成一个最终值,这个最终值就是本区块的 ID。哈希算法的特征是它可以将任意长度的明文变成固定长度的一组数值,同时不同的明文生成的哈希值不同,即使两个明文仅有一个字符不同,哈希值也会发生变化。因此,最终的区块 ID 是与区块交易信息一致的,一旦交易信息发生变化,区块 ID 也会发生相应的变化,从而导致后面链接的区块中所保存的前区块 ID 与当前区块 ID 不一致时,此区块会从区块链中断开,不被网络承认。这也就证明了这种数据存储结构能够起到防止数据篡改的作用。

目前,其他一些区块链结构采用的可能不是默克尔树结构,但是在防篡改效果上是相同的,一旦内部信息发生改变,整个区块 ID 就会随之发生变化。区块内部的这种组成结构形式保证了数据的完整性,避免了因为攻击等原因导致数据被篡改的情况发生。

图 7.4 所示为交易内容。在每笔交易中都包含交易 ID、资金来源 ID/去向 ID、金额,以及所有者的签名。通过资金的来源和去向可以对每笔资金进行溯源,区块链技术以这种方式实现了对交易信息的溯源,保证了数据的真实性。

```
交易ID
资金来源1:我挖矿所得50btc的交易ID
资金来源2:张三给我100btc的交易ID
资金来源2:李四给我50btc的交易ID
资金去向:某基金捐助账号ID
金额:200btc
我的签名
```

图 7.4 交易的内容

7.1.2.3　区块链类型

区块链有两种不同的分类方式。根据参与方来分,区块链可以分为下述三类。

- **公有区块链**(Public BlockChain):世界上任何个体或者团体都可以发送交易,且交易能够获得该区块链的有效确认,任何人都可以参与其共识过程。公有区块链是最早的区块链,也是目前应用最广泛的区块链,各大虚拟数字货币均基于公有区块链。

- **联合(行业)区块链**(Consortium BlockChain):由某个群体内部指定多个预选的节点为记账人,每个块的生成由所有的预选节点共同决定(预选节点参与共识过程),其他接入节点可以参与交易,但不过问记账过程(本质上还是托管记账，只是变成分布式记账。预选节点的多少，以及如何决定每个块的记账者成为该区块链的主要风险点），其他任何人可以通过该区块链开放的 API 进行限定查询。

- 私有区块链（Private BlockChain）：仅仅使用区块链的总账技术进行记账，公司或个人都可以独享该区块链的写入权限，它与其他的分布式存储方案没有太大区别。目前，传统的金融巨头只是想尝试私有区块链，因此私链的应用产品还在摸索当中，而与之相对的公链应用已经实现了工业化。

根据链与链的关系可以将区块链分成主链和侧链。2014 年，Blockstream 公司发布了 *Enabling Blockchain Innovations with Pegged Sidechains* 白皮书，并且明确提出了侧链的概念及实现方案。侧链可以在主链的基础上提供新的功能及应用，同时不影响主链的正常运行。主链可以理解为比特币、莱特币等主流货币。侧链实现了用户资产在多个不同币种区块链间的转移。也有可以提高比特币交易速度的侧链应用，例如闪电网络。

7.1.3 区块链金融

信任是金融业的基础。为了维护信任，金融业的发展催生了大量的成本高、效率低且存在单点故障的中介机构，其中包括托管机构、第三方支付平台、公证人、银行、交易所等。区块链技术使用全新的加密认证技术和去中心化共识机制去维护一个完整的、分布式的、不可篡改的账本，让参与者在无需相互认知和建立信任关系的前提下，即可通过一个统一的账本系统确保资金和信息安全。这对金融机构来说具有重大的意义。全球金融巨头纷纷探索区块链应用，一方面是为了防范被颠覆的风险，另一方面也是为了提高效率、降低成本，从而巩固、优化并扩大既有势力。区块链技术对现有的系统或者商业模式有着积极的作用，同时区块链通过源代码的开放和协作极大地鼓励了全社会的创新和协作。

区块链在满足监管和审计要求的同时，还能降低信任风险。区块链上的数据储存信息以及区块链技术本身都具有透明性、可追溯性、不可篡改的特征。对于系统的参与者来说，明确了解系统的运行规则后，可以验证任何一笔已发生的交易记录的真实性和完整性。而系统则可以保证任何交易双方之间的交易都是可以被追踪和查询，每笔交易都是可靠的且没有被篡改。区块链技术提高了系统的可追责性，降低了系统的信任风险。

在区块链上，由于所有文件或资产都是以代码或分布式账本的形式体现，因此可以将区块链被确认的过程当作传统交易中清算、交收和审计的过程，这大大降低了企业的经营成本。区块链技术降低了传统金融中各个业务系统与后台的交互成本与时间，并且区块链全网共享账本的模式有效地提高了传统交易实时清算的效率。同时，目前新兴的智能合约相关应用已经实现了自动交易模式。它通过对区块链上的数据处理程序进行设置，能够有效进行合约的自动执行和违约偿付。

可以将区块链系统看做是多中心化的，是在 P2P 网络上通过许多分布式节点和计算机服务器来支撑的，在某个节点被攻击或者发生故障时，不会影响整个网络的运行。而传统金融模型是单中心化的，如果中心节点被攻击或者发生故障，就会导致整个系统瘫痪进而影响整体运行。所以区块链内置了业务连续性，有着极高的可靠性和容错性，能够实现一些在中心化模式下难以实现的商业模式。

7.1.4 区块链安全风险分析

区块链技术虽然不断得以研究、应用，但在技术层面和应用层面依旧存在一定的安全风险。

- **技术层面**：区块链技术应用了大量的密码学技术以及安全协议，在实际执行过程中一旦出现安全漏洞，就可能会导致用户资产受损。2016 年，由于系统代码漏洞，最大众筹项目 The Dao 被黑客攻击后转走 360 万以太币，损失超过 6000 万美元（当时市值）。同年 10 月，我国国家互联网应急中心也发布了《开源软件源代码安全漏洞分析报告——区块链专题》报告。报告中指出，所检测的 25 款具有代表性的区块链软件中，均存在高危漏洞，这些漏洞会导致系统运行异常、崩溃，甚至也可能出现越权访问、窃取隐私信息等问题。同时，基于 PoW 共识机制的区块链也面临 51%攻击的问题，如果任意节点掌握全网超过 51%的计算能力，那此节点就具备了篡改和伪造区块链数据的能力。

- **应用层面**：区块链上的所有交易都可查询，缺乏真正的隐私性和匿名性。随着反匿名身份甄别技术和大数据技术的发展，用户的敏感信息以及交易记录也可能会被识别到。同时，因为每一个节点都有完整的数据备份，一旦私人信息泄露，就可能会出现诈骗及非授权访问等行为。由于区块链中私钥由用户自己生成和保管，如果用户丢失了私钥，则无法对账户执行任何操作。一个名叫 James Howells 的人就曾将 7500 个比特币存放在硬盘里，后来某次大扫除时，他将硬盘扔进了垃圾桶，导致这些比特币再也无法找回。另外，比特币交易平台的安全性也值得我们考虑。近年来发生了多起黑客黑入交易所（如 MtGox、bithumb、bitfinex、Tether 等）并把交易所账户的比特币转移到自己账户的事件。

7.2 应用场景分析

高盛公司在 2016 年曾发布过 *Blockchain: Putting Theory into Practice* 报告。报告中指出，区块链的焦点不仅在于使用分布式账本建立去中心化市场，实现去中间商化，区块链对现有市场和参与者也可能造成破坏，但它的独特性质有望在减少工作流程、消除重复劳动从而减少成本的方向上促进市场的重构与创新。报告还指出，在共享经济、智能电网、房地产产权保险、股票证券交易和反洗钱这五大方面，区块链的应用能切实帮助企业进行业务升级。可见，区块链技术的应用场景非常广泛，就目前来看，区块链在金融场景下的应用覆盖层次和领域已经越来越全面。

1. 资产投资及贸易

- **同业资产交易**：建立基于区块链的资产交易平台，快速确权，提高效率和流动性，降低人为欺诈和操作风险。

- **票据**：建立数字票据在链上全生命周期的交易流转，降低假票、一票两卖等风险。

- **供应链金融**：建立上下游的资金流/物流/信息流的链上流转，提高效率并降低重复抵押等风险。

2. 融资贷款

- **众筹**：参与者权益记录在链上，有保障，可追溯，且促进了权益的二次转让。

- **P2P**：在链上进行债券登记和验真，促进二次转让，且可引入监督节点监控信用与风险操作。

- **抵押贷款**：追踪抵押贷款的形成、还贷、证券化全流程，确保信息的透明和底层资产的风险可控。

3. 数字货币

- **银行间清结算**：通过链上的中介数字货币，实现近实时的银行间清结算，节省人工对账等成本。

- **跨境支付**：通过链上的中介数字货币，简化跨境支付流程，大幅缩短支付时间。
- **积分**：利用区块链发行链上的虚拟积分，促进积分的流转，降低积分盗用等风险。

4．记录保存

- **征信**：构建全面真实的个人信用护照，用于金融、生活等场景。
- **智能合约**：区块链中的成员便捷地完成自动化交易。
- **出险记录**：将出险信息记录在链上，赔付等全流程可追溯，从而切实保障权益。

区块链在金融行业的落地当前已经被众多机构所挖掘并实现。但无论是刚刚起步的应用，还是已经日趋完善的项目，在发展的过程中均面临着趋同的瓶颈，这些瓶颈也阻碍着区块链在金融应用层面探索的深度和广度。具体而言，这些瓶颈包括决定区块链性能效率的吞吐量、决定安全性的隐私保护以及如何化繁为简的部署管理。

BaaS（Blockchain as a Service，区块链即服务）为客户提供了基于云的解决方案，客户可通过 BaaS 平台建立区块链应用、储存智能合约并使用相关功能，而云服务提供商负责管理云上业务和活动，确保基础架构的便捷和可操作。BaaS 是区块链发展生态中直接扩展到众多业务场景的平台模式（见图 7.5）。BaaS 及其类似的区块链服务框架有利于连接实际业务场景、服务平台和基础技术层，并能结合安全技术及隐私保护考量，因此在以下方面将有巨大优势。

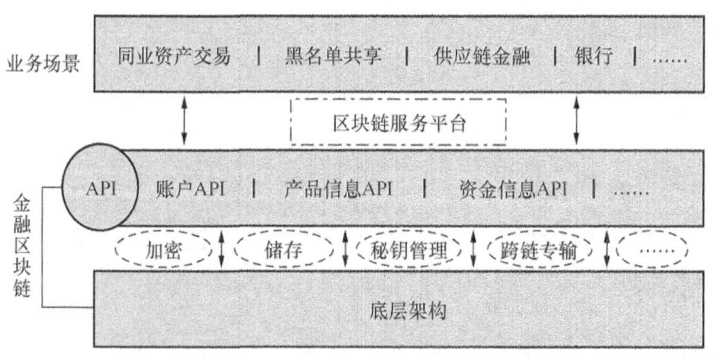

图 7.5　金融区块链 BaaS 平台

- **隐私保护**：采用区块链加密信息的可授权管理协议，确保通过业界安全认证，且在监管需求方面选择先进的密码学算法技术，让用户对自身信息有完整的隐私保护策略。

- **数据安全架构**：采用多种非对称及对称加密技术，将金融级别的数据托管加入区块链应用中，并采用国家密码局制定的一系列算法实现多种安全可信赖的加解密及数字签名体系。

- **底层架构**：提高使用效能，关键性能指标比以往框架有了大幅提升。

- **多种配置、多种节点**：根据用户需求提供不同软硬件配置选项，以及在数据层面实现多链物理隔离，同时提供多种节点的选择，让用户可以在不失去对信息隐私性和所有权的前提下，根据经济需求选择最优化配置。

- **实用化架构设计**：每个参与机构在自己的机房独立部署区块链节点，同时支持云部署；架构设计提供完整与非完整的数据储存方案、多种数据储存，并提供完整的灾备方案，确保节点、数据安全。

区块链可以重点实现金融场景中多个环节的数字化，缓解信息不对称的问题。金融区块链已在资产出表、征信信息共享、清结算对账等多个场景投入使用，而供应链金融也是现今较为适合运用区块链的场景。这类多主体、非高频交易的场景，通过区块链技术可使得供应商、企业、银行等多方并行，促进流程简单化、可信化、去中心化，既体现区块链在金融场景模式的高效透明、权益平等、低成本、强流动性等优势，也有助于探索金融领域区块链应用在现阶段的安全解决方案。

例如，奢侈品交易平台通过金融区块链将奢侈品的身份数据入链（见图 7.6），可实现货品溯源、确权和对账的全流程跟踪，解决奢侈品供应链中的真实数据管理问题，放大供应链的数据价值，从而为奢侈品的 B2B2C 的交易服务提供区块链技术信任，为奢侈品质押融资、组合投资、保真保险等金融服务提供真实数据的底层基础。

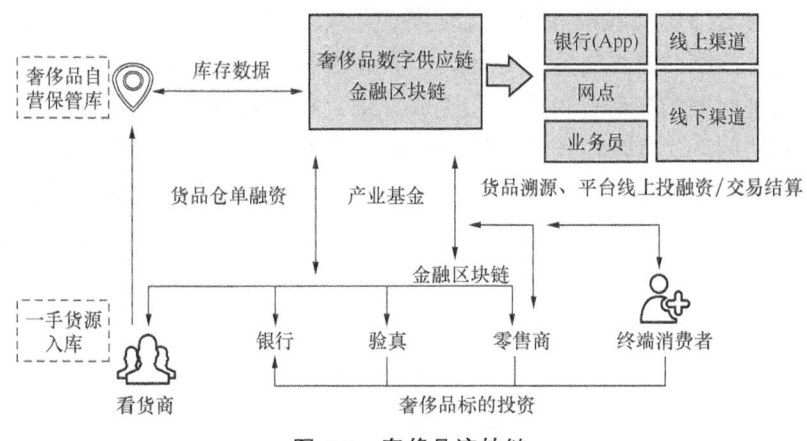

图 7.6 奢侈品流转链

7.2 应用场景分析

7.3 区块链发展

我国对区块链的发展和创新重视有加。国务院发布的《"十三五"国家信息化规划》再三提及区块链，中国人民银行发布的《中国金融业信息技术"十三五"发展规划》、工业和信息化部牵头发布的《中国区块链技术和应用发展白皮书》，均明确提出要加强区块链技术的基础研发和前沿布局。

区块链的技术优势为其带来了广泛的关注和良好的发展前景，但作为一项新兴技术，金融区块链现阶段仍然存在一系列的安全风险。在区块链技术和应用的发展过程中，关注金融区块链的各种风险，通过技术和管理手段加以应对，才能使区块链技术得到长足的发展。随着区块链技术的不断发展和完善，区块链在未来将会得到更加广泛的应用。

随着云计算、大数据和人工智能等新兴技术的发展，金融领域也发生了各种创新。以比特币为代表的数字加密货币的强势崛起，促使新兴的区块链技术逐渐成为学术界和产业界的热点研究课题。区块链凭借其去信任、不可篡改、信息安全等特性，对于解决中心平台垄断、信息不对称等行业难题具有重要意义，在互联网金融领域拥有广泛的应用前景。

近年来，区块链技术的研究与应用呈现出爆发式增长趋势，被认为是继大型机、个人计算机、互联网、移动网络之后计算范式的第五次创新，是人类信用进化史上继血亲信用、贵金属信用、央行纸币信用之后的第四个里程碑。

区块链技术是下一代云计算的雏形，有望像互联网一样彻底重塑人类社会的活动形态，实现从目前的信息互联网向价值互联网的转变。区块链技术的优势，如可追溯性、不可篡改性、隐私性、透明性等，更有助于解决当今互联网金融面临的许多挑战，在解决信用创造机制问题的同时，也让人们更加注意到信息披露、隐私保护、系统安全和监管机制等方面的问题。金融科技不断渗透到金融业服务当中，与社会经济运行的联系越渐紧密，对区块链技术的探索也走在了时代最前沿；区块链的技术特点符合互联网普惠金融的发展方向，在可预见的未来，区块链不仅能为金融系统带来更多活力，而且会成为安全、可信、透明的智能化金融的必要支撑。

第 8 章

金融业务应用安全

美国国家标准与技术研究院（NIST）调查显示：应用软件的漏洞占据了所有漏洞的 92%。著名的计算机安全应急响应组（CERT）也研究表示：在过去一年中，重要应用软件的缺陷每年增长 43%。与此类似，著名的咨询分析机构 Gartner 研究表明，75% 的黑客攻击发生在应用软件层面。

以上第三方的知名机构的分析信息清晰地表明，应用软件的漏洞在所有漏洞中占据着绝对的比重，并且呈现出快速增长的趋势，应用软件已经成为黑客的主要攻击目标。在直接涉及金钱的互联网金融领域，应用安全问题尤为关键。

8.1 风险及威胁分析

随着互联网的发展，移动终端取代传统计算机成为互联网新入口，金融产品和服务模式也在向互联网转变，英国 *Financial Times*（金融时报）在对比了中美两国市场研究机构的数据之后发现，2016 年中国移动支付的市场规模已经接近于美国的 50 倍，全年交易额达到 5.5 万亿美元。

互联网金融有着以业务创新、客户体验为中心的服务理念，而移动端二维码、NFC（近场通信）等新技术的不断涌现，以及在线支付、手机购物等移动应用的快速普及，给传统金融的创新和发展注入了新的活力；但是与此同时，技术支撑平台的开放性也加大了安全威胁的攻击面和数据泄露风险，而且快速迭代上线对安全开发生命周期提出了更高的要求，这些都给金融业务应用安全带来了不小的挑战。

8.1.1 业务逻辑风险

金融业务应用涉及资金交易内容，有着典型的应用场景、独特的业务逻辑和安全风险问题，而业务逻辑漏洞是金融业务应用中最严重的安全问题。场景和相关的问题有以下几种。

1. 银行卡业务场景

在互联网金融业务应用中，由于涉及资金，通常会要求用户绑定银行卡及个人信息，因此通常容易出现以下问题：

- 绑卡过程中绕过短信验证码恶意绑定银行卡；
- 修改返回包，使其绕过服务器端验证，以绑定任意卡号；
- 网站存在越权漏洞，导致网站中银行卡或其他个人敏感信息被泄露。

2. 营销活动场景

为了推广业务，互联网金融业务会通过优惠券、积分、红包等方式回馈客户，但由于会被羊毛党、灰产、黑产恶意利用，从而使得活动未能达到业务预期效果，普通用户无法享受这些优惠。这个场景涉及的风险问题主要包括：

- 越权使用他人优惠券或红包；
- 多线程并发请求领取多个红包/积分/优惠券；
- 修改红包额度；
- 使用未达到额度的红包。

3. 支付场景

支付是互联网金融业务中必不可少的一环，直接关系到企业和用户的切身利益。如果支付环节存在安全漏洞，将会造成企业和用户的经济损失。支付漏洞通常是由于服务端未对客户端的数据进行校验造成的，常见的漏洞原因有：

- 绕过客户端签名验证，提交订单时任意修改金额；
- 篡改商品数量；
- 通过负数抵消正常商品账单；
- 未校验账户余额，修改提款金额。

4. 短信验证码场景

短信验证码可以有效地验证用户，但它也存在设计缺陷。在短信验证的场景中，通常容易出现以下安全问题：

- 短信发送无限制，导致生成短信炸弹；
- 验证码在前端返回，导致可以绕过短信验证逻辑；

- 验证码过短，可以进行猜解，从而获得其他用户的操作权限；
- 验证码不失效或可跨不同功能场景使用，可以非法通过验证。

除了上述几个典型场景外，由于业务逻辑风险是属于安全设计漏洞的一种，因此还可能包括但不限于以下安全漏洞：

- 平行越权查询/修改/下载；
- 垂直越权操作；
- 批量注册；
- 修改任意用户密码；
- 密码暴力破解；
- 身份伪造漏洞；
- 退出功能失效；
- 任意邮箱注册漏洞；
- 邮箱激活功能漏洞；
- 刷积分漏洞；
- 邀请码暴力破解；
- 一号多户问题；
- 任意密码重置。

当逻辑漏洞发生在金融应用的账户认证、交易、支付、个人信息修改等环节时，会增大用户的信息泄露、篡改风险，还会造成个人和企业的经济损失。

8.1.2 信息泄露风险

在当今复杂的互联网环境和黑灰产日益猖獗的挑战之下，每天都有数以万计的数据被泄露，这些泄露的信息可能包括姓名、联系方式、信用卡、交易信息等。信息泄露的原因有：

- 第三方网站用户信息泄露；
- 业务应用安全漏洞；
- 内部流程安全问题；
- 企业内部人员疏忽。

因数据泄露带来的撞库、虚假业务注册、用户欺诈等问题，是金融机构最为担心的问题。信息泄露会带来以下攻击和风险。

1. 撞库攻击

撞库是指通过收集互联网已泄露的用户和密码信息，尝试登录其他网站，得到可用的用户账号和对应密码，进而实行账户操纵、用户资金转移等操作。由于很多用户会在不同网站使用相同的账号和密码，因此黑客可以通过获取用户在 A 网站的账户密码并使用该账户尝试登录 B 网站、C 网站……如此获得账户在其他网站的使用情况，这就是撞库攻击。

在针对金融应用进行撞库攻击时，不法分子可以得到用户的金融应用账号信息，并结合安全漏洞绕过用户二次认证，进一步使用用户的金融账号进行转账、支付、交易等操作，从而给用户带来经济损失。撞库攻击绕过认证的手段通常有：

- 对用户的手机认证码、支付密码进行猜解；
- 利用短信云收取账号短信，进行交易和操作；
- 利用已知信息骗取用户的短信认证码或支付密码信息。

2. 虚假注册/伪冒用户

利用泄露的用户信息（比如身份证号码）进行虚假注册。黑/灰产人员会注册多个金融应用账号并用于参加营销活动，以此骗取现金或实物奖励。

3. 针对客户和企业的金融欺诈

利用泄露的用户信息，针对金融应用的客户进行诈骗，要求用户提供短信认证码或支付密码，或欺骗用户转账。

8.1.3 自动化攻击风险

自动化攻击是使用脚本工具甚至是合法的渗透测试工具进行攻击的方式。这种方式有以下 3 个特点。

- **免费**：可以在黑客论坛或网站上下载免费的自动化脚本工具。
- **简单**：不需要攻击者具备深厚的编码功底，会使用工具且能看懂结果就够了。
- **高效**：利用早就被发现的漏洞进行快速入侵。

据权威机构 Research and Markets 报告，90%的网络攻击流量来自自动化程序。自动化威胁的高增长趋势也受到国内外安全行业的关注，著名国际组织 OWASP 列出了十大 Web 应用自动化威胁（见表 8.1），其中针对互联网金融业务的盗刷、恶意爬虫、刷单、撞库等自动化威胁确是实实在在发生在我们身边，金融行业已经成为攻击者的首要目标。

表 8.1 OWASP 列出的十大 Web 应用自动化威胁

编号	名称	描述
OAT-001	Carding	根据商户的支付流程对全额信用卡和/或借记卡数据进行测试，以获取有效的卡信息
OAT-002	Token Cracking	对优惠券代码、折扣代币进行批量枚举，以获取相关的优惠
OAT-003	Ad Fraud	伪造广告的点击次数
OAT-004	Fingerprinting	敏感信息探测，例如发送特定请求以便分析应用程序文件架构
OAT-005	Scalping	自动薅羊毛，比如批量自动购买、抢票
OAT-006	Expediting	加快进程，例如自动化交易、高频交易等
OAT-007	Credential Cracking	认证猜解，例如猜解密码、破解登录凭证、用户名和密码枚举
OAT-008	Credential Stuffing	撞库攻击，通过大量的登录尝试来验证被盗用账号和密码的有效性
OAT-009	CAPTCHA Bypass	验证码绕过
OAT-010	Card Cracking	通过尝试不同的用户名（和密码）来识别有效的登录凭证

在未来，自动化攻击的发展将呈现出新的特点。

- 引入人工智能（AI）：在 2017 年 7 月的 Black Hat 大会上，62%的网络安全专家认为黑客会利用 AI 技术进行网络犯罪。AI 可以挖掘网络大数据，得到网络用户的出生日期、电话、位置等几乎所有身份信息，并进行钓鱼；同时可以自动化检测安全漏洞，再加上自适应、判断攻击手法，因此攻击更为复杂化，其速度和效率也比过去有大幅度提升。

- **多点协同的分布式攻击**：攻击者可以通过控制肉机，将传统的对单个网站的自动化攻击扩展到对多个网站的协同自动化攻击，获得最大的攻击效果。

- **大数据技术的使用**：利用大数据来分析个人敏感信息，针对用户数据和隐私进行画像，对个人或企业进行有针对性、定制化的攻击。

基于以上特点，自动化攻击将成为黑灰产、黑客、蓄意破坏者的首选，自动化和可做做出自治决策的攻击工具也将被大量使用。自动化攻击可根据操控指令发起攻击，可智能地变换攻击目标和攻击方法，这使得攻击范围进一步延伸，将导致大规模的破坏和灾难性后果。鉴于自动化、智能化的网络攻击频频让网络防线失守，自动化攻击已经成为金融行业的重点关注目标。

8.1.4　传统安全风险

根据国家互联网金融安全技术专家委员会的报告，截至 2018 年 1 月，共发现互联网金融网站漏洞 1339 个，其中高危漏洞占比达 70.5%；App 漏洞 1759 个，其中高危漏洞占比 24.3%。由此可见，目前互联网金融行业的网络安全情况不甚乐观，存在较高的风险。

除了设计上的逻辑漏洞，安全漏洞通常由以下因素产生：

- 开发人员未能遵守安全开发方法而导致的代码层漏洞问题；
- 配置不正确而导致的安全问题；
- 使用第三方开源代码/软件产生的安全问题。

此类问题在互联网建设之初就存在，我们称之为传统安全问题，它们通常包括但不限于以下类型：SQL 注入漏洞、跨站脚本攻击漏洞、弱密码问题、框架漏洞、配置错误、敏感信息泄露、软件更新缓慢导致的框架漏洞（见图 8.1）。

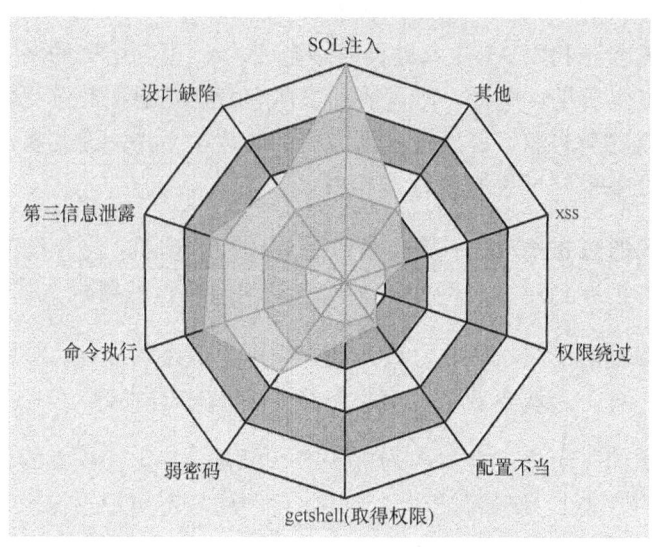

图 8.1 常见漏洞类型

8.2 金融业务应用安全的应对策略分析

为了保障业务系统应用层面的安全问题，业界通常会采取下述做法：

- 对开发人员进行安全编码培训；
- 及时升级操作系统、数据库、中间件；
- 对业务的各个组件、服务进行排查，关闭无用的服务和组件，修改默认配置及密码，使用强度较高的密码；
- 采取备份手段，并时常备份业务的关键数据。

针对金融业务应用安全，建议执行以下安全措施。

8.2.1 安全评估

聘请安全专家进行安全评估，确保安全问题在应用上线前得到有效控制或解决。评估方法有下面几种。

1. 需求策略安全评估

在业务需求设计阶段，由安全专家、需求人员、开发人员共同确定应用业务应有的安全策略和最佳开发实践，包括：

- 通过威胁建模方法确定应用的攻击面，并提出防范方案；
- 确定需要使用的安全技术，包括业务逻辑、安全策略等；
- 提供业界优秀的安全设计要求和开发方法；
- 进行合规性评估，了解业务在行业、国家安全法规方面的要求，并进行实施。

2. 源代码安全审计

在开发阶段进行源代码扫描及审计工作，评估风险，及时发现编码过程中出现的安全问题，并进行加固解决。

3. 渗透测试

在金融业务系统上线前进行必要的安全测试，以提前规避业务设计或实现上的安全漏洞。通过定期开展安全渗透测试，检视业务系统的安全风险及线上的遗留漏洞。通过定期开展主机风险评估，检视业务平台是否存在未升级的系统安全漏洞，以及时修复。

8.2.2 应用加固保护

未加固的应用极易被破解、反编译，并在植入广告和病毒代码后重新投入市场，造成用户经济损失。对应用进行加固保护可以防止反编译、逆向分析、动态注入等问题。加固的方法有以下几类：

- 在客户端和服务器分别嵌入数据加密 SDK，保证通道中传输的数据为加密后的数据；
- 使用加密算法，保护本地数据不被泄露；
- 使用多重加密技术防止代码注入、动态调试和 Hook 攻击；
- 通过 DEX 加花（给 DEX 文件中加入无效的字节码，使得反编译失败，从而保证应用的安全性）和加壳（一种防止逆向分析的手段）、SO 文件高级混淆和加壳等技术对 DEX 和 SO 文件进行保护，防止被 IDA 等逆向工具分析。
- 提取 App 内各文件的文件特征值，当文件运行时，系统会对加密后的文件进行解密，以提取特征值进行文件校验。

使用加固技术可以达到反篡改、反窃取、反逆向、反调试的效果。目前市场上有很多商用的加固方案可以挑选使用。

8.2.3 自动化攻击防护

为了应对自动化攻击，可采取下述几种防御措施。

1. 充分利用网络安全设备/系统/平台

利用扫描器、检测系统、防御系统、应用防火墙进行自动化的漏洞发现和攻击发现、拦截，并对上述系统设备进行有效的升级，以便对业务应用系统的安全状态进行有效的监控。采取积极防御的方式在第一时间修复发现的安全问题，避免在简单的问题上遭受自动化攻击。

2. 采用威胁情报技术

针对现有的业务应用内容，主动获取威胁信息，发现新的异常和攻击，并快速灵活地采用最新的动态安全策略和解决方案。

3. 防信息爬取技术

针对自动化爬虫带来的攻击，可以综合采取以下手段进行防御。

- 检测请求头中的字段，比如 User-Agent、Referr 等字段，可以对普通爬虫进行有效防范，但部分爬虫会将请求头伪造成正常访问的情况，因此对这类爬虫可能无效。
- 对访问进行统计，当单个 User-Agent 的访问量超过阈值时应予以封锁。这可能会误伤用户，因此要合理设置阈值。
- 对访问的 IP 进行统计，当单个 IP 的访问量超过设定的阈值时应予以封锁。这种方法的缺点是可能会影响正常用户的访问，因此要特别留意阈值的设置。
- 通过设置验证码来防御过于频繁的非正常访问。

- 采用 AJAX 异步加载数据的方式来呈现动态数据。
- 针对基于 JavaScript 的反爬虫，需要在响应数据页面之前，先返回一段带有 JavaScript 代码的页面，用于验证访问者有无 JavaScript 的执行环境，以确定使用的是否为浏览器。

8.3 金融业务应用安全案例分析

某大型集团提供多项金融服务，拥有一支信息安全专家服务队伍，团队中包含安全技术专家、安全管理咨询专家、安全运营专家等，还拥有多个主流行业的安全服务项目经验，比如银行、政务、医疗、保险、信托、金融科技、信贷、投资、证券等。安全专家团队基于安全技术和安全体系管理两方面的服务框架，根据集团业务的实际需求提供定制化的安全服务支撑，帮助业务安全管理人员加强安全防护能力，加固金融业务系统安全。

8.3.1 背景介绍

该集团的金融业务当前面临互联网转型，转型过程中需要解决以下问题。

- 互联网金融安全有哪些安全要求？国家、行业、公司对业务的要求有哪些？
- 在转型过程中是否会存在安全策略缺失、安全漏洞问题，这些问题如何解决？
- 针对该互联网金融业务的攻击有哪些，应如何防范？

为了保障集团业务和客户资金安全，信息安全专家服务团队依据其互联网金融服务转型的定位，在金融科技助力业务提升和发展过程中，为集团业务及行业合作伙伴在应对安全管理建设落地、安全威胁发现及加固、安全合规、安全运营、安全解决方案等方面的需求，提供专业的、可落地的、标准化的服务。

8.3.2 解决方案

针对该金融业务在转型中的各种信息安全问题，安全专家服务团队采取了全局布控方案，从合规安全、业务安全、客户端安全、服务器安全、网络安全、存储安全、物理安全等 7 个 IT 维度进行了有效的控制（见表 8.2）。

表 8.2　全局布控安全方案

合规安全	"一委一行两会"的监管规定		
业务安全	业务逻辑安全	薅羊毛等攻击行为	业务作弊行为
客户端安全	Web 安全	Android 安全	iOS 安全
服务器安全	应用安全	中间件安全	系统安全
网络安全	DDoS 攻击防护	网络设备安全	传输安全
存储安全	冷备、热备、灾备	持续数据保护	磁盘处理
物理安全	机房安全	风水电安全	人员安全

针对业务应用安全，金融应用存在反编译、篡改、盗版、非法植入广告代码、钓鱼欺骗、界面劫持、撞库攻击等风险。为了控制业务应用的安全漏洞和风险，信息安全专家服务团队全程跟进应用的功能需求，根据国家、行业、公司安全要求和业界最佳实践进行业务安全设计，大到功能逻辑，小到编码规范，从外到内确保安全性；并通过安全培训、安全设计评估、安全开发实施、安全测试保障、安全发布、安全线上运营等手段，确保业务应用在提出阶段就得到安全的审查和保障（见图 8.2）。

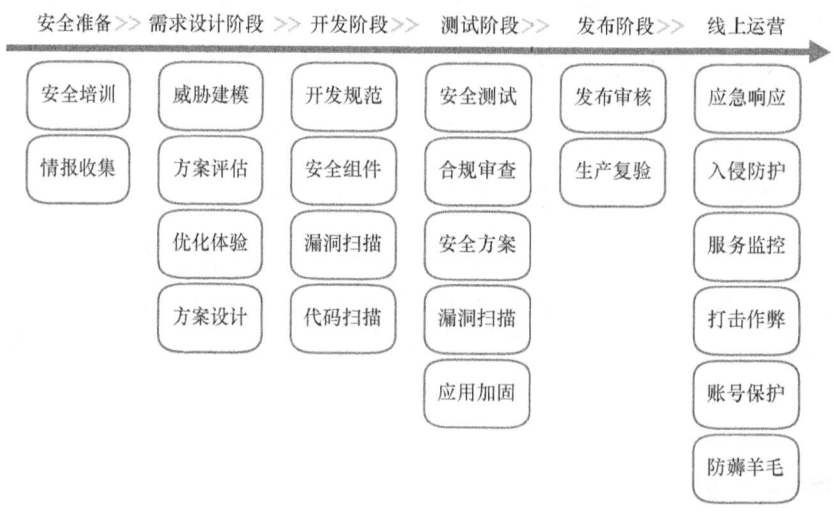

图 8.2　安全管控流程

在业务应用的推出过程中，该集团开展了很多营销活动进行推广，这些活动成为黑灰产的攻击目标。针对虚假注册、账号安全、交易作弊等业务安全问题，信息安全专家服务团队从具体攻击场景出发，提供了百余个简单有效的安全对抗模型，并创新地使用安全大数据进行账号安全管理，有效地解决了业务安全管控问题。

为了进一步管理安全问题，信息安全专家服务团队针对业务应用架构采取了六重布控（见图 8.3），通过服务器接入层到架构层的安全设备布控，到应用数据的加固保护、云端数据的层层隔离，再到 24×7 小时的数据防泄露检测，让企业的应用安全得到了有效的控制。

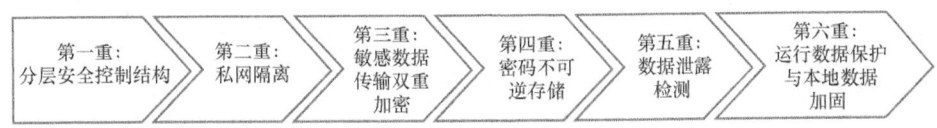

三层安全控制
从服务器接入层到架构层，在3层网络结构中层层布控

数据加固保护
对应用数据进行加密加固，保护不被他人窃取或破解

云端数据的隔离
各银行间的数据完全隔离，有效杜绝非法访问

数据防泄露检测
24×7实时检测，具备泄露前发现、泄露时阻断、泄露后扬中的能力

图 8.3 数据防护六重布控方式

第 9 章

人工智能安全

随着数字经济时代的到来，人工智能、大数据、云计算、区块链等技术已经逐步成为金融科技和各行各业的关键信息技术。然而，以人脸识别、声纹识别、机器学习等为代表的人工智能软件/服务存在漏洞和风险，产业界和学术界需要对人工智能安全进行特别关注和研究，以保证基于人工智能的应用能够健康、安全地运行。该项研究尚处于萌芽阶段，因此，本章将对人工智能安全需要关注的几个层面进行简要介绍。

9.1 人工智能国家发展战略

人工智能的迅速发展将深刻改变世界，为了抓住人工智能发展的重大战略机遇，国务院印发了关于《新一代人工智能发展规划》的通知，工业和信息化部也发布了《促进新一代人工智能产业发展三年行动计划》。

《新一代人工智能发展规划》是构筑我国人工智能发展先发优势的纲领性文件，其战略目标分三步走（见图 9.1），最终是要把国家建设成世界人工智能创新中心。

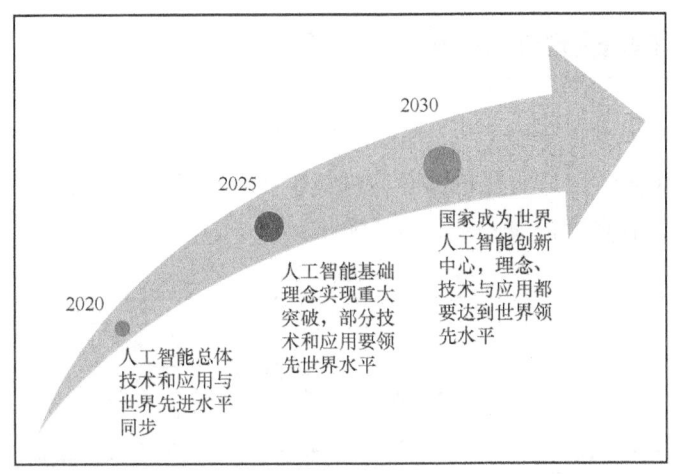

图 9.1 国家人工智能战略目标

《促进新一代人工智能产业发展三年行动计划》是对《新一代人工智能发展规划的通知》的相关任务进行了细化和落实，其整体框架如图 9.2 所示，其目标是推动新一代人工智能技术的产业化与集成应用，发展高端智能产品，夯实核心基础，提升智能制造水平，完善公共支撑体系，促进新一代人工智能产业发展，推动制造强国和网络强国建设。

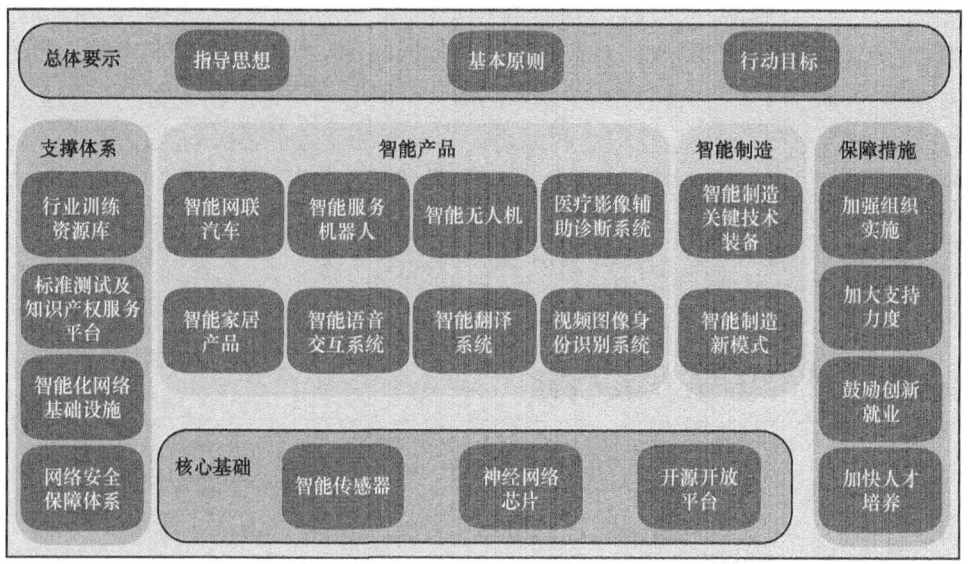

图 9.2 人工智能产业发展三年行动计划的整体框架

9.2 人工智能的概念及关键技术

根据《人工智能标准化白皮书（2018 版）》的定义和说明，机器学习是实现人工智能的一种方法，深度学习是实现机器学习领域中神经网络的一种技术，人工智能、机器学习和深度学习三者之间的关系如图 9.3 所示。

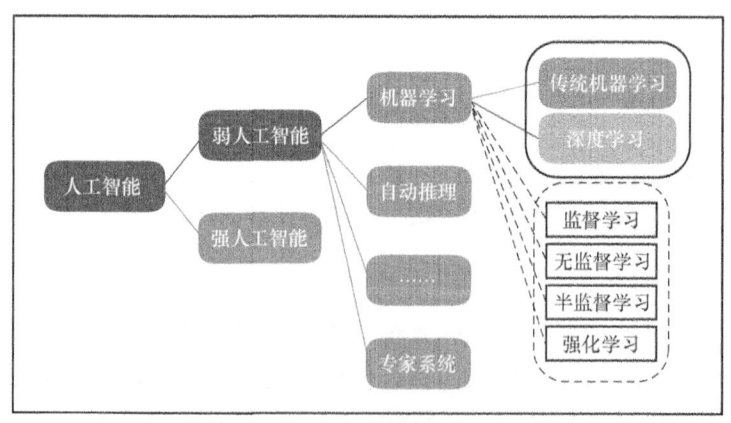

图 9.3 人工智能、机器学习和深度学习三者之间的关系

人工智能被定义为利用数字计算机或者数字计算机控制的机器来模拟、延伸和扩展人的智能,感知环境、获取知识并使用知识获得最佳结果的理论、方法、技术及应用系统。根据人工智能是否能真正实现推理、思考,可分为强人工智能和弱人工智能。强人工智能是指能真正思考的智能机器,弱人工智能是指不能真正实现推理和解决问题的智能机器,当前业界的主流研究也是集中于弱人工智能。弱人工智能的研究领域包括多个分支,如专家系统、机器学习、自然语言处理、模糊逻辑、人机交互等。

机器学习是一门研究现有数据的规律,然后利用这些规律对未来数据或无法观测的数据进行预测的学科。现在的数据挖掘就是在数据管理技术的基础上,使用机器学习提供的数据分析技术来实现挖掘的。按照学习方法可以将机器学习分为传统机器学习和深度学习。传统机器学习平衡了学习效果的有效性与学习模型的可解释性。深度学习是指层数超过3层的神经网络,旨在追求学习效果的有效性。还可以按照学习模式将机器学习分为监督学习、无监督学习、半监督学习和强化学习等。

机器学习技术广泛应用于人脸识别、语音识别、安全防护等领域,但这些应用领域很容易遭受黑客攻击,黑客会通过对数据源的修改绕过人脸识别、语音识别系统,使安全防护系统失效。目前,业界有很多机器学习相关的研究和应用,这里从机器学习的应用展开,阐述当前常用场景的威胁及应对方案。

9.3 机器学习安全问题的起因

目前,业界主流的机器学习公司主要关注机器学习算法的准确度和误报率,未关注机器学习引入的安全问题。在实际应用中,一般假设机器学习系统输入的是正常样本,如图9.4所示。

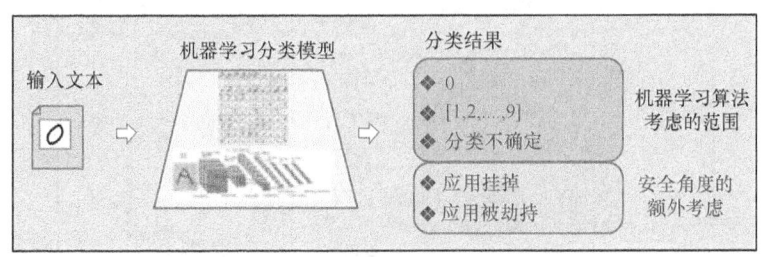

图 9.4 机器学习系统中的输入

由于系统识别采集的都是正常图像,因此能够准确分类,但当黑客构造特定的恶意样本时，可能会触发机器学习系统的安全漏洞，导致系统拒绝服务或按照黑客的意愿来进行分类。

9.4 机器学习框架的安全威胁

机器学习的安全威胁主要包括下面几处。

- 代码实现缺陷，即编码人员在编码实现机器学习框架时，未进行安全编码而导致的安全漏洞。
- 模型缺陷，即机器学习算法本身导致的安全漏洞。
- 数据流处理缺陷，机器学习系统在处理不符合预期维度的输入数据流时导致的安全漏洞。

9.4.1 代码实现缺陷

机器学习软件大多是以机器学习框架为基础实现的，机器学习框架的使用让应用开发人员无需关心神经元网络分层以及培训分类的实现细节，而只需应用本身的业务逻辑。机器学习框架掩盖了它的底层组件依赖，如 Numpy、OpenCV 等。图 9.5 描述了典型的机器学习应用组件和它们的依赖关系。在众多基础库和组件之上实现的机器学习框架是比较复杂的，而在计算机领域，系统越复杂，就越有可能存在安全隐患。

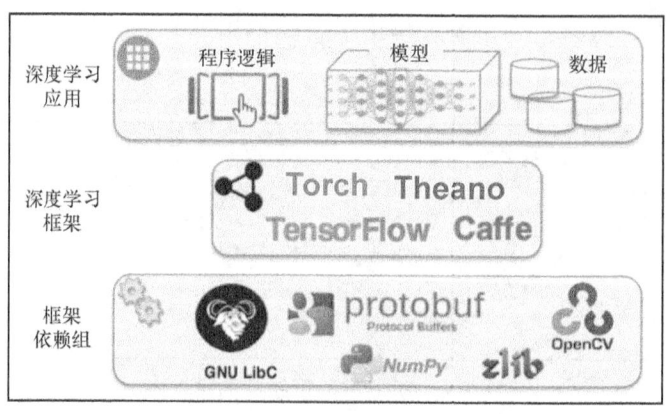

图 9.5 机器学习框架及其部分依赖库

业界现在已发现了数十个机器学习框架及其依赖库中的软件漏洞，如表 9.1 所示。

表 9.1 机器学习框架及其依赖库的 CVE 漏洞

框　　架	软　件　包	CVE	CVSS 3.0 评分	威　　胁
TensorFlow	NumPy	CVE-2017-12852	7.5（高危）	DoS
TensorFlow	Wave.Py	CVE-2017-14144	7.8（高危）	DoS
Caffe	Libjasper	CVE-2017-9782	5.5（中危）	堆溢出
Caffe	OpenEXR	CVE-2017-12596	7.8（高危）	崩溃
Caffe/Torch	OpenCV	CVE-2017-12597	8.8（高危）	堆溢出
Caffe/Torch	OpenCV	CVE-2017-12598	8.8（高危）	崩溃
Caffe/Torch	OpenCV	CVE-2017-12599	8.8（高危）	崩溃
Caffe/Torch	OpenCV	CVE-2017-12600	7.8（高危）	DoS
Caffe/Torch	OpenCV	CVE-2017-12601	7.8（高危）	崩溃
Caffe/Torch	OpenCV	CVE-2017-12602	7.8（高危）	DoS
Caffe/Torch	OpenCV	CVE-2017-12603	7.8（高危）	崩溃
Caffe/Torch	OpenCV	CVE-2017-12604	7.8（高危）	崩溃
Caffe/Torch	OpenCV	CVE-2017-12605	7.8（高危）	崩溃
Caffe/Torch	OpenCV	CVE-2017-14136	5.5（中危）	整数溢出

从表 9.1 中可以看出，已发现的漏洞主要集中于 TensorFlow、Caffe 和 Torch 这三个主流框架上，在软件包层面又以 OpenCV 漏洞居多，其漏洞占比高达 71.4%；根据 CVSS 3.0 的评分，整体来看高危漏洞占比 85.7%，说明大部分的漏洞对系统有着严重影响。

9.4.2　模型缺陷——逃逸攻击

机器学习模型（包括深度神经网络、卷积神经网络等）主要面临的问题是逃逸攻击。逃逸攻击是指攻击者在不改变目标机器学习系统的情况下，通过构造特定输入样本以完成欺骗目标系统的目的。因为基于现有的机器学习算法训练得到的机器学习模型并不是完美无缺的，所以攻击者可以构造对抗样本用以欺骗机器学习系统。下面针对最为常见的图片识别和语音识别领域的逃逸攻击进行说明。

1. 图片逃逸攻击

人类的视觉机理过于复杂,而两个系统在判别物体时依赖的规则存在一定差异。对抗性图片恰好利用这些差异使得机器学习模型得出和人类视觉截然不同的结果,如图9.6所示。

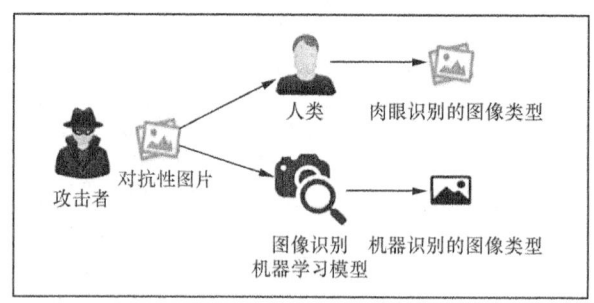

图9.6　攻击者生成图片对抗样本使系统与人类有不同的判断

经典的逃逸案例是对熊猫与长臂猿进行分类的例子,被攻击的目标是谷歌的一个机器学习研究系统,该系统使用了卷积神经元网络,能够精确区分熊猫与长臂猿等图片。但是攻击者可以对熊猫图片增加梯度算法生成的噪声向量,生成的图片对人来讲仍然可以清晰地判断为熊猫,但机器学习系统会误认为是长臂猿,如图9.7所示。

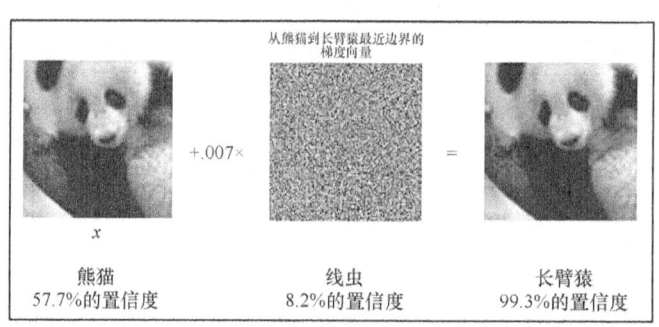

图9.7　在图片中添加扰动,导致机器学习系统出现识别错误

2. 语音识别攻击

对抗性语音攻击则是攻击者构造一段语音,使人类和语音识别机器识别的类型不同。在图9.8中,攻击者发送对抗性语音,人可能无法识别,但语音识别系统可能识别为有意义的语义,从而执行特定的命令。

语音攻击和图像攻击最大的不同在于，语音攻击希望对抗性语音和原语音的差距越大越好，而不是保持对抗性语音和原语音的相似性。

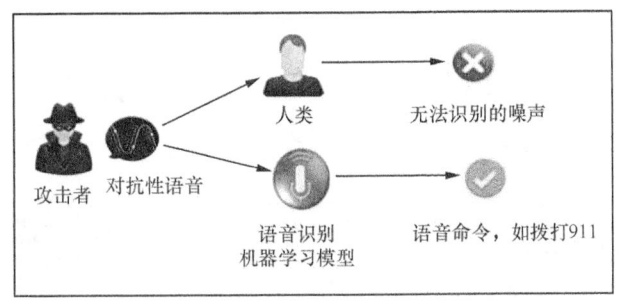

图 9.8　攻击者生成语音对抗样本使系统与人类有不同的判断

下面从攻击者的角度介绍系统如何生成对抗样本以达到稳定的逃逸攻击。

3．对抗样本生成方法

对抗样本的生成方法可分为白盒攻击和黑盒攻击两种。白盒攻击需要获取机器学习模型内部的所有信息——算法和调优的参数，然后直接计算得到对抗样本；黑盒攻击则只需要知道模型的输入和输出，通过观察模型输出的变化来生成对抗样本。遗传算法和模糊（fuzzing）测试都是有效的黑盒攻击方法，下面将通过实例具体介绍这两种方法。

4．对抗样本生成实例

基于遗传算法的逃逸攻击

研究人员采用遗传算法随机修改恶意软件，成功地攻击了准确率极高的恶意 PDF 文件分类器：PDFrate 和 Hidost，这些逃逸检测的恶意文件都是由算法自动生成的。图 9.9 显示了对抗样本生成的基本流程。首先通过对恶意样本进行随机操作，比如加上正常样本的节点，或者替换为正常样本的节点；然后通过目标分类器进行分类，同时使用沙箱来检测恶意样本是否正常运行并能进行恶意攻击；如果恶意样本未被分类器识别，并且能够进行恶意操作，证明获取到目标样本；如果失败，则进入下一次遗传产生变异样本。

同样的算法可以用来对实际应用中的机器学习系统进行逃逸攻击。上面提到的流程就可以对 Gmail 内嵌的恶意软件分类器进行攻击，并且只需修改已知恶意 PDF 样本的 4

9.4　机器学习框架的安全威胁

行代码就可以达到近 50%的逃逸率，从而使得大量 Gmail 用户受到影响。

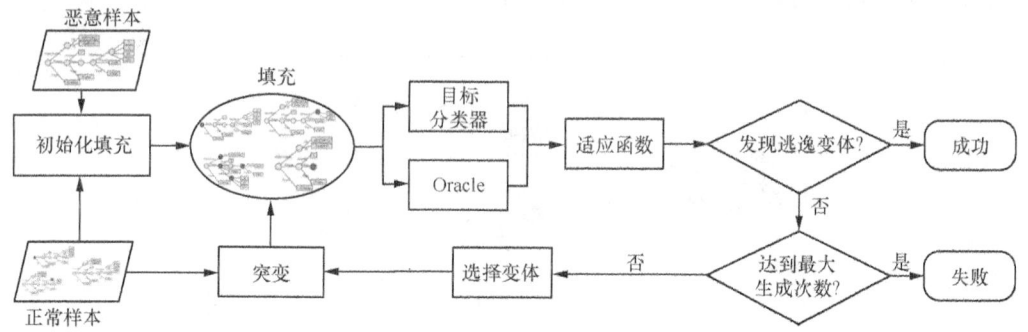

图 9.9　利用遗传算法生成恶意 PDF 对抗样本

基于模糊测试的对抗样本生成

除了对模型和算法的弱点进行分析，黑盒攻击还可以借鉴模糊测试的方法来生成对抗样本。下面以手写数字图像的识别为例，目标是产生对抗性图片，使其看起来是"1"，而机器学习系统却识别为"2"。这主要是利用灰盒模糊测试（相比黑盒模糊测试，灰盒模糊测试的前提是需了解模型的内部算法和流程）的方法来实现。首先给定数字"1"的图片作为种子，然后通过对种子图片进行变异，如果机器学习系统将变异后的图片识别为"2"，那么认为这样一个图片就是对抗样本，如图 9.10 所示。

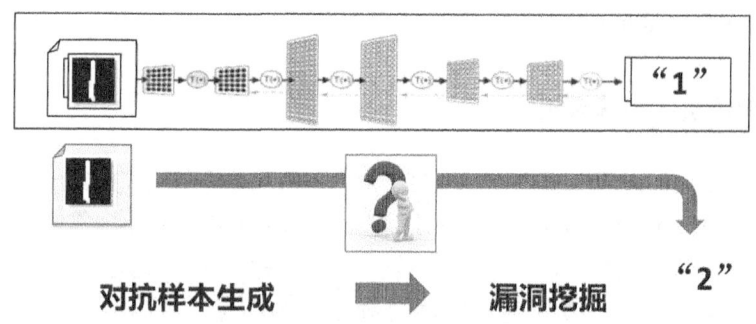

图 9.10　针对手写数字图像识别的对抗样本生成

基于模糊测试的对抗样本生成方法也可以快速地应用到其他机器学习应用系统中，如人脸识别系统。

9.4.3 数据流处理缺陷

攻击者只利用机器学习应用对数据流的处理，就可以实现逃逸或数据污染攻击。机器学习所使用的神经网络的输入一般是固定的维度，当实际输入的维度与神经网络输入要求的维度不一致时，需要进行调整。在图像识别应用领域中，是把较大的输入图片进行维度缩减，将较小的图片进行维度放大，如图 9.11 所示。

图 9.11 机器学习应用的数据处理流程图

维度变化的算法有很多种，常用的包括最近点抽取、双线性插值等。这些算法的目的是在对图片降维的同时尽量保持图片原有的样子。但是这些常用的降维算法没有考虑恶意构造的输入将导致算法不能准确识别图片。图 9.12 所示为人看到的图片和机器学习实际看到的图片：其中左边一列是原始输入，而右边的两图是机器学习系统后端模型识别的输入，由此可见识别的图像是不准确的。

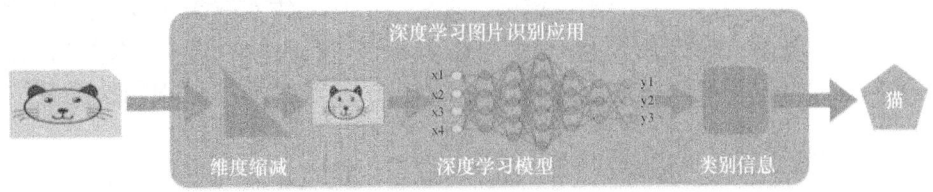

图 9.12 维度变化后机器学习系统识别情况

9.5 机器学习应用安全威胁

9.5.1 人脸识别应用安全威胁

在 FIT 2017 互联网安全创新大会和 GeekPwn 2018 国际安全极客大赛等安全会议上得知,现在至少有 7 种方法可以破解人脸识别应用系统,如图 9.13 所示。

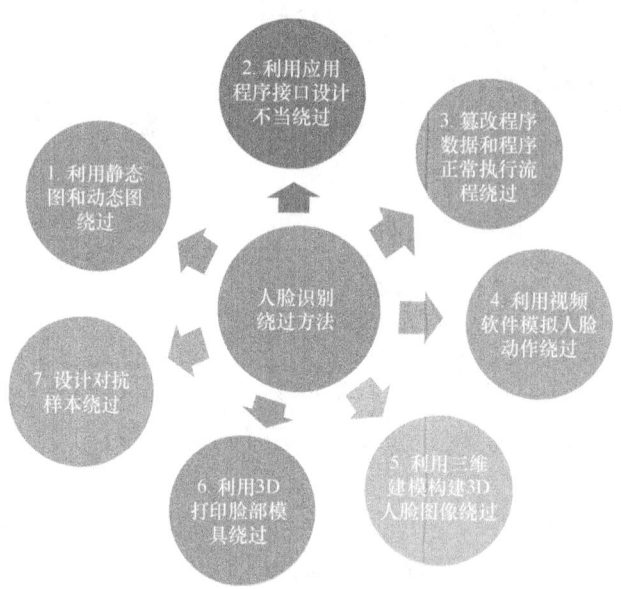

图 9.13 人脸识别绕过方法

- 使用目标对象的静态图或动态图能够绕过人脸识别检测系统。
- 利用应用程序设计缺陷绕过检测。部分 App 在上传人脸图像时,没有对图像数据进行签名,导致图片可以被工具拦截篡改;有的 App 则是未在数据报文中加入时间戳,导致攻击者可以通过重放数据报文来绕过人脸识别检测系统。
- 篡改程序数据和程序正常执行流程绕过人脸识别检测系统。
- 利用视频软件(如 PhotoSpeak)模拟人脸动作绕过人脸识别检测系统。
- 利用三维建模软件(如 FaceGen 和 CrazyTalk),参照选中照片中的脸部特征,构建对应的 3D 建模图像，以绕过人脸识别检测系统。
- 利用 3D 打印脸部模具打印足够精细的人脸模型绕过人脸识别检测系统。
- 利用对抗生成网络来生成对抗样本图片绕过人脸识别检测系统。

9.5.2 语音识别应用安全威胁

据研究表明，现至少有 3 种语音识别应用攻击方法，如图 9.14 所示。

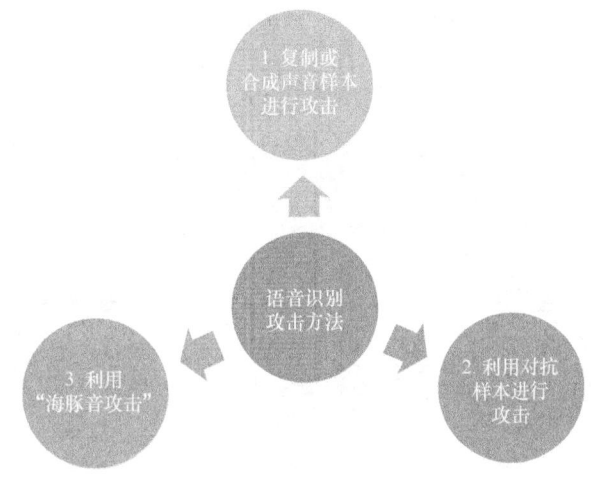

图 9.14 语音识别攻击方法

- 复制或合成目标对象的声音样本进行攻击。
- 利用对抗样本语音进行攻击，即通过在声音样本上叠加噪声来攻击语音识别模型。
- 利用"海豚音攻击"，"海豚音攻击"可以通过无声（超出人耳听觉范围的声波）的语音指令控制语音助手执行相应的操作，如无声开启语音助手、发短信等。

9.6 机器学习安全防御方法

在现阶段来看，可以从如下三方面对机器学习面临的安全威胁进行防范。

1. 针对代码实现缺陷的防御方法

为了保障代码安全，应对开发人员进行安全开发培训，使用主流工具对代码进行扫描或者进行人工代码审计，在系统上线前发现和修复代码中的漏洞；将机器学习框架及时更新至最新版本，以避免系统中的安全漏洞被利用。

2. 针对模型缺陷的防御方法

在当前的图像、语音识别应用中，针对对抗样本攻击的防御方法主要有 4 类，如图 9.15 所示。

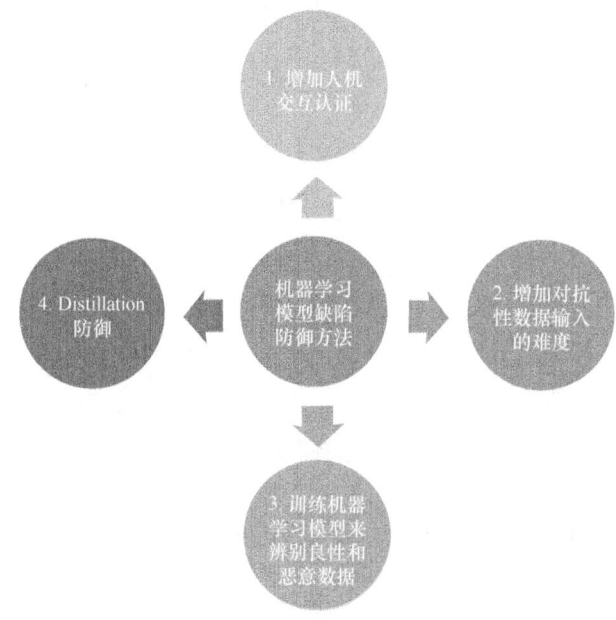

图 9.15 机器学习模型缺陷防御方法

- 增加人机交互认证，例如机器在进行人脸识别的过程中可以同时请求输入音频验证码等方式。
- 增加对抗性数据在机器学习模型中的输入难度。例如使用声纹识别技术和增加数据滤波功能来防御"海豚音攻击"。
- 训练机器学习模型本身辨别良性、恶意数据的能力。例如针对人脸识别绕过和图片绕过，可以增加视频和图片识别的训练，以增强机器学习模型的分辨能力。

- 宾夕法尼亚州立大学还提出了一种名为 Distillation（蒸馏）的防御方法，即首先训练神经网络，使其把一类标签转换为包含额外知识的概率向量，然后以此概率向量作为输出来训练新的模型。

在实际业务场景中，业界针对图片绕过人脸识别系统的问题，提出了使用眨眼、摇头、语音等活体检测方法来防止图片攻击；针对视频绕过人脸识别系统的问题，提出了检测显示器边缘、屏幕反光、显示屏像素点与条纹分析的异常现象来防止视频攻击；而更复杂的防御方法则需要综合使用人脸识别技术、密码保护、风控等手段。

3. 针对数据流处理缺陷的安全防御方法

对于图像识别领域的数据流处理安全问题，用户可以对异常的图片进行过滤、对降维前后的图片进行比对，以及采用更加健壮的降维算法来进行防御。

第10章

金融业务智能风控

自金融科技的概念提出以来，相关技术发展得风生水起，各项应用的开发极大地提高了金融业务的运行效率，给金融机构、客户、中介等各角色提供了高效的沟通渠道，但这也将金融系统暴露在了更大的风险之中。自 2014 年政府工作报告中首次提及"互联网金融"以来，它已经被四度写入政府工作报告，国家主管部门多次强调，需要对互联网金融等的累积风险高度警惕。加之网络黑灰产的猖獗肆行、金融欺诈陷阱升级等安全事件频繁发生，均说明金融业务智能风控迫在眉睫。

10.1 金融业务风险及威胁分析

风险控制一般指控制公司或企业财务损失风险的措施和方法，风险管理者需要尽可能地减少风险事件的发生，或最大程度地降低风险事件带来的损失。互联网金融越发蓬勃的今天，风控面对的问题和威胁更加复杂，要想更好地应对风险事件，需要首先仔细分析互联网金融时代的安全威胁都有哪些特征。

10.1.1 网络黑灰产

网络黑产泛指通过利用互联网系统漏洞、社会工程学等手段，非法获取或盗用用户敏感信息，非法控制他人计算机、手机或其他联网设备，牟取金钱及其他利益的行为。2015 年，国家互联网应急中心对"黑产"范围进行了界定：一是发动涉嫌拒绝服务式攻击的黑客团伙；二是盗取个人信息和财产账号的盗号团伙；三是针对金融、政府类网站的仿冒制作团伙。

不同于网络黑产的明显犯罪行为，网络灰产的从业者更多情况下是游走在法律边缘。网络灰产的主要形式为恶意注册和虚假认证，目前较为流行的"羊毛党"也是灰产大军中不可忽视的一支。灰产从业者会购买大量身份信息，使用"猫池""卡池"等工具批量处理手机黑号，然后使用软件批量快速注册垃圾账号，用于刷粉、刷榜、刷单，甚至是刷佣金乃至诈骗。"羊毛党"则更专注于选择互联网公司的营销活动，以低成本甚至零成本来换取高额奖励。

网络黑灰产产业链规模日益庞大，统计表明，我国网络黑灰产从业人员已逾百万，日均交易额数亿元。而互联网金融由于其天然的交易属性，更是成为了黑灰产泛滥的重灾区。WannaCry 勒索软件的全球肆虐则进一步说明了黑产技术的飞速发展给网络安全从业者带来了更大压力及挑战。

10.1.2 金融欺诈

在常规的金融交易场景中，金融机构作为消费者与资金方之间的桥梁提供服务，而不法分子伺机通过体系或技术漏洞实施欺诈。金融欺诈事件的持续发酵给消费者带来巨大经济损失及精神创伤，也对金融机构的信誉及行业的健康发展造成极其恶劣的影响，而线上金融业务的蓬勃发展更增加了欺诈手段的多样性和复杂性，把消费者暴露在更大的风险之中。

以互联网为媒介，以窃取消费者真实财产或虚拟财产为目的的金融欺诈主要包括以下几类。

1. 个人信息窃取

黑客通过入侵受害者系统（如手机、所使用的业务网站等）或者利用社会工程学（简单来说，就是通过人际交流的方式获得信息的非技术渗透手段）的方式，获取受害者的金融账户信息及其他隐私信息，进行网上转账、消费、信用卡套现、证券账户操纵等；亦或获取受害者的网游、直播平台等账户信息，窃取、转卖账户内的虚拟财产。

通过直接攻击受害者系统来获取账号信息的方式效率较低，目前流行的黑产链条普遍采用拖库、撞库方式，黑客直接攻击大型电商网站或社交论坛的用户信息数据库，取得批量用户信息后出售给利益链中的需求方。

2. 网络钓鱼

网络钓鱼的渠道多种多样，包括邮件钓鱼、广告钓鱼、仿冒应用钓鱼等，旨在引诱用户进入虚假网站。无论采取什么样的诱骗技巧，网络钓鱼的终极目标都是使用户在轻信仿冒网站或应用后在其上输入自己的账号和密码，进而获得金钱利益。

卡巴斯基实验室仅在 2017 年第二季度就拦截了 46 557 343 次钓鱼攻击，并称其近一成用户在当季度遭受过钓鱼攻击。网络钓鱼攻击会造成各种危害，主要表现为财产（数据）损失、声誉损失和拒绝服务。2017 年 9 月，美国德克萨斯州哈里斯县就收到了钓鱼邮件，而公职人员因缺乏安全意识和措施，"一咬钩"被钓走近 90 万美元。

3. 移动支付安全漏洞的利用

以支付宝、微信支付为首的移动支付风生水起，迅速占领了国内市场。支付宝官方消息显示，截至 2017 年 7 月，我国已有杭州、武汉、天津、福州、贵阳这 5 座城市成为"无现金城市"。在移动支付已占据主导地位的大趋势下，移动支付的安全风险更不容小觑。

移动支付流程中的下面两处可能存在安全隐患。

- **移动支付软件安全漏洞**：在移动应用的设计开发过程中，若开发人员疏于检查，编码时极易出现逻辑漏洞。尤其涉及与后台服务器的实时交互时，出现的逻辑漏洞更容易被黑客利用，进行跨站脚本攻击、内容劫持等，从而造成应用软件崩溃、用户账户信息被窃，甚至资金损失等安全事件。

- **支付认证方式缺陷**：目前大部分的线上金融业务场景的主要认证方式均为短信验证码认证，这极易通过网络监听、手机卡克隆、木马植入等方式实施虚假认证。其他认证方式如指纹认证、人脸识别等，也已曝出可利用的漏洞。此外，主流的单因子认证模式也降低了黑客漏洞利用的难度。

10.1.3 信贷风险

互联网金融的蓬勃发展催生了大规模的网络信贷业务，其申请快捷、门槛低、取现快的特点吸引了海量用户，其中不乏还贷能力较弱的低收入人群及在校学生群体。面对蜂拥而至的贷款申请，准确快速地评估每一位申请人的信用等级、还款能力、违约概率，毫无疑问存在一定难度。由于我国金融机构间尚未实现信用信息共享机制，外加监管困难、评估模型不完善等，使得金融机构遭遇坏账、恶意骗贷等恶性事件的可能性节节攀升。

信用欺诈可能的套路有下面这些。

- **身份盗用**：骗贷者通过盗用身份大肆申请网络贷款。骗贷产业链中会有专人以各种方式获得身份证原件，如去偏远山区及农村收购、拾获甚至偷取身份证等。随后利用收集到的身份证再实名申请手机卡、银行卡等，由此生成了一套合法的用户资料。骗贷者拿到虚假身份后，即刻申请贷款，随后快速提现并违约，从而导致金融机构遭受巨额坏账损失。

- **资料作假**：恶意用户通过提供虚假信息以获取超出自己还款能力的贷款额度。由于征信体系不健全，个人资料审核难度较大，恶意用户伪造个人信息申请信贷额度成功后，即出现恶意透支、违约等行为。

10.2 业务安全策略分析

业务安全策略可以从设备指纹、数据保护、风控模型等多方面入手（见图 10.1）。其中，风控模型又可以包括用户画像、地理位置等。

图 10.1 安全策略分析

10.2.1 设备指纹

移动互联网发展的一个重要特性是，移动 App 的涌现取代了传统的柜台交易模式，只要用户拥有一部可联网设备，即可随时随地进行金融投资。投资的便利性也增大了金融风控的难度。能否对可疑用户进行有效识别具有重大意义，设备指纹的方案就是专门为解决此类问题而生的。设备指纹特指智能终端的唯一性标识，由于世界上没有两个人拥有相同的指纹，因此每台智能终端理论上也应具有绝对唯一的设备指纹。

传统的设备 ID 一般是指移动终端独有的物理设备标识符，如 IMEI 值、MAC 值、iOS 设备的 IDFA 值等。如果依赖单一的数据来源，则难以有效鉴别刷机、猫池、卡池等欺骗行为，而设备指纹技术可使用更多的信息来完成设备的识别。比如，通过网络收集终端设备的特征信息，以及通过嵌入到客户端 App 中的代码主动收集设备相关信息，如浏览器信息、操作系统信息、传感器信息等，然后对每一组从终端设备采集的特征信息组合赋予唯一的设备指纹 ID，即可标识该终端设备。

10.2.2 数据保护

金融科技企业在选用技术手段开发创新型服务或产品时，应该考虑到个人信息保护的问题，并落实相关的信息保护机制，以确保新的服务和产品不会构成对个人身份信息（Personal Identifying Information，PII）的侵犯。PII 涵盖一切可用来联系或辨认单独相关个体的信息，如姓名、家庭地址、出生年月、电话号码、传真号、驾照号码、汽车牌照、其他设备的序列号、URL、地理位置等。在设计数据治理方案时，应与当前重要的国际组织（如欧盟、APEC、OECD 等）的隐私原则保持一致，如欧盟的《一般数据保护条例（GDPR）》；并充分考虑子金融科技业务发展带来的数据保护新需求，如数据被遗忘权、数据自治等。

10.2.3 风控模型

在金融科技深度融合、全面渗透生活场景的今天，信贷风险也已无处不在。要实现金融业务的安全，基础原则是进行风险控制。目前常见的互联网金融风控模型，一般是通过基于大数据分析、人工智能的大数据建模进行用户身份核实、信用等级评估、高风险交易识别等操作，防止身份冒用、造假等风险，从而实现风险控制。如果再加以深度学习、数据特征处理，以及学习人类处理知识和数据的方式，风控系统的精准度可进一步提高，在复杂环境下的反欺诈能力也可进一步提升。

10.3 业务智能风控案例分析

10.3.1 背景介绍

某国内大型企业为数亿客户提供高效便捷的金融及生活服务，其业务范围广泛，用户群体巨大，随之而来的业务风险问题也越发尖锐。特别在互联网应用的场景中，该企业的应用系统在注册、登录、支付、交易等步骤中都面临业务风险，如恶意骗贷、黄牛刷单、恶意爬虫、虚假交易、恶意登录、洗钱套现等，这会给客户及业务公司带来巨大经济损失，更会造成恶劣的社会影响。

该企业的业务风控系统在上述背景下设计研发而成，可以实现业务建模、数据分析、用户画像及风险决策，并针对图 10.2 中的业务安全攻击场景进行逐个攻破。

账号保护	活动推广	接口保护	卡申请	卡交易
✓ 垃圾注册 ✓ 盗号登录 ✓ 暴力破解 ✓ 拖库撞库	✓ 刷优惠（积分、代金券）	✓ 恶意调用API	✓ 劣质客户申请 ✓ 虚假材料申请 ✓ 团伙欺诈申请	✓ 盗卡交易（支付、转账） ✓ 信用卡套现

借贷申请	贷后异动	隐私保护	支付安全	垃圾消息
✓ 多平台借贷 ✓ 复选劣质客户 ✓ 虚假申请识别 ✓ 机构代办识别	✓ 贷后逾期 ✓ 贷后再贷	✓ 保单信息泄露	✓ 盗卡支付 ✓ 信用套现	✓ 垃圾消息

图 10.2　业务风控系统面临的各种安全场景

10.3.2　系统架构

下面根据服务场景对该企业业务安全系统架构进行实例分析，并对这些业务的数据接入进行数据分析，然后配置相应的安全模型的规则引擎，最终进行操作处理。该企业的业务安全系统的具体架构如图 10.3 所示。

该企业的业务安全系统的执行逻辑如下所示。

1. 业务安全系统针对注册、登录、活动行为等功能进行问题场景的分析，包括垃圾注册、撞库攻击、刷券等恶意行为。

2. 收集用户的设备、浏览器、用户行为特征数据。

3. 基于大数据的计算能力，对垃圾注册、账号盗用、撞库攻击等恶意行为进行建模，进而梳理出针对这些行为的应对策略和规则。

4. 通过风险决策引擎解决业务账号、活动、交易等关键业务环节存在的欺诈威胁。

5. 接入黑名单库、常用设备库，进行虚拟机检测、设备指纹检测，对恶意攻击和正常操作进行区分和控制，同时对业务数据进行监测，对外部攻击情报进行主动收集和响应，以最大程度地控制业务安全问题。

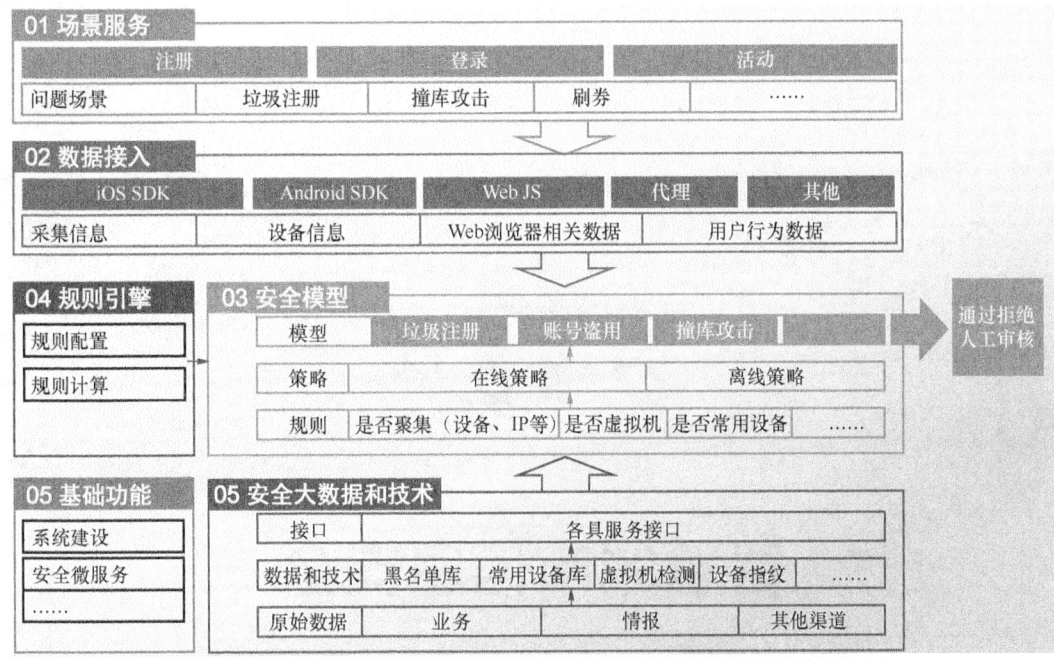

图 10.3　业务安全系统的架构

第 11 章

智慧城市信息安全

城市是人类文明进步的重要标志，是社会物质和精神财富的集中体现，城市的发展水平直接关系到人类社会能否健康发展。在现代化城市生活中，金融科技为智慧城市的建设提供了助力。智慧城市将为我们提供一个更具有开放性、移动性、智能性的新型城市发展模型，而智慧城市的构建意味着城市信息和信息基础设施的互联互通，因此，信息安全是智慧城市正常运转的必要前提。

本章将整体介绍智慧城市的发展状况，并对智慧城市发展和运行过程中所面临的信息安全风险进行分析，从信息化支撑技术、信息安全保障体系等角度探讨智慧城市信息安全的构建思路。

11.1 智慧城市概述

11.1.1 智慧城市的概念

2008 年 11 月，IBM 公司在美国纽约发布的 *Smart Earth: Agenda for the Next Generation of Leaders*（智慧地球：下一代领导人议程）主题报告提出了"智慧地球"这一概念，由此衍生而来的"智慧城市"概念开始被广泛用以描述"使用各种先进的技术手段，尤其是使用新一代信息技术整合各种资源来优化城市规划，提高城市运转效率，改善市民生活"这一场景。其实，以信息技术为发展战略来构建城市数字化系统的概念早在 20 世纪 90 年代已经提出，类似的概念有连线城市（wired city）、网络城市（cyber city）、数字城市（digital city）、智能城市（intelligent city）、感知城市（sentient city）等。

"智慧城市"对城市居民意味着什么？ISO/IEC 在 2014 年的智慧城市报告中引用了 ISO/TMB 智慧城市战略咨询专家组的定义："智慧城市是……极力改善社会经济和环境（可持续性）的成果、应对气候变化、人口快速增长以及政治经济不稳定性等挑战……在融入社会、运用协作领导方法、跨学科和城市系统运作以及使用数据信息和现代技术几方面做出根本性改进……，以便现在和在可预见的未来为城市（居民、企业、游客）提供更好的生活服务和更高的生活质量，且对他人和自然环境无不利影响。"而 ITU-T 可持续发展智慧城市专项组在分析了近 100 个定义后，给出了如下定义："可持续的智慧城市是使用信息通信技术（ICT）等手段来改善生活质量、提高城市运营和服务效率以及增强竞争力的创新城市，同时确保满足当代和后代人对于经济、社会和环境方面的需求。"

国家八部委在《关于促进智慧城市健康发展的指导意见》中综合智慧城市的特点给出了相应定义："智慧城市是运用物联网、云计算、大数据、空间地理信息集成等新一代信息技术，促进城市规划、建设、管理和服务智慧化的新理念和新模式。"国家智慧城市标准化总体组于 2014 年 9 月发布的《中国智慧城市标准化研究报告》中也指出："智慧城市是城市发展的新理念和新模式，以改善城市人居环境质量、优化城市管理和生产生活方式、提升城市居民幸福感受、提高城市的竞争力为目的，是信息时代的新型城市化标准模式，对于城市实现以人为本、全面协调可持续的科学发展具有重要意义。"

由中国电子技术标准化研究院发布的《中国智慧城市标准化白皮书》认为，智慧城市是当今城市发展的新理念和新模式，是城市可持续发展的内在需求，也是新一代信息技术创新应用与城市经济社会发展深度融合的产物。

物联网、云计算、移动互联网、大数据、人工智能等蓬勃发展的信息化技术已经被逐渐应用在城市建设的各领域，作为互联化、智慧化的基础，最大限度地整合和开发城市公共服务及管理涉及的各类信息资源，包括金融、电力、交通、电信、政务、教育、医疗等。因此，部分学者认为智慧城市是新一代信息技术支撑、知识社会下一代创新环境下的城市形态。也有学者认为信息通信技术的应用只是实现城市智慧化的一种手段，可以作为一个城市智慧化发展的指标，但信息通信技术的嵌入度并不完全等同城市的"智慧"程度。中国科学院、中国工程院院士李德仁认为，智慧城市是在城市全面数字化基础之上建立的可视化和可测量的智能化城市管理和运营模式，即"数字城市+物联网=智慧城市"。

由此，可以看出智慧城市应用系统具有以下基本特征：

○ 拥有全面感知和高度互联的互联网、物联网、移动互联网基础设施；

○ 具备整合完备、融合共享的城市信息资源池/系统；

○ 将新一代信息化技术融入城市应用平台，达到公共服务便利化、城市管理精细化、基础设施智能化，使预警响应及时、网络安全持续；

○ 合理配置资源，挖掘数据价值，发展创新技术，有效提升产业竞争力；

○ 优化环境，改善民生，促进城市各个系统/平台的高效协作、和谐发展。

中国软件评测中心在剖析城市发展关键要素的基础上，提出了智慧城市的 SMART 理论（见图 11.1），从下向上反映智慧城市的建设路径，以资源、技术为基础，建设产生各类应用平台，通过平台广泛运用于城市各领域，推动城市管理运营能力和社会服务水平的提升，并在此架构上深入研究国家政策及现代城市服务管理理论，不断完善发展策略和目标。

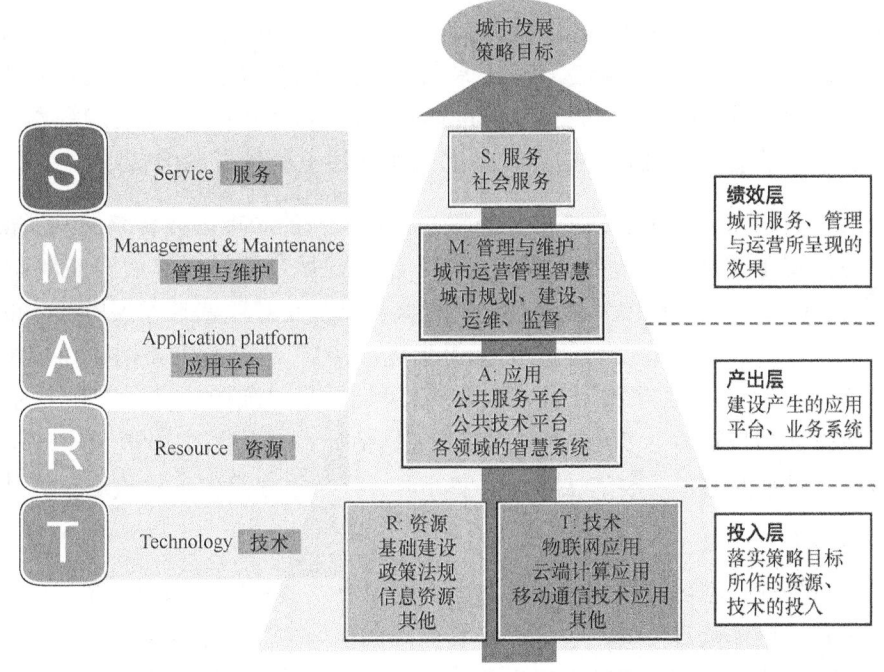

图 11.1　智慧城市发展的 SMART 理论

11.1.2　国内外智慧城市发展现状

智慧城市的建设已经成为全球的发展热点，世界上一些主要城市，如纽约、伦敦、巴黎、东京等，已全面开展城市信息化战略并加快智慧城市的部署，以解决由人口激增、资源紧缺等带来的城市化难题，提高城市竞争力和可持续发展能力。宏观上看，各国政府也相继提出了国家层面的智慧城市战略举措，以期从整体上指导国家信息化进程，进一步完善智慧城市发展理论和实践。

然而，在城市发展的时间线上，城市积累着不同历史时期的发展特质，各城市智慧化模式的演进也有不同的体现。欧洲国家从城市数字化和物联化着手，促进信息化，从而推动智能化。美国将智慧城市上升至国家战略高度，在基础设施、智能电网等方面进行重点投资和建设，同时也十分关注网络安全层面的防护。此外，美国的科技公司、科研院校等在智慧城市实践方面贡献显著，如甲骨文公司提出 iGovernment 计划，MIT 提出了 Smart City（CityCar）计划。亚洲国家的智慧城市推进有部分相似性，比如具备一定的信息产业基础、信息通信技术，与社会发展互相促进。新加坡是公认的政府服务最好的国家，其城市智慧发展特别注重公众需求。

我国城市的信息化经历了城市信息基础设施建设、城市信息管理平台化、城市信息化应用等阶段，各级城市纷纷响应国家发展规划，掀起智慧城市建设热潮，涉及基础建设、社会管理、应用服务、安全保障、标准体系等内容。许多城市在发展智慧城市时重点关注的是电子政府、智慧政府的建设，因此尤其注重信息资源的规划。

世界银行的研究结果表明，如果一个超过百万人口的城市摒弃传统的发展模式，在投入不变的情况下实施全方位的"智慧城市"建设，城市的发展红利将能增加 2.5~3 倍，并实现 4 倍左右的可持续发展目标。智慧城市当前正处于快速发展阶段，市场研究公司 Markets and Markets 发布的研究报告指出，2017 年智慧城市的整体市场规模为 4246.8 亿美元，预计 2022 年将达到 12016.9 亿美元。我国预计在"十三五"规划期间，在智慧城市方面的投资将达 5000 亿元人民币。据估计，按照我国 2050 年实现 70%城市化率的目标，以平安城市、数字城管、数字社区、智慧医疗等内容为核心的智慧城市规模在亿万元以上。

对比国内外的智慧城市发展状况，考虑不同城市发展的特征和历史条件，可以看出智慧城市有几类整体建设方向：一是以信息基础建设为主；二是以信息化产业、物联网产业为主；三是以社会服务和管理应用的建设为主。虽然各城市的建设重点不同，且智慧城市关注的领域众多，但建设重点始终离不开网络基础设施建设、城市信息资源整合、应用服务智能化，并对数据的采集和获取尤其关注，因此，数据保护和防信息泄露是智慧城市安全的重中之重。

11.1.3　国内外智慧城市评估及标准化进程

随着智慧城市的建设在全球各地持续推进，各城市政府在面对因城市发展衍生出来的不同问题时，纷纷提出了相应的智慧城市建设计划。然而，智慧城市的覆盖层面太过广泛，智慧城市在发展过程中存在的各种问题随着项目推进和资源投入呈现出不一样的效果。为了确保推动的策略方法经济有效，各国以及各国际组织逐渐发展、完善智慧城市评估指标体系或者标准化体系，以作为智慧城市建设的指导方针。

智慧城市指标及评估或者标准化体系多由智慧城市组织或研究单位发起，比如智库、科研院校、企业机构、跨国组织等，主要是向各城市领导者宣导城市或社区管理理念、运作模式，以及提供咨询。哈佛大学商学院在"智慧城市宣言"中倡导以智慧城市社区作为节点服务于城市居民生活，其核心是突出智慧城市的服务功能。英国的 Arup Group 公司则认为，智慧城市是有效、互动、自适应和灵活的，居民不仅能够了解他们与社区乃至更广泛城市生态系统之间的关系，而且能够积极参与城市活动。而日本和韩国的智慧城市更注重信息化战略，将无缝的通信技术融入日常生活，并且善用创意，开发智能城市生活价值，构建人与物、物与物之间的有机联结。

不同的评估指标体系，其侧重点有所不同，通过整理国内外评估体系的核心要素，可以对现阶段智慧城市的发展规划和理论进行全面完善。比如，IBM 智慧城市评估标准和要素涵盖城市服务、市民、商业、交通、通信、洪水、能源等七大系统。智慧社区论坛（Intelligent Community Forum，ICF）将宽带连通性、知识型劳动力、创新、数字包容性、行销宣传作为核心评估要素。欧洲智慧城市指标则针对欧洲中型城市，把城市在经济、市民、治理、行动力、环境、生活等 6 个方面的智慧化程度作为评估重点。

智慧化的城市借由更强的连结性、功能性和感知能力为居民和企业提供适合生活、工作、运营和发展的理想场所。然而，智慧城市的建设涉及多个纵横的层面，在整体设计时需要考虑整体评估框架。虽然各城市使用的评估机制并不一致，但都给智慧城市标准化工作提供了基础和实践经验。国际标准化组织（ISO）、国际电工委员会（IEC）、国际电信联盟（ITU）、英国标准协会（BSI）、美国国家标准协会（ANSI）等组织已从不同层次启动了智慧城市标准化工作（见表 11.1）。

表 11.1　国际智慧城市标准化工作情况

标准化组织	智慧城市相关标准现状
国际电工委员会（IEC）智慧城市评估组	❑ 2013 年 6 月成立 IEC 智慧城市系统评估组，以开展 IEC 内智慧城市标准化需求研究和整体工作规划 ❑ 2013 年 7 月在日本召开首次会议
美国国家标准协会（ANSI）	❑ 牵头制定智能电网互操作体系框架和路线图 ❑ 2013 年 4 月启动智慧城市标准论坛，梳理美国国内及国际标准化组织智慧城市标准化的工作动态，提出开展智慧城市的标准制定方案

续表

标准化组织	智慧城市相关标准现状
欧洲委员会	○ 2007年提出一整套智慧城市建设目标并付诸实践 ○ 欧洲第七科技框架计划（FP7）资助物联网标准及智慧城市标准制定工作 ○ 2012年7月启动"智慧城市和社区欧洲创新伙伴行动"
欧洲标准化委员会（CEN）	○ CEN与欧洲电信标准化协会（ETSI）负责并推进欧洲智能交通的标准化工作，负责制定ITS系统中与应用相关的标准 ○ CEN与ETSI、欧洲电工标准化委员会（CENELEC）发布《欧洲智能电网标准化建议》 ○ 2012年12月召开大会，主题为"智慧城市及能源-智慧城市中标准化工作的重要角色"
国际电信联盟-远程通信/环境和气候变化/可持续发展智慧城市焦点组	○ ITU-T L.1400 评估信息通信技术环境影响的方法概述和一般性原则 ○ ITU-T L.1430 "ICT项目环境影响"（为智能建筑、智能交通、远程监控及视频会议服务在内的ICT新项目在减少温室气体排放、节能方面提供度量框架）
英国标准协会（BSI）	○ 2012年发布英国智慧城市标准战略，提出标准战略总体目标促进实施智慧城市以及提供风险管理的保护机制
日本"智能城市基础设施评估指标国际标准化国内准备委员会""标准认证创新技术研究协会（IS-INOTEK）	○ 2011年10月向ISO提议制定"智能城市基础设施评估指标"标准
韩国U-City标准论坛	○ 2009年通过U-City综合计划，将智慧城市建设上升至国家战略层面；U-City标准论坛配合制定韩国智慧城市建设所需标准

我国智慧城市建设整体处于起步阶段，虽然已有200多个城市提出相关建设规划，但不少城市对城市当前状态和未来智慧城市的建设目标缺乏科学、全面的认识，理论和实践基础都相对薄弱，导致在规划和建设中缺乏依据。不少城市还因为政策法规不明确而存在盲目投资建设、收益不明、政企分歧等情况。标准是规范技术、管理和运营的依据，统一标准有利于信息系统互通、互连、互操作。智慧城市的技术要求、工程实施要求、测试认证方法等亟需标准化，智慧城市标准体系的缺失可以说是我国各地在智慧城市建设推进中遇到的核心问题之一。针对不同领域，多个标准化相关机构已开展智慧城市标准化体系框架的研究和部分标准制定工作，如全国信息技术标准化技术委员会、全国智能建筑及居住区数字化标准化技术委员会、全国智能运输系统标准化技术委员会、中国智慧城市产业技术创新战略联盟、中国标准化研究院等。中国电子技术标准化研究院在《中国智慧城市标准化白皮书》中提出了"智慧城市标准体系框架图"（见图11.2）。虽然在白皮书提出的框架中，明确提出了智慧城市建设中"信息安全"的关键位置，但已有的相关标准化文件、战略方针中仍然缺少具体的信息安全要求，部分学者已从数据

安全、物联网安全、网络安全等方面探究智慧城市建设中的信息安全问题，值得在进一步的标准化文件中体现。

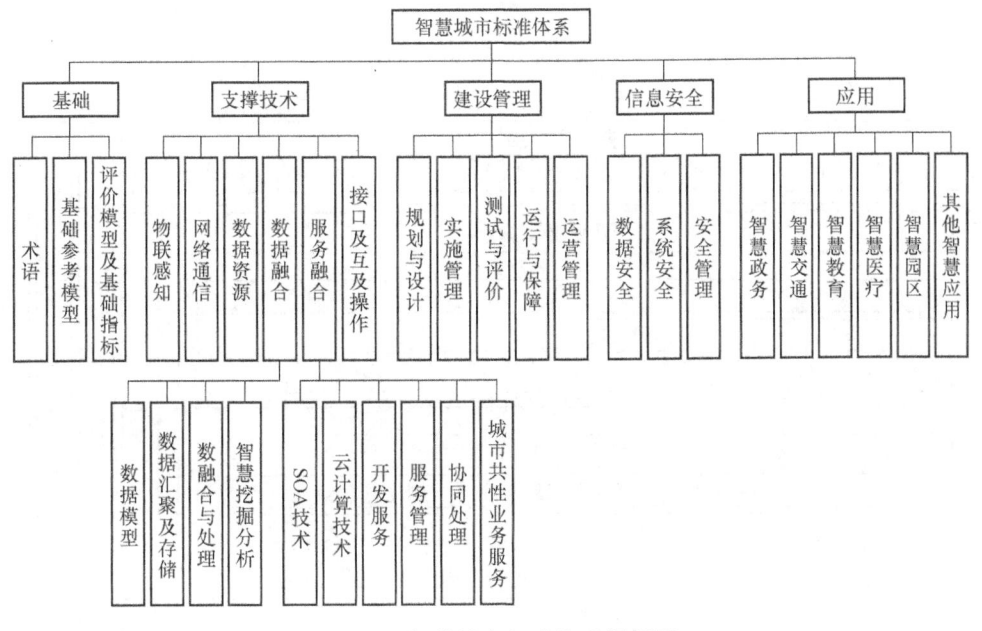

图 11.2　智慧城市标准体系框架图

11.2　智慧城市信息化技术体系

　　从技术角度看，智慧城市综合运用了物联网、大数据、云计算、移动互联网等新一代信息通信技术。信息通信技术对城市空间组织及其功能有塑造作用，在城市建设的各个层次和多元应用维度产生不同效果。信息化对城市的信息基础设施、社会环境优化及信息安全有所强化。然而，智慧城市是一个大型的复杂系统，包括物联感知层、网络通信层、数据及服务支撑层、智慧应用层等，智慧城市的信息化发展和安全规划需要坚持可持续发展的角度，注重整体和顶层设计，充分发挥核心技术的作用。

11.2.1　智慧城市技术体系结构

　　智慧城市的构建和发展必须从城市的体制机制层面提供根本性保证，协调各部门、平台，为智慧城市营造和谐、高效的发展环境。《中国智慧城市标准化白皮书》中，从技术层面将智慧城市分成了四个层面和三大支撑体系（见图 11.3）。

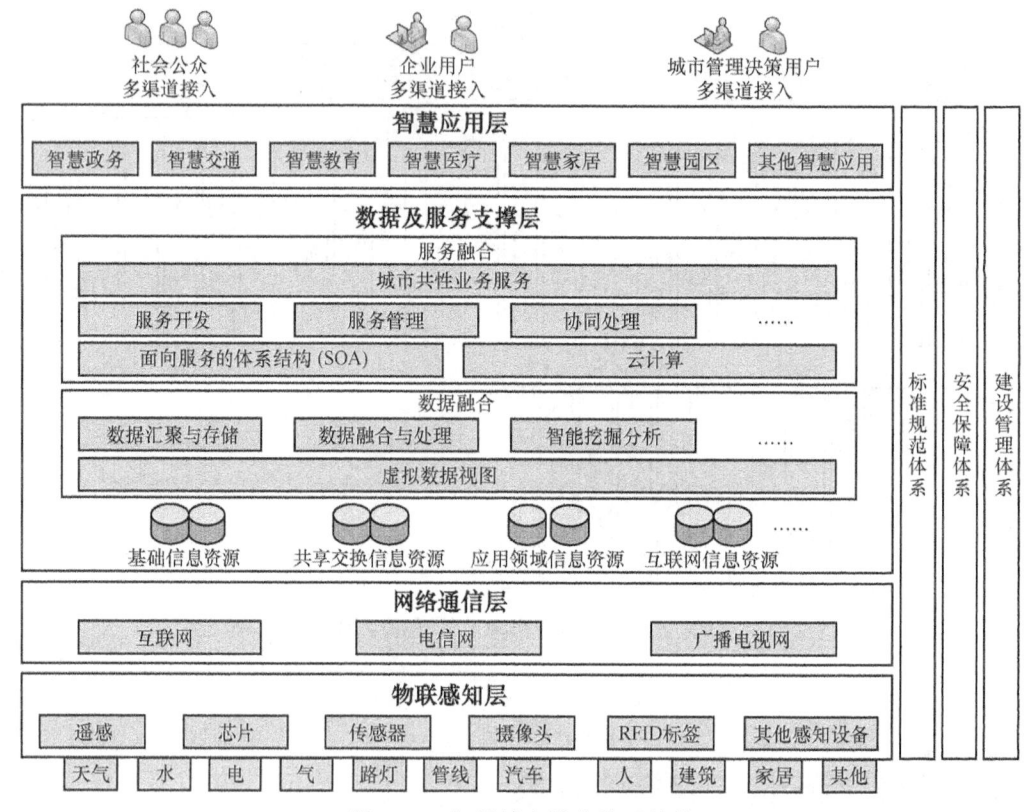

图 11.3　智慧城市技术体系结构

在此结构中，底层是物联感知层，通过传感器、监控器、摄像头、RFID 标签等全方位获取城市的各类数据。采集到的数据到达网络通信层，通过高速便捷的网络通信基础设施促进信息的流动、共享和共用。城市的海量数据通过传输、过滤后可分为基础信息资源、共享交换信息资源、应用领域信息资源、互联网信息资源等，并在数据及服务支撑层进行存储、融合处理、挖掘分析、可视化等操作。经过分析处理的数据资源到达服务化封装、处理和管理阶段，为上层各类智慧应用提供统一的支撑平台。应用层主要指物联感知层、网络通信层、数据和服务支撑层基础上建立的各种智慧应用，各个应用直接面向服务终端，在政务、交通、教育、医疗等方面提供精细化、智能化的服务。

三个纵向支撑体系分别为标准规范体系、安全保障体系、建设管理体系，对四个主要的技术层面有监督、指导和约束的作用。标准规范体系对规范城市的整体建设和发展有重要作用，安全保障体系重点关注城市信息网络及基础设施的系统安全和可控性，建设管理体系则从更宏观的角度确保城市建设的顺利推进和各个阶段的优化。

智慧城市的建设还受到各种非技术因素的影响，这些因素对城市信息化、智能化也可能起到关键作用，对解决城市发展瓶颈问题有促进作用，比如人文因素（人文素质、社会资金）、制度因素（政府政策、制度导向）、地理因素（地理位置、城市发展水平）等。因此，在更加全面的智慧城市建设框架中，还需考虑、补充其他因素对整体发展的影响程度，并且在具体的城市发展策略中针对城市的特点做不同处理。

11.2.2 智慧城市关键支撑技术

城市信息化是建设智慧城市的必要过程，相应的理念与技术发展也在此过程中不断进步。智慧城市可以说是以数字城市为基础，通过云计算、物联网、大数据等技术的有机融合，实现城市的智慧化。智慧城市的关键支撑技术如下所示。

- **地理信息技术**：智慧城市系统需要将不同领域、不同位置的各种资源按规范的地理坐标整理、组织起来，包括经济、交通、教育、能源、安全等方面。地理信息技术，如遥感系统（RS）、全球定位系统（GPS）、地理信息系统（GIS）等，可帮助城市系统基于地理空间建立模型，使静态信息向多维动态发展，为智慧城市提供基本的数字化基础框架。此外，地理信息技术针对动态信息，可在基础平台层支持事件驱动机制，使系统能动态响应信息对象的状态，通过规则触发 GIS 对象间的联动，实现基于消息或事件驱动的协同应用。

- **物联网**：物联网化是城市发展从数字化向智慧化发展过渡的重要特征。物联网最早主要是以 RFID（射频识别技术）的应用为核心，但传感器和其他智能芯片嵌入物体构成的物与物的相关网络，也逐渐算作是物联网的一部分。而从物联网获取信息的功能来看，地理空间信息、远程/智能感测或遥感技术也能纳入物联网的范畴。对于智慧城市中的各个感知层面、方面，物联化技术主要通过数据捕获和控制、分布式设备和基础设施的管理两个维度实现物联和安全。物联网基于互联网的核心，实现用户端的延伸和多方面的拓展，促进"物"与"物"之间的信息交换和通信，从根本上提高了城市从宏观到微观的信息采集能力和调控能力，是城市迈向智能化的关键所在。

- **大数据**：Gartner 认为，大数据是需要新处理模式才能具有更强的决策力、洞察发现力和流程优化能力的海量、高增长和多样化的信息资产。在城市信息化过程中，传统的数据处理方法已经不能很好地应对城市发展带来的海量数据的储存、融合、处理、挖掘、分析等问题。因此，大数据既指信息资产，更指新型的数据处理、分析思维。可通过大数据分析思路、算法及应用，实现涵盖多种因素的大数据分析平台，为智慧城市数据管理、资源配置、事件响应提供整体解决方案。例如，在城市信息安全防护领域，大数据遵循确定应用场景、制定数据采集方案、建立分析模型/算法的思路，在异常行为分析、恶意文件监测、安全情报分析、安全态势感知等场景实现整体技术的优化。

- **云计算**：在城市发展对计算资源带来的巨大挑战这一方面，云计算发挥着重要的基础支撑作用，主要解决城市建设中大规模分布式数据管理、计算资源共享、面向服务应用集成、快速部署资源等问题，以降低 IT 应用的成本，提高 IT 资源的可靠性、可用性和扩展性，促进 IT 资源的公共化、共享化、专业化和基础设施化，从而提高城市的整体信息化水平。简单而言，云计算为用户提供了信息资源集中处理、应用逻辑分隔的集约化模式，其核心技术涉及虚拟化、自主计算、效用计算、SOA、网络储存、负载均衡、备份技术等。通过构建以数据中心为载体的 IT 资源池，实现 IT 资源的集约化和规模化。例如，网络储存实现城市海量数据的整合，将信息存储在云计算中心；虚拟化技术为实现资源共享、动态调度和按需服务奠定基础；SOA 解决网络环境（尤其是异构环境）下的应用集成问题；自主计算和效用计算帮助解决云计算环境的管理与运行维护问题。

- **移动互联网**：网络通信技术从有线向无线和移动无线发展，特别是 GPRS 等 2.5G 技术到 WCDMA、CDMA 和 TDSCDMA 等 3G 技术的普及，再到 4G、5G 时代的到来，移动通信能力大大增强，这为物联网和泛在计算提供了网络基础设施。从终端角度来看，智能手机、平板计算机等终端设备的发展也从另一方面促进了移动互联网的广泛应用和快速发展。智能终端既是互联网业务的关键入口和主要创新平台，终端设备上的 GPS、摄像头等传感器也是信息采集的重要途径，它们是移动网络环境下，互联网资源与环境资源交换的关键枢纽，能够大大增强移动信息采集能力，并且改变了政府、企业和市民的信息互动方式。随着 5G 的到来，更快的网络通信速度、更大的传输容量将会带来更广泛的移动应用场景，成为智慧城市快速信息通道和智能终端服务的强大支持。

- **其他技术**：影响智慧城市发展的技术还有很多，比如 SOA（Service Oriented Architecture，面向服务的架构）、ESB（Enterprise Service Bus，企业服务总线）、应用开发平台技术、社会计算（Social Computing）、API 技术、HTML 5 技术等。

11.3 智慧城市信息安全保障体系

信息技术的发展是一个循序渐进的过程，智慧城市的数字化、物联化、互联化、智能化是其信息化发展的各个阶段的不同特征。在智慧城市的具体应用场景中，信息技术会不断推陈出新，为城市发展提供坚实的基础。但是，在城市的基础设施 IT 化、互联化的同时，要让城市实现真正的智慧化，必须重视城市管理体制和创新管理模式，还要关注城市信息安全。新一代信息技术广泛应用在城市的各个场景中，信息化的发展和新技术的运用密切关系着智慧城市的安全问题，网络信息安全将面临前所未有的严峻挑战。如何确保城市系统中重要信息的安全，怎样保证互联网络不受恶意攻击，以及如何确保城市管理中各个流程的信息安全合规……这些都是智慧城健康发展绕不过去的问题。

11.3.1 智慧城市安全现状

智慧城市的核心驱动力是通过深度的城市信息化来满足城市发展转型和管理方式转变的需求。IBM 公司的 *Smart City in China*（智慧的城市在中国）白皮书认为，现代城市通常是由人、商业、交通、运输、供水、能源等核心系统构建成的，这份白皮书还指出了这些城市核心系统的相互/循环关系。但不可忽略的问题是，这些核心系统的正常有序运行，是以一个强大且有效的安全响应系统为基础的。尤其是智慧城市这类依赖大规模城市数据且具有更大开放性的系统，更容易成为信息及数据泄露、网络攻击的目标。

随着全球智慧城市项目的逐渐深入，信息安全的重要性必定越渐凸显。据 IDC 预测，2018 年亚太智慧城市的建设投入将达 300 亿美元。而 Gartner 的数据则指出，2016 年全球安全产业规模达到 816 亿美元，较 2015 年增长 7.9%，远高于全球 IT 支出的增长速度（1.4%）。智慧城市的建设需要完善的信息安全保障体系，以提升城市基础信息网络、核心要害信息及系统的安全可控水平，为智慧城市提供可靠的信息安全保障环境（见图11.4）。

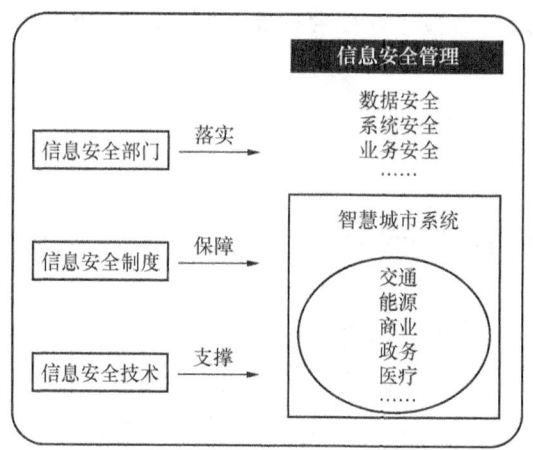

图 11.4　智慧城市系统与信息安全管理

网络安全是事关国家安全的重大战略问题，没有网络安全就没有国家安全，没有信息化就没有现代化。智慧城市的健康发展必定离不开安全建设。目前，我国绝大部分智慧城市尚未开展全面的安全建设，当前普遍存在缺乏顶层设计和统筹规划，以及网络安全隐患和风险问题突出等问题（尤其是信息安全问题），具体表现在下面几个方面：

- 盲目建设智慧城市，缺乏对安全的全面考虑，侧重于系统建设，忽略安全建设，导致智慧城市出现繁荣而混乱的局面；
- 在顶层设计和统筹规划中没有考虑信息安全，导致安全隐患频出，影响智慧城市业务安全和运转；
- 新技术的广泛应用加剧了安全问题，信息泄露、数据破坏等安全事件激增；
- 智慧城市信息安全核心技术缺失，自主可控率低；
- 随着智慧民生的发展，个人信息和隐私的侵害越来越严重。

11.3.2　智慧城市信息安全问题

智慧城市的可持续发展基于信息技术对城市空间组织及功能的塑形，智慧城市建设的多层技术体系和多维应用使得剖析信息安全风险更为重要。智慧城市的信息安全问题包括以下几个方面。

- **信息安全技术风险**：在智慧城市技术参考模型中，物联感知层、网络通信层、数据及服务支撑层、智慧应用层都存在诸多安全风险。比如，在物联感知层中，由于感知设备的数量极大，类型众多，且缺乏统一的安全标识和认证机制，因此很容易被攻击者窃听、窃取信息，或者被攻击者非法入侵、控制关键节点信息和篡改、伪造信息以破坏信息系统的健康运行。又比如，在智慧应用层，应用系统和终端设备易受病毒、木马、后门等恶意软件威胁，若遭遇攻击，不仅会使系统/个人信息泄露，更可能造成资产损失。

- **信息安全管理风险**：智慧城市建设的关键不仅在于技术的优化和应用，而且也要注重城市范围内的数据、系统的融合和协同。必须通过合理有效的管理措施，实现跨部门的互联互通、协同合作，避免"信息孤岛""信息壁垒"问题，促进各系统、各部门的协调行动和精细化执行，为防御信息安全威胁建立良好的生态环境。另一方面，已有的智慧城市项目大多数缺乏顶层设计和总体规划策略，导致各部门职责不明确。针对信息安全，应该重视城市内部整体信息安全保障体系的同步规划和建设，明确安全责任，简化协同机制，使信息安全风险管理贯穿于整个智慧城市系统的生命周期。

- **信息基础设施脆弱性**：城市基础设施的广泛 IT 化使得信息安全威胁向实体性基础设施领域延伸。信息基础设施是城市实现其功能和提供智慧服务的重要基础，它面临着复杂环境中的众多网络威胁，一旦遭受攻击，将使城市系统出现局部或者大面积服务延迟、瘫痪，严重影响市民的正常生活。

- **信息安全威胁的非对称性**：智慧城市是一项庞大的、复杂的、综合的信息重塑城市工程，攻击者的攻击目标数量巨大。加之城市各个系统、泛在的信息基础设施的互联特性，使得城市中的信息传输边界模糊甚至消失。因此，在网络安全攻防上，难以确定攻击源的身份、位置以及进入路径。并且，一旦攻击者成功入侵，可通过互联网络快速进入其他关联部门，令共时性的信息安全威胁更为严重。

- **信息安全政策法规尚未完善**：现有的信息安全政策法规仍不能有效地支撑智慧城市的建设和运行。我国传统的信息政策以保密安全为主导，近年来颁布的信息安全相关政策法规也越来越重视数据和信息的保护。但智慧城市的关键任务是实现海量城市信息的快速传输、整合、挖掘和应用，信息安全政策法规的制定必须考虑城市信息化、智慧化所需要的开放性和透明性，尽量在充分发挥数据优势的情况下，确保数据安全和个人隐私安全，遏抑愈演愈烈的个人信息安全事件频繁发生的情况，打击危害信息安全的黑灰产业。目前，有法难依和执法不严也是城市信息安全的一个问题，单靠传统的立法、执法模式可能无法有效防范信息安全风险，必须考虑借助新型信息技术强化立法、执法能力。

11.3.3　智慧城市信息安全保障体系规划及设计思路

智慧城市实现了各行各业各类数据资源的集中和共享，同时也带来了数据安全的风险，面临诸多网络威胁，因此新型智慧城市建设对安全能力提出了更加注重信息安全构建和保障的要求。必须建立信息安全保障体系，建立信息安全的专业机构和队伍，充分考虑可能受到的干扰和攻击因素，寻找智慧城市的安全参数和平衡点，实现信息安全的管理和应用。

同时，在构建智慧城市信息安全体系时，要紧紧结合金融科技、医疗科技、人工智能、大数据、云计算、区块链等方面的优势，多维度、全方位地保障城市信息安全。在底层安全基础设施的支撑下，切实保障物联感知层、网络通信层、数据及服务支撑层、智慧应用层的安全，通过安全运维管理平台，在防护、检测、响应、恢复等方面落实安全措施。智慧城市建设管理体系和安全管理体系为智慧城市的核心安全领域提供指导支持，确保智慧城市的安全运行。在整个信息安全框架的上层，需要有智慧城市标准规范和整体的安全战略作为保障，并对城市系统中各个子系统及运行平台有一定的约束能力，保证在各环节落实信息安全措施，积极防范信息安全风险，才能切实保障智慧政务、智慧金融、智慧教育等各项终端服务的健康运作。

智慧城市信息安全保障体系框架（见图11.5）除了涵盖信息系统的基础安全、技术保障平台和安全合规建设等方面，还应从技术、人、运维三个方面完善保障体系的建设。比如，对应技术、人、运维三方的具体实践，安全服务提供商（云服务提供商、网络通信提供商等）需在技术支撑方面，搭建安全的网络，实现系统架构的安全，研发安全产品，对安全技术进行研究；在安全人员方面，组织信息安全专家服务团队，从安全管理、安全运维、安全咨询等方面为智慧城市各平台系统提供安全解决方案、威胁情报和事件应急服务等；在运维管理方面，根据智慧城市信息安全战略目标和符合城市发展的信息安全规划，确定智慧城市信息安全保障目标、重点领域、运营模式等，建立安全运维团队，制定安全策略，定期展开风险评估，持续修复安全漏洞，降低安全风险。

智慧城市的信息安全保障体系应以先进的信息技术为支撑，以信息安全策略来统筹，以信息安全制度做保障，构建信息安全纵深防护体系，建立城市级统一的信息安全态势感知运维平台,并设置信息加固和容灾系统,确保数据安全、网络安全、终端安全,保证智慧城市系统长效安全运行,健康可持续发展。

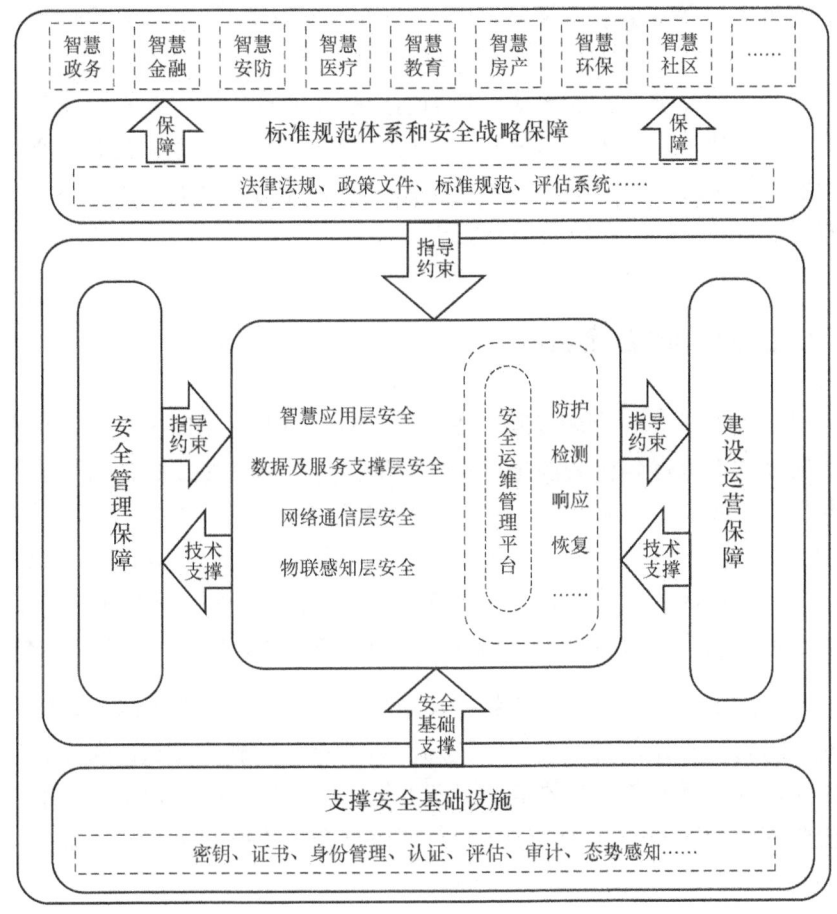

图 11.5　智慧城市信息安全保障体系框架

11.4　智慧城市与智慧金融

11.4.1　智慧金融

新型智慧城市的应用领域相当广阔,新型发展模式也在孵化,除了传统的智慧交通、智慧政府、智慧教育等场景,智慧金融也是城市智慧化必不可少的关键环节。金融业不仅是大数据的重要生产来源，也一直是吸纳各种先进技术以优化自身服务、促进产业升级的行业。与金融相关的各种数据，如交易记录、产品报价、业绩报告、研究报告、统计数据、新闻调查等，都是可分析利用的数据，对于保护金融数据安全至关重要。而在智慧城市的部署中，智慧金融不仅要运用自身的行业数据，还会与其他传统、非传统的行业交流、交换数据，通过大数据、云计算等应用，促使金融机构的业务创新、模式转变，甚至提升行业整体劳动力的效率。但当前金融业的智慧化主要在于业务上云，也有少部分企业通过区块链等技术提出创新金融解决方案。考虑到金融数据需要高度的安全保障，金融行业对新技术的尝试可能是最快的，但业务的全面更新换代不一定是最广泛的，整体而言，智慧金融仍有很长的路要走。

11.4.2　从金融云到城市云

金融科技已活跃于各种金融场景，技术创新与金融服务不断融合，互联网金融与日俱进，大众的金融需求得到极大满足。同时，互联网金融成为打造金融智慧城市的主要工具，可帮助解决智慧城市融资困难、资金流通不畅等问题。如今，大部分金融企业、机构已使用公有云、私有云或者混合云部署了云计算方案。对互联网金融企业来说，上云能够节约成本，提高业务效率，也获得更大的业务回报。然而，随着各类创新型云服务应用出现在越来越多的互联网金融业务场景中，如何保障云安全显得尤为重要。

智慧城市的海量数据信息集中在数据及服务支撑层，云安全保障成为信息安全的关键。一方面，对云的设计以云上合规为基础，达到安全可靠的要求，保障云自身体统安全；另一方面，自下而上考虑云的基础服务安全，这包括基础结构安全、用户安全和网络安全，还要深入物理安全、虚拟化平台与应用安全、数据安全和业务安全，以有效保障云上信息系统的安全。

从金融云到城市云，都需要考虑众多业务、服务场景，以安全合规、方便维护、弹性扩容、节约成本为核心，以多种云计算形态构建敏捷性的云解决方案，满足智慧城市发展的灵活性要求。特别是在容灾方面，要考虑多可用区，提供云灾备规划、灾备演练等整体服务，同时要解决网络拥堵问题，提高灾害响应和处理速度。

第12章

金融行业安全前景展望

在新一代信息技术的加持下，金融科技发展迅猛，为金融市场带来了诸多创新因素，但在促进商业模式转型的同时，也带来了许多潜在风险。在国家的"十三五"规划中，金融信息化的发展要首先注重金融信息基础设施的完善，其次是加强宏观调控信息化和提升监管科技水平。在金融向普惠、智能、平等、创新发展的同时，金融机构的网络安全保障能力必须加强，金融信息技术治理体系需不断优化。本章将从信息技术的发展谈起，展望在金融科技飞速发展的背景下，金融安全将走向何方。

12.1 信息技术发展趋势

信息技术是促进人类社会发展的一个重要推动力，人类社会的发展史从另一个角度来说也是信息技术的发展史，社会的进步必然会伴随着信息技术的更新换代。20世纪以来，信息技术越来越成为全球化发展过程中的重要驱动因素。20世纪90年代，计算机硬件、软件和通信技术的进步极大地增强了人们获取信息的能力和经济潜力。而在过去的20年中，互联网工具的更新换代，如社交网络、移动应用程序的出现，几乎彻底改变了人们使用和分享信息的方式。这些技术的进步也提高了经济生活中各环节的效率。另一方面，信息技术的发展促进了资源利用方式的创新，各种各样的新产品、新想法应运而生，国界、文化、地域的限制日渐消失。

新一代信息技术的发展主要指信息技术的整体平台和产业的代际变迁。比如，近10年来，以移动互联网、云计算、大数据、人工智能、区块链为特征的信息技术蓬勃发展。概括来说，新一代信息技术的"新"，体现在网络互联的移动化和泛在化、信息处理的集中化和大数据化、信息服务的智能化和个性化。新一代信息技术发展的热点不再仅仅是信息领域各个分支技术的纵向升级，更是信息技术横向渗透融合到制造、金融等其他行业。信息技术研究的主要方向将从产品技术转向服务技术，信息技术在金融机构应用的方向也将更加平衡技术创新和技术管理。

另外，信息化和工业化的深度融合是信息技术发展的集中体现，而信息技术的应用对金融服务行业的影响是前所未有的。基于互联网、云计算、大数据和区块链等信息技术的金融科技日渐融入金融服务行业，移动支付、加密货币交易、数据分析等成为行业关注和发展的重点。但是，在金融科技为金融服务提供各种解决方案的同时，也带来了不少危险和挑战，比如，数据泄露、业务欺诈、系统攻击等。网络安全、个人隐私和数据保护是金融机构和国家监管机构都非常重视的安全问题，追求技术转型的金融企业必须将金融信息安全放在业务安全的核心地位。

早在 2015 年,安永会计师事务所就在其报告 *Emerging Technology Trends: The Road to the Bank of the Future*(新兴科技趋势:未来银行发展之路)中分析了金融行业(尤其是银行)在金融科技冲击下的技术转型态势。从"支持—构建—发展"的维度看,每个阶段的信息技术发展都有其特点(见图 12.1),且对金融行业的人力管理策略、政策合规等方面带来了影响。而且据预测,60%的新工作所要求的技术技能仅被 20%的人口所掌握。因此,在面对市场变化、业务需求转向等难题时,金融行业不仅需要依靠技术提升实力,更依赖掌握新兴技术的高素质人才。Gartner 则用"智能、数字化、网络化"来概括 2018 年的技术发展趋势,人工智能、智慧联网、云计算、区块链仍是现今信息技术发展的前沿。

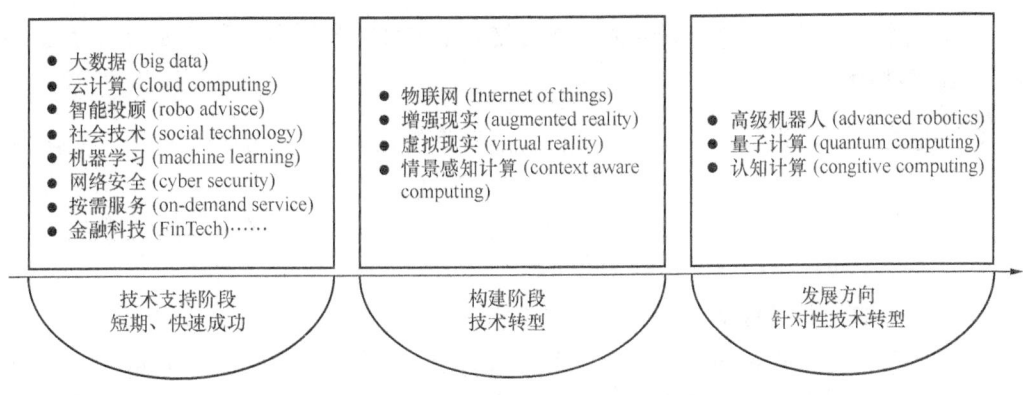

图 12.1　新一代信息技术发展趋势

12.2　金融科技未来发展动向

并非所有的信息技术都会对金融行业产生影响或应用于金融业务,但金融科技是金融服务发展的强大生命力,从瓦解传统框架到构建新型模式,都显示其越渐成为金融服务的核心因素。世界经济论坛于 2017 年发布的报告 *Beyond Fintech: A Prgamatic Assessment of Disruptive Potential in Financial Services*(超越金融科技:全面评估金融服务的颠覆潜力)涵盖了数百位金融、科技领域专家的访谈内容,探索了科技创新对全球金融生态系统的影响。报告认为,成本商品化、利润再分配、体验主导权、平台崛起势力、数据货币化、仿生的劳动力、核心科技公司、金融业的区块化这 8 大因素将是科技改变金融行业生态和格局的强大驱动力,并总结出支付、信贷、财富管理、保险、银行等五大金融领域在科技冲击下的创新模式和路径。金融科技的发展必将伴随金融机构的技术化转型,同时,金融业务的需求变化也促进着金融科技的进步。

12.2.1 金融业务需求多样化

金融科技带来的新技术应用正在改变金融行业的生态格局,传统金融机构和新兴科技公司都将参与其中。而随着金融机构的发展,金融服务的形式和业务需求越来越多样化,在金融支付、网络融资、理财投资、公共服务等领域更是如此。金融科技的迅猛发展使得传统金融机构进一步失去已有领地,以传统银行为主的金融机构已经迫不及待地与金融科技开展合作。

以下就银行、保险、理财、信贷和支付这 5 个方面,分析金融科技如何与金融业务的需求发展相结合。

- **金融科技与银行**:银行与金融科技搭桥将使金融服务更加个性化、简便化和易获取。一方面,银行在移动支付、基础设施、汇款、客户服务、安全管理、规管与控制等方面亟需科技的加持。另一方面,金融科技在为银行向数字化、自动化、智能化转型(见图 12.2)提供助力的同时,也在合作过程中与银行本身具有的行业优势结合,扩大了规模和领域,获得了资金,以及进一步提高了公众的可见度和认知度。美国金融科技公司 ACI Worldwide 指出,银行与金融科技的合作不仅可以更大程度地提高客户体验,而且在创建下一代技术生态圈、增强行业应对能力方面也具有推动作用。此外,两者的合作除了可以减少成本、带来更高的利润外,还可以为行业构建更多服务场景,开发新应用,探索新的业务模式(见图 12.3)。

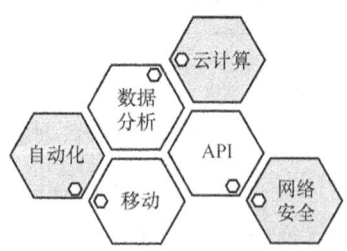

图 12.2 银行转型需求和方向

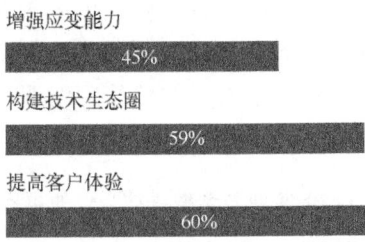

图 12.3　银行与金融科技相互得益

- **金融科技与保险**：当前保险行业投资过度，导致回报率偏低。保险公司的数量不断增加，加上外部力量的进入，使得保险价值链逐渐被分解。普华永道在 2016 年的调查中显示，74%的保险公司认为其部分业务面临瓦解，因此，越来越多的保险公司转为通过合作和投资创新降低风险，但只有 43%的保险公司在核心发展策略中提到了金融科技。保险业通过大数据和人工智能等科技手段，能够有效拓宽业务渠道，不断研发新的保险产品，产生新的商业合作模式。同时，金融科技能帮助保险公司应对新的客户需求和风险管控，在更复杂的业务环境中，平衡市场资源与行业发展生态。近年来，以众安保险为首的保险科技公司越来越受大众关注，这表明保险科技（InsurTech）逐渐成为一种趋势。根据《中国保险科技发展白皮书（2017）》的定义，保险科技首先是科技，其次是保险，它包含区块链、人工智能、大数据、云计算、物联网在内的核心技术。金融科技围绕保险业务的各个方面，通过创建新平台、融入新技术，可以帮助保险产品进行场景化、碎片化、小额化的设计。更重要的是，在定价承保过程中，可根据人群、环境、时间等变化提供更具针对性的策略服务，为更广大的人群提供切实的保险服务。但是，不同的管理方式和行业文化是金融科技和保险业融合的主要障碍，需要两者不断磨合、促进，把挑战转化为机会（见表 12.1）。例如，在合规问题和信息安全问题上，金融科技可以为保险业带来更具创新性的思维模式，而保险业则可发挥长期发展视角的优势。保险从业人员已开始理解并运用科技思维，金融科技需要更好地把控行业风险和处理合规问题，以提高应对行业安全威胁的能力。

- **金融科技与理财**：在财富管理方面，智能投顾（Robo-Advisor）无疑是最为抢眼的名词（见表 12.2）。金融科技的运用使投资门槛降低、服务流程优化，这不仅使许多传统企业获益良多，也促进了金融服务的普及化。金融科技观察者对"智能投顾"并不陌生，尤其在近年来财富管理行业屡曝丑闻的背景下，智

12.2　金融科技未来发展动向

能投顾将成为理财业务的新解决方案。从用户画像到线上风险测评，从账户管理到其他数字工具，智能投顾服务可以使更多人获得理财服务和信息。由于技术的投入，不仅能有效降低人力成本，还能使整个服务流程更快捷、高效、智能，并且相对于容易出现信用问题的传统理财服务，智能投顾的技术优势能提升客户对企业的信任度，企业也能优化为客户提供个性化服务的渠道和方式。

表 12.1　保险业与金融科技合作的挑战因素

		挑战因素		
金融科技		IT 安全	✓	保险公司
	✓	文化与管理	✓	
		业务模式	✓	
		IT 兼容性		
		知识体系/技术		
		融资需求		
	✓	合规问题		
	✓	运营过程		

表 12.2　智能投顾：数字财富管理 1.0～4.0

数字财富管理 1.0	数字财富管理 2.0	数字财富管理 3.0	数字财富管理 4.0
○ 线上咨询 ○ 产品或投资组合计划 ○ 基金、股票咨询	○ 精细化基金管理 ○ 管理方案调整 ○ 基金及投资组合概览 ○ 风险导向的投资调配	○ 基于算法的理财调整 ○ 预设的投资规则	○ 全自动化投资 ○ 自我学习算法 ○ 自动资产转移

财富管理行业正在进入一个显著的瓦解时期，而智能投顾必定属于其中的一个核心因素，原因有几个方面：智能投顾的理财咨询成本相对低；促进新一代理财概念的普及化（更注重管理、不限时限地、倾向数字化）；大量财富管理公司大举投资大数据、高级分析（Advanced Analytics）等；行业领先的财富管理公司已经使用融入智能投顾的混合咨询模式。德勤会计师事务所发布的 *The Expansion of Robo-Advisory in Wealth Management*（财富管理中智能投顾的涌现）报告中指出，到 2020 年，估计会有 2.2 万亿～3.7 万亿美元的资产通过智能投顾服务进行管理；而到 2025 年，这个数字将会超过 16 万亿美元。

科技的进步大大降低了企业进行新型财富管理的阻碍，无论是金融服务公司还是非金融服务公司，都可以通过技术升级和创新获得财富管理、数字投资的优势。比如，越来越多的资产管理和保险公司在财富管理布局中加入智能投顾以优化管理策略；拥有大量投资者的非金融服务公司和前沿的科技公司也很可能建立智能投顾模型进行财富管理。

- **金融科技与信贷**：随着大量的新金融服务机构不断涌入市场，结合科技手段的智能信贷，借助于个人和移动信息数据，已经改变了信贷市场面貌——个人和小型企业实现快捷的网上贷款，贷款群体进一步扩大。相对于数据分散的传统贷款业务的流程复杂性，智能信贷平台利用数据收集和转换形成新的分析手段，更注重数字化流程，从而降低了交易成本，使客户端服务更为便利化。在这里，"自动化"是智能信贷的核心技术手段，也是传统贷款业务转型的关键所在。

金融科技信贷活动受益于数字化平台，借款人和贷款人可以直接配对，因此此类平台也通常称为"基于贷款的众筹平台"（loan-based crowdfunding）、"点对点借贷"（peer-to-peer lending）或"市场贷款"（marketplace lending）。点对点借贷平台是现在最为常见的信贷模式，也有一些新型平台会在信贷过程中用到资产负债表等分析工具。

这些常见的金融科技信贷平台的模式具体如下。

> 传统点对点贷款模式（traditional P2P lending model，见图12.4）：在该模式下，借款人和贷款人通过第三方的中介借贷平台发生贷款关系，是最为传统和早期的P2P模式。

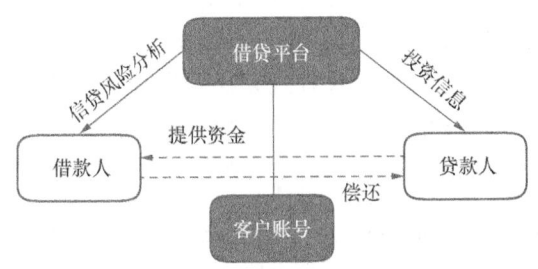

图 12.4　传统点对点贷款模式

> 公证模式（notary model，见图12.5）：在该模式下借款人、贷款人通过中介借贷平台和银行发生贷款关系。与传统模式不同的是，该中介借贷平台与银行合作提供借贷服务，借贷平台仅对借款人进行信贷风险分析，实际的借贷资金则由银行来进行提供。

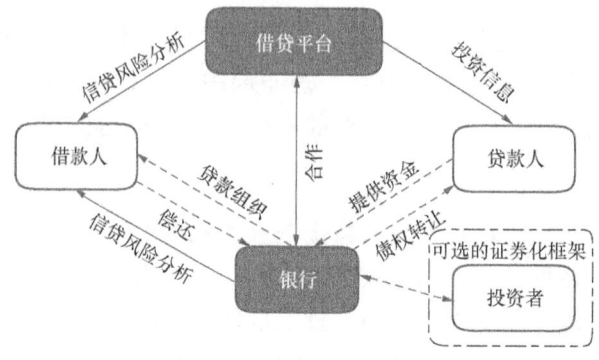

图 12.5　公证模式

- 保证收益模式（guaranteed return model，见图 12.6）：该模式的最大特点是借贷平台为贷款人提供收益保障，它们会向借款人收取一定的保证金作为贷款人的收益保证金。

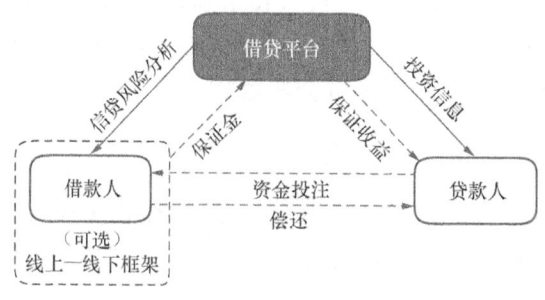

图 12.6　保证收益模式

- 资产负债表模式（balance sheet model，见图 12.7）：在该模式下，借贷平台通过资产负债表等经营方式来撮合零售投资者、机构投资人，从而为借款人提供贷款服务；借贷平台有比较完善的资产负债运营模式来保障其持续运营。

- 发票交易模式（invoice trading model）：该模式通过发票贴现（或保理）服务管理资金流，主要针对初创企业和中小公司，其特征包括：自动发票处理；缩短发票处理与流动资金供应之间的时间；更低的个人发票交易或保理门槛；高度保密性等。

融入金融科技的信贷活动显然在诸多方面带来了益处，比如更广泛的金融普及性、更多样的信贷提供方式、更高的信贷服务效率，甚至整体来说具有更高的回报率。这类新型信贷平台最早从 2010 年开始出现,但是直到今天其在各国的发展水平非常不均衡,甚至由于风险管理不当,部分平台出现了破产情况。金融科技信贷可能会带来贷款标准下降,信贷供应的顺周期性风险增加,传统银行信贷业务紊乱等影响,而风控不当、平台倒闭、信贷诈骗、网络犯罪等威胁不仅是平台方要关注的安全点,更是投资者需要留心的方面。无论如何,在金融科技信贷继续发展的情况下,监管机构必须尽早建立相关标准和要求,提高信贷风险可控性。

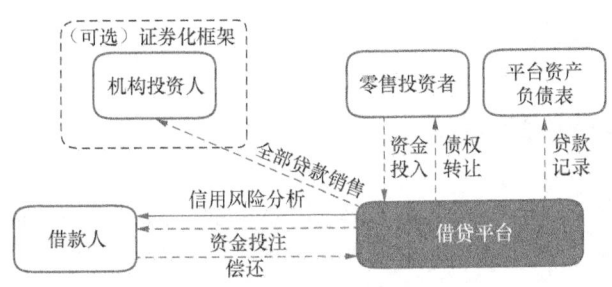

图 12.7　资产负债表模式

- **金融科技与支付**:支付是当前金融科技生态系统中最富创新性也是最重要的领域。全球已启用实时支付的国家有英国、墨西哥、瑞士、波兰、瑞典、土耳其、印度、日本、新加坡、智利、尼日利亚、南非、沙特阿拉伯、阿联酋等。虽然亚洲区域完全使用实时支付的地区和国家为数不多,但从银行覆盖率和移动手机使用的情况来看(见图 12.8),亚洲区域在支付方面将会持续向移动化发展。

中国 银行覆盖率: 63% 移动手机渗透率: 89%	韩国 银行覆盖率: 93% 移动手机渗透率: 111%
印度 银行覆盖率: 35% 移动手机渗透率: 71%	日本 银行覆盖率: 96% 移动手机渗透率: 115%
马来西亚 银行覆盖率: 66% 移动手机渗透率: 131%	越南 银行覆盖率: 21% 移动手机渗透率: 131%
澳大利亚 银行覆盖率: 99% 移动手机渗透率: 107%	新西兰 银行覆盖率: 99% 移动手机渗透率: 106%

注:由于有人不止有一部手机,而渗透率等于手机数除以人数,所以存在渗透率大于 100%的情况

图 12.8　部分国家的银行覆盖率及移动手机渗透率

尽管支付本身带来的收益不多，但它是连接生产商、供应商、消费者等各个环节的重要支撑，是金融服务中无法缺失的一环。手机支付、无现金支付、第三方支付等的兴起，支付方式娱乐化（如微信红包、支付宝红包）的创新，使金融服务变得更加有趣、便利、普惠、实时、高效。同时，跨境支付和清算也在不断实践和创新中，并得到了更广泛的运用；金融服务机构开始在支付系统、流程中融入区块链技术，这一在应用层的技术转化引起了高度关注。然而，随着支付方式的创新和扩展，金融基础设施和信息服务也将面临更多挑战，支付基础设施的改进和安全保障是金融服务机构发展必须考虑的策略重点。

12.2.2 金融科技革新

如今，金融科技的革新离不开以云计算、大数据、人工智能和区块链为核心的关键底层技术，量子计算、认知计算、增强现实、虚拟现实等也开始逐步投入到行业的实践应用中。金融科技相关的投、产、融如何更好地结合是革新的出发点，而金融科技底层技术与具体的金融范畴融合所带来的创新商业模式，如电子支付、电子银行、虚拟货币、传统金融业务的互联网化等，将继续成为革新重点（见图12.9）。

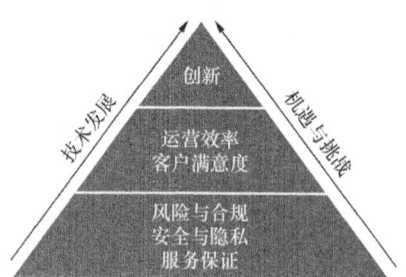

图 12.9　金融科技革新思路

以银行为主的金融机构将在以下方面继续革新：创新工具和应用程序；提高后台运营效率；增强识别金融犯罪能力、金融安全防护能力；利用数据挖掘、大数据技术协助分析和风控监管；扩大云储存和确保云安全。其他行业也会持续关注移动化、应用化等方向，同时追求风控成本的降低和效率的提升。

总体而言，金融科技正在重塑金融服务行业的战略定位。在成本增加、利润空间被压缩、监管体系更为严格的背景下，金融机构依托技术进步、数字化、共享经济和人工智能等驱动因素创新金融服务发展方式，转变经营策略，赋予金融服务更多的灵活性与生命力。以银行为主的金融机构也在努力建设开放式生态系统，吸纳金融技术公司、院校等,并在支付、保险、信贷等主要金融活动方面提高数字化活力,使金融服务呈现出多样化的发展趋势,从而应对未来挑战。

12.3 金融科技安全前景展望

金融科技的落脚点是技术,技术的提升不仅能促进金融行业的转型,还能带来巨大的商业价值。如今,金融行业已经大幅度互联网化,金融科技的应用越来越广泛,网络安全、数据安全、业务安全成为了金融科技安全的关键所在。随着金融科技的发展,信息安全产业市场规模不断扩大,但金融科技与信息安全两者在发展的过程中都难以避免地存在一些问题,有些属于行业运营问题,有些属于技术缺陷问题,还有些则归因于人才不足或人员安全意识薄弱等。

金融是现代社会发展的必要条件之一,而安全是金融的核心。在技术深化金融改革、促进行业创新的同时,必须确保个人及企业树立正确的安全观,毕竟金融科技的发展离不开安全的保障。

12.3.1 智能与联动

技术创新推动着金融信息化的进程,智能和联动是金融科技安全发展的两大趋势。

智能是一个动态发展的概念,信息化未来的主要努力方向是智能化。从简单的网络化到全面的智能化,是金融科技安全发展的方向。金融科技安全的智能化在身份识别、大数据风控、金融云和区块链等方面表现尤为突出。

这些金融科技智能化的应用方向主要如下所示。

- **身份识别**:以人工智能为核心技术,通过各种生物特征识别技术手段(如人脸识别、虹膜识别、指纹识别、声纹识别等),排除干扰因素,验证用户身份。
- **大数据**:结合大数据、计算能力、算法的优势,通过分析和搭建模型进行反欺诈、信用风险控制等,进行多维度控制,以确保金融机构和业务安全,避免资产损失。

- **云计算**：以云计算为核心，提供从底层基础设施到软件应用的全套云服务，为银行、互联网金融、互联网医疗等提供安全解决方案。
- **区块链**：区块链具有信息开放透明且不可篡改的特性，以区块链为核心的金融交易平台及其他应用使金融流程更加公开、透明、安全。
- **其他前沿的金融科技安全研究方向**：物联网、量子计算，增强现实、虚拟现实……

另一方面，金融行业是网络攻击的重灾区，保障金融网络安全亟需协同联动。金融科技安全建设如同传统金融机构安全建设一样，需要行业制定统一的标准和规范，实现互联、互通、资源共享。面对层出不穷的攻击手段，除了加快完善互联网金融安全方面的政策体系和构建维护互联网金融安全的技术体系之外，建立全网络、跨部门、跨行业的协同防控机制也势在必行。

12.3.2 合规与监管

金融科技拥有巨大的潜力，在金融机构和科技公司不断挖掘机遇的同时，金融监管手段必须与时俱进，满足风险监测的需求——针对金融科技的技术特性，金融科技监管也需融入技术力量。金融监管通常关注4个方面：金融稳定、市场公平、竞争发展和审慎规制。金融科技公司利用新技术为顾客提供新型服务时，经常会遇到法律法规界定不清晰的问题，因此金融科技监管需更为谨慎，既要保护短期利益也要考虑长期发展，既要维护市场秩序也要鼓励技术创新。

我国金融科技监管至少经历了4个阶段：信息安全监管阶段、风险警示阶段、监管规则初创阶段、风险排查和集中整治阶段。

- **信息安全监管阶段**：此阶段面向金融信息化建设起步时期，在此阶段网络银行、支付技术等开始大规模应用，此时的监管聚焦于金融信息基础的完善和信息安全。
- **风险警示阶段**：主要面向互联网金融阶段，在此阶段中网络支付机构大量增加，监管机构提出对网络诈骗、非法集资、违规设置资金池等进行预警与防范，但未出台针对性监管政策。
- **监管规则初创阶段**：在国家"互联网+"战略实施阶段，互联网金融新业务爆炸式增长，更多金融和信息化风险暴露出来，国家开始对互联网金融业态进行界定，发布《关于促进互联网金融监控发展的指导意见》《关于进一步做好互联网金融风险专项整治清理整顿工作的通知》等政策文件，金融科技监管治理框架开始建立。

- **风险排查和集中整治阶段**：随着金融科技的迅速发展、产业规模的急速增长，以及人工智能、区块链等技术促进金融机构转型，金融信息化威胁随之加大，宏观调控信息化和监管科技水平亟需提升。2016年，互联网金融风险专项整治工作开始推进，各项监管细则出台，"监管"合规成为金融科技行业的首要任务。在此过程中，中国人民银行成立金融科技委员会，着力建立完善互联网金融监管和风险防范长效机制，并将互联网金融纳入宏观审慎管理框架。

随着金融科技的强势发展，去中心化、跨界化、自服务化等特征大大增加了监管的成本和难度。可以看出，传统监管手段已不能满足金融科技给金融市场带来的变化。监管者需要加快更新知识结构，增加识别潜在金融信息化风险的手段，尤其是科技手段，增强监管的合规性、有效性、全面性。而对于金融机构或企业，同样可以借助融入云计算、大数据、人工智能等新一代信息技术的监管科技，对自身业务进行监管和审查，加强风控，从"被动应对"变为"主动实施"，以避免不合规情况出现。

监管科技是具有双向特征的框架体系，其内涵是金融监管与科技技术相结合。监管机构应与科技机构、金融机构加强合作，三者缺一不可。监管机构与科技机构合作，能提高监管技术水平，确保监管科技系统有效运转。监管科技与金融机构合作，不仅可以加强信息互通，便于监管与合规，更有利于共建监管科技平台，加强合规标准建设，优化金融科技监管生态。在新金融时代的信息化风险面前，双方应该打破旧时监管机构与被监管机构的微妙关系，在各个维度上推进合作，实现共赢。

12.3.3 安全教育与人才储备

随着金融信息化建设的不断深入，金融行业对信息资源的依赖性越来越大，但由于金融行业具有如国民经济数据的指标性、巨额资金集散中心的风险性等特殊属性，金融行业成为了网络攻击的重灾区，金融数据和信息成为攻击的头号对象。新一代信息技术渐渐融入到金融的内核里，以应对愈演愈烈的信息安全问题，而人成为信息安全竞争和保障的关键所在，但目前信息安全人才在数量和质量上都难以满足金融企业的实际需求。

《2018网络安全人才市场状况研究报告》指出，2018年上半年，网络安全人才需求规模指数较 2017 年上半年同比增长了 44.9%，北京、深圳、上海、广州、杭州五个城市是网络安全人才需求量最大的城市，约占全国需求总量的 60%。金融行业用人单位给网络安全人才提供的薪酬最高，网络安全人才需求持续增长，但高学历技术人才依旧欠缺，且企业更注重安全人才的实践经验。

金融企业的信息安全人才一般包括 4 种类型：

- 金融安全理论研究人才；
- 金融安全技术开发人才；
- 金融安全运维人才；
- 金融安全管理服务人才。

金融安全理论研究人才属于创新型人才，主要研究网络安全、数据及内容安全、信息系统安全、金融业务安全以及金融安全标准政策等。他们具有扎实的学科理论基础知识和较强的学术功底，能够系统掌握信息安全理论和方法，更重要的是他们具有创新意识，能够为企业信息安全的建设和发展提供先进理论和指导方向。

金融安全技术开发人才属于技术型人才，他们掌握信息安全基础知识，精于技术，着手实践，具备金融业务安全产品的设计开发能力、合理的规划设计能力以及丰富的软硬件实践能力。

金融安全运维人才属于复合型人才，集网络、系统、开发工作于一身，运维涉及企业信息安全整个生命周期的每一环，主要面向基础运维、应用运维、系统运维、虚拟化运维、存储运维、Linux 运维、网络运维/IDC 运维等方面。安全运维人员需具备纵观全局的能力、项目管理能力，并能根据项目实际需求正确部署信息安全设备，进行渗透测试、漏洞扫描以及日常安全检测等工作。

金融安全管理服务人才属于综合型人才，强调安全治理能力和安全管理能力。管理人才负责企业信息安全的整体规划，掌握监管机制和安全合规标准，制定和优化信息安全管理策略、制度和流程，提供专业的安全咨询，并以业务需求为导向，提供安全解决方案。同时管理威胁情报，进行态势分析，对网络安全事件及时做出应急响应，当遭到威胁或攻击时能够保证业务的连续性。此外，由于新技术日益升级，攻防发展仍然不平衡，管理岗的安全人员还需对安全团队进行培训，保证团队与时俱进地学习和发展。

过去，信息化建设重技术轻安全，造成系统漏洞频出，监管困难，安全威胁持续扩大，网络攻击、个人隐私甚至国家情报泄露等事件不断发生。金融科技安全是国家信息化策略的重要组成部分，对经济发展和社会稳定有重要作用，但目前信息安全人才的培养整体上稍微落后于技术的发展，面临信息安全人才缺失、信息安全人才培养体系不完善、企业员工信息安全意识淡薄等问题。

除了个人的信息安全知识教育和信息安全意识培养问题，金融企业对信息安全人才的培养也相对不足，其根本在于企业的不重视。一方面，安全工作属于后防工作，而非能带来实际经济效益的业务工作，因此，企业对安全工作的重视度不高；另一方面，信息安全工作即是防范"有事发生"，但安全风险防控往往难以量化，导致信息安全人员工作价值难以体现，这也使得信息安全人员在企业中的存在感相对较弱，受重视度不高。

此外，信息安全人员难以全面发展，无法实现更高的价值，容易对职业和自我认知产生不确定性，这也是导致人才流失的原因之一。

金融行业对信息安全人才的需求大、要求高，在实际工作中往往需要专职专岗人才，但目前信息安全人才有限，无论是数量还是质量都无法满足当前社会需求，其根源要追溯到信息安全人才的培养上。完善信息安全人才培养体系，提高网络安全教育水平，增加投入并结合金融（科技）行业产学研生态体系培养人才，深化产学研合作共建模式壮大安全专家梯队，都是目前解决信息安全人才缺失问题的可行做法。此外，当前信息安全人才构成的主体仍是男性（高达 78.9%），应鼓励女性从业人员学习网络安全专业，从而扩大信息安全人员储备。

金融信息安全的竞争归根到底是人才的竞争，但事物从量变到质变都需要一个发展的过程，信息安全人才培养虽面临诸多困境，但国家已高度重视，《中华人民共和国网络安全法》将培养网络安全人才确定为一项基本法律制度，未来将有更多的资源投入到人才培养方面，相信国家的引导、社会各界以及企业的共同努力将会造就创造力迸发、活力涌流的优秀信息安全人才队伍。

附录

金融科技相关名词解释

- 反欺诈（Anti-Fraud）

反欺诈是对包含交易诈骗、网络诈骗、电话诈骗、盗卡盗号等欺诈行为进行识别的一项服务。在线反欺诈是互联网金融必不可少的一部分，常见的反欺诈系统有用户行为风险识别引擎、征信系统、黑名单系统等。

- 人工智能（Artificial Intelligence，AI）

计算机科学的一个分支，是一门研究、开发用于模拟、延伸和扩展人的智能的理论、方法、技术及应用系统的新技术学科。人工智能学科研究的主要内容包括知识表示、自动推理和搜索方法、机器学习和知识获取、知识处理系统、自然语言理解、计算机视觉、智能机器人、自动程序设计等方面。

- 增强现实（Augmented Reality，AR）

一种实时地计算摄影机影像的位置及角度并加上相应图像的技术，其目标是在屏幕上把虚拟世界叠加在现实世界上并进行互动。

- 大数据（Big Data）

大数据是指无法在一定时间内用传统（或常规）软件工具对其内容进行抓取、管理和处理的数据集合。大数据技术是指从各种庞大的数据中快速获得有价值信息的处理技术，包括大规模并行处理数据库、数据挖掘电网、分布式文件系统、分布式数据库、云计算平台、可扩展的存储系统等。

- 区块链（BlockChain）

区块链起源于比特币，是比特币的底层技术，本质上是一个去中心化的数据库。区块链是分布式数据存储、点对点传输、共识机制、加密算法等计算机技术的新型应用模式，具有去中心化、匿名、开放、安全等特征。

- 自带设备办公（Bring Your Own Device，BYOD）

指携带并使用自己的设备办公，如个人计算机、手机、平板等（更多的情况是指手机或平板这样的移动智能终端设备）。企业员工自带智能设备并使用企业内部应用或接入公司网络，这会带来一定的数据安全、应用安全、网络安全问题，因此安全性和合规性尤其重要；某些企业的 IT 部门会对自带设备进行管理，包括注册、验证、授权和设备资源接入等。

- 云计算（Cloud Computing）

分布式计算技术的一种，是一种依赖于共享计算资源而非本地服务器或个人设备来处理应用程序的计算类型。通过共享网络获得应用所需的资源（平台、硬件、软件），提供资源的网络被称为"云"。网络服务提供者通过云计算可以在数秒内处理完数以千万计甚至亿计的信息，提供与"超级计算机"具有同样强大效能的网络服务。

- 认知计算（Cognitive Computing）

指模仿人类大脑的计算系统，能解决含糊性和不确定性高的复杂问题，它包含信息分析、自然语言处理和机器学习领域的大量技术创新，能够帮助决策者从大量非结构化数据中快速获取重要信息。

- 互联网众筹（Crowdfunding）

互联网众筹是指通过互联网从其他人那里筹集一定的资金来资助项目或进行风险投资的做法。

- 加密货币（Cryptocurrency）

加密货币是一种使用密码学原理来确保交易安全及控制交易单位创造的交易媒介，是具有高安全性的数字或虚拟币种，一般很难伪造。

- 数字货币（Digital Currency）

数字货币或数字资金是一种以互联网为基础的交换媒介，与实体货币不同，但可以用于真实的商品和服务交易，也允许进行线上交易和跨国转让。目前，任何政府的中央银行都没有表示要发行数字货币，数字货币也不一定要有基准货币和中央银行。

- 金融科技（FinTech）

广义上，金融科技指运用新技术改进和自动化金融服务的金融创新，包括创造新的业务、模式、流程和产品，它既可以包括前端产业，也可以包含后台技术。狭义上，金融科技是指非金融机构运用移动互联网、云计算、大数据等各项能够应用于金融领域的技术，重塑传统金融产品、服务，以及帮助机构组织创新金融活动。

- 基础设施即服务（Infrastructure as a Service，IaaS）

基础设施即服务是云计算的一种形式，它通过互联网提供虚拟化计算资源。用户可以通过互联网从完善的计算机基础设施获得服务。

- 保险科技（InsurTech）

保险科技是指利用技术创新来改进当前保险业模式，以节省费用和提高效率。

○ 互联网金融（Internet Finance）

互联网金融是指传统金融机构与互联网企业利用互联网技术和信息通信技术实现资金融通、支付、投资和信息中介服务的新型金融业务模式。典型的互联网金融应用有第三方支付、P2P 平台等。

○ 物联网（Internet of Things，IoT）

物联网是指将人、物、设备等所有事物通过特殊的标识符和互联网连接起来，实现智能化识别和管理。

○ 移动应用管理（Mobile Application Management，MAM）

移动应用管理指针对员工移动设备应用的安全进行保护、分发、访问、配置、更新、删除等策略和流程。

○ 移动内容管理（Mobile Content Management，MCM）

移动内容管理主要用以确保企业移动数据的安全，它能防止未经授权的共享，并允许在设备不符合公司安全要求的情况下远程删除数据，以防止企业敏感数据泄露。

○ 移动设备管理（Mobile Device Management，MDM）

移动设备管理指企业对员工的移动设备（如智能手机、平板计算机和笔记本计算机）进行管理。该功能通常是通过使用具有特定移动设备供应商管理功能的第三方产品来实现的。

○ 移动互联网（Mobile Internet）

移动互联网（或移动网络）是指通过移动网络或其他无线网络从移动设备（如智能手机、平板计算机）等访问基于浏览器的互联网服务，是互联网技术、平台、商业模式和应用与移动通信技术结合并实践的活动。

○ 摩尔定律（Moore's Law）

这是于 1965 年由戈登·摩尔（Gordon Moore）提出的理论，是指集成电路上可容纳的晶体管数目，约每隔 18~24 个月便会增加一倍，性能也将提升一倍。另外两种解释是：微处理器的性能每隔 18 个月提高一倍，而价格下降一倍；用 1 美元所能买到的计算机性能，每隔 18 个月翻一番。

- 线上银行（Online Banking）

线上银行（或网上银行）是一种电子支付系统，可以让银行或其他金融机构的客户通过金融机构的网站进行一系列的金融交易。

- 点对点借贷平台（Peer-to-Peer Platform，P2P）

点对点（P2P）借贷指个人对个人（又称点对点）的网络借款活动，是一种将小额资金聚集起来借贷给有资金需求人群的一种民间借贷模式。P2P 平台是一个分布式的平台，没有第三方中介，借款人和贷款人直接交易，或者通过与借款人匹配的在线服务向个人或企业进行贷款。P2P 平台公司通常在网上运营，因此可以以较低的成本运行，并提供更便宜、直接的服务。

- 平台即服务（Platform as a Service，PaaS）

平台即服务（或应用程序平台即服务，application Platform as a Service，aPaaS），也称平台基础服务，是云计算服务的一类，它为客户提供可自行开发、运行和管理的应用程序系统。

- 量子计算（Quantum Computing）

一种遵循量子力学规律调控量子信息单元进行计算的新型计算模式，其理论计算系统（量子计算机）是指遵循量子力学规律进行高速数学和逻辑运算、存储及处理量子信息的物理装置。

- 监管科技（RegTech）

监管科技是指金融监管与科技技术相结合，通过创新技术解决金融服务中的监管挑战，其应用范围涵盖了传统金融领域和新金融领域，能帮助企业高效地遵守法规并降低管理费用。

- 智能投顾（Robo-Advisor）

智能投顾（又称机器人顾问、机器人理财）是一种理财顾问形式，可在网上提供理财咨询或投资管理，其提供基于数学规则或算法的数字理财建议，这些算法由软件执行，不含或只有极少人工顾问。

- 智慧城市（Smart City）

智慧城市是一种新型城市发展模式，它指城市或城市区域使用各种新型信息技术来有效管理资产和资源，集成城市的组成系统和服务，提升资源运用的效率，优化城市管理和服务，以及改善市民生活质量。

- 软件及服务（Software as a Service，SaaS）

软件即服务是一种分布式软件模型，由第三方供应商托管应用程序，并通过网络向客户提供服务。它与"按需软件"（on-demand software）、"应用服务提供商"（the application service provider）、"托管软件"（hosted software）具有相似的含义。

- 供应链金融（Supply Chain Finance，SCF）

供应链金融是指银行将核心企业和上下游企业联系在一起，提供灵活运用的金融产品和服务的一种融资模式，通过这种模式，可以把单个企业的不可控风险转变为供应链企业整体的可控风险，通过立体获取各类信息，增强流动性，并将风险控制在最低限度。

- 虚拟现实（Virtual Reality，VR）

虚拟现实指由计算机生成的模拟情景或现实生活环境，是一种可以创建和体验虚拟世界的计算机仿真系统。虚拟现实模拟生成的环境，是一种多源信息融合、交互的系统，能提供三维动态视景，让用户拥有沉浸式的体验。

后记

掩卷沉思，自策划、执笔到本书的最后完成，历时一年有余；自我提出"金融安全3.0"理论，并带队在摸索中突破及实践以来，也已近两载，转眼已至公元2019年。

我在网信（网络安全和信息化）工作领域耕耘了近20年，也有幸见证了中国网信事业的蓬勃发展，在期间有点点滴滴的感悟，都通过我以前的八九本著作进行了总结和分享。技术是没有止境的，怎么去理解、普及和传播这些理念、方法、技能，是一个很有趣的话题。因此，我一年前才有了写作一本金融科技安全专著的念头。

在本书最后，我想简单分享一些关于网信工作的体会和心得。

"道为上，术次之"，网信工作不能重术不重道

生活中，很多东西都有道，天行有道，万物皆有道。寻找这个道，然后变成一条道路，让大家都来学习这个道，行这个道，然后大家一起去布这个道。

以前我在博客上发过很多文章，有粉丝问我怎么学安全，我会先从道讲起，而不是先从技术讲起。

道是一种方法，一种规律，就像大学老师经常提到的，在大学学习的不仅是知识，而是领悟和学习知识的方法，这就是道。

就像《天龙八部》里的扫地僧，我很受感悟。当时扫地僧说你要练少林七十二绝技，要靠佛法来消灭你的戾性。其实技术和社会科学也一样，技术要想要达到一定高度，你的社会科学就要上去。如果总是从技术角度考虑问题，可能会陷入一个死循环。

这就是道与术的辩证关系。技术不能解决所有问题，有时是社会科学、两国政交的问题，是人的问题。

现在很多企业只重视业务，不重视安全。

安全和业务的关系，是身体和灵魂的关系。你能走多远，一方面取决于思想，另一方面取决于身体。某些层面而言，身体越好，思想也会越高。因为你走得多见得多，思想就升华了。所以安全就是身体，没了身体，灵魂无法依附，灵魂没了，业务也就没了。

安全和业务还有一个有趣和形象的比喻，就是守门员和球队前锋的关系。球场上冲在最前面的是前锋，业务人员也是冲到前面，负责攻城拔寨。

大家也可以发现，防守很差的球队会淘汰得很快。你不能光想着进球，安全是你的守门员，我在与某公司的 COO 交流时讲到守门员不给力，怎么能赢下比赛。现在很多企业，就是不重视守门员，个个都是前锋，都压到前面去进攻，结果下场都很难看。在现代足球开始之初，曾有种奇葩的足球踢法，就是一个球队只要一个门将一个后卫，其他 9 个都是前锋。后来因为踢得很混乱，这种踢法逐渐废弃。

"思道·行道·布道"，网信事业从业者需要有大的格局和视野

两年前，我来到平安集团创办了平安金融安全研究院（Pingan Academy of Financial Security），这个金融安全研究院既做理论又做实践，还做布道工作。在我看来，Academy 是有规律的、可复制的、可优化的、不断进化的。它要求去思考理论，创新理论，还要去行道。要求理论联系实际，不能只思。不能只思不行，也不能只行不思。没有理论的实践是盲目的实践，没有实践的理论是空洞的理论，所以 Academy 是思道行道。

此外还有布道，即传播。研究院即通过实验室来做研究，不只是学院教授理论，而且要通过理论联系实际，传播知识，建立生态，使业界共同进步，实现共赢。

我们做的事不外乎有三种境界：第一，走别人的路，让别人无路可走；第二，走自己的路，让别人说去吧；第三，开辟一条路，让别人跟着一起走。建立金融安全研究院就已经触及到第三个境界。因为它影响了整个行业，一些机构和研究院所的成立都参考了金融安全研究院这个模式，一些成果也在逐步被领先的机构所借鉴，例如研究院发布的《2017 金融科技安全分析报告》就成功地登陆了国际顶级信息安全峰会 RSA 2018。此外，平安金融安全研究院要努力成为金融和金融科技行业网信事业的黄埔军校——走出去的高管、创新的成果，都能够反哺行业，从而提升行业水平。

认清趋势，不断创新发展，走"科技+安全+生态"的必由之路

改革开放 40 年，是信息技术不断深化发展的 40 年，是金融科技不断创新变革的 40 年，更是金融信息化引领大国经济跃升的 40 年。信息化为中华民族带来了千载难逢的机遇，必须敏锐抓住信息化发展的历史机遇，维护网络安全，推动信息领域核心技术突破，发挥信息化对经济社会发展的引领作用。

改革开放初期，随着 IT 技术的发展，金融电子化席卷银行业，冲击了传统金融，金融信息化开始萌芽，迎来"金融科技 1.0"时代。到 20 世纪 90 年代，金融电子化纳

入国民经济基础性建设项目，金融信息化开始进入高速发展阶段。进入21世纪后，互联网金融业务在中国全面爆发，P2P借贷、移动支付、互联网保险等新金融产品遍地开花，"金融科技2.0"时代到来，金融信息化成为发展趋势。直至今天，金融科技出现的频率高速增长，人工智能、大数据、云计算、区块链等新一代信息技术以摧枯拉朽之势推动着"金融科技3.0"时代的发展跃进，技术与金融的深度融合创新使金融信息化达到前所未有的深度，并日趋完善。

金融安全是国家安全的重要组成部分，是网络安全的重中之重。在万物互联、信息共享的时代趋势下，安全威胁手段推陈出新，攻防发展的不对称导致金融信息安全遭受严峻挑战。大规模数据泄露、网络安全漏洞泛滥、金融信息基础设施防护能力薄弱、金融风控体系不健全以及新技术领域安全感知缺陷等问题日益严重，金融机构时常面临巨额资金损失和重大负面影响。在此严峻形势下，我们创办平安金融安全研究院，提出并践行以"科技+安全+生态"的创新发展模式构建"金融安全3.0"时代的安全生态圈。传统金融以"一委一行两会"监管要求实施安全防护，"金融安全3.0"则更强调以金融科技驱动金融安全。"金融安全3.0"是全场景、深层次的金融安全体系，在金融边界扩大、技术创新增加的前提下保障网络信息安全，安全防护技术与金融业务需求全面结合，以底层的金融关键信息基础设施安全保障为基石，为金融科技及创新金融业务提供了立体化的安全保障。目前，这一科学发展模式及理论已经在云安全、大数据安全、区块链安全、物联网安全、风控反欺诈、用户隐私保护、智慧城市安全、医疗科技安全等代表性解决方案、自主知识产权的产品/服务、国家/行业标准等方面取得丰硕成果。

合作共赢是改革开放永远不变的主题，也是金融行业在新金融时代可持续发展的必要之路。"金融安全3.0"时代的安全生态圈的构建强调"政、产、学、研、金、介、用"各界携手共筑，强调国家、行业、高校、研究院所等强强联合。今天，越来越多的共建机构、合作组织诞生，优秀资源的整合利用是新事物创造与发展的催化剂，联合促使行业得以持续发展。

改革开放40年，世界见证了信息化引领大国经济的伟大复兴，也迎来了新金融时代。构建以面向业务为目标、科技为发展手段、安全（风控）为整体保障的健康大生态是新时代赋予我们的使命，也将是新金融时代下金融行业可持续发展的必经之路。

历史发展的滚滚车轮从来就没有停止过，历史是值得缅怀的，我们需要从历史中寻求规律、经验、教训，来指导我们的思想和实践；而致敬历史的最好方式，是创造历史！

谨以此书,致敬中国改革开放40周年,致敬这个时代,致敬在时代中拼搏向前的同仁!

是为跋。

李洋

2019年10月于深圳

序言

随着社会的发展、时代的进步,服装的功用不再仅表现为蔽体、御寒,还承载着人们展现个性与品位的愿望,表达着人们对美的追求。如今,人们对衣着形象的日益重视,使得各种服装店铺或品牌如雨后春笋一般出现。

对于服装行业来说,这既是一个美好的时代,也是一个严峻的时代。对于从事服装销售的人来说,这个时代既充满挑战,又蕴含无限的机遇。因为,在如此残酷的竞争中依然有生意火爆的商铺,依然有大众热捧的名品,业界的销售纪录依然在不断被刷新,顶尖销售高手们依然在不断地创造神话。可以说,在这样的市场中没有卖不出的衣服,只有卖不出去衣服的销售人员。

销售工作,说到底就是与人沟通的工作。在沟通中,销售人员一点点令顾客信任自己,从而实现销售目标,赢得顾客口碑;一步步引导顾客、说服顾客,从而收获不错的业绩,发展自己的事业。而要想做到这些,销售人员不仅要具备足够的专业知识,还要不断优化自己的销售技巧,提升个人素养。

本书分为入门、进阶和高级三篇。入门篇主要介绍了服装的专业知识,以及服装销售人员在上岗前需要做的各种准备。进阶篇介绍了实战经验与技巧,如怎样迎客、如何待客、怎样利用顾客的需求展开工作、如何化解顾客的异议、怎样通过售后服务令产品或品牌增值等,以及销售中应当注意的问题。高级篇则通过对典型案例的展示,剖析了不同类型顾客的购物心态或习惯及销售人员应采取的应对之策，介绍了在促销活动中需要掌握的方法和原则，以及客户维护与开发工作的重要性和具体操作方式等。这些专业知识、实战技巧和销售经验，都以深入浅出的语言娓娓道来，能为初入服装销售业的读者朋友提供很多帮助。

最后，祝愿每一位读者朋友都能在阅读中有所收获，在实践中不断进步，从一个服装销售新手成为真正的销售高手，从促成第一笔交易开始，在点滴的销售经验累积中实现事业的腾飞。

入门篇　打开服装销售大门

第一章　关于服装知识，你了解多少

掌握服装分类的基本知识　　　　　　　　　　004
隐藏在服装吊牌里的秘密　　　　　　　　　　008
正确洗涤，延长服装寿命　　　　　　　　　　013
服装保养，应该这样做　　　　　　　　　　　018

第二章　从事服装销售，你准备好了吗

专业素质——一名服装销售员的基本要求　　　022
从装饰入手，打造专业形象　　　　　　　　　026
掌握社交礼仪，提升个人素养　　　　　　　　032
巧用服装陈列，让客户一见倾心　　　　　　　038

进阶篇　熟稔服装销售技法

第三章　把握迎客之道，迅速赢得先机

见面打好招呼，迅速建立好感　　　　　　　　046
不急不躁，在顾客需要时再主动靠近　　　　　049
坦然应对顾客的戒备之心　　　　　　　　　　051
营造氛围，让顾客乐于与你交流　　　　　　　054

第四章 和顾客成为朋友,卖货更容易

把话筒交给顾客,让他成为"主导者" 058
顾客的信任感,是你的销售利器 062
妙用赞美,让顾客心潮澎湃 065
站在顾客的角度考虑问题 068

第五章 挖掘顾客需求,有的才能放矢

挖出购买主旨,销售一击即中 072
试探对方心理价位,明确自身销售定位 075
探明款式要求,瞬间虏获客心 078
考量面料需求,精准推销服装 081
捕捉顾客的穿衣风格,掌握推销捷径 084

第六章 处理好试穿问题,你便成功了一半

面对邀请,顾客不愿试穿 088
明明合身,顾客却觉得尺寸太大或太小 091
其余尚可,但颜色让顾客有顾虑 095
试穿之后,面料未能满足顾客期待 099
风格不合,顾客略有微词 102

第七章 品牌与质量两手抓,解决顾客的品质疑虑

突出品牌特点,让顾客认可这个"新品牌" 106
客观回应顾客关于品牌的比较 109
妥善消除客户对面料的疑虑 113
正视做工问题,别让"小线头"变成"大毛病" 116

第八章　不再让价格成为顾客拒绝的理由

"一样的衣服，你们怎么敢这样漫天要价？"　　120

"我是老顾客（老顾客介绍来的），也不能优惠？"　　123

"我是你们老板的朋友，不打折，那可要惊动他了。"　　127

"最近手头紧，我的心理预期就××元！"　　129

"赠品和积分都不要，折后价上再打个九折吧！"　　132

第九章　一锤定音，打好收官之战

即时打消顾客"再逛逛"的念头　　136

遇到"选择困难症患者"，不妨替他拿个主意　　139

"专业建议+服务保证"，让代买者放心选购　　142

不要让"撞衫"成为销售障碍　　146

顾客的同伴，未必是你的敌人　　149

第十章　成交≠成功，售后＞售中

做好售后，让新顾客变老熟客　　154

面对投诉，安抚顾客情绪乃首要任务　　157

态度积极，不打折扣地履行承诺　　160

应对胡搅蛮缠的顾客，要礼貌且机智　　164

正确处理顾客对销售人员的投诉　　168

高级篇　玩转服装销售秘技

第十一章　千人千面——量体裁衣，对症下药

面对专家型顾客：满足他的"好为人师"　　174

面对理智型顾客：客观中肯，不露破绽　　177

面对沉默型顾客：循循善诱，破其心防　　180

面对犹豫型顾客：掌握主动，彰显自信　　184
面对顽固型顾客：找出原因，巧妙说服　　187

第十二章　优惠折扣——促销得法，盈利有道

力证折扣幅度惊人，刺激顾客购买欲望　　192
优惠亦不失保障，让顾客放心购买　　195
突出自身优势，无惧顾客价比三家　　198
巧妙应对顾客的"补差价"要求　　201
薄利多销，根本是利，要把握尺度　　204

附录　服装销售新形势——"电商＋实体"，联动更高效　207

入门篇

打开服装销售大门

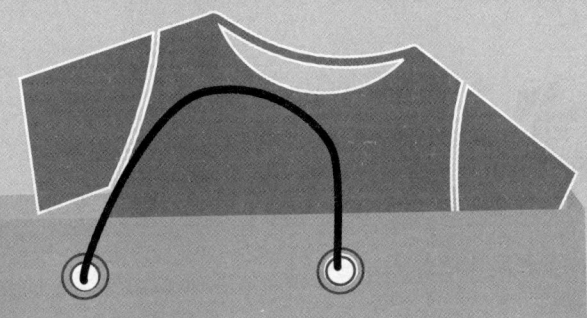

第一章 关于服装知识,你了解多少

正所谓"画竹必先得成竹于胸中",作为一名服装销售人员,在正式上岗之前,你需要对服装的分类、面料、色彩、吊牌、洗涤及保养等知识有所了解。因为拥有充足的专业知识,是你获得顾客信赖的重要保障,是你打开成功大门的金钥匙。

掌握服装分类的基本知识

> **导语**
>
> 掌握服装分类的基本知识,才能充分了解所销售服装的相关属性,为顾客答疑解惑。

服装的种类数不胜数。各种各样的服装,因其基本形态、穿着配搭、实际用途和制作原料与工艺等的不同,展现出变幻多姿、丰富多彩的风格与特点。分类方法不同,服装的名称也不同。下面介绍几种常见的服装分类方法。

一、按服装的基本形态分类

按照服装的基本形态,我们将服装大致可以分为体形型、样式型和综合型三类。

1. 体形型

体形型服装一般分为上装和下装两个部分,注重裁剪、缝制,尤其是其上装的脖颈、胸、胳膊部分和下装的腰、臀、腿等部分,都与人体的形态相贴合。这类服装的出现主要满足了人们防寒保暖的需求,典型代表有西服、中山装等,它们均注重服装的轮廓和效果。

2. 样式型

样式型服装的裁剪、缝制均体现出简单的平面效果,具有穿着凉爽、透气极佳和便于洗涤等优势。在炎炎烈日下，为了对抗高温天气，人们逐渐形成了一种以宽松、舒展为主的穿衣习惯。这类服装不拘于形态，追求随性自由，质地轻盈，风格大方。

3. 综合型

综合型服装是体形型和样式型相结合的一种服装，它兼具二者的特点。其裁剪、缝制采用简单的平面结构，基本形态为矩形，但并未脱离人体形态，以人体为中心，塑造出人体的整体轮廓和主体效果。中国的旗袍和日本的和服就是此类服装的典型代表。

二、按服装的穿着搭配分类

按照服装的穿着搭配，日常服装大致分为整件装、套装、外套、背心、裤子和裙子等。

1. 整件装

上下相连的服装，从上到下连为一体，具有较强的视觉冲击力，如连衣裙等。

2. 套装

上下两部分分开的衣着方式，有两件套、三件套等。

3. 外套

最外层的服装，有风衣、大衣、披风和雨衣等。

4. 背心

穿于上半身的无袖服装，造型通常略贴身，长度基本至腰、臀之间。

5. 裤子

从腰部往下至臀部后分为裤腿的衣着形式，有短裤、中裤和长裤等。

6. 裙子

遮挡下半身的服装，有A字裙、一步裙、舞裙和裙裤等。

三、按服装的实际用途分类

按照实际用途，服装主要分为外衣和内衣两类。

1. 外衣

人们出入的场合不同，外衣的作用也不相同，因此外衣种类众多，如职业装、舞台装、休闲装、日常服、运动服、礼服和校服等。

2. 内衣

紧贴于人体的服装，主要起保护身体、保持温度和修身塑形的作用。

四、按服装的面料与制作工艺分类

1. 面料

按照面料不同，服装可分为棉布服装、麻布服装、丝绸服装、呢绒服装（毛料服装）、皮毛服装和化纤服装等。

2. 制作工艺

按照制作工艺，主要分为中式服装、西式服装和刺绣服装等。

五、其他分类方式

除了上面介绍的分类方式外，有些服装可以按照其他分类方式进行划分。例如下面几种。

1. 按性别分类

按性别分类，服装可分为男装、女装和中性服装。

2. 按年龄分类

按年龄分类，服装可分为童装和成人装。

（1）童装：可分为婴儿服、幼儿服、中童服、大童服和青少年服等。

（2）成人装：可分为青年装、中年装和老年装等。

3. 按民族分类

每个民族都有其独有的服装。例如，中国有汉族服装、满族服装、壮族服装等。

4. 按特殊功能分类

例如，医疗防护服、消防服、高温作业服、潜水服、登山服、飞行服和宇航服等。

5. 按薄厚与衬垫材料分类

按薄厚与衬垫材料分类，服装大致可分为单衣、夹衣、棉衣、羽绒服和丝绵服等。

小贴士

> 关于服装的分类，通常有不同的角度和方式。从商业角度来说，买卖双方谈及最多的服装品种主要分为：套装、外套、便服、夹克衫、上衣、衬衫、T恤、马甲、针织套衫、罩衣、羊毛衫、裙子、连体服、长裤、短裤、内衣、睡衣、制服、运动服、游泳服、汉服、莎丽服、和服等。

大师金句

没有商品这样的东西。顾客真正购买的不是商品，而是解决问题的办法。

——特德·莱维特

隐藏在服装吊牌里的秘密

> **导语**
>
> 服装吊牌，是现代时装文化的必然产物。小小的一个吊牌，看似微不足道，却是服装与消费者之间的一道桥梁。对于吊牌中包含的诸多知识，销售员不可不知。

随着时装文化的发展，服装吊牌的设计越来越趋向精美与个性化。又因其内涵广泛、精细，是消费者了解服装信息、辨别服装质量的主要依据，也是服装使用与维护的重要说明。所以，把吊牌称为服装的"名片"乃至"身份证"，可以说毫不夸张。

根据相关标准，服装吊牌应注明以下几项内容。

一、生产厂家的名称和地址

按照相关规定，吊牌上标注的生产厂家的名称和地址，应是依法注册的、能承担产品质量责任的生产厂家的名称和地址。对于进口服装，可以不标注生产厂家的名称和地址，只标注原产地，但需要标明代理商、进口商或销售商在中国依法登记注册的名称和地址。

二、产品名称

产品名称，即吊牌标注的服装名称，应当标明服装的真实属性，并符合相关要求。

（1）国家标准、行业标准对服装名称有规定的，应采用国家、行业规定的标准名称，如"女西服"。

（2）国家标准、行业标准对服装名称没有规定的，应使用不会引起消费者误解和混淆的常用名或俗名，如"休闲裤"。

（3）如标注"奇特名称""商标名称"，应当在同一部位明显标注不会引起用户、消费者误解和混淆的常用名或俗名。

三、产品号型或规格

根据新号型标准，服装吊牌上的号型标注不再单独使用"S""M""L"等旧号型规格，而是依照人体的身高（号）和胸围/腰围（型）来标注。同时，人体的体型也属于"型"的范围，我国标准《服装号型》以胸腰围的差值为依据，将体型分为四类（见表1-1）。

表1-1 服装号型

（单位：cm）

体型分类代号	Y（健美型）	A（标准）	B（稍胖）	C（肥胖）
男子胸腰围差值	22-17	16-12	11-7	6-2
女子胸腰围差值	24-19	18-14	13-9	8-4

此外，为了照顾部分消费者的消费习惯，目前仍允许同时标注新旧两种号型。例如，男子上装吊牌标明号型为180/100A（L），表示适合身高180cm、胸围100cm左右、体型标准的人穿，号型为大号。

四、纤维成分及含量

根据相关规定，吊牌上标注纤维成分时，应使用标准的纤维名称，不得使用学名、俗语和外来语等。如果一件服装不同部位的纤维成分不同，则需要分别标明。例如，棉服的面料、填充料和里料依次为纯羊毛、100%涤纶和100%锦纶，那么，正确的标注方式为："面料：纯羊毛""填充料：100%涤纶""里料：100%锦纶"。

五、洗涤方法

服装吊牌须依次标明水洗、氯漂、熨烫、干洗及水洗后的干燥五大项目的操作方法，以帮助消费者掌握正确的洗涤方法。洗涤方法应使用标准的图形符号表示，同时可以辅之以文字说明。

对于洗涤五大项目，应按照以下规定标明。

（1）水洗。标明能否水洗。如果能水洗，标明须使用何种水洗方式（正常机洗或小心手洗）。

（2）氯漂。标明能否使用氯漂白剂漂白。

（3）熨烫。标明能否熨烫。如果能熨烫，标明熨烫的方式（直接熨烫、垫布熨烫或蒸汽熨烫等）和温度。

（4）干洗。标明能否干洗。如果能干洗，标明应选用哪种类型的干洗剂。

（5）水洗后的干燥。标明水洗后的干燥方式（悬挂晾干或阴干等）。

六、执行的产品标准

服装吊牌应标明服装执行标准的编号，以便消费者了解服装的生产和质量所遵循的标准。

各类服装执行标准编号见表1-2。

表1-2 各类服装执行标准编号

标准编号	标准名称	标准编号	标准名称
GB/T2664-2009	男西服、大衣	FZ/T81003-2003	儿童服装、学生服
GB/T2665-2009	女西服、大衣	FZ/T81004-2004	连衣裙、裙套
GB/T2666-2009	西裤	FZ/T81005-2005	绗缝制品
GB/T2660-2008	衬衫	FZ/T81006-2007	牛仔服装
GB/T2668-2008	单服、套装规格	FZ/T81007-2007	单、夹服装
GB/T14272-2002	羽绒服装	FZ/T81008-2008	夹克衫
GB/T14304-2008	毛呢套装规格	FZ/T81009-1994	人造毛皮服装
GB/T18132-2008	丝绸服装	FZ/T81010-2010	风衣
GB/T22700-2008	水洗整理服装	FZ/T81011-2008	领带
GB/T22703-2008	旗袍	FZ/T81012-2006	围巾、披肩
GB/T22925-2009	纳米技术处理服装	FZ/T81013-2007	宠物狗服装
FZ/T80008-2008	缝制帽	FZ/T81014-2008	婴幼儿服装
FZ/T81001-2007	睡衣套	FZ/T81015-2008	婚纱和礼服
FZ/T81002-2002	水洗羽毛羽绒	FZ/T81016-2008	莨绸服装

七、安全类别

服装吊牌上标注的A类、B类、C类，是服装的安全类别。根据2011年8月起实施的纺织产品基本安全技术规范，分类如下。

A类为婴幼儿纺织产品。根据国家规定，年龄在36个月及以下的婴幼儿穿着或使用的纺织产品，如尿布、内衣、睡衣、袜子和外衣等，必须达到A类标准。婴幼儿纺织产品必须在使用说明上标注"婴幼儿用品"字样。

B类为直接接触皮肤的纺织产品。即穿着和使用时其大部分面积直接与人体皮肤接触的纺织产品，如内衣、袜子、衬衣、T恤和裤子等。

C类为非直接接触皮肤的纺织产品。如羽绒服、大衣和厚外套等。

八、服装使用和贮藏注意事项

对于存在使用和储存条件限制的服装（如皮草）或使用期限的服装（如药物性保健服装），吊牌应标注相关注意事项、生产日期和有效日期。此标准为国家强制性标准，若产品不符合强制性标准，则禁止生产、销售和进口。

如今，许多服装吊牌上都会标有服装价格，即厂家打出的吊牌价。在销售过程中，尤其是店铺在进行促销等活动时，建议正常展示吊牌价，以供顾客参考。有些商家会撕去吊牌或是在吊牌价上覆上"优惠价"，这种做法反而会让顾客疑虑不安。

大师金句

你一生中卖的唯一产品就是你自己。

——乔·吉拉德

正确洗涤，延长服装寿命

> **导语** 掌握各种服装正确的洗涤方法，为顾客提供专业的建议，能够减少顾客的顾虑，更易促进成交。

提到各种服装的正确洗涤方法，相信包括部分销售员在内的许多人都感到头疼。服装面料不同，采用的洗涤方法也不同。若洗涤方法选择不当，则很可能对服装造成损伤，甚至缩短服装的使用寿命。这里，我们简单为大家介绍以下几种常见服装面料的洗涤方法。

一、棉织物

（1）手洗、机洗均可。但棉织物弹性较差，故洗涤时不可大力手洗，否则衣物容易变形。

（2）棉织物耐碱性强、耐酸性差，所以可选用各种洗涤剂洗涤。为避免褪色，最好不用含有漂白成分的洗涤剂洗涤（白色棉织品除外）。不可直接将洗衣粉倒在棉织品上，否则容易造成局部脱色。丝光棉较为特殊，处理不好容易掉光、起毛。有色泽的丝光棉应用低温水、弱碱性（最好是中性）洗涤剂清洗。

（3）浸泡时间不宜过长，否则可能造成衣物褪色。深色棉织物第一次洗涤时可在盐水中浸泡1~2小时，防止褪色。沾有汗渍的棉织物不宜用热水浸泡，否则汗液中的蛋白质易凝固并附着于衣物上，形成黄色的汗斑。

（4）无论深色棉织物是否褪色，都应与浅色棉织物分开洗涤。

（5）漂洗时，采取少量多次法：每次漂洗不必使用过多清水，但需要多漂洗几次。

（6）洗净脱水后，应及时平整挂晒，以减少褶皱。

（7）选择阴凉通风处晾晒，避免阳光暴晒，否则会出现褪色。

二、麻织物

（1）洗涤要求与棉织物基本相同，但洗涤麻织物时要更轻柔，以揉搓为主，不宜拧绞或使用硬刷。

（2）麻织物的耐碱性较好，使用含纤维素酶的洗涤剂洗涤麻织物，可使其表面光滑、柔软，并有去污增白的效果。

（3）麻织物着色性差，故洗涤时水温不能太高，以40℃为宜，温度过高容易使织物掉色。

（4）洗涤时间以10~15分钟为宜，不可长时间洗涤。

（5）麻织物的纤维组织较为粗硬，因此漂洗时要浸泡彻底、均匀。

（6）洗净脱水后，挂晾等要求同棉织物。

三、真丝织物

（1）真丝织物应避免机洗，选择轻柔手洗，不可强力搓揉、硬刷刷洗或拧绞；部分丝织物应选择干洗。

（2）不可使用碱性洗涤剂，应选用中性洗涤剂或丝绸专用洗涤剂。

（3）不宜长时间浸泡，浸泡时间以10分钟左右为宜。

（4）洗涤水温以微温或室温为佳。洗涤时加入少许冰醋酸，可防止织物褪色。

（5）漂洗最后一遍时，水中加入微量白砂糖，可使丝织物富有光泽。

（6）洗净后，不可拧干，应轻轻压挤水分。脱水后平摊在阴凉通风处晾干，避免阳光暴晒，亦不宜烘干。

四、羊毛织物

（1）建议手洗，不可用搓板搓洗，不可拧绞；即使机洗，也应用滚筒洗衣机，选择轻柔模式洗涤；高档全毛料或毛与其他纤维混纺的织物，夹克类与西装类的织物，建议干洗。

（2）羊毛不耐碱，须选用中性洗涤剂，建议使用羊毛专用洗涤剂。

（3）羊毛织物在30℃以上的水中会收缩变形，所以浸泡、洗涤时均须使用冷水，且浸泡、洗涤时间均不宜过长。

（4）在最后一次漂洗时，可以在水中加入少许甘油，这样能够使织物保持柔软。

（5）洗净后，不可拧干，应轻轻压挤水分，然后沥干。脱水后，平摊阴干或折半悬阴干，忌阳光暴晒，否则易使织物失去光泽和弹性。

（6）羊毛织物不可漂白，否则会使织物变黄。

五、化纤织物

1. 人造纤维、人造丝和人造棉

手洗、机洗均可；但这几种面料弹性、耐磨性和耐光性都较差，缩水率较大，因此，洗涤时，不宜用热水长时间浸泡；不能选用强碱性洗涤剂；应轻柔搓洗，不可用力拧绞；洗净脱水后，选择阴凉通风处晾干，避免阳光暴晒。

2. 锦纶

手洗、机洗均可；浸泡、洗涤水温不宜超过40℃，否则容易变形；对洗涤剂无特殊要求；洗涤时不可猛搓，以免出现小毛球；浅色锦纶织物须多漂洗几次，否则日久容易泛黄；洗净后，可轻拧脱水，悬挂阴干，避免暴晒。

3. 涤纶

手洗、机洗、干洗均可；浸泡、洗涤水温不宜超过40℃；对洗涤剂无特殊要求；洗涤时，领口、袖口等污渍严重处可使用毛刷轻轻刷洗；洗净后，可轻拧脱水，悬挂阴干，不可暴晒。

4. 腈纶

手洗、机洗均可，但无论是手洗，还是机洗，都应采用轻柔的方式；温水浸泡，不宜使用强碱性洗涤剂；厚织品可轻刷污渍严重处；洗净后，可轻拧脱水，悬挂阴干，不可暴晒。

5. 维纶

手洗、机洗均可，但搓洗时不可太用力；维纶织物不耐热、不耐碱，因此不可选用强碱性洗涤剂，浸泡、洗涤时均不可使用温度过高的水；洗净后，可轻拧脱水，悬挂阴干，不可暴晒。

六、羽绒服

（1）建议手洗或干洗。

（2）不宜选用刺激性洗涤剂，建议选择专业羽绒服洗涤剂。

（3）浸泡时选用冷水，先浸泡20分钟左右，至羽绒服完全湿润。然后，在30℃左右的温水中加入洗涤剂，充分搅匀后，将羽绒服放入其中，浸泡15分钟左右。

（4）洗涤时，将羽绒服平铺在干净的台面上，用软毛刷蘸取洗涤剂轻柔刷洗。

（5）漂洗时，先将刷洗完的羽绒服放入清水中浸泡，浸泡的同时轻轻抓捏羽绒服的污渍处，最后用清水冲洗。漂洗完成后，可将羽绒服放在加入少许醋的温水中浸泡一会儿,这样可以充分除去羽绒服上残留的洗涤剂。

(6)洗净后,以压挤的方式脱水,悬挂阴干,不可暴晒。

(7)晾干后,轻轻拍打羽绒服,可使其更加蓬松柔软。

为顾客讲解洗涤方法时,可配合吊牌上标注的洗涤方法的图形及文字加以说明,以便顾客理解记忆。

大师金句

我总是站在顾客的角度看待即将推出的产品或服务,因为我就是顾客。我就像一个厨师,喜欢品尝食物。如果不好吃,我就不要它。

——查尔斯·施瓦布

服装保养，应该这样做

> **导语**
> 各类服装，尤其是名贵服装的保养问题，往往是顾客决定是否购买的重要参考因素。为顾客解决这个后顾之忧，是销售员理应提供的服务。

服装的面料不仅影响了服装的洗涤方式，也决定了服装的保养方法。下面为大家简单介绍几种常见的服装面料的保养方法。

一、棉织物

（1）棉织物的熨烫温度最高可至200℃。

（2）挂放时，须注意通风防潮，否则容易发霉。尤其是潮湿的夏季，应多检查和晾晒。

（3）丝光棉不能高温熨烫，只能用水蒸气熨烫。

二、麻织物

麻织物的保养方法与棉织物基本相同。

三、真丝织物

（1）熨烫真丝织物时，应选择织物八成干时，在织物上覆盖白布，用熨斗熨烫，温度不可高于130℃，否则丝织物会受损。熨烫时不宜喷水，否则会出现水渍。

（2）真丝织物质地柔软，因此不宜被压，应放在衣服堆的最上面。浅色的丝织物应用细白布包好存放，防止风渍、黄渍。真丝织物上不可放置樟脑丸，否则会使白色的丝织物泛黄。

（3）蚕丝是一种蛋白纤维，具有较强的吸湿性，在湿润的环境中，个别霉菌和细菌容易在织物上繁殖。因此，收藏前，应先将衣服清洗干净，熨烫一遍，以彻底烘干织物，杀菌灭虫。

四、羊毛织物

（1）一般的羊毛织物基本无须熨烫，如有需要，可选择中温蒸汽烫。

（2）羊毛织物不宜折叠，最佳的存放方式是挂放，以免出现褶皱。

（3）羊毛织物易受潮，因此，储存服装的衣柜或箱柜须保持清洁、干燥，理想的储存环境为温度25℃以下，相对湿度60%以下。同时，储藏柜中应放入樟脑丸，以防止羊毛织物受潮生霉或被虫蛀。存放服装的地方应避免阳光直射，以防褪色。

（4）应定期打开储藏柜，通风透气，并取出服装晾晒，注意不可暴晒。晾晒的同时，轻轻拍打衣物，以除去灰尘。晾晒后，等衣物完全晾透再收入柜中。

五、化纤织物

常见的化纤织物大多不可高温熨烫，熨烫温度应低于100℃，且不宜干烫，以垫布湿烫、蒸汽烫为佳。除腈纶和维纶外，其他的化纤织物一般不宜在日光下久晒，否则容易引起老化，导致织物变硬、变脆。化纤类服装收藏前要洗净、晾干，衣柜中不可放置卫生球或樟脑丸。

（1）腈纶织物：熨烫温度不应超过150℃，否则容易引起褪色；熨烫时，应该在衣料上衬一块湿布，不宜干烫。此类织物储藏时要注意防霉，无须放置樟脑丸。

（2）维纶织物：熨烫温度不宜超过110℃；不可熨烫潮湿的维纶织物，否则会使其收缩，因此必须待织物彻底干燥后再熨烫；熨烫时，需在衣料上垫一块干布。此类织品不惧霉菌、虫蛀，因此对储存环境的要求比较简单，保持清洁、干燥即可。

六、羽绒服装

（1）羽绒服装需尽量避免勾扯或摩擦，并避免与强酸、强碱等物质接触。否则，面料受到损伤，会导致填充的羽绒流失，也不便于洗涤。

（2）羽绒服装不宜受到重压，储存时，可将其装入大塑料袋中再放入箱柜中，或是挂放于衣柜中，柜中不宜放置樟脑丸。为了防止羽绒服装的金属扣和拉链生锈，收纳前可在金属扣和拉链上面涂一层蜡脂。

（3）羽绒服装需注意防潮。在冬季，羽绒服装应每隔3~5天在阳光下晾晒一次。晾晒时，可以轻轻拍打衣服，让衣服更加膨胀松软。

弹性较好的化纤织物，只要洗后及时平整挂晒，便可避免褶皱，一般无须熨烫；此外，此类化纤织物不宜长期挂放，以平放为佳，否则容易因悬垂而变形。

营销是没有专家的，唯一的专家是消费者，就是说你只要能打动消费者就行了。

——史玉柱

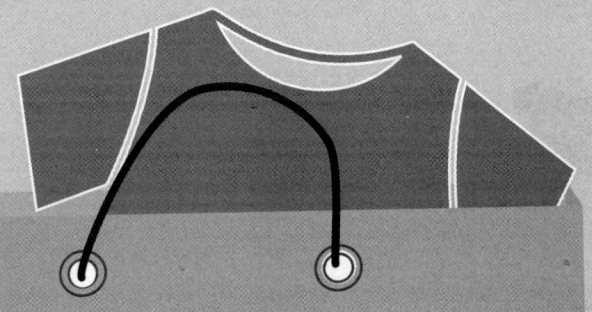

第二章 从事服装销售,你准备好了吗

"工欲善其事,必先利其器。"从良好的心理状态、专业素质,到装饰的细节、社交的礼仪等,都是你创建销售帝国的基础。进军服装销售业,你准备好了吗?

专业素质——一名服装销售员的基本要求

> **导语**
>
> 专业素质，是每一位职场人士赖以生存的基石。服装销售员的专业素质，是其从业的基础条件，直接影响着销售业绩。因此，销售员若想尽快在行业内有所收获，必须具备一定的专业素质，并不断进行培训，不断提升自我。

职场中对专业素质的定义，主要包括理论基础和专业技能。理论基础不是本书探讨的重点，这里我们不作赘述。而专业技能，指的是职场人士从事某一职业的专业能力，是该工作岗位对从业人员相关能力的基本要求。

现在，我们简单为大家介绍一下服装销售员需要具备的几项专业技能。

一、沟通能力

沟通，指的是人与人之间、人与群体之间思想与感情传递和反馈的过程，目的是使沟通双方的思想达成一致，感情更加深厚。在服装销售的过程中，销售员与顾客进行沟通，主要目的有二：一是正确收集顾客信息，了解顾客的真实需求，同时将己方的产品和服务等相关信息准确地传达给顾客；二是将自己的建议、观念、方案等推荐给顾客并获得其认可，令双方更易达成共识。

生活中的很多问题都是沟通不畅造成的，销售也是如此。面对不同的顾客,如何使对方产生交流兴趣和购买欲望,这很考验销售员的沟通能力。无数的成功案例告诉我们,大凡成就卓越的推销员,无一不是沟通高手。因此,良好的沟通能力,是一名优秀的销售员必备的专业素质。

二、亲和力

经验丰富的销售员都知道,在销售过程中,与其说销售员是在推销产品,不如说是在推销自己。因为,顾客只有先认可销售员,才会认可他销售的商品。这就要求销售员具有相当的亲和力,即在与顾客接触时,能在短时间内打动顾客的心,让顾客愿意做进一步交流。当顾客与销售员成为亲近的朋友后,成功销售便是早晚的事。

三、观察、领悟力

超群的观察、领悟力,能够帮助销售员从顾客的云山雾罩或只言片语中听出隐藏的真意,从而进行有针对性的引导和推荐;能够让销售员在面对棘手的问题时洞察真相,反客为主,变困难为机遇,不仅解了燃眉之急,甚至有可能捕获崭的商机。缺乏这种能力的销售员,常常会眼睁睁地看着机会从身边溜走还浑然不知。

四、反应能力

这里说的反应能力,是指灵活的应变能力,一种对市场信息先知先觉的感知力。面对顾客的种种疑惑乃至刁难,面对服装市场的风起云涌和日新月异,销售员必须具备敏捷的反应能力,才能对各种行情知根知底,对各类顾客应付自如,获得销售佳绩。

正因为如此,很多企业在培训销售员时,十分重视培养员工的反应能力。面对顾客,要求员工能够从顾客的神态、语气和肢体语言中探寻出对方的真实意图，把握合适的价格空间等；面对市场，要求员工能够及时掌握市场的潮流、其他品牌或产品的特色与优势、竞争对手的市场定位和促销方式等。

五、审美能力

社会发展至今，服装的功能已不再局限于蔽体、御寒，除了实用耐穿、合体舒适外，对于大部分人而言，服装的价值更多在于它所体现的穿着者对精神方面的追求，如展示自身对美的理解、塑造独特的自我形象、寻求个性的释放、表达对某种品牌或文化的追随，等等。毫不夸张地说，服装已经成为装点、美化人们生活的必需品，而销售服装的过程，也成了一个创造美的过程。

因此，服装销售员需要具备一定的审美能力，一要了解不同类型的顾客适合穿哪些类型的服装，不能毫不负责地顺从、吹捧顾客；二要尝试了解顾客的审美标准，从而在尽量贴合顾客心意的同时为其推荐合适的服装。

六、专业能力

经济的发展和市场的繁荣，为消费者提供了更广阔的选择空间，也给销售行业带来了前所未有的竞争压力。这种选择空间和竞争压力，不仅对商品本身和销售服务提出了更高的要求，对销售员的专业能力也有了更高的要求。

从狭义来说，销售员的专业能力主要是指其对所售产品具备专业认知的多少。作为销售员，只有充分地了解你的产品，让顾客看到你对产品的信心和专业，你才能更好地打动客户、说服客户。从广义来说，销售员的专业能力包括产品认知、消费心理、销售技巧和策略、市场运作和谈判技巧等。面对顾客，面对市场，强大而全面的专业能力，是销售员制胜的法宝。

七、创新能力

创新是领先的法宝。面对供过于求、变幻莫测的市场,越来越多的销售员或企业的销售模式、策略却日渐趋同,鲜有创新。在这种大环境下,谁掌握了创新能力,能够在产品特色、宣传思路、供销渠道和经营策略等方面率先做到别具一格、人无我有,谁就抢占了先机。

对产品的需求程度、对价格的接受程度以及对销售人员的信赖程度等,都会对顾客的购买决定造成影响。为此,对于销售新手来说,纵然还做不到巧妙应对、面面俱到,至少应学会扬长避短,让顾客认可你的专业性。

大师金句

乔·吉拉德能做到的,你们也能做到,我并不比你们好多少。而我之所以能做到,便是投入专注与热情的结果。

——乔·吉拉德

从装饰入手,打造专业形象

> **导语**
> 得体的形象,是与人交往的通行证,更是自身的一块"金字招牌"。销售员的工作主要就是与人打交道,要想在第一时间给顾客留下良好的印象,销售员首先要从装饰入手,打造出专业的形象。

在社会交往中,初次见面的人在开口交谈之前,往往会在短短数秒内根据对方的服装、饰品和妆容等,对此人形成最初的印象。可以说,人与人见面的第一印象,至少有80%源自装饰。而第一印象的好坏,往往会影响后续的交往。

服装销售员的穿衣打扮,不仅彰显了自身的气质,更代表着商铺乃至企业的格调。因此,对自身的服装、头发、面容等方面的打理,服装销售员应遵守相关的准则,展现出专业的风范,给顾客留下良好的印象。

下面为大家简单介绍一下服装销售员在着装等方面应注意的事项。

一、服装销售员着装的基本准则

(1)整洁干净,适体得体,是最基本的要求。服装销售员须保持衣着洁净,尤其是领口和袖口,不可有污渍或异味;同时,衣着的尺寸应合身,穿着舒适自然。

(2)销售员的着装应尽量与服装风格、品牌定位和商场环境等协调统一。比如,在高档商场中,销售员衣着过于随意,则会与自身产品和整个环境格格不入；而如果服务于童装专柜或店铺，销售员则不宜穿得过于庄重严肃，否则容易让进店的小朋友感到压抑、疏离，不利于与顾客进行交流。

（3）销售员应尽量避免穿奇装异服，也不必刻意追求过于新潮或昂贵的衣着。服装作为一种社会文化符号，其对于着装人心理的诠释和人际关系的影响值得我们每一个人重视、探究。一个人大方得体的衣着风格是其内心自信的外显，能让他人感受到他的自尊与社会责任感。

（4）如商场或公司对销售员着装有统一要求，则应遵守相关规定，工号牌等配件的佩戴也须谨遵标准。

二、男性销售员的穿衣准则

总体来说，男性服装销售员的着装原则是要简洁大方，不宜过于艳丽、华贵。

1. 西服

西服的颜色应以深色为主，不宜穿颜色艳丽或有花格子的西服。西服袖子的长度以袖口刚到手腕背部的尺骨凸起处为宜。同时，应遵循穿西服的"七原则"：拆除商标、熨烫平整、扣好纽扣、不卷不挽、慎穿毛衫、巧配内衣和少装东西。

2. 衬衫

选择衬衫时，应搭配与西服整体颜色相协调的颜色。通常来说，男性销售员更多穿着白色衬衫，因为白色衬衫更能衬托男性销售员的精神面貌与气质风格。衬衫的袖子应比西服的袖子长1~2厘米，以袖口刚刚覆过尺骨凸起处为宜。这样能突出层次感和立体感，在整体上显得美观、协调。

此外，不宜穿过于薄透的衬衫。选择浅色衬衫时，穿于衬衫内的内衣或保暖服装的领口不可显露出来。衬衫的下摆应平整地塞进裤腰。

3. 领带

领带是上装领部的配饰。相对女性,男性可选择的饰品种类较少,而被称为"西装灵魂"的领带,如果搭配得宜,往往能有画龙点睛之效。领带的颜色需与西服、衬衫的颜色相协调,材质以真丝为佳。领带的长度也是需要注意的问题。领带系好后,尾部应正好在腰带上方,即领带的最底端在刚过肚脐的地方。如果穿着毛衫,那么应将领带放在毛衫里面。

若不系领带,则需解开衬衫领口的纽扣,以免让人误认为你是由于粗枝大叶而忘了系领带。

4. 西裤

西裤与西服的搭配需协调统一,两者的颜色和质地应相一致。西裤的长度以裤脚刚到脚面、露出鞋跟为宜。穿着西裤时,需长时间(至少在工作时间内)保持西裤笔直挺拔,没有明显的褶皱。当然,裤型的保持往往与西裤的材质有很大的关系,所以,应尽量选择面料优良的西裤。此外,裤扣、拉链等细节方面也需要注意,不可将内衣露在西裤外面。

5. 鞋袜

男性销售员如果服务于较为正式的专柜或商铺,则通常的标配为上述西装套装搭配皮鞋。穿着运动鞋、休闲鞋或凉鞋等,容易使人觉得整体风格与品牌或商铺不符。皮鞋的颜色应与西装协调搭配,黑色皮鞋最为常见,因其更显大方端庄、素净雅致。平时需经常清洁皮鞋并擦拭鞋油,以保持皮鞋的洁净与光泽。

袜子应选择深色系,具体颜色也要和整体服装的颜色相协调,最省心且效果上佳的搭配是选择与皮鞋同色的袜子。此外,袜子的质地、透气性等,也是需要注意的问题。

三、女性销售员的穿衣准则

女性服装销售员的穿衣搭配,首先需做到整洁大方,切忌短、露、透,在此基础上，应进一步力争达到协调、稳重乃至高雅。在搭配服饰的颜色、款式等时，还应考虑自身的年纪、体型、发型和肤色等因素。在较为正式的专柜或商铺工作的女性销售员，更多选择的是"西装+套裙"，因为这种搭配更为稳妥且得体。

1. 服装的颜色

不同的色彩，形成的感官效果是不同的。比如，属于暖色调或浅色系的色彩给人以前进、膨胀之感，会使人觉得明快活泼；属于冷色调或深色系的色彩给人以后退、收缩之感，会使人心生敬意。在不同的场合或时间，女性销售员可以根据具体的需要来搭配服装。

2. 饰物的搭配

女性销售员在选择搭配服装的首饰时，需要拿捏好尺度，不但要避免花枝招展、珠围翠绕，更不宜选择大众眼中的"非主流"饰品，如夸张的大耳环、骷髅头戒指等。戒指只戴一枚即可，项链不宜露在衣领外面。若系丝巾，则应配合服饰的颜色与风格，尽量搭配暖色调的丝巾。饰物的搭配，应以体现女性素雅清丽的风范为主。

3. 鞋袜的选择

女性销售员应穿着有独立鞋跟的皮鞋，不宜选择鞋跟过细或过高的鞋、无后跟的凉鞋或皮鞋。

对于裙装女性销售人员来说，丝袜的选择尤为关键。

（1）就长度而言，丝袜的袜口切忌低于裙子的下摆。

（2）最好选择与肤色相近的颜色。

（3）丝袜上不宜配有饰物或带有花纹。

（4）忌穿网袜。

四、面部的打理

销售工作的一大特点就是接触的大多是陌生人，销售员的面容就成了顾客对其形成最初印象的基础。不论相貌本身如何，保持面容的清爽、洁净，是人们在社交中的基本标准。一个不修边幅的销售员，不仅无法打造自身的专业形象，还会使顾客觉得不受尊重。

关于面部的打理，主要需注意以下五点。

（1）销售员应根据自身的皮肤特点选择合适的护肤产品，以使皮肤保持润泽光滑，避免出现干裂或油腻等皮肤问题。

（2）男性销售员应根据自身情况定期剃须，保持面部光洁；女性销售员应适当装扮，不宜化浓妆。

（3）注意口腔清洁，每天早晚各刷牙一次，养成饭后漱口的习惯。保持牙齿洁净，避免牙缝残留食物残渣、牙面着色明显。保持口气清新，工作时间内不宜食用葱、蒜等含有刺激性气味的食物，建议随身携带口香糖或口气清新剂。

（4）保持耳部清洁，包括耳郭和耳道内。如无必要，应尽量避免佩戴耳环、耳坠等耳饰。即便佩戴，也应舍弃张扬的耳饰，可选择小巧的耳钉、直径小于1厘米的耳环等。

（5）如有佩戴眼镜的需要，则应选择适合自己眼睛度数和外形风格的眼镜，并养成定期清洁眼镜镜片和镜架的习惯。此外，需要注意的是，工作场合不宜佩戴墨镜。

五、头发的规范

（1）保持头发干净、头皮清爽、发型规矩大方，是对销售员头发的基本要求。销售员应根据自身发质、头皮特点等，选择适合自己的洗护发产品，定期清洗、护理头发。在与顾客交流时，若销售员头发有异味、头皮屑散落、发质过于干枯或油腻，都会给顾客留下不好的印象。此外，销售员还需定期修理头发，保持发型整齐，以免让顾客产生一种杂乱的观感。

（2）销售员可以适当借助发胶等定型产品保持发型，但不宜使用过多，否则容易使发型显得不自然。

（3）销售人员不宜染发。女性销售员即使染发，也不能染过于非主流的发色。

（4）销售人员发型不宜太过前卫、潮流或怪异。男性销售员不宜留长发，具体标准为：额发不遮挡眉毛，双耳露出，鬓角不可太长、太宽或太厚，后面的头发不遮挡衬衫或西装领的上部。此外，男性销售员也不宜选择"刺猬头"发型，根根直竖的头发容易给顾客冷峻、淡漠的感觉。女性销售员最好将长发挽起，即便头发相对短些，也不宜自然垂于肩上。

销售人员在化妆方面，需注意这四个方面。

第一，力求整体协调，即妆容协调、全身协调、与自我身份协调、与所处场合协调。

第二，避免当众化妆，避免谈论他人的化妆技术或风格，避免妆容太浓、太重影响他人。

第三，妆容出现残缺时应及时补妆，不可放任不管。

第四，化妆品属私人物品，随意向人借用，既有健康隐患，也不礼貌。

无论你选择做什么，追求完美的程度决定你成就的高度。

——陈安之

掌握社交礼仪，提升个人素养

> **导语**
> 销售的起点，源于顾客对商品的兴趣，更源于其对销售员的良好印象与初步信任。掌握基本的社交礼仪，是销售员树立自身形象、获取顾客信任的前提，也是销售员必须具备的个人素养。

没有人喜欢与言行无状、粗鲁无礼的人打交道，在销售活动中更是如此。服务行业发展到今天，面对众多的选择时，顾客当然更喜欢从彬彬有礼、热情周到的销售员那里购买商品。

同时，销售员个人的礼仪素养，往往关乎商铺乃至品牌的形象。很多时候，顾客会根据销售员的言行举止分析整个商铺的情况。无论顾客的结论是否武断，都将影响他的购买决定，并在他的心中留下印象。

因此，销售员需要付出时间与精力，规范自己的言行举止，在不断学习与具体实践中提高自我修养，直到做到行礼如仪。

下面简单介绍一下销售员必须掌握的三种最基本的社交礼仪及其训练方法。

一、礼仪的基础——微笑

微笑不分文化、宗族或宗教，它是一种国际礼仪，也是最基本的礼仪。一张微笑的脸，甚至可以使你通行全世界。销售活动中，亲切温和的笑脸，能够帮助销售员迅速拉近与顾客的距离，为后面的沟通打下良好的基础。

当然，微笑也是有一定准则的，比如，若是皮笑肉不笑、强颜欢笑等，都只会适得其反。微笑时，需注意以下四个方面。

（1）微笑应该是发自内心的、自然的、真诚的；刻意的、奉承的笑，只会令顾客觉得反感。

（2）微笑时，不仅表情要到位，眼神也要到位。仅有嘴唇弯出弧度是不够的，双唇莞尔，双目含笑，神态大方自然，神色亲切得体，这样的微笑才能令人如沐春风。

（3）美好的微笑，应与美好的语言相搭配。眼观悦目之笑，耳闻娱心之语，能给顾客以美的享受。

（4）销售员的仪态、举止，也需与笑容相辅相成。用微笑带动仪表姿态更趋温和、文雅，用行为举止助力微笑更显赏心悦目，当它们能达到相得益彰、相映生辉的境界时，那样的微笑将展现出无与伦比的和谐之美。

销售员在进行微笑训练时，不妨尝试以下几种方法。

（1）回忆开心的往事、美好的经历，以引发自己不由自主地露出微笑。

（2）在烦恼、忧愁时，暗示自己"今天心情很好"，努力露出微笑。

心理研究表明，情绪会影响行为。比如，人在痛苦时会愁眉苦脸，甚至痛哭流涕；而反过来，行为也会在潜移默化中改变情绪，即在不开心时，你一直假装开心，一直面带笑容，如此保持一段时间后，你会发现自己的心情真的好了许多，微笑也从最初的勉强为之变成了发乎自然。

（3）与同事、朋友间相互分享一些幽默的段子，表演一些有趣的动作，借以引发笑容。

（4）平时可以多观察他人的微笑，通过比较、体味，找出更具真善美、更令人回味无穷的微笑，然后进行学习、模仿。

（5）做"咬筷子"练习，练出最美的微笑。具体要领为：用门牙轻轻咬住筷子，嘴角两边翘起，并且要对准筷子。连接嘴唇两端的线，要和筷子处于同一水平线。维持这个状态，10秒之后，轻轻抽去筷子，继续保持这种笑容30秒左右。通过"咬筷子"练习找出微笑中最适合自己的弧度后，销售员可以对着镜子多加练习。多次练习后，肌肉就会形成记忆，如此，销售员再露出微笑时，便是自然的、动人的。

二、内心的传递——眼神

眼睛是心灵的窗口，人们内心世界的展示的往往会通过眼神传递出去。眼神是一种无声的语言，它所表达的情感、思绪更为含蓄，也更为复杂微妙。这种无声胜有声的表达，销售员需要灵活掌握并得体运用，从而为自己的销售事业增添助力。

在与顾客进行眼神交流时，销售员需注意以下五点。

（1）除非对方是你的老顾客，彼此相知甚厚，不拘小节，否则不可长时间盯着顾客。注视顾客的时间以占交谈时间的30%～60%为宜，若低于30%，对方会认为你对这次交流兴致索然；而高于60%，对方则容易感到被审视、被挑衅。

（2）凝视顾客的时间不宜超过5～7秒，否则会令顾客紧张、尴尬。同时，目光也不宜游移不定、迅速挪开，否则会令顾客觉得你轻浮、冷漠。

（3）在注视顾客时，你可以将目光限制在对方眼鼻之间的三角区内平缓移动，这样会让顾客有种受到尊重的感觉；或者你可以将目光停留在对方的眉心或鼻尖，这样能使顾客感受到你的坦率、真诚、自信和郑重。

（4）双眼眨动的频率要把握得当，正常的眨眼频率，约为15次/分钟。双眼频繁眨动，会给人以不诚恳、不成熟之感；相对地，双眼眨动频率太低，则会给人以呆滞木讷，缺乏自信和生气的感觉。

（5）抛媚眼、翻白眼、闭眼无视、不断扫视、傲慢斜视和无礼藐视等欠妥甚至恶劣的眼神，必须杜绝。

要想练就一双炯炯有神、"能说会道"的眼睛，销售员可以参考以下五种训练方法。

（1）独处时多做"眼睛体操"，如练习正定睛和斜定睛的凝视、快速和慢速的扫视等，以锻炼眼部肌肉，从而更自如地控制眼神的表达。

（2）"眼神表演"也是销售人员的一门功课，在独处时也需对着镜子多加练习。在反复的学习、练习与修正中，力求能够做到利用眼神准确地表达各种情绪，如开心、欣慰、敬佩、感叹、惊讶、怀疑、遗憾、不满和愤怒等。

（3）配合练习眉部、口部等其他面部表情，追求整体表情的和谐统一。

（4）女性销售员应掌握眼部化妆技巧，着力突出自己眼部的神韵、特色，雅致得体的眼妆配合生动传情的眼神，能给顾客留下深刻而美好的印象。

（5）平时多观察他人的眼神，结合具体情境分析眼神表达的情绪、蕴含的心理，以供自己学习、练习时参考。

三、敬意的表达——鞠躬

鞠躬，即低头弯身行礼，是一种表达敬意的方式。这种行礼方式是我国的传统礼仪之一，如今通常用于学生向老师、下级向上级、晚辈向长辈表达敬意，表演者或领奖者向台下观众致意，也常用于服务行业的从业人员向来宾或客户致敬。

在销售行业，使顾客感觉到自己受欢迎、受尊重，是促成交易的强大助力，因此，鞠躬成为销售员必须掌握的基础礼仪。

销售员在向顾客鞠躬致意时，有以下几点需要注意。

1. 鞠躬时，以腰部为轴，上半身前倾的角度即为鞠躬的角度

不同的鞠躬角度有着不同的含义。比如，15°左右的鞠躬常用于一般社交场合的致意、问候；30°左右表示敬意，在商业场合中十分常见；45°左右及更大角度一般表示深切的敬意或歉意，在我国，这种程度的鞠躬常见于传统婚礼或葬礼，在服务场合中很少使用。

2. 鞠躬前，先正姿立定，双目自然注视顾客

鞠躬时，目光随身体的前倾而自然向下，以表恭敬。在行礼的同时，可以配合"您好""欢迎再次光临"等口头问候。礼毕直起身时，目光再次友好礼貌地注视对方，眼神不可旁移，否则会让对方觉得你缺乏诚意。

3. 销售员在初见与送别顾客时，宜含笑鞠躬30°表达敬意

若行走间与顾客错身而过，则应躬身15°向顾客致意。鞠躬礼不必过多、不宜连续，一般在迎客与送客阶段各一次即可。

4. 销售员在行鞠躬礼时，以下一些禁忌需要避免

（1）一边忙着手头工作，一边鞠躬。

（2）眼睛一直紧盯着对方，或中途抬起眼睛看着对方。

（3）口中含着食物。

（4）只是象征性地弯一弯腰，或只有头部前探。

（5）无故摇晃头部或身体。

（6）脚跟未并拢，两腿分开。

同微笑和眼神一样，鞠躬也属于销售员的"基本功"，需要销售员在平时多加练习，练到肌肉形成习惯，习惯成自然。在练习鞠躬礼时，销售员可以尝试下面的三种方法。

（1）身体挺直，立正站好，脚跟并拢，脚尖微微分开，双目正视前方，从头到脚形成一条直线。手指并拢，双手自然下垂，男性双手垂于身体两侧，中指贴于裤缝；女性双手交叠，搭放于身前（约小腹位置）。

（2）以腰部为轴，背部挺直，上身前倾，速度要适中。上半身下弯的同时，吸一口气，双手自然向下滑去（男性双手贴着裤缝下滑）。

（3）鞠躬达到预想角度后，一边在心中默念"1、2、3"，一边吐气；然后，一边吸气，一边缓缓直起上身。抬头挺身不宜太过，否则会让人觉得不礼貌。

小贴士

礼仪只浮于表面是不够的。服装销售员要切实认识到礼仪的重要性，从心底真正地尊重顾客，否则，一旦让某些无意间的小细节暴露了内心，就可能导致交易终止。

大师金句

世界上有60亿人口，如果我们都能找到两大武器——倾听和微笑，人与人就会更加接近。

——乔·吉拉德

巧用服装陈列，让客户一见倾心

> **导语**
>
> 一直以来，人们都低估了服装陈列的重要性，认为这不过是对街边橱窗的简单布置、为模特换上当季新品等。殊不知，如果说服饰是人类开口交流前的自我简介，那么服装陈列便是来自品牌的艺术表演。

作为刺激顾客购买欲望和提升品牌形象的重要手段之一，服装陈列涉及视觉艺术、心理学以及市场营销学等多门学科，需要综合运用橱窗、背景墙、产品、模特、灯光、音乐和宣传海报等众多元素。品牌透过服装陈列向大众传达的不仅仅是产品，更是通过创意的形式、巧妙的设计、精心的布置和美观的视觉体验等来展现品牌的文化和理念。

下面，简单介绍一下服装陈列的基本法则和相关技巧。

一、服装陈列的基本法则

1. 树立主题

树立明确的氛围主题和鲜明的视觉体系，有助于吸引顾客的目光以及彰显品牌的调性和特点。尤其是针对代表性商品的布置，可以借用略为夸张的道具、精美的配饰、别具一格的背景主题等最大限度地展示商品，以引起顾客的兴趣。

2. 人性化陈列

为了使顾客尽可能轻松地购物，在陈列方式上需要特别注意结构性和便利性。尽量避免将货品单一地挂装展示，适当地配以同系列上下装或相得益彰的饰品，可增强顾客的联想，也便于顾客形成直观感受，积极试穿服装。

在同一展示区域内，应考虑搭配不同高度的展架和陈列手法，便于顾客观看和拿取。横挂展示应考虑与正挂或叠装配合使用，以免给予顾客视觉上的压力。

3. 有序而丰富

同系列货品应尽量归类在同一展示区域，并配有明确的标识（如价格、面料、产地、所属品牌等），以便顾客详细地了解商品的信息并对其进行全面的比较。序列感和丰富感，将直接影响顾客对品牌的印象和购买欲望，与销售业绩联系紧密。

4. 保持整洁

整齐有序且干净清爽的购物环境，将为顾客带来愉悦的购物体验，在服装陈列中尤其要注意以下三个方面。

（1）整体商铺保持干净清洁，地面、墙面、天花板等大面积区域不得残留水渍、污渍和霉斑等。

（2）店内的货架、试装镜和柜台等陈设需经常清理。

（3）陈列的服装应保持干净平整，尤其是挂件，不宜出现折痕。如有需要，应提前熨烫陈列品。

5. 打造氛围

节日期间是服装陈列大展身手的时机，将产品根据不同的节日或季节进行展示，并搭以应景的配饰和道具，也可给予顾客愉悦的节日气氛和十足的沉浸感。

为了营造轻松舒适的购物环境，可在店内适当放置一些有趣的道具或饰物，以此来延长顾客停留的时间。

二、服装陈列的必备技能

1. 叠装陈列手法

在我们熟悉的众多快消品牌中,采用较多的陈列手法就是叠装。顾名思义,叠装指的是通过有序且工整地将服装折叠,有效节约店面空间,在流水台或高架平台上展示服装的一种陈列手法。

通常,叠装陈列的注意事项有三点。

(1)在货品品类繁多的情况下,更要注意色彩的搭配。建议以色彩渐变的形式,根据顾客动线,自外场向内场,从前向后,从上到下,由浅入深,由明到暗进行陈列。尤其是大面积色块或冷色调的组合,应尽量置于货架的底部。

(2)货品的包装需提前拆除,吊牌则应藏于衣服内部,避免外露。根据不同季节服饰的薄厚程度来决定每叠的件数,一般以夏季服装10件以内、冬季服装5件以内为宜。按尺寸从小到大的顺序排列叠装,每摞叠装之间应保持一定的可视距离,便于顾客区分和拿取。

(3)尽量将畅销款的货品置于店内的黄金地段,并定期调换商品的位置,以防滞销。在叠装区域的就近位置,建议摆放全高或半高模特展示叠装中代表性的款式或组合,并配以宣传海报,以吸引顾客的注意力,使宣传效果最大化。

2. 挂装陈列手法

优秀的挂装陈列可以瞬间激起顾客的购买欲望,让人迫不及待地想要试穿,这就是挂装的魅力。挂装通过将货品悬挂在衣架上,全方位地展现服装的式样和设计细节,使人一目了然。将挂装与叠装两种陈列手法相结合,不仅可以营造丰富的层次感,还可以有效地利用有限的商铺空间。

挂装陈列需要注意以下三点。

(1)固定陈列的高处挂装,一般不用于直接销售,仅在商铺高处货架或展示网上悬挂商品，以起到指向性和营造氛围的作用。使用此类挂装时，应避免在商铺的暗角展示，可适当配以陪衬品，形成货品联想，渲染氛围，增强陈列的立体感。

（2）销售中常用的悬挂高度通常在1.5米左右，便于顾客浏览、挑选和触摸。根据货品悬挂方向的不同，还可将装饰陈列分为正挂陈列和侧挂陈列：正挂陈列比较适合主推的款式，一般在侧挂货品的中间以正挂货品起到区分和隔离的作用，这样较为符合顾客的视觉习惯；侧挂时需注意货品之间的距离，谨防过度拥挤。

（3）挂装陈列需遵循相迎原则，即顾客自商铺入口行至店内，从主观视角观察到的衣架、衣钩缺口朝向一律向内或向左，确保衣服的朝向始终与客户正面相迎。

3. 模特陈列手法

用于服装陈列的模特一般分为半模、全模、局模及其他特殊展示模特。不同的模特，侧重点也不同，但它们的作用都是将服装以人体穿着形态立体地展示出来，充分体现服装的工艺特征和细节，给顾客更立体、更直观的视觉感受。正因为如此，使用模特展示的服装，通常是当季主打或彰显品牌魅力的产品。

在使用模特陈列时，要注意以下三方面细节。

（1）应基于服装的特征和展示重点，选择质感、姿势、材质与之相符的模特。比如，半模多用于西服上装的展示，底盘和撑杆的设计不太适合下半身裤装的呈现。而腿模则多用于下身着装的商铺，并且要着重搭配，避免给人带来突兀感。

（2）在模特的排列上，可以根据不同的需求，选择单一线状结构的阵列式，或选择陈列在场景中、拥有特定姿势和故事性的沉浸式。不管采取哪一种排列方式，都应注意使模特的眼神能与顾客产生交流。

（3）模特之间的搭配，也应实现风格的和谐。在设置多个模特的场合中，建议使用一个统一的元素去呈现组合的整体感，可以是同一个时尚单品、同一个主色调、同一个色系甚至是呼应的对比色，从而让整体的搭配更和谐舒适。

在进行服装陈列时，对于一些细节方面的内容，销售员也需要多多留心。比如，在陈列前，服装上的别针需清除干净；纽扣、拉链和腰带等需全部就位；对于领口较小的针织类服饰，衣架应从下摆进入等。

请记住，如果你在推销，你就是在做服务工作。

——乔·坎多尔弗

进阶篇

熟稔服装销售技法

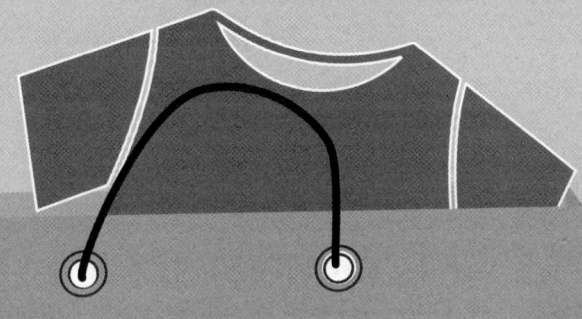

第三章 把握迎客之道，迅速赢得先机

　　销售活动的第一步，便是迎客。顾客进店之初，销售员的仪态和服务，将在很大程度上影响顾客的初体验和最终决定。因此，你需要做好迎客工作，在初次接触时就给顾客留下良好的印象，让他们愿意停下脚步，愿意与你进一步交流，以便为后续的销售工作打下基础。

见面打好招呼,迅速建立好感

情景回顾

在某条步行街上,某快消服装品牌刚开业不久,生意略显冷清。一天,一位打扮时尚青春俏丽的年轻女子走进店铺,销售员文丽疾步上前打招呼:"美女你好,欢迎光临。"年轻女子很受用,点点头进了店铺,慢慢浏览起商品来。不一会儿,该顾客又被一声"美女"吸引了注意力,以为销售员是在叫自己,转身一看,却发现文丽正在热情地招呼一位年纪较长、双鬓斑白的女士。年轻女子的心中顿时涌上一阵不快,很快便离开了这家店铺。

情景分析

招呼语,又称开场白,好的开场白是成功销售的敲门砖。开场白的类型和形式有很多,如何打好第一声招呼,是极其重要的。

上述情景中由于销售员用早已泛滥的浮夸称呼作为招呼语,导致店铺流失了顾客。虽说每个顾客都有自己的个性或考虑,但他们无一例外都希望得到诚恳的服务。如果招呼语不切实际或目的性太强(如有的销售员见面就问"买点什么"),很容易引起一些顾客的反感和不满。

技巧点拨

实际上,大多数闲逛的顾客没有明确的购买需求,因此,如何在短时间内吸引并抓住顾客,就成了销售员必须面对的难题。现在的消费群体对过于常见、没有新意的招呼语已经渐趋麻木。销售人员需要与时俱进，根据顾客群体的不同来选择不同的招呼语。当销售员用心迎接、招呼顾客时，其与顾客之间的距离也会迅速拉近。以下是几种比较得体的招呼方式。

1. 对应化

根据顾客的性别、年龄和特征等，分别选用具有针对性的称呼。

比如，对于较年长的顾客，选用大方得体的"叔叔""阿姨"等称谓；对于小孩，可以用"小朋友"等轻松、活泼的称呼。对不同群体使用不同的招呼语，更容易被接受，进而拉近与顾客的距离。

2. 职业化

对于工作族群，可以用"先生""女士"来打招呼；对于商务人士，可以称其为"老板""经理"等。这种职业化的称呼，能让对方觉得销售员为人稳重、尊敬顾客。

3. 试探性

向顾客打招呼，不仅是向其表示欢迎的态度，更有初步了解顾客需求的潜在目的。"您好，请问我可以为您做些什么吗？"如此与顾客打招呼之后，通过顾客的回答，销售员就可以自然地了解顾客是有明确需求需要帮助，还是只是闲逛。这样能方便销售人员灵活地选择——是继续招待顾客，向其推销店内的商品，还是留给顾客一定的空间，在其需要帮助时再上前沟通。

4. 亲近性

如果与顾客早已熟识，则可以用顾客的姓氏与其打招呼，这样可以使顾客切实体会到贵宾级的待遇。如果牢记熟客的情况，还可以聊聊家常，询问下近况。被重视和被惦记的感觉会令顾客感动，使其对店铺的好感度不断上升。

> **小贴士**
>
> 　　见面的第一声招呼,所含信息不宜过多,其主要功能是吸引顾客;目的性也不应过强,以免让顾客一开始就产生"必须消费"的压力。

做正确的事,而不是多做事;要做需要做的事,而不是你喜欢做的事。

——原一平

不急不躁，在顾客需要时再主动靠近

 情景回顾

在一个客流较少的周一，某服装店铺内，走进了一名顾客。原本无精打采的小文立刻满面笑容地疾步向顾客走去，并大声地招呼着："先生，有什么能为您效劳的？"眼见顾客没有应声，小文又赶紧推销起店里最近的热销款，并随手拿起货架上的衣物为顾客展示。不料，这位顾客却面露尴尬地连连摆手："不用了，不用了，我只是随便逛一逛。"小文听后并没有放弃，而是时刻跟随在顾客左右。不一会儿，顾客就匆匆离开了这家店。

情景分析

有些销售员可能对这样的情形感到不解和委屈：为什么热忱地迎接顾客，积极地为顾客提供服务，却遭遇这样的对待？

因为进入店铺的顾客可能没有明确的购买目的，只是随意浏览。对于这一类型的顾客，贸然打扰和近身推销容易给他们造成很大的压力。此时，过度热情是大忌。在顾客明确表达需要协助之前，销售员切莫轻举妄动，应细心观察，把握接近顾客的恰当时机。

 技巧点拨

如何在与顾客的交流中做到礼貌又不过分热情，亲近又不失分寸呢？这就需要销售员准确地把握接待顾客的时机和拿捏自己的态度。下面，我们根

据顾客的不同心理状态,来解析一下对应的适合接近顾客的时机。

(1)若顾客进店便抬头张望或左顾右盼,显露出较为明显的寻找姿态,那么,顾客很大概率是在搜寻具体的商品或附近的工作人员。这个时候,销售员应及时上前了解顾客的需求,以便进一步帮助顾客解决问题。

(2)顾客突然停步或开始在固定区域打转,那么很可能是出现了令他感兴趣的商品。对于销售人员来说,这无疑是一个打招呼的好机会,借由顾客感兴趣的商品开场,更便于后续话题的展开。

(3)如果顾客在某件服装面前停留的时间较长,那么基本可以判定顾客对这件衣服产生了兴趣。这时,销售员可以尝试慢慢地接近这位顾客,不要过于突兀,尽量不要打断顾客的思绪。

(4)若顾客主动触摸衣服或翻看衣服的标签,表明顾客对这件服装有兴趣,想进一步了解面料、价格、尺寸等更多信息。此时,销售员应耐心地等待顾客查看完毕,再上前询问是否需要帮助,切忌打断顾客和过于急躁。

在未消费的顾客离开店铺之前,如果销售员可以及时接近,询问顾客是否对本店存在不满或其他意见,并表现出诚恳的态度,说不定会有转机。

花一天就可以学到营销,掌握它却需要一辈子。

——菲利普·科特勒

坦然应对顾客的戒备之心

一天，一位戴着墨镜的顾客走进了某服饰店。门口的销售员郑雯热情地迎接，却被无视了。顾客径直走向了男装区域，郑雯急忙跟了上去："先生，您想买些什么呢？我可以帮您参谋一下。"虽然依旧没有得到任何回应，郑雯还是尝试为他介绍本季的主打款式。顾客只是敷衍地点了点头，没有说话，也丝毫没有打量该款服装的意思，他周身散发的抗拒信号，令郑雯不敢再轻易靠近。

情景分析

情景中的现象，如果我们从消费者的戒备心理这一角度去理解，就很容易想通了。古人云："无事献殷勤，非奸即盗。"如今的消费者，其防范心理更强烈，他们通常认为热情的服务必然伴随着强烈的目的性。于是，出于本能的自我保护，在销售员开口之前，消费者的心理防御机制已然启动。甚至有一些顾客，自知容易被说服，所以会时刻防备着抗拒销售员。

对于销售员的戒备之心，每个顾客或多或少都会有。这种情况对销售人员来说是一个不小的挑战，将直接影响后续的沟通。所以，销售员不仅要正视这种现象,还要坦然面对,并积极解决。下面将介绍三个巧妙化解戒备心理的方法。

1. 调整自身心态

当顾客先入为主,处处防备"上当"的时候,销售员一定不能抱着急功近利的心态接近顾客,否则会事与愿违,加深顾客的反感。销售员应尝试与顾客展开真诚的沟通,以协助者的身份介入,以建立交流的纽带、培养信赖感为目标。

2. 利用身体语言

(1)在顾客尚未表示需要协助前,销售员要与顾客保持适当的身体距离。尤其是在顾客明确表示"我想自己先看看"的情况下,切忌紧随顾客左右,否则会给顾客造成很大的压力。

(2)当顾客有所需求时,销售员要面带微笑地及时出现在顾客面前,姿态要从容,不要过于急迫。与顾客交谈时,身体偶尔前倾,并伴以适时的点头或应声,以示认真聆听顾客的需求,切忌一味自顾自地推介商品。

3. 运用沟通技巧

(1)当顾客表示不想被打扰时,请给予顾客一些空间,同时让顾客了解:你非常乐意在他需要的时候全心全意地为他提供服务。

(2)当顾客逐渐解除戒备心理时,以尽量轻松的语气去引导顾客。你可以通过提问的方式了解顾客的真实需求,切忌把自己的想法强加在顾客身上。

(3)对于沉默寡言的顾客,你可以从他身上的服饰或特征等方面入手,引出可以继续的共同话题,促使顾客开口,并与之展开沟通。

> **小贴士**
>
> 与顾客之间的空间距离,需要销售员把握好分寸:不宜过近,否则会侵犯顾客的私人空间,引起顾客的紧张和反感情绪;但也不宜过远,否则很难与顾客进行有效的沟通。一般情况下,展示距离和引导距离建议为1~2米;服务距离可视情况而定,但不宜小于0.5米。

大师金句

应该使准客户感到,认识你是非常荣幸的。

——原一平

营造氛围，让顾客乐于与你交流

情景回顾

一位打扮知性的顾客走进了某服装店铺，销售员小崔赶紧迎了上去，热情地招呼道："今天天气真好呐，姐们儿。"顾客诧异地抬眼看了看她，没应声，接着拿起一条裙子端看。小崔接着说："今天七夕，姐们儿怎么就一个人来逛街啊？"顾客一愣，表情有些僵硬。小崔毫无察觉，紧接着又来一句："隔壁美甲店没开两天就倒了，姐，您没在他家充值吧？那家啊，老板就……"没等她说完，顾客就转身离去了。

情景分析

有些时候，销售员一句话说得不对，就会遭遇上述情景中的局面——眼睁睁地看着顾客转身而去。小崔从迎客之初便喋喋不休，虽然她在努力地找话题，试图引起顾客的谈兴，但很明显，她那几句不当的话完全没有营造出合适的沟通氛围，以致顾客非但不愿与之交流，就连逛店的心情也不复存在。

事实上，只有当顾客从心里愿意与销售员交流时，其隐性需求、消费目的、心理价位乃至内心的纠结和顾虑，才有可能被了解。因此，面对进店的顾客，如何在短时间内迅速营造出一个令顾客愿意吐露心声的沟通氛围，是销售员需要掌握的技巧。

无论是日常社交，还是业务往来，一个和谐、融洽的沟通氛围都是十分重要的。那么，在销售活动中，如何才能营造一个良好、舒适的沟通氛围呢？

人与人之间的情绪是会互相感染的，在面对顾客时，销售员切忌流露出拘谨、尴尬等消极状态，这些都很容易被顾客感受到；建议销售员尽量自然地展开对话，让自己和对方都放松下来。

以下四点是常见的缓和气氛、营造氛围的小技巧。

1. 可以先从题外话开始聊起

有些销售员可能会跳过这个预热环节，殊不知，这对于氛围的营造非常重要。一两分钟的寒暄，不仅可以缓解顾客的紧张或排斥情绪，甚至可以从中了解顾客的心情，进而有针对性地安抚顾客的情绪，使其放松戒备之心。

2. 发自内心的赞美从不嫌多

被赞美和被肯定，是人类共同的需求。一句诚恳的赞美不仅可以令你在短时间内赢得对方的欢心，更能为彼此之间良好的沟通奠定基础。不过，需要注意的是，销售员对顾客的赞美应是恰当的，即便是"恭维"，也应是符合基本情况的，切忌套路化，过于浮夸，否则容易引起顾客的戒备和反感。

3. 幽默的力量不容小觑

适时的小玩笑有助于营造轻松的交流气氛。幽默感不仅可以活跃气氛，使顾客心情愉悦，还可以作为销售员的独特风格、个人"标签"，帮助销售员以人格魅力来吸引顾客，赢得顾客的信任。

4. 试着从对方的角度出发

主动站到消费者的角度去看问题，去揣摩顾客的心理，销售员会更容易理解对方的需求和情绪，从而真诚、亲切地与之沟通。设身处地为顾客着想，销售员更能体会到对方的敏感点和顾虑，如此，就可以在交流中尽量避开雷区，避免尴尬。

要想营造良好的沟通氛围，沟通前的准备工作是很有必要的，比如，事先了解对方的爱好、习惯、性格等。虽然销售工作接触的大多是陌生顾客，但是销售员可以通过学习和实践来培养、锻炼自己的观察力，掌握相应的对策和沟通计划、应急预案等，以逐渐熟练地营造良好的沟通氛围。

我不是在推销一种产品，而是在推销一种感觉。

——乔·吉拉德

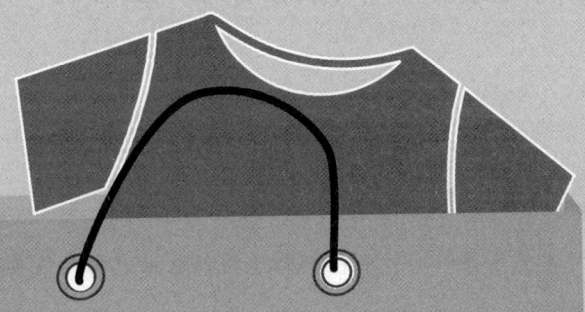

第四章 和顾客成为朋友，卖货更容易

事实表明，供大于求的市场现状，让顾客在随心挑选商品的同时，更加看重购物体验。因此，要想在服装销售业中立足乃至有所成就，销售员首先要成为顾客信赖且喜爱的朋友。"卖货先卖人"是销售员提升业绩的法宝，发展事业的阶梯。

把话筒交给顾客，让他成为"主导者"

情景回顾

某女装店内，一位女性顾客边扫视衣服边向销售员小夏抱怨，说自己最近频繁出差，明明累得要命，竟还胖了好几斤，自己气得都不太想买衣服了。对此，小夏没有敷衍地说"您一点儿也不胖"或是实诚地说"您身上这套确实小了，最好买套合身的"，而是思忖了一下，对顾客说道："真羡慕您这样的职业啊，一定去过很多好玩的地方吧？这些日子您都去了哪儿呢？"

顾客当即谈兴大发，由"沉重"的体重话题转向了旅途乐趣的分享。一边说，她一边打量店内的衣服，还不时指着某件衣服，让小夏拿来给她试穿。长达半小时的"即兴演讲"结束后，顾客选定了两套正装。这时，小夏建议顾客再挑两套休闲款的西装，以便旅游时穿着替换。

最后，顾客拎着五六个购物袋，心满意足地离开了这家店铺。

情景分析

在一次成功的销售中，销售员的耳朵起到的作用远远大于嘴巴，即倾听大于倾诉。

在上述情景中，如果小夏没有忖量顾客的顾虑，并及时地将话题引到顾客感兴趣的事物上，那么这次销售行为很可能就无疾而终了。

幸亏小夏知道应该何时、如何把话题引向顾客，并认真倾听、细心揣摩顾客的话语，才留住了顾客，并挖掘出她的隐性需求，最终成功销售。

 技巧点拨

优秀的销售员都明白,绝对不能把销售变成自己的"演讲",顾客才应是讲台上的那个人。在整个销售过程中,虽然销售员应努力掌控局面,成为这场交易的主导者,但这种掌控必须是隐性的,所谓的"主导者",也应该由顾客来扮演——至少要让顾客觉得,话筒在他手中,一切尽在他的掌握中。

所以,你应主动将话筒交给顾客,设法打开他的话匣子。只要他愿意对你倾诉,你就获得了一个建立客情关系的上佳时机;同时,顾客的倾诉,实乃不可多得的宝藏,其中往往蕴含着他的情绪、诉求,甚至是他自己也未曾发觉的隐性需求。

在满足顾客倾诉欲、赢得其好感的同时,又掌握了重要信息,为之后的引导奠定基础,如此一举数得之事,何乐而不为?

那么,当顾客"手执话筒"时,销售员有哪些方面需要特别注意呢?

1. 用心倾听

销售员不仅要用耳朵去倾听顾客的话语中的语气、语调,用眼睛去捕捉顾客的表情和动作,还要用心去体味顾客言语的目的及其表情、动作透露的信息。

倾听时一定要保持专注,否则,一旦被顾客察觉到你在走神,就会令顾客谈兴索然,好感顿失。这是一种利用多重感官的综合行为,从倾听到理解、分析,再到做出判断,无不需要集中的精神和专注的思想。

2. 积极回应

在倾听的同时,销售员也要给予顾客及时恰当的回应。例如,灵活运用微笑、颔首、身体稍稍前倾等肢体语言;在顾客停顿间隙,重复顾客提出的一些观点,并表示赞同等。

这样会使顾客感受到被理解、被支持,从而更放心地倾诉。切忌在顾客讲话的中途打断顾客,否则不仅会打击顾客的谈兴和情绪,还会影响顾客对销售员的印象。

3. 切勿争论

哪怕顾客的言论失之偏颇,你也要时刻提醒自己,这不是一场辩论,没有人喜欢在购物的时候遭到批评或反驳。即便双方意见相左,销售员也要耐心地听顾客讲完。

有时候,顾客的反对意见透露的真实信息反而更多,销售员可以据此及时调整自己下一步的策略。

4. 善于引导

顾客倾诉的话题可能多种多样,但并非所有话题都包含了有效信息或是能顺利衔接销售过程。这种情况下,就需要销售员发挥掌控局面的能力了。

在顾客讲话的间隙,销售员可以利用开放式提问等方式,不动声色地将话题引导到有益于销售的方向。在引导的时候,一定要自然得体,不能过于生硬,切忌让顾客察觉到你在刻意改变话题导向。

> 有时,销售员难免遇到喜欢夸夸其谈的顾客,对此,销售员需要学会去伪存真,学会从长篇大论中准确截取要点,鉴别出对方的言谈中哪些信息是真实有效的;而在面对说话含蓄的顾客时,销售员则要善于从顾客的表话语中提炼出言外之意,摸清对方的深层想法。

> **大师金句**
>
> 客户关系管理的秘诀是听和学,而不是说和卖。客户关系管理就是授权于顾客,使顾客高兴,并让顾客感觉到他们与我们之间的交往就好像在他们的控制之中。
>
> ——弗雷德里克·纽威尔

顾客的信任感,是你的销售利器

情景回顾

在一个寒冷的冬日,一位心急火燎的中年女性拽着一个十岁左右的男孩冲进了服装店。女顾客一见到销售员陈月,就开口问道:"有小孩穿的保暖裤吗?"陈月见了,忙领着他们去往童装区。男孩一脸不情愿,不住嘟囔着:"丑死了,我才不要穿呢。"陈月见状,便明白了。她先转头轻声安抚女顾客:"这个年龄段的孩子大多叛逆,得慢慢劝。"说罢,她柔声宽慰男孩:"阿姨家也有一个跟你差不多大的小哥哥,他穿得比你厚多了,一点儿都不难看。这里好看又帅气的保暖裤多着呢,随你挑。现在正是假期,小朋友经常一起玩,着凉的话,你就要自己窝在家里喽!"说着,还对着男孩眨了眨眼。男孩愣了愣,随后不好意思地笑了。

最后,男孩给自己挑了两条保暖裤,女顾客也在陈月的引导下给自己添了件羽绒服,母子二人满意地离开了店铺。

情景分析

赢得顾客的信任,是成功销售的利器。曾有调查显示,七成以上的顾客在购买商品时,做出购买决定的主因往往是他们对销售员或店铺的信任,他们只有信赖销售人员或店铺,才会产生购买行为。

情景中的陈月,第一时间注意到了母子间的矛盾,并协助化解了矛盾,从而在短时间内与顾客拉近了距离,成功获得了母子俩的信任,这为之后的顺利成交奠定了基础。

在整个过程中，陈月并没有急着推销，而是准确地抓住顾客最关注的点——因孩子不愿意穿保暖裤而产生的矛盾，解决了顾客的燃眉之急，自己的销售问题也就迎刃而解了。

技巧点拨

优秀的销售员，应该在初步接触时就让顾客感受到亲切感和专业性，这样顾客才愿意选择相信销售员。当顾客对销售员产生信任后，他们对销售员之后的推介或引导，接受起来也会容易得多。然而，要做到这一点，并非易事，需要销售员在多方面做出努力。

1. 塑造专业形象

这里的形象指的不仅是销售员的着装要规范，行为举止要得体，更是指销售员本身的专业素养，以及对专业知识的掌握。要想获得顾客的信赖，首先要自信。而这种自信，来自扎实的基本功、日积月累的专业知识和丰富的实践经验。

2. 寻找近似之处

从心理学概念来说，两个人之间相近、相似之处越多，双方的沟通就越顺畅，彼此的信赖感就越强。当销售人员成功寻找到与顾客之间的共同话题（如兴趣爱好、穿搭心得、籍贯乡音等）后，双方交流起来就会亲切许多，也更容易建立起认同感和信赖感。

3. 保持节奏一致

简单来说，就是有意识地与顾客之间保持同步，从而产生共鸣，赢得信任。在情绪上，销售员应尽量表现出与顾客相近的状态，如此才能令对方产生亲切感。例如，遇到幽默随和的顾客时，不宜表现得过于一本正经，可适当轻松自然些；同时，应根据顾客的情况来调整自己的语速语调，尽量与顾客保持相近的节奏；还可以适当使用顾客的口头禅或固定用语，让顾客更快地适应这次沟通。当顾客觉得交流进行得特别顺畅时，其与销售人员的心理距离就会在瞬间被拉近，这样一来，他就会在不知不觉中对销售员产生信任感，也更容易接受销售员表达的内容。

4. 考虑顾客的利益

销售员与顾客之间的关系并非对立，两者应是互益共赢的。在销售过程中，顾客的利益应当被销售员划入必须考虑的范围。推介的商品可以带给顾客切实的益处，推荐的方案能让顾客享受到最大的优惠折扣，提供的意见可以帮助顾客解决困扰或隐忧……如果销售员能够做到这些，做到与顾客互惠双赢，顾客还有什么理由不信任这样优秀的销售员呢？

在为顾客介绍商品附加价值时，销售员可以考虑利用权威机构发布的信息，有公信力的媒体报道，或者引用业界中的意见领袖或专家之言，这样更容易获得顾客对产品与品牌的认可和信任。

一开始不要急着把产品卖给别人。

——乔·吉拉德

妙用赞美，让顾客心潮澎湃

情景回顾

在某间高档时装店铺内，有位日系装扮的女性顾客在一件剪裁独特的连衣裙前驻足良久。销售员曹君适时走上前，说道："您的眼光真的很独到，这一件是我们与日本设计师合作，共同推出的联名限量款。"顾客闻言，面露微笑。曹君紧接着又问："您背的这个包包看上去是中古款啊，一定很难买到吧？"顾客立刻显出得意之色："是啊，特别难买，我跑遍了东京大大小小的二手名品店，好不容易才淘到的！"随后，她像遇到了知音，又对曹君讲了不少自己"寻宝"的经历。用心听完后，曹君一脸佩服地感慨道："现在，像您这么有时尚品位又懂搭配的人真的很少了。"这句话正中顾客下怀，简单试穿之后，顾客便爽快地让曹君去开单了。

情景分析

适度的赞美，不仅可以给人带来好心情，还可以拉近彼此之间的距离。情景中，曹君通过对顾客的仔细观察，迅速判断出其对日本文化和时尚的热爱，然后便从顾客感兴趣的话题下手，恰如其分地赞美了顾客的品位。面对如此有针对性的赞美，顾客不仅接受起来心安理得，内心也会非常愉悦。

技巧点拨

虽然人人都喜欢被称赞，但谄媚逢迎或过于浮夸的奉承之语也会让人心生厌恶。称赞有度，美言不虚，是销售员需要奉行的赞美原则。同时，销售员对顾客的赞美，因为涉及销售目的，更需要注意言语的恰当和真诚，否则容易事与愿违。

那么，销售员应如何拿捏赞美的尺度呢？以下几点可供大家参考。

1. 所言不虚

赞美顾客的内容应大致符合顾客自身的真实情况。如果销售员使用虚假的内容、夸张的言语去赞美顾客，就很容易弄巧成拙，招致顾客的反感。从顾客本身的体貌、装扮、搭配等出发，发掘顾客自身的亮点或特征，真诚地去赞美顾客，这样才容易赢得顾客的好感和信任。只要销售人员所言为实，将观察到的顾客的优点实事求是或略作夸张地描述出来，顾客接受起来就会非常踏实，且十分受用。

2. 划分群体

针对不同的顾客群体，要采用不同的赞语。"您真帅/美""您身材真好"这种套话，不仅顾客已经听至麻木，只怕销售员自己说起来也是满心发腻。为了更好地接待各类顾客群体，销售员需掌握一些相应的赞美方式。例如，赞美阅历丰富的中老年顾客时，可从保养得当、心态年轻等方面入手；对打扮入时的年轻群体，宜称赞他们走在时尚尖端等；赞美事业有成的男性顾客时，主要针对他们的领袖气质和骄人成就表达赞叹；对精致优雅的女性顾客，则可称赞她们品位高雅，魅力四射等。

3. 寻找时机

赞美顾客时要选好时机，不可过于突兀，否则容易引起顾客的戒心。在开始赞美之前，需要捕捉恰当的时机，这个时机可以是与顾客初见时发现了他身上的闪光处，也可以是与顾客交谈时察觉到了他言行中的亮点，总之，这个时机应是适时、即时的，应让顾客觉得自然而然，没有生硬的感觉。

4. 表达到位

首先，赞美的语气应是十分诚恳的，要让顾客感觉到这是真心话。其次，表达中使用的言辞，不宜选择过于华丽的辞藻或过于书面化的字句，否则容易令顾客产生疏离感。再次，要尽量清晰准确地将赞美之意传达给顾客，一般来说，赞美的内容越具体越好，这样会令顾客觉得自己给销售员留下了非常深刻的印象，从而达到理想的效果。

5. 话题延续

赞美顾客时，切忌寥寥数言、敷衍了事后便直接进入销售主题，否则会给顾客带来十分糟糕的体验。一旦顾客认为这次赞美纯粹出于功利目的，届时，不管多么动听的话语，也会在瞬间变得刺耳。在赞美顾客后，销售员要稍作停顿，或是不着痕迹地转移到下一个话题，再尝试进行推销，总之，要给顾客一些消化、品味的时间。

> **小贴士**
>
> 在赞美男性顾客的时候，常用的词有才华横溢、眼光独到、品位不凡、活力四射、领袖气质、有决策力、温文尔雅等。对于女性顾客来说，她们通常喜欢气质高雅、讲究品位、身材傲人、保养得当、懂得享受、与众不同、魅力十足、落落大方等赞语。

大师金句

客户不希望被一视同仁，他们希望能被个别对待。

——唐·佩珀斯

站在顾客的角度考虑问题

🎬 情景回顾

一对准夫妇为了置办婚服,一连跑了多家店铺,仍没有下定决心。这一日,他们来到一家考察过的店铺,销售员季洁认出了他们,并一如既往地热情接待。听闻两位顾客近日的种种经历和顾虑之后,季洁点头说道:"我非常理解你们的心情,我结婚的时候也特纠结,婚服花了一个月才定下来。婚姻大事,就这么一次,特别需要慎重对待。现在正值结婚高峰期,我们店铺的优惠力度又比较大,所以订单特别多,定制婚服是需要排期的。如果你们还是很难决定,那这日子就得继续往后拖。而且,等过几天优惠结束了,价格也会大幅上涨。"两个人听后,稍作商量,都觉得季洁说的有道理,而这家店的性价比也不错,于是当天便在店里订制了一件婚服。

正所谓"将心比心,虏获人心",这一亘古不变的处世智慧,在销售中同样能大放异彩。情景中,销售员先是了解了顾客的需求,继而认同了他们的顾虑,然后从顾客的利益角度出发去看待问题,成功俘虏了顾客的心。最后,顾客得到了理想的服务和商品,销售员也顺利地达到了销售目的,这是一场双赢的交易。可见,想要打动顾客,销售人员应多站在顾客的角度去考虑问题,坚持以顾客的利益为出发点。

不少销售人员遇到过这样的情形：自己将商品的潮流卖点、材质优势、精湛工艺等滚瓜烂熟地一一背给顾客听，顾客却装聋作哑，甚至径自走开。在这种情况下，很多顾客内心的独白是："嗯，这东西很不错，可关我什么事儿呢？"

脑中只有"我要卖商品"这一个念头，将自己放在顾客的对立面上，生硬地向顾客推销商品——这种思想行为，是销售员必须摒弃的。只有始终以"如何为顾客解决问题才能使其满意"为思考的主方向，从顾客的角度出发，与顾客站在同一战线上，实现与顾客互惠互利，才能长久发展，创造辉煌。

想要真正做到站在顾客的角度考虑问题，成功虏获顾客的心，销售员需要注意以下几点。

1. 多有效沟通

销售员要记住，了解"顾客为什么想买这件商品"，比猜中"顾客想买哪件商品"重要得多，前者是推销的关键所在。销售活动中，只有与顾客进行有效且深度的交流，了解顾客内心的真实需求，才能有针对性地为顾客提出建议，切实地做到为顾客提供专业服务。顾客是否买过类似的商品，对商品有怎样的需求和使用习惯等，这些都是与顾客进行有效沟通后才了解到的信息。

2. 实现顾客利益

了解了顾客的需求之后，销售员可以配合顾客的关注点，为他推介合适的产品。这一过程中，销售员不仅要向顾客展示产品的优点，更要让顾客清楚地知道这些优点能够为他带来怎样的益处、创造何等的价值，让他感受到自己的钱花在了刀刃上。

3. 关注顾客的感受

顾客在购物时情绪状态不佳，或是出现波动，这些情况时有发生。销售员在与顾客互动的时候，应时刻关注他们的方方面面，及时调整自己的回应方式或状态，始终以周到的服务接待顾客。如此，哪怕交易不能即刻完成，甚至是以失败告终，销售员付出的真心关怀也一定会被顾客感受到。

4. 把自己当顾客

在心理上，销售员应视自己为顾客。事实上，每个人生来就是消费者，销售员只需想象自己购物时需求的心理——真正从顾客的利益点出发，全心待客。这样一来，顾客更容易放下对销售员的戒心，从而与销售员相谈甚欢，乃至视如知己。从追求销售业绩的视野中走出来，像消费者一样去思考，销售员就会明白顾客的需求与感受，从而更好地为顾客服务。

在销售活动中，涉及产品的推介时，销售员切忌只推销价格昂贵的高端产品，否则会令顾客质疑销售员的出发点，一旦如此，顾客对销售员的信任感就会大打折扣。销售员应结合顾客的具体情况，推荐最适合他的产品，不可过于功利，更要杜绝虚情假意。

过去的座右铭是"消费者请注意"，现在则应是"请注意消费者"。

——唐·舒尔茨

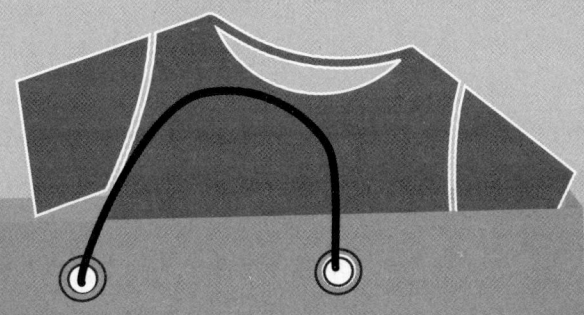

第五章 挖掘顾客需求，有的才能放矢

销售活动中，销售员能否挖掘出顾客的真实想法、深度需求，在很大程度上决定了销售的成败。因为，只有准确把握顾客的需求，销售员才能有针对性地推介产品，才能用推荐的产品直击客户内心。

挖出购买主旨，销售一击即中

一天，一对老年夫妇来到某中老年服装专卖店，要求退掉一件男士唐装。销售员美如在接待他们的过程中了解到，这件唐装是子女给买的，老人认为样式过于老气，所以前来退货。美如一边对老夫妻表示理解，一边问道："我非常理解您的感受，那么，老气具体指哪方面呢，是颜色还是款式？"根据夫妻俩的描述，美如在心中总结：老人比较喜欢修身、挺括的服装，颜色上也想避免老年服装常见的暗色系。

结合顾客的需求，美如推荐了一款修身且线条利落的风衣，并特意选择了莫兰迪色系，既不暗沉也不过分张扬。老人穿上试了试，效果非常不错，一旁的老太太也很满意，夸赞道："还是这样穿显得年轻、精神。"老人笑着说："是不错，就是我这裤子跟它不搭调，家里好像也没合适的。"

美如敏锐地抓住了新需求，立刻主动为老人搭配了两条不同颜色的商务休闲裤。当老人穿着整套搭配，从试衣间走出的时候，整个人非常自信，身板也挺直了许多。老太太不禁连连点头："这么一搭配，还真挺好的。"

最后，这对老夫妻买下了美如推荐的风衣和裤子，并且表示下次买衣服还会来找她。

情景分析

情景中，面对顾客的退货要求，美如并没有选择最简单的处理方式——

直接办理相关手续，而是主动去探寻顾客的真正需求。得知老人的主要诉求后，美如便有针对性地推介了相关服装。顾客在试穿恰当的款式，获得自信后，又得到了老伴的赞美，因此对销售员产生了信赖。如此一来，成功销售便是自然而然的事。

优秀的服装销售员首先关注的一定是顾客的需求，即他的购买主旨，而不是产品的卖点。在顾客眼中，如果某件产品对自己来说不需要、不适合，那么，即使它再好，也不具备购买价值。也正因如此，不符合顾客需求的盲目推销，大多以失败告终。

那么，究竟如何做才能迅速准确地挖掘出顾客的购买主旨呢？以下几点，可供大家参考。

1. 深度挖掘多层次需求

通过与顾客初识的简单交流，销售员一般可以得知顾客的基本需求，但这远远不够，销售员还需深度挖掘顾客的多层次需求。例如，购买产品的原因或目的，具体使用者是谁，最在意商品哪方面的功能。与顾客沟通时，销售员应利用巧妙的提问话术收集这些潜在信息，以便于后续工作的展开。

2. 激发进一步需求

对顾客的需求有了深入了解后，销售员可运用自己的专业知识和销售经验等为顾客推荐相关产品，并鼓励顾客试穿，令其亲身体验产品的优势。在此基础上，销售员应努力激发顾客的进一步需求（如成套搭配、替换等），尝试实现附加销售。

3. 引导顾客，解决问题

有些顾客对如何满足自己的深度需求并没有什么概念，这个时候，就需要销售人员通过表象找出顾客的内在需求，并从专业的角度给予建议，将顾客的需求引导到自己的产品上来，为顾客解决问题。这样的建议顺理成章，通常不会轻易被顾客拒绝。

一般顾客在选购服装时，其主要诉求通常有以下四点。

①具有实用性，能够满足自己的需要。

②能够修饰自己的身材劣势，改善形象。

③能够突显自身的风格、品位。

④能够帮助自己增强信心，提升社会形象。

营销的宗旨是发现并满足需求。

——菲利普·科特勒

试探对方心理价位，明确自身销售定位

 情景回顾

某服装店铺内，一位女性顾客指着模特，对销售员顾青抱怨道："这套衣服也太贵了吧！"顾青毫不介意地微笑着回应："这套衣服确实不便宜，不过，您身上这套衣服也很考究啊，相信也是精品。"顾客顿时像打开了话匣子一般："可不是嘛，要好几千呢！是我儿子送的，我自己才不会买这么贵的衣服呢！"顾青听后，先是夸赞顾客的儿子贴心孝顺，继而话锋一转："那么，您觉得大概什么样的价位比较合适呢？"这时，顾客觉得与顾青已较为熟络，所以爽快地报出了自己的心理价位。

顾青听后，引导顾客来到另一排货架前，说道："您看，这一系列的套装，剪裁独特，色调高雅，正适合您这样有品位的女士。而且，这一系列最近正好有活动，可以套装拆卖，只需购买三件单品就打8.8折，这样平均下来，每件还低于您的预算呢！"

顾客听了，颇感兴趣，于是便在顾青的安排下试起了衣服，最后满意地购买了两套衣服。

情景分析

消费者在选购商品或服务时，心里往往会有一个价格标准，我们称之为心理价位。如果我们提供的商品或者服务的价格高于消费者的心理价位，那么他们是无法接受的。但是，如果我们的标价低于消费者的心理价位，又可

能会遭受对方的嫌弃或者质疑。因此，对于销售员来说，迅速准确地探知顾客的心理价位，可以说尤为重要。

情景中，顾青巧妙地从顾客的话语中捕捉到了其对价格的看法，并利用话题间的巧妙衔接，自然过渡，得体地询问出顾客的心理价位。然后，顾青精准地为顾客推荐了店内更具价格优势的产品，从而使交易得以顺利进行。

人们总是喜欢物美价廉的商品或服务，如果可以物超所值，那更是求之不得。只有当心中的理想价位与现实商品相符时，顾客才有可能产生购买行为。那么，关于顾客的心理价位，销售员该如何试探，在探明后，又该如何应对呢？

对于销售而言，仔细观察、有效提问和用心倾听永远比"说"有用。沟通中，销售员要留心顾客的衣着谈吐、行为举止，从各个方面分析顾客的消费水平、消费观念和消费习惯等，从而判断顾客的心理价位。在适当的时机，销售员也可通过提问的方式直接请顾客说出他的心理价位。

如果顾客开口便问价格，销售员不妨先给出一个价格区间。尤其在销售员对顾客的心理价位尚无把握的时候，给出价格区间更为稳妥，这样既能给顾客考虑的时间，也给这次销售留下转圜的余地。同时，销售员可适当列举出几种价位的产品或配置，并向顾客讲述不同价位之间的区别，帮助顾客做更为全面的比较、考量，也便于销售员根据顾客的肢体语言判断其心理价位。例如，听到报价后，顾客身体前倾，则表明商品和价格令他产生了兴趣；身体后退，说明他对报价有些抗拒；保持不动，可解读为报价在其接受范围内，可以考虑。了解了顾客的心理价位之后，销售员还需根据所售商品的价位判断自身的销售定位。若对方心理价位与己方所售商品的价位差距过大，销售员应及时调整自己的推销目标。

需要注意的是，即便商品的价格符合顾客的预期，讨价还价的情况也在所难免，因此，在给出具体价格之前，销售员应先说出商品的价值。在价格博弈中，顾客谈论更多的往往是价格，而销售员谈论的则应是价值，即决定这件商品价格的关键因素。毕竟，价格只是数字，与顾客在数字上讨价还价很容易陷入僵局。而商品的最大价值所在，有时顾客并不是十分了解，这时就需要销售员发挥自己的专业素质，将商品的优点、独特性、品牌溢价等方面告知顾客。如此一来，顾客对价格的敏感程度就会适当降低。

有些比较爱面子的顾客，在选购商品时更注重这件商品能为自己挣得多少"面子"，因此最有可能购买高于心理价位的商品。遇到这种类型的顾客，向其推销与之相配但高于其心理价位的服装时，建议销售员从顾客眼光出众、品位独到，衣服与顾客的匹配度极高等方面进行说服，充分满足这类顾客的心理需求，以促成交易。

渗透营销就是进入消费者的世界，站在消费者的角度去与他们沟通。

——当·戴博雷克

探明款式要求,瞬间虏获客心

情景回顾

一天,一位身着正装的男性顾客走进了某服装店铺,销售员阳阳礼貌地打完招呼后,微笑问道:"这套经典款西装跟您真配,是订制的吧?您今天想看看哪种款式呢?""想看看时尚一点的款式。"顾客说完,便四下打量。阳阳心想:幸亏刚才没有妄下结论,开口就推荐经典款的职业装。于是,她引导顾客向男士休闲装展示区走去,边走边问:"那您比较中意哪种板型的呢?我们店里有比较潮流的短款外套,另外,还有美式、日式、韩式的休闲款西装,都是这一季的流行款。"顾客听了颇感兴趣,话也多了起来。最后,在阳阳的帮助下,顾客试穿了单排扣的韩式休闲西装,穿着效果非常不错,顾客也十分满意。

情景分析

对于顾客来说,服装的款式是决定他是否购买的一个不可或缺的因素。在为顾客推介服装之前,销售员应摸清顾客的款式需求,不可盲目推销,更不宜给出太多选项,有针对性地推荐,才能顺利推进销售。

情景中,阳阳没有先入为主、草率推销,而是通过询问,先确定了顾客的款式要求,然后为顾客介绍了该款中的详细分类,并强调了产品的"潮流性"——可以满足顾客的需求,从而成功引起顾客的兴趣,最终帮顾客选定了合适的服装。

 技巧点拨

如今的服装市场上,各种新款层出不穷,顾客在选购时,即便事先已对款式有了明确的定位或构想,也很容易被"乱花迷眼",这个时候,就需要销售员给出客观且专业的建议。因此,销售员在推销之前,需先明确顾客的喜好或需求,然后再从顾客偏好的款式中选出与之自身特征(如身型、肤色等)相配的服装,如此推销,才能事半功倍。

下面,简单为大家介绍一下为顾客推荐合适款式的技巧。

(1)如果顾客已有明确且详细的目标款式,销售员应尽量全面地了解清楚。切记,有的时候,你觉得无关紧要的细节,可能恰恰是顾客最在意的关键。

(2)如果顾客脑中对款式只有大致的轮廓,销售员则可根据观察、询问所得,依照顾客的穿着习惯、喜好等,为顾客推荐具体的款式。在推介时,销售员应为顾客阐明各个具体款式的优劣势,以便于顾客挑选和比较。在这个过程中,销售员还需时刻注意顾客的反应,根据顾客的表情、动作等判断其对各个款式的认可程度。

(3)如果顾客本身对款式没有概念或设想,也没有明显的倾向,那么,销售员可以根据顾客自身的特点为其推荐合适的衣服。例如,对于外向的顾客,可以推荐明快活泼的流行款式;对于老成持重的顾客,则可以推荐相对成熟的经典款。此外,也可根据顾客的体型、肤色等,给出专业的穿搭建议。

小贴士

"一迎、二问、三推销",这种程式化的销售模式,虽中规中矩,但已渐渐令消费者心生厌烦与戒备。在这种情形下,如果销售员自身对艺术、美感有一定的认知,并将其成功融入导购中,与顾客沟通心得、交流经验,甚至在不动声色中令顾客对"美"有新的、更高的认识,一定会给销售工作带来很大的帮助。

大师金句

亚马逊网上书店从不把重点放在说服人们购买上,他们把重点集中在提供读者所需的资料上……这就是渗透营销的思想:我是来帮助你的。

——当·戴博雷克

考量面料需求，精准推销服装

情景回顾

周末，某童装店内，一位女性顾客领着她的女儿正在选购衣服。

小女孩看上了一条光鲜亮丽的仙女裙，拿过去给妈妈看，央求妈妈给自己买这一件。顾客摸了摸衣服的料子，摇了摇头说："这个不行。"女孩顿时撇了撇嘴，然后对着妈妈撒娇耍赖，就是要买这条裙子。

销售员马郁见状，急忙走了过去，辩解道："这位女士，这件裙子的料子是薄纱的，非常透气，小朋友在夏天穿绝对没问题。"

女孩听后，高兴地抢过衣服，跑进了试衣间。没想到，从试衣间出来后，她的胳膊上长出了一片红疹。顾客当即皱起了眉，板着脸说道："我说了吧，你的皮肤敏感，容易过敏，这种材质的衣服你根本穿不了。"

店里的气氛顿时变得十分尴尬，马郁这才知道自己误解了顾客的意思。不等她道歉，顾客便拉着女儿离开了。

情景分析

服装的面料与服装的价格息息相关，并且关系到消费者穿着的舒适度乃至健康，也是影响消费者购买行为的一个重要因素。不同的消费者对面料的要求也不同，所以，销售员应根据消费者对面料的具体需求进行精准推荐。

情景中，马郁并没有切实了解顾客对面料的基本要求，而是根据自己的

经验，认为透气性是夏季服饰的硬指标，甚至是唯一指标，于是武断地表示"绝对没问题"，导致出现尴尬局面，也令顾客对他和店铺失去了信任和耐心。这样的结果，相信任何一个销售员都不愿意看见。

随着科技发展的日新月异，服装面料的种类和选材越来越丰富，人们对面料的选择趋势也有了一定的变化，越来越多的消费者更倾向于选择亲肤、舒适、透气、快干等材质的服装。对于服装销售员来说，除了必须对面料市场的更迭保持敏锐的嗅觉、及时把握市场的需求外，还要注意对面料的把控，务必保证自己销售的服装在面料质量方面符合相关指标，唯有如此，才能在面对顾客时更有底气。

与顾客初步交流时，销售员既可直接询问顾客对面料的要求或禁忌，也可以通过列举的方式来了解顾客对面料是否有偏好，从而尽快锁定推销范围。需要注意的是，即便顾客想根据面料控制购买成本，或是本身对面料的品质不太讲究，他们也不会愿意从"贵的/高档面料或便宜/次等面料"这样的表述中选择答案。销售员在询问时，用语不可太直接，应多使用"您觉得纯羊毛和毛呢混纺哪种更合适"之类的委婉表述。毕竟，对于顾客而言，无论面料是昂贵还是便宜，是舒适性好还是造型效果上佳，最主要的诉求终归是"合适"。

对部分服装面料是否过敏，是不少过敏体质的顾客在选购服装时首先考虑的问题。销售员在询问顾客的面料需求时，应先问清顾

客的自身情况,并告知顾客可能导致皮肤过敏的几种常见面料:涤纶(包括含涤纶的混纺衣料),氨纶(包括混纺衣料),锦纶,羊毛、兔毛等动物毛面料。

 **大师金句**

销售专业中最重要的字就是"问"。

——博恩·崔西

捕捉顾客的穿衣风格，掌握推销捷径

 情景回顾

某时装店铺内，一位女性顾客一连逛了四五圈，边逛边喃喃自语。销售员李娜适时走上前去，微笑问道："您好，请问我可以为您提供什么服务吗？"顾客摇了摇头，说："你家的衣服，第一眼看上去还不错，怎么越看越觉得老气？你看这模特，穿上这身套装，越看越像我们那个五十多岁的领导。"

李娜听后没有反驳，而是笑着点头道："女士，看得出您是有品位和审美的人，一眼就看出我们这一季的主打风格走的是成熟路线。请问您平常更偏爱哪种风格的穿着呢？休闲类的，还是偏职业风的呢？"顾客听了很受用，便列举了一些自己偏爱的单品。李娜认真听后，总结道："所以说，您比较喜欢沉稳端庄、剪裁立体大方的职业服装是吗？"顾客点头称是，仿佛遇到知音一般。李娜趁机说道："模特身上的和这一区的服装，确实比较适合中年女性。不过，您看那边，那几件衣服，都是专门为您这样的青年女性设计的，您不妨试试看。"

顾客此时不再争辩，而是随着李娜来到另一区域，并在她的推荐下试穿了好几套服装。

情景分析

其实，不少顾客对自身习惯或喜欢何种穿衣风格并没有明确的概念。但

是，当他们站在一件衣服面前时，通常可以很快地判断出这件衣服是否符合自己的风格。为此，销售员要通过与顾客的沟通去摸索属于顾客的穿衣风格，从而把握大致方向，推荐适合顾客的服装，获得顾客的认可。

情景中，李娜为我们做了一个成功的示范。顾客"逛了四五圈"，并表示"第一眼看上去还不错"，这说明顾客并非全然否定店铺的服装风格，且可能具有一定的购买意向。当顾客对服装的风格提出质疑时，李娜没有反驳顾客，而是顺着顾客的话，以赞美的言语去缓和顾客的情绪，并自然地提出问题，以挖掘顾客的日常穿着喜好。随后，李娜又十分简练而精准地从顾客的穿衣习惯中提炼出顾客的穿衣风格，并为顾客推荐与其相匹配的服装，从而使销售活动得以顺利进行下去。

技巧点拨

想要成为一名优秀的销售人员，首先需要具备足够的专业知识，如熟知服装风格的类别以及每种类别的特点，这样才能在需要的时候为顾客解决问题。其次，在为顾客推介服装之前，销售员有必要了解顾客的日常穿着习惯和他们对固定款式的偏好或需求，这样才能更快、更好地判断顾客的穿衣风格，进而给出更准确、更匹配的推荐。

当顾客对服装偏好的回答比较模糊时，销售员可以适时列举一些常见的服装风格，供顾客选择，比如，时髦个性、性感浪漫、端庄成熟、朴素大方，等等。

有的顾客会根据场合需求购买衣服，这时，销售人员可以询问服装的使用场合，比如，"是比较休闲还是偏正式的场合呢""是郊游时要穿的吗""您要出席哪种类型的舞会呢"。销售员若能够灵活掌握其中的奥妙，便可准确地根据不同场合为顾客推荐相宜的服装，如此，不仅丰富了顾客的衣帽间，也提升了自己的业绩。

目前,市面上的服装风格主要可分为三大类:职业装、休闲装和运动装。每个类别下还有具体的划分:职业装一般适用于正式场合,多为正装、晚礼服等;休闲装中包含波西米亚、维多利亚、哥特等风格;运动装主要包括各种体育运动中适宜穿着的服装。

销售是一门艺术科学,要善于找到顾客的关键按钮。

——乔·吉拉德

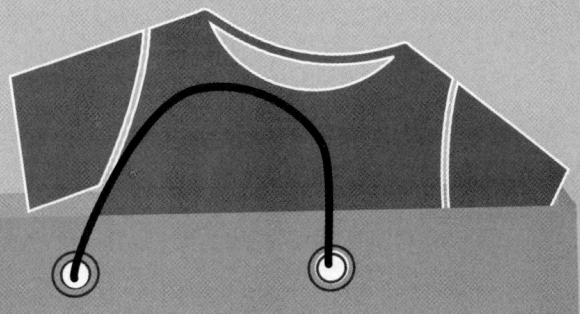

第六章 处理好试穿问题,你便成功了一半

有研究表明,顾客的试穿率与销售员的业绩联系紧密。因此,销售员要积极努力地引导、协助顾客试穿;对顾客在这一阶段产生的疑问或顾虑,给予专业、耐心的解答。毫不夸张地说,处理好试穿异议,你就离销售成功又近了一步。

面对邀请，顾客不愿试穿

 情景回顾

情景一

某服装店内，一位顾客信步闲逛。走到模特身边时，她伸手摸了摸模特身上的风衣，又翻出吊牌仔细看了看。销售员见状，寻机上前招呼道："这是最新款，刚到的，试试吗？"顾客笑了笑，不置可否，转身走到另一端的货架前扫了几眼，而后便扬长而去。

情景二

销售员："先生，这件夹克您看了这么久，一定很喜欢吧？既然喜欢，那就试试啊！"

顾客："不了，我就是看看。"

销售员："您不用担心，就是试试，又不花钱！"

顾客眉头微皱，转身便离开了。

情景分析

衣服是否合身、得体，能否满足自身需求，只有试穿之后才能更真切、全面地了解。这一点，销售员明白，顾客自己也清楚。既然如此，为什么有时顾客明明对衣服十分动心，却还是拒绝试穿呢？究其根本，除了顾客自身的心理因素在起作用外，还在于销售员的邀请话术欠缺技巧。

上述情景一中的"这是最新款，刚到的"一句毫无新意，大部分顾客已

经对此有了"审美疲劳",有些人甚至对其产生了怀疑或逆反心理。情景二中,"就是试试,又不花钱",很容易让人听出揶揄之意,似是在嘲笑顾客"穷""舍不得花钱",这种令顾客感到受奚落乃至受辱的邀请话语,只会适得其反。

顾客心中存在疑虑,面对销售员的试穿邀请不为所动或断然拒绝,这种情况在服装销售活动中十分常见。对此,销售员在邀请顾客试穿衣服时,除了要展现出对自家服装的信心,让顾客觉得"这件衣服确实挺适合我的,不试试可能会错过",还要掌握各种相对应的邀请话术,一一化解顾客心中的种种顾忌。

针对顾客的各种疑虑,可以取下面的话术巧妙应对。

1. 顾客担心试穿后必须购买——主动化解其购买压力

"您品位真不错,这是当季的潮流款,流行又不失经典,法国大师设计的呢!您的肤色和身材都这么棒,穿上这件衣服,效果肯定特别好!您尽管放心试穿,就当是让我们看看华裳配美人的效果,买不买都没关系的。试衣间在那边,我领您去。"

2. 顾客担心试穿后难以承受价格——主动以较轻松自然的口吻报出价格

"这件衣服无论是颜色还是款式,都挺适合您的,而且价格也合适,折后才××元。您不妨先试穿一下,看看效果是否满意。您平时穿XL码对吧?来,我领您去试衣间,您这边请。"

3. 顾客难以选定试穿的衣服——主动为其提供建议

"您的肤色比较白,身材匀称,根据我的经验——您看,这一款,从颜色到款式,都跟您很搭。您可以先试穿一下,看到效果,保证您立刻就能选定。这件刚好是M号,您随我去试衣间试穿一下吧,这边请。"

4. 顾客嫌试衣麻烦——强调试穿的重要性

"虽然您确切知道自己的裤子码数,但我还是建议您试穿一下。各厂家的裤子板型并不统一,万一买大或买小了,您还得再跑一趟。况且,只有穿在身上,才能看到具体的效果,您说是吗?"

销售员在引导、协助顾客试穿时,应不怕被拒、不怕麻烦,但也要注意两个"事不过三"。

①如果顾客坚决不肯试穿,那么,销售人员的试穿邀请不要超过三次;否则,容易引起顾客的强烈不满与厌烦。

②销售员要尽量将顾客试衣的数量控制在三件(套)以内,否则,要么容易引发顾客的"选择困难症",要么容易令顾客沉浸在试穿的感觉中,以致忘了购买目的,最终无法做出购买决定。

只要你能帮助别人得到他们想要的,你就能得到一切你想要的。

——金克拉

明明合身，顾客却觉得尺寸太大或太小

情景回顾

情景一

顾客："这件衣服太大了，我穿进去手都露不出来了！"

销售员："有吗？这件衣服是均码，板型就这样，您穿着刚刚好啊！"

顾客："松松垮垮的，效果太差了，我不要了。"

情景二

顾客："这裤子穿起来太紧了，走路都不方便。"

销售员："这个码数就是您的尺码呀，您看，其实正合适呢！牛仔裤嘛，穿几次就宽松了。"

顾客："看着也显胖啊！"

销售员："不会，我看正好。"

顾客："算了，我去别家看看吧。"

情景分析

每个人都有自己的穿衣习惯，例如，有人喜欢宽松些，有人喜欢正合身，有人注重穿衣的舒适感，有人更在意服装的修饰作用，所以，顾客心中的合身和销售员眼中的合身并不完全等同。

也正因如此，有时即便销售员推荐的尺寸是合适的，顾客在试穿后依旧会针对尺寸产生异议。在这种时候，销售员的应对思路就显得十分重要。

上述两个情景中,两个销售员犯了同一个错误,即只从"我"的角度进行思考,忽略了顾客的考量与需求。在这种思路下,无论销售员做出怎样的回答、解释,都是徒劳无功,难以打动顾客。对顾客来说,销售员所说的每一个字、每一句话,都是逆耳的聒噪之声,根本没有丝毫的说服力。

顾客对于服装尺寸的选择,不仅源于自身的体型,也源于自己的穿衣风格与习惯偏好。对此,销售员要从顾客的角度出发,通过观察、询问等方式探明顾客的着装需求。

不过,这并非要求销售员一味地唯唯诺诺,完全跟着顾客的思路走。在服装搭配方面,销售员的经验往往比顾客更加丰富。

当某件服装从尺寸到风格等确实很适合顾客,而顾客却并不满意时,销售员可以运用相关的专业知识,根据顾客的实际情况和具体需求,给出合理的建议。

实际上,只要销售员的建议足够专业,且完全站在顾客的角度考虑,那么,即使你的观点与顾客相悖,即使这个建议最终没有被采纳,顾客也会在心中重新定义你,你的专业性和同理心会让顾客变得信任你、亲近你。

顾客关于服装尺寸方面的异议,主要围绕松垮感和紧绷感两个方面。针对这两种异议,销售员可以采取以下话术进行引导。

1. 松垮感(主要针对均码的服装)——抓住服装的舒适性、个性化

"您平时更习惯穿着比较修身的衣服,是吗?那就难怪了,突然试穿完全相反的风格,大多数人一时都难以适应。这件衣服是均码,宽松板型的,它的设计理念就是舒适、休闲、个性,很适合您这个年纪的小姑娘,穿起来青春感十足。而且,您的身材挺适合这种类型的。偶尔换一种打扮,还能让人耳目一新呢!"

2. 紧绷感

（1）顾客觉得穿着不自在。

①赞美顾客身材优势。

"看您的穿衣打扮，您平时应该更喜欢宽松式的衣服吧？习惯了休闲款的衣服，偶尔穿紧身的，肯定觉得不太舒适。不过，像您身材这么好的人，只穿宽松板型的衣服，有点可惜啊！您看，这条裤子把您的曲线、腿型都勾勒出来了，多美的线条啊！其实，之前我们店里也来过好几位像您一样喜欢穿宽松型衣服的顾客，后来试了这种板型的裤子，身材得到完美展现，大获好评，她们都开始更多地尝试这种贴身的裤子了呢！"

②强调衣服的设计、质地等特征。

"您说得对，这款毛衣在设计方面走的是紧身路线，设计师就是想利用衣服紧紧贴身的效果凸显女性的动人曲线。您也看到了，镜子里的您，展现出了精致的玲珑曲线，女性气质尽显。而且，这件毛衣的面料也是精心挑选的，可以直接贴身穿着，不会有刺痒感。多穿几次以后，毛衣会宽松一点，您就不会觉得紧绷了。"

（2）顾客觉得穿着显胖——以恭维弱化顾客主观顾虑，以强调突出服装客观优势。

"这哪是胖呀，这是丰满。姐姐，人们不是常说嘛，女人丰满是福气。从您面相就能看出来，您的日子过得幸福、宽裕，这是多少人梦寐以求的呢！您看这衣服，跟您的气质很相配啊，这个尺码也刚刚好。来，我帮您把背后的腰带系好，您转个身，看看整体效果。您看，这个板型特别显曲线，颜色也衬皮肤……"

在销售员理性引导、给出专业建议后,如果顾客仍旧坚持己见,不接受销售员推荐的尺寸,那么,销售员也不宜多赘述。此时,应根据顾客的穿衣习惯、偏好等推荐其试穿别的服装。

客户最关心的是质量、服务和价值。

——菲利普·科特勒

其余尚可，但颜色让顾客有顾虑

某服装店内，一个年轻的小伙子站在一件白色羽绒服前不断端详，销售员莉莉适时上前邀请试穿。小伙子显然十分动心，不等莉莉多费唇舌，便当即脱下外套，换上了羽绒服。"真不错，衬得人更精神了！"莉莉竖起大拇指。小伙子却犹豫起来："好看倒是好看，就是白色太容易脏了……"莉莉不假思索地说道："带个套袖就行。"小伙子显然对这个方案并不满意，想了一会儿后，最终摇着头走出了店铺。

人们对于服装色彩的选择，或源自习惯、偏爱，或出于自身年龄、社会观念等方面的考虑。销售员在面对色彩异议时，应先向顾客问明具体情由，然后帮助顾客打消顾虑，以消除异议。情景中，莉莉直接为顾客提供了一种解决方案，并没有完全激发出顾客对白色服饰的兴趣和需求，也没有彻底打消顾客关于颜色的顾虑，更何况，这个方案还是相当一部分职场男士很难接受的。

顾客在选择服装时，关于颜色，通常会有自己的心理倾向。如果顾客对衣服的其他方面都比较满意，唯独对颜色心存顾虑，而该款又恰巧没有

顾客心仪的颜色,那么,销售员可以试着推荐相近的或适合他们的颜色。很多时候,只要销售员真诚待客,话术得当,顾客也愿意进行一些新的尝试。

关于服装色彩的异议,主要在于颜色过艳(过亮)、过深(过暗)、过浅三个方面。

1. 颜色过艳(过亮)

存在这种顾虑的,一般情况下是年纪较大的顾客。针对这个消费群体,销售员可以尝试把鲜艳亮丽的颜色和兴旺美好的生活画上等号。

"阿姨,您这话我可不敢应,您看着比我妈妈还年轻五六岁呢,我妈妈现在就特爱买红色的衣服穿。别说你们都是中年人,就是老年人,穿红色也很合适啊,这颜色多喜庆啊,红红火火的!像您这样有富贵气的人穿红色,不仅显得热情大方,而且人家一看就知道您家的日子也是红红火火。您本来就面带喜气,这红外套一穿,是不是显得脸色更红润了?"

2. 颜色过深(过暗)

对深色系(暗色系)服装不感兴趣的,通常是中青年顾客。对此,销售员可以根据男女顾客的不同关注点,有针对性地强调这类颜色的优势。

(1)对男性顾客——强调塑形象、不易脏。

"先生,您觉得这种藏青色太深了,有点严谨、显老,是吗?其实,您完全不用担心,对于很多职场人士来说,藏青色可以说是标准色,能塑造出精干的职业形象。而且,它也是时尚界的宠儿,颇受诸多设计大师的青睐。您看,您穿上这件西服,既有职场人士的专业气质,也有时尚达人的潮流感,可谓两者兼具了。况且,这种颜色很耐脏,不会穿一两天就显得脏兮兮的,可以省去您不少麻烦。"

(2)对女性顾客——强调显身材、易搭配。

"女士,您说得对,黑色本身太暗、太深沉了。可是,穿在您身上,完全是另一种效果嘛!这件黑色外套把您的身材、肤色都显出来了。而且,人和衣服是相互映衬的,您这整体的穿着效果,也把衣服反衬得没那么暗了。还有,为什么人们总说黑色是永远的经典、永恒的流行?就因为它百搭呀!穿这件外套,您里面配深色或浅色的衣服都行,下身搭配也没什么限制。您身上的打底衫和休闲裤,不是刻意配的,却和这件外套十分协调,对不对?"

3. 颜色过浅

不满服装颜色太浅的,通常是习惯穿着深色服装或考虑服装便捷性的顾客。在与他们沟通时,销售员可以着重突出浅色服装的吸睛和清爽感。

"小姐,虽然这种鹅黄色的衣服容易脏,可是它特别显肤色,也特别衬气质啊!您看,不管是在商场里,还是大街上,一眼望过去,那么多人穿深色衣服,所以穿浅色衣服的人,总能瞬间抓住人们的眼球,给人一种不落俗套的感觉。您的皮肤白皙光滑,而且您一看就是爱干净的人,穿这种颜色,更能衬托出您干净清爽的气质。"

在向顾客推介某种颜色的服装时,销售员可以利用该颜色的特点或感观来辅助劝说。例如,黑色的衣服比较百搭、显瘦、耐脏,给人一种成熟稳重的感觉;白色的衣服更能衬托气质,让人觉得干净、清爽;红色充满朝气,给人热情、喜庆之感;蓝色优雅含蓄,是一种能让人心绪平静的颜色,比较适合职场人士;黄色衣服在人群中特别显眼,给人一种时尚、鲜明之感等。

一个好的产品,它最好的推销员就是它自己,如果没有样品让顾客试用,仅靠书面或口头宣传,要想卖出东西,真比爬山还累。

——汤姆·霍普金斯

试穿之后,面料未能满足顾客期待

 情景回顾

销售员:"小姐,您看这条裤子穿在您身上多合适!"

顾客:"颜色和款式还不错,就是面料不太理想。"

销售员:"哪里不太理想呢?"

顾客:"不够挺直,看着不上档次,而且感觉洗一次就会起球。"

销售员:"不可能,这料子很高档的,我自己平时也穿,正常机洗,绝对不会起球。"

顾客听后不再言语,径自去试衣间换回了自己的衣服,漠然离去。

情景分析

无论是不满意服装的穿着效果,还是出于洗涤保养等方面的考虑,既然顾客对衣服的面料提出了异议,销售员就应本着同理心,从专业角度和实际情况出发,帮助顾客消除顾虑。情景中,销售员的回应方式显然不能让顾客信服,过于绝对的直接否定,非但没有说服力,还很容易引起顾客的不满。因此以自己为例的说服方式,在销售活动中,有时并不能达到理想的效果。

 技巧点拨

世上没有十全十美的事物,每个人都有自己的喜好,衣服的面料再高

档,也会有难以避免的劣势。即便是面料寻常的服装,也有它自身的特点。面对顾客提出的面料异议,销售员可以通过以下几种方式引导顾客。

1. 肯定顾客的疑虑,着重介绍面料的优势

"您说得没错,这面料看上去有点旧旧的感觉。不过,这种面料一点也不次,您看成分表……您穿在身上也觉得挺舒适的,对不对?这种特意做旧的布料,近两年挺流行的,清洗起来也很方便,不像有的衣服那么娇气。"

2. 描绘面料的特质,激发顾客对美的想象

"小姐,您果然是个心细的人,不错,这条裙子的料子特别轻薄。不过,这正是设计师想要的效果——轻盈而又飘逸。而且,这是长裙,又是雪纺面料,它的垂坠感很强,即使有风吹过,也不会整条裙子被掀起;裙摆随风飘动的样子,反倒能打造出飘然若仙的味道呢!您看,我们店里专门准备了电风扇,您不妨对着试衣镜,体验一下那种感觉。"

3. 突出服装其他方面的优势,转移顾客的注意力

"姐姐,一看您对面料就非常了解。是的,这款衣服在面料方面确实不算出众,不过,也正因为如此,它的价格很划算。虽然价格优惠,但做工一点儿也不马虎,而且这款式是今冬的流行款,颜色也很衬您的肤色。您进店第一眼就相中了这件,穿上果然很合适,可见您很会挑衣服啊!"

4. 借"他人之口"对面料的质量等做出保证

"女士,您有这样的顾虑,也是很正常的,其实,之前也有几位顾客在购买之前跟您有同样的顾虑。不过,这款毛衣我们已经卖出几十件了,至今还没有顾客来反映这种情况。您看,毛衣的吊牌上有详细的洗涤、保养说明,只要按照上面的要求正常操作,是不会出现严重缩水的情况的。"

小贴士

销售工作，说到底就是一种劝服、引导工作。销售活动中，无论你真正的出发点是什么——是为了冲业绩、推介品牌，还是真心觉得某件衣服终于邂逅了真正的主人。在劝服顾客时，你首先要让顾客感受到你对他的理解和赞同，切忌直接否定顾客，否则，一旦激起顾客的逆反心理，无异于自讨苦吃，甚至会令这次销售活动就此终止。

大师金句

你唯一要销售的东西是想法，而那些也是所有人真正想买的东西。

——乔·甘道夫

风格不合，顾客略有微词

销售员："怎么样，试穿效果很好吧！"

顾客："挂在架子上还挺好看，怎么上身后效果这么怪呢？"

销售员："请问是哪里觉得不太称心呢？"

顾客："看着还算正式，穿上后太休闲了！"

销售员："二十出头的小姑娘，不用穿那么严肃啊，休闲点好！"

顾客犹豫再三，最终还是换回了自己的衣服，离开了店铺。

顾客的着装风格通常会受到职业的影响甚至限制，在选择服装时，出于需求、习惯和经济等方面的考虑，顾客倾向的服装风格一般相对固定。在这种情况下，销售员的引导话术就显得十分重要。情景中，销售员没有询问和考虑为什么"二十出头的小姑娘"会排斥休闲服装，而是直接武断地替顾客决定了服装风格，这样的说话方式显然无法让顾客接受。

虽然顾客的穿衣风格很难改变，但是，这并不是说在顾客对服装风格存在异议时，销售员就彻底无从下手，只能知难而退。如果顾客所谓的"不合适"的衣服其实挺适合他，或是店里的服装无法满足顾客的购买初衷，那么，销售员不妨运用专业的眼光和技巧，引导顾客在着装风格方面做一些新的尝试。

下面简单为大家介绍几种应对风格异议的话术。

1. 肯定顾客职业形象，提醒顾客享受生活

"女士，您原本穿的那身套裙，的确挺好的，那身是定制款吧？把您职业精英的气质衬托得淋漓尽致！不过啊，套装更适合工作时穿，您说是吧？平时和朋友们出去郊游、唱歌，放松的时候，还是穿着休闲式的服装更舒适，也让朋友们觉得更轻松一些，对不对？您仔细看，这身衣服，您穿起来有一种悠然自得的恬静感，让人觉得，生活就该这样，细细地品味，慢慢地享受。人生不就是这样嘛，职场里是潇洒干练的精英，生活中是懂得享受的智者，您觉得呢？"

2. 激发顾客对美的追求

"您一进来我就发现了，您是个很有个性的女孩。我也接触了不少想尝试简约中性风的顾客，可惜效果都不理想。但是您能很好地驾驭这种风格，也能看出您生活中是个干练开朗的姑娘。不过，女孩嘛，对于美的追求是无止境的，您看，那些时尚教主，都是百变风格。其实，像您这么好的条件，完全可以多尝试几种风格。就像您身上这套淑女风的衣服，把您清新雅致的一面完全衬托出来了，这样动人的美，不展示一下多可惜啊！"

3. 引导顾客对新形象的展望

"先生，您一看就是个时尚白领，原本穿的那套休闲款，您完全穿出了产品本身要展现的清爽风。我想，您平时也是习惯穿休闲服装吧？您可能觉得穿这款太过正式了，穿得束手束脚，自己也不适应这种风格。不过，这套衣服其实很适合您这样的职场年轻人，穿起来显得更加成熟稳重。您不妨想象一下，周一上班的时候，您穿着这一身，以崭新的形象出现在办公室，那些平时看惯了您穿休闲装的同事，包括您的老板，是不是都会眼前一亮，对您也有了新的认识？"

小贴士

很多顾客也会有意无意地倚仗"顾客就是上帝"这个原则,在消费活动中,始终抱持着高高在上的优越感,理所当然地认为销售员就应该服从、迁就乃至忍让。也正因为如此,他们往往不会轻易接受销售员的建议或观点。在这种情况下,销售员首先要做的,就是让自己的话听起来悦耳,品起来甘甜。若能利用好这颗"糖衣炮弹",便是掌握了成功销售的法宝。

大师金句

利人为利己的根基,市场营销上老是为自己着想,而不顾及他人,他人也不会顾及你。

——梁宪初

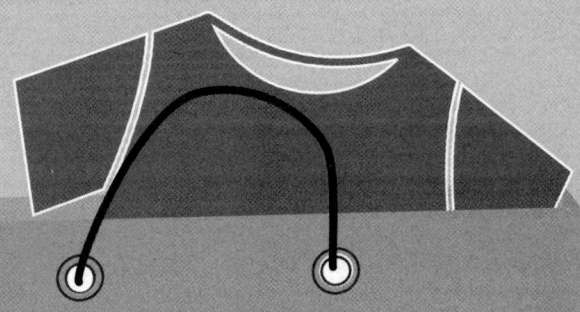

第七章 品牌与质量两手抓,解决顾客的品质疑虑

如果说品牌是产品的形象,是商家的无形资产,那么质量就是产品的内涵,是商家的生存之本。面对顾客关于服装品质的质疑,销售员只有牢牢掌握并灵活运用相关的知识与经验,及时化解异议,才能为后续的销售工作扫除障碍。

突出品牌特点，让顾客认可这个"新品牌"

某服装店内，顾客在店员的推荐下试穿了一件风衣，对于款式和颜色都比较满意。换下风衣后，顾客拿起吊牌看了又看，有些犹豫地问："衣服看着还行，就是这个牌子，你家以前没卖过啊，是新牌子吗？"销售员忙说："姐姐，您真是行家。这个牌子确实刚上市不久，现在扔在推广期，还得请您多支持啊！"顾客犹豫再三，最终放弃了购买。

顾客对产品的历史或知名度提出质疑，寻根究底，是因为顾客对产品的质量、售后乃至销售员不够信任。面对这种情况，销售员首先要做的就是理解顾客的感受，积极赢取顾客的信任。情景中，销售员不欺瞒、不吹嘘的出发点是对的，但这种表述方式（过于直接，且没有后续的说明或引导）很难令顾客对产品产生信任感。因此，销售员眼睁睁地错失了一次销售良机，也就在所难免了。

技巧点拨

服装的品牌，不仅是一个名字、一个代号，在消费者眼中，它更包含了服装的质量、风格、款式、档次以及商家的服务、售后、信誉等多方面的信息，代表了一种综合形象。因此，虽然如今消费者对品牌的忠诚度有所下降，但很多顾客在选购服装时依然会将品牌作为重要的考虑因素。

时下，服装业的竞争如火如荼，众多品牌用尽浑身解数，也无法令自己的名声达到家喻户晓的地步。同时，在每一天，又有许多新生的品牌。而在顾客眼中，自己没听过的或是没有使用经验的品牌，都可以归为"新品牌"。因为"新"，所以顾客对其没有了解，不知底细，很多时候难以下定决心去尝试。

这就对销售员的话术和技巧提出了考验——应对得好，顾客满怀信心地接受并尝试"新品牌"，体会到产品带给他的实际利益后，说不定从此成为忠诚顾客；回答得不理想，名牌产品被当成地摊货，甚至销售员本人也会被顾客拉进黑名单。

当顾客表示"没听过这个牌子"时，销售员可以尝试下面几种应对话术。

1. 产品并非新品牌——消除顾客的误会，同时介绍产品的优势与特点

（1）自我检讨。

"是吗？那真是我们的失误，怪只怪我们的宣传工作不到位，看来我们必须认真检讨了。不过，还好您今天来了，给了我们一个为您介绍品牌和产品的机会。我们的品牌已经上市五年了，现在在全国各地都有门店。相信您一进门就发现了，我们的服装主要面向白领、商务人士，走的是精致典雅的路线。您看，不止您试穿的这款，那边的展示架上都是周一新到的款式。其中有几款很适合您的风格和气质，您不妨也试一试。"

（2）诚恳解释。

"先生，看得出您在服装方面也是行家。我们的品牌确实刚进入这个地区不久，不过，在北上广等一线城市，我们的店铺也开了几年了，这也怪我们宣传不到位。所以，我们还需要靠您这样的行家多来捧场，多给我们指导意见。而且，我们品牌的定位就是为高端男士打造高端服饰，您这样身份和品位的人，跟我们的产品真是十分相配！身上这件，您觉得这么样？果然还是穿一下才能看出真正的效果吧！您看，把您挺拔的身材和阳刚的气质衬得更突出了。"

2. 产品确为新品牌——大方承认，同时强调新品牌的优势

"女士，您的想法我特别能理解，不少顾客头回来我们店的时候，也是跟您有一样的顾虑。我们确实是一个新品牌，入驻本市时间也不长。不过，您是有经验的人，一定明白，新品牌更需要累积信誉、赢得口碑，所以，我们对服装的质量和服务的品质会有更严格的标准和要求。只有这样，我们这个初生的品牌才能发展下去，您说呢？您看，这是我们开业两个月以来的销售记录和售后记录，虽然顾客人数不能跟那些老牌子比，但是我们的回头客很多，而且在质量方面是零投诉，这也说明了我们的产品和服务是值得信赖的。"

小贴士

为了更好地应对顾客对服装品牌的质疑，销售员应在平时就熟悉掌握一些基本知识。例如：企业知识，包括企业的历史、知名度、规模、实力、定位、风格等；产品知识，包括产品的品牌信息、质量、定位、风格、面料成分及制作工艺、使用及洗护须知、销售成绩及库存情况、竞争态势及市场风向等。

大师金句

品牌就是一种让顾客了解相关产品来源的信号，它保护了顾客和产品制造者不受那些企图销售类似产品的竞争对手的干扰。

——大卫·艾克

客观回应顾客关于品牌的比较

情景回顾

销售员:"您看,效果很好吧!您的眼光真不错,挑的款式和颜色都好。"

顾客(反复照镜子):"嗯,看着还行。"

销售员:"那您是直接穿着,还是我给您包起来?"

顾客:"刚才我在××家也看到一款差不多的衣服,款式、价格跟你家都差不多。你们哪家的质量好点儿啊?"

销售员:"这个我可不好说。"

顾客:"你就说说呗,我作为参考。"

销售员:"您可能觉得它家比我家知名,肯定啊,每年广告投入那么多。可您想啊,羊毛出在羊身上,广告成本最后还不是摊到衣服价格里。那您说,同样的价格,谁家的质量更好呢?"

顾客(面露不悦):"谁家的质量更好我不知道,但你家的店员口才更好,这是一定的。"

销售员:"我是跟您交实底儿,没说假话啊!"

顾客不理会销售员,脱下试穿服装后径直离去。

情景分析

实际销售中,销售员经常会遇到顾客主动询问己方品牌与竞争品牌孰优孰劣的情形,这表明顾客正在权衡,还未做出判断或决定。这种情况下,销

售员应客观中肯地评价竞争品牌，同时，根据顾客的实际需求，有针对性地突出己方品牌的优势。

情景中，销售员的回答犯了销售中的大忌，即便销售员说的全是实情，这样毫不掩饰地贬低竞争对手，并不能抬高自己，反而会让顾客质疑销售员的职业道德乃至商家的格调作风。虽然销售员的意图和方式令顾客反感，但她的观点顾客未必不认同，如果顾客认定这一观点并牢记，甚至逢人便"义务宣传"，那么，那些广告宣传效果深入人心的品牌无端受累自不必说，更有甚者，可能会使整个行业的形象受到影响。

顾客拿你所售的品牌或服装与你的竞品进行比较，其实是一种积极的信号，因为，如果顾客无心购买，如果你的商品并不符合他的心意，那么，他无须权衡、选择。这时，正是你争取顾客芳心的关键节点。

在回应顾客的询问时，销售员应做到：尊重对手、重视对手，客观评价、理性分析。你需要让顾客体会到的是：不是竞争品牌不好，而是对于顾客的需求来说，你的产品具有更大的优势。这种专业而自信的态度，更容易让顾客产生信任感。

为此，对于竞争品牌的知识，销售员要多多掌握，"像了解自己一样了解对手"，才能客观评价对手，中肯地回答顾客的问题。如果一问三不知或有意敷衍，则会让顾客质疑销售员的专业素质，进而对其失去信任。

当然，对于竞争品牌，销售员不必谈论过多，简单几句即可，主要精力应该用于结合顾客需求、介绍己方产品的优势与特点。此外，如果顾客没有主动询问或提及，销售员在言语中应尽量避免涉及竞争品牌。

当顾客提出"你家和××家的衣服，谁的质量好"之类的问题时，你可以采用如下方式回应。

1. 赞美顾客眼光，挖掘顾客需求

"您的眼光真不错，您说的那家和我们家都是时尚品牌，都有自己鲜明的风格特点，很受年轻白领的欢迎。我们两家能获得众多顾客的支持，说明质量都是有保障的。不同的是，它家比较偏职业风，我家是休闲款多一些。所以，关键是看您更喜欢哪种风格。对了，您平时买衣服是更注重款式，还是先看颜色花式呢？现在是夏天，面料方面您有什么偏好吗？……"

2. 根据顾客需求，突出自身优势

"先生，您对服装领域真是了解。是的，我们和××家在定位和款式方面差不多，其实两家的质量都很不错，主要得看具体哪款衣服更让您中意，是不是？您看，您试穿的这款衬衫，它是经典款，很多品牌都有相近的款式，但是各家还是有自己特色的。就像我家这款，它采用了天然竹纤维面料，您不必担心肌肤敏感问题；而且它穿起来柔滑透气，很适合这样的天气穿着。不仅如此，这款衣服还做了抗皱免烫处理，能为您省去不少时间和麻烦。在细节方面，比如领扣和袖扣，领口暗色的刺绣，都体现出一种低调的典雅精致，和您这样的商务精英特别相配。"

凡事都具有两面性，面对顾客的质疑，销售员若能巧妙转化，反而可以突出自身的优势。例如，顾客说"你家店的衣服太贵了"，你可以答"价格确实不低，这是因为我们严格把控质量关，在面料和做工方面的成本很高"；顾客表示"你家的位置太偏了"，你可以说"的确如此，不过这里比起繁华地段的租金要便宜很多，这样衣服的售价也会相对降低，低价格买到高质货，这对顾客来说才是真正的实惠啊"。

 **大师金句**

品牌是一种错综复杂的象征,它是品牌属性、名称、包装、价格、历史声誉、广告方式的无形总和。品牌竞争是企业竞争的最高层次。

——大卫·奥格威

妥善消除客户对面料的疑虑

情景回顾

销售员:"女士,您看,上身效果这么棒,不如别换下来了,直接穿着走吧。"

顾客:(翻出吊牌看了看)"这是纯毛的吗,怎么摸着不像?"

销售员:"那当然,绝对是纯毛的。您再摸摸,仔细摸,要不用脸蹭一蹭,感受一下。"

顾客:"我就是摸着不像才问你。"

销售员:"肯定是纯毛,您看,吊牌上也写着100%羊毛。"

顾客:"吊牌要写着100%足金,它就是金的了?"说完顾客便脱下试穿服装,拿回自己的衣服,转身而去。

情景分析

服装的面料直接关系到顾客的穿着体验,同时,面料也在相当大的程度上决定了服装的价格,因此,对于面料的具体成分,顾客往往会十分在意。当顾客对面料质地有所质疑时,销售员的回应将直接影响顾客的购买决定。

情景中,销售员的回答并没有让顾客满意。在顾客触摸过面料后提出质疑时,销售员的第一句回答无异于直接否定了顾客对纯毛面料的认知,甚至有质疑顾客触觉辨别能力的嫌疑。故此,顾客的态度也不再友好。而销售员的第二句回答依旧让顾客无法满意——顾客正是因为不信任吊牌标示,才会询问销售员,如此回答,不仅无法消除顾客的疑虑,而且会令顾客觉得销售员在有意回避或底气不足。

如今,部分厂商为了节约成本、获取暴利,常常"挂羊头卖狗肉",例如,明明是混纺面料,却标示为纯棉面料,明明是人造皮革,却标示为天然皮草。这种非法行为,可谓坑人坑己,也让消费者在购物时疑虑重重,不少顾客不再全然相信吊牌上的信息或商家的宣传,而是根据自己的知识、经验,甚至根据销售员被质疑时的表现来判断服饰的面料成分是否与吊牌内容相符。

这种情况下,就需要销售员拿出专业表现,及时为顾客答疑解惑,消除顾客的顾虑。对此,销售员可以参考以下两种方法。

1. 以信誉作保

"女士,您的顾虑我完全理解,毕竟现在少数商家以次充好,在面料上做手脚。不过,请您放心,我们的衣服是值得信任的。我们店自从开业以来,已经连续八年获评商场的金牌信誉店铺,销售的也都是业内前十的品牌。店里出售的服装,不仅在出厂前有质检,到店后,还要经过严格的抽检。开店至今,从未有顾客反映面料成分与吊牌标示不符的情况。所以,您大可放心。您看,真丝面料看起来比较柔和顺滑,像珍珠的光泽一样,摸起来的手感柔软光滑,这种手感仿真丝是做不到的,仿真丝会相对硬挺一些,而且一般颜色比较亮丽。"

2. 用事实说话

"大叔,您的担心是有道理的,现在的确有极少数商家不太规矩,啥都敢往吊牌上写。不过您放心,我们不会这样。咱们不妨来试一试您看中的这件衣服。纯棉的衣服弹性比较弱,因为棉纱很坚韧。您看,这样一折一压再铺开,这道折痕越明显,表示衣服的含棉量越高。还有,纯棉的衣服基本扯不动,您试试,对吧?而且,您看,扯完后,还原得很慢。化纤的衣服不会有这样的折痕,而且一扯就拉长,一松手就恢复了。"

小贴士

如果顾客误认面料成分或看错吊牌内容,以为面料的质地比实际情况更优质、高档,销售员应及时告知,不可为了促成交易而将错就错。

大师金句

21世纪的工作,已经从做一份工作、追求一项事业,转变到建立专业品牌。

——汤姆·彼得斯

正视做工问题,别让"小线头"变成"大毛病"

 情景回顾

销售员:"您看,这件衣服确实很适合您,价格也是优惠。这件是新的,刚从库房拿出来,您是直接穿上,还是我给您包起来?"

顾客:"等等……(脱下试穿衣服,开始检查)这衣服做工不行啊,这么多线头……"

销售员:"现在就这样,哪家的衣服都有线头,一线品牌也避免不了。"

顾客看了销售员一眼,沉默不语,继续埋头挑线头。

销售员:"大姐,这真不是什么大事,回去剪掉就行了。"

顾客一把将衣服扔在旁边的沙发上:"合着我让你们赚了钱不算,还得替你们把售后的事做了?我没你小姑娘心大,这种事没法儿看成小事。"说完顾客便甩袖而去。

情景分析

服装的做工,在一定程度上决定和代表着服装的品质,购买者对做工方面的重视和关注是必然的。所售服装偶有几件存在小瑕疵,如有线头、缺纽扣等,是在所难免的,也无伤大雅,但是,销售员绝不可等闲视之。当顾客发现这些问题时,销售员必须认真对待,积极回应,否则,不但会影响顾客的购物体验,还有可能影响商家的形象。

情景中,销售员的第一句回答等于认同了顾客的说法,而且有暗指顾客

太过挑剔的嫌疑,这会破坏顾客对服装的好感,且引起顾客的不满情绪。而销售员的第二句回答更是火上浇油——有线头"不是什么大事",一句话使顾客心中对做工的疑虑扩散为对服装整体质量的不信任;"回去剪掉",将处理瑕疵的工作丢给顾客,更是让顾客对商家的服务彻底失望。

销售工作中,事情不分大小,细节决定成败。服装在某些细节上的瑕疵,也许在销售员看来并无大碍,所谓瑕不掩瑜,只要服装在整体上能被顾客认可即可。然而,很多顾客在购物时会手持放大镜,一旦发现服装做工存在瑕疵,"小线头"很可能演变为"大毛病",他们对服装的整体印象,甚至是对商家的印象,都会因此向消极方面发展。

这种情况下,销售员的处理方式就显得尤为重要。能否及时化解顾客的不满,消除顾客的异议,关乎销售员的业绩,更关乎商家的形象、品牌的声誉。

当顾客对服装的做工问题提出异议时,销售员可以尝试下列方法。

1. **真诚致歉,表达诚意**

"先生,真抱歉,我们的疏忽给您带来了不愉快的体验。都怪我们提货时没有注意这个细节,给您造成了困扰,还请您多多包涵。我会立即把情况反映给店长,并请他和厂家沟通,务必让厂家给出一个方案,避免将来再出现这种问题。还要多谢您的提醒,让我们及时发现了这个问题。我给您重拿一件好吗?请稍等。"

2. **诚恳解释,以求谅解**

"是的,因为这款衣服卖得很火,我们的前两批货已经售空了,这是今早刚到的一批,从厂家的生产线上直接过来的,所以需要我们清理线头、熨烫。您看,我们专门有店员在忙活这事儿,就这样,还是忙不过来,好多顾客就是冲着这款衣服来的,有的人一买就是三四件,所以,我们几乎都是卖一件修剪一件。要不这样,我们现在就帮您把这件衣服的线头剪一下,然后熨一下,您再来看看穿着效果,好吗?质量方面请您放心,这款衣服卖得这么火,就是因为有牌子、有质量、价格又划算。"

3. 点出价格优势,弥补做工不足

"您说得没错,这批货在细节方面确实不是那么完美。不过您肯定也发现了,同样的牌子,同样的衣服,我们这里的价格比商场或超市里的价格实惠很多。因为这是从厂家直接进的货,没有中间环节,而且省去了商超要花的检查、修剪、熨烫等人工成本。而我们店的服务理念就是'让顾客省钱又省心',这些修剪之类的工作,我们都是免费替顾客做的。主要是这两天生意忙,我实在没腾出手来修剪这一批货。您别急,我现在就给您处理。"

如果顾客是个完美主义者,对已发现瑕疵的服装心生芥蒂,不接受销售员提出的"换一件""提供修剪服务"的建议,那么,销售员不妨尝试推荐别的款式。

大师金句

你不能让人因为对你感到不胜其烦而买你的产品,你要让他对你的产品感到有兴趣才买它。

——大卫·奥格威

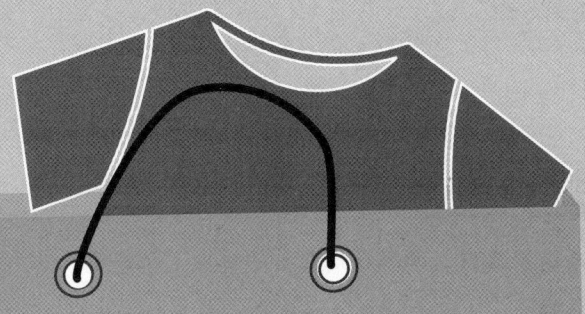

第八章 不再让价格成为顾客拒绝的理由

价格异议，是销售工作中最常见的顾客异议。对此，销售员的应对策略是：削弱顾客对服装价格的关注，强化其对服装价值的认同感，让顾客在物有所值甚至物超所值的感觉中心满意足地做出购买决定。

"一样的衣服，你们怎么敢这样漫天要价？"

情景回顾

某服装店内，顾客在销售员的协助下试穿了一款毛衣，对穿着效果感到满意。然而，在听闻销售员的报价后，立即惊呼起来："刚才在对门看过跟这件款式一样的，人家才卖120元，你家怎么敢这样漫天要价？"销售员听闻此言，立即答道："不可能，这一款是我们的独家设计，昨天才上市的。"

顾客顿时满脸通红，匆忙走进试衣间换回自己的衣服，然后迅速离去。

情景分析

当顾客表示"一样的衣服，你家比人家的衣服贵"时，大致存在两种情况：一是确实有相同或相近的款式，但由于品牌、成本等因素，造成价格差异；二是顾客打算砍价，有意撒谎来给销售员制造压力。无论如何，此时，销售员都不应纠缠于顾客是不知行情还是有意说谎，而应将工作重点放在如何让顾客觉得衣服物有所值上。

情景中，面对顾客的质问，销售员直接否定了顾客的说法，还特意拿出证据，意指顾客在撒谎。如此回答，不仅无法解决顾客的异议，还会激恼顾客。

销售员应切记，当顾客使用一些手段给销售员制造压力、试图砍价时，销售员自己心中有数即可，此时，应保持温和的态度，继续耐心地与其沟通，不可据理力争、势要辩出黑白对错，更不可直接拆穿顾客，甚至流露出挖苦嘲讽的态度，否则，很容易使顾客恼羞成怒，从此将销售员和店铺"拉黑"。

当顾客抱怨"一样的衣服,你家比人家的衣服贵"时,销售员应该先意识到"嫌货才是买货人"。如果顾客这么说只是为了砍价,那么,表明顾客已经对商品动了心,开始考虑成交价格;如果顾客所说为真,那么,面对同样的服装,顾客选择来到你的店中和你讨价还价,这表明顾客更中意你的产品或品牌。所以,面对顾客的抱怨,你无须紧张或灰心,认为自己没有权限解决这个问题。消除价格异议的方法未必只有让价,只要你让顾客真实地看到、体验到服装的价值,让他明白物有所值,有关价格的异议自然就不再是难题。

在沟通时,销售员应先对顾客表示理解或赞美,拉近彼此之间的距离,然后指出自家产品与别家产品的不同之处,并突出自家产品的优势——尤其与顾客需求相符的优势。在做比较时,应注意,不可直言不讳地攻击甚至贬低竞争对手,用事实说明即可,具体举例如下。

"女士,感谢您提醒我们这一点。我们这款大衣推出后,特别受欢迎,我们也知道现在市面上有相似的款式,只是没想到这么普及。很多仿制的款式看起来和我们的衣服差不多,实际还是有差别的。您看,我们这款大衣的面料采用了纯羊绒,而且是双面纯羊绒;腰身部分的剪裁,相信您看得出来,我们的更合身一些,这是我们公司做了大量的数据调查,特意根据中国女性的身材设计的;腰带的包边缝制成古典纹样,特别有设计感,而且腰带扣是纯铜的,很有质感。您是行家,光是这面料和细节方面的差别,您就知道成本价会差多少。买件大衣算是给衣柜里添个大件了,怎么也得穿几年。这样的大件,还是得买更合您心意,更配得上您的身份、气质的,是不是?"

顾客砍价的方式五花八门，其中，常见的大致有四种。

①开门见山。看过价签或听到销售员报价后，不管三七二十一，习惯性地开口就砍价。

②吹毛求疵。想尽办法挑出衣服的瑕疵，以此要求销售员让价。

③设置障碍。强调各种理由或问题，如"钱没带够""超出预算""认识你们老板"等。

④利用竞品。使用横向比较，利用竞争对手的价格刺激销售员，给销售员造成压力。

储藏知识是一项最好的投资。

——原一平

"我是老顾客（老顾客介绍来的），也不能优惠？"

 情景回顾

情景一

顾客："这两件，打完折多少钱？"

销售员："这两件折后一共是680元。"

顾客："这和原价没差多少啊，你没给我优惠价？"

销售员："是这样的，这两件是新款，只参加元旦的全场九折活动，不参加折上折活动。"

顾客："我是老顾客啊，我的VIP卡也没用？"

销售员："您既然是老顾客，应该知道，我们的新款从来不打折，这次也是赶上元旦活动才破例的。"

顾客愤而离去。

情景二

销售员："女士，既然您对这件衣服这么满意，不如我替您包起来好吗？"

顾客："只能打八折，不能再低了？"

销售员："是的，其实这个价格还是很划算的。"

顾客："我是你们老顾客介绍来的，不能再优惠点？就是王丽丽啊，她可是你家的VIP。"

销售员："原来是王小姐介绍来的，她确实一直很支持我们店。您看这

样好不好——(凑近顾客耳语)您跟王小姐沟通下,我给您用她的会员卡结账,这样算下来能打到七五折。"

顾客(沟通后,爽快结账):"好的好的。"

销售员:"我建议您还是自己办一张会员卡,现在正在搞活动,您再八折买一件T恤就能免费办理会员卡,次日生效。虽说用王小姐的卡也很方便,不过,很多时候,我们的特价活动款是会员限购的;而且,每年12月,会员购物还能用积分直接抵现,还是很合算的。"

顾客:"也行,你家衣服还不错,我就办张卡吧。那我去看看T恤……"

销售员:"好的,您这边请。"

情景分析

对于服装商家来说,老顾客更是十分宝贵的资源。有资料显示,维护一个老顾客的成本,仅为开发一个新顾客成本的1/5,而老顾客的利润贡献却是新顾客的10倍以上。因此,在接待老顾客或他们转介的新顾客时,销售员应让老顾客感觉到自己受到了更多的重视,让新顾客感到因为沾了老顾客的光而买得物超所值、称心如意,进而希望自己也能成为店里的贵宾。

情景一中,销售员的话无异于在暗示顾客:既然是老顾客,为什么不知道规矩?你到底是在装傻还是在装老顾客?面对这种言辞,没有人能容忍其中的挖苦、指责意味。情景二中,销售员的应对方式则较为理想。在权限范围内,她积极而灵活地帮助顾客寻求更多的优惠,不仅给足了老顾客面子,促成了交易,还让新顾客认可了她的产品和服务,加入会员大军,可谓一举数得。

很多时候,人们买衣服,其实是买一种感觉。相似的衣服、质量和价

格，顾客却总觉得某件更适合自己，某家店更让他们舒适安心。这种感觉，是顾客对自身风格的一种认知，对购物体验的一种追求。如今，很多服装品牌都有自身的风格基调，顾客一旦认可了某个品牌的服装风格，就很容易成为该品牌的支持者；而对非专卖店来说，当顾客认可了店内服装的大体款式、质量、价格后，店员的服务质量往往会成为他们是否成为忠实顾客的关键。

老顾客于商家，除了维护成本低、贡献利润大，他们的口碑宣传作用更是商家创收增效的法宝。据调查，平均每个忠诚顾客可影响约25名消费者，在这25人中，将有8人产生购买意愿，并至少有1人最终实现购买。

因此，销售员在接待老顾客时，非但不能因为顾客忠诚、彼此相熟而怠慢，反倒应拿出十二分的热情，就像招待自己的老朋友一样，不仅要让顾客觉得宾至如归，更要让他们觉得自己享受到了更高的待遇，体会到身为老顾客的尊贵。对于老顾客转介的新顾客，销售员也要一视同仁，在权限范围内给予优待。这样一来能够照顾老顾客的情绪，给足他们面子；二来能够留住新顾客的心，以更小的成本再发展出一位老顾客。

因为是老顾客，所以，他们对店铺的让利幅度、优惠原则等相对比较了解，因此，面对老顾客提出的价格异议，销售员不妨利用各种方式让顾客感受到这个价格已经是底线，他确实已经享受了老客户的优待，满足其被尊重的心理需求，以消除其对价格的不满，具体举例如下。

"张姐，您是老顾客了，肯定知道我们都是实价销售，质量和售后都有保障，这也是您和大家一直支持我们的原因。对于老顾客，我们向来特别重视，一定会尽最大的努力让您满意。您看这样好不好，我尽量跟店长争取一下，送您一条腰带，这样您也免得另外买腰带配这件风衣。"

"钱先生，您是我们的金卡贵宾，一直以来都这么支持我们，但凡折扣能再低点，我们当然希望能给您更优惠的价格。但是，这条裤子最多只能打九折，这是最低折扣了。这样的面料和做工，您是行家，一眼就能看出成本价，知道我们原价的利润空间本就很小。您看，这是我们这个季度的销售表，大部分顾客只能享受九八折，银卡贵宾也只有九六折。只有这两位跟您一样是金卡，能拿到九折的价格。"

小贴士

冒充老顾客要求更大优惠，也是顾客常用的一种砍价手段。对此，销售员无须纠缠于顾客到底是新还是老，只需以重视老顾客的程度来重视对方，为其提供优质的服务。当对方认同你的商品和服务时，自然会由新变老，由生变熟。

大师金句

客户拒绝你，只是因为你的工作还没有做完或是没有做到位。

——王鹏辉

"我是你们老板的朋友，不打折，那可要惊动他了。"

情景回顾

某精品女装店内，一位中年女士看中了一条西裤，试穿后对效果感到满意。在与销售员讨价还价时，顾客突然说："我是你们老板的朋友，你不肯打折，那可要惊动他了。"销售员听后，一脸镇定，点头道："那麻烦您给我们老板打个电话吧，没有他的指示，我做不了主。"

顾客拿出手机，嘟囔着："小姑娘真是死心眼儿，这么点小事还要打电话。"接着她走出了店铺，再也没有回头。

情景分析

顾客在讲价时抬出店铺老板或管理者，无非是想给销售员施压，以自己特殊的身份来争取更好的待遇、更大的优惠。此时，销售员如果能够做到赞美得法、礼数周到，满足对方受重视的需求，那么，顾客对价格的异议往往能化解于愉悦的购物体验中。

情景中，销售员的态度和言语都值得商榷。听闻顾客的"特殊身份"，她非但没有更加热情，反而冷静下来，这种冷静的态度，在顾客看来无异于当面揭穿、无情嘲讽。于是，在她要求顾客"验明正身"后，顾客只能作势拿出手机，借着这个台阶离开了店铺，以免被当面拆穿后陷入尴尬。

技巧点拨

打着"关系户"旗号的顾客，往往并非关系户，即便真的与店铺老板或管理者相识，也多是一面之缘、点头之交。如果他们真的与店铺的拍板人交好或足以从拍板人那里拿到特殊的折扣，他们只需提前打好招呼或进店后直接联系自己的"朋友"即可，无须到了议价环节再跟销售员多费唇舌。对此，销售员不可直接拆穿，而应把握顾客的心理，认同顾客的说辞并适当恭维，以特殊的礼遇获得顾客的信任，以更优质的服务化解顾客的价格异议，即"要多少面子你说了算，要什么价格我说了算"。

小贴士

当顾客要求越过销售员与店铺领导直接对话时，销售员不能一味地逃避、畏难，只要顾客提出要求，便立即将问题甩给领导，否则，不仅会打乱领导的工作时间和安排，也不利于自己锻炼临场处事的能力，积累处理问题的经验。当顾客提出这种要求时，销售员应迅速、积极地分析问题，思考解决方案。如果问题的确不在自己的能力和权限范围内，销售员则应先想好处理意见，在请示领导时给出建议，以便领导更快、更好地做出决策。

大师金句

定位不是围绕产品进行的，而是围绕潜在顾客的心智进行的。定位——如何让你在潜在客户的心智中与众不同。

——艾·里斯

"最近手头紧,我的心理预期就××元!"

情景回顾

某快消服装店内,一位年轻男士打量着模特身上的新款休闲西装,拿起吊牌看了许久。销售员适机上前,引导其试穿。顾客对着镜子看了看,感到满意。但片刻便脱下西装,犹豫道:"太贵了,不能便宜点吗?"销售员答道:"先生,这个价格已经很优惠了。要不是赶上国庆活动,这种新款是不打折的。"顾客摇了摇头:"最近手头紧,我的心理预期是200元。"销售员劝说:"实在是没办法再低了,240元是店里规定的最低价。要不,我送您两双袜子,单卖的话要28元一双呢!""算了。"顾客叹了口气,遗憾地离开了店铺。

情景分析

顾客对衣服表现出兴趣,面对销售员的成交请求,却表示价格超出心理预期,因而摇摆不定或拒绝销售员。这种情况下,销售员应先分辨清楚顾客这种说法背后的真实原因,然后对症下药。情景中,面对表现出较强购买欲望的顾客,销售员并没有抓住对方的关注点——顾客最在意的是衣服本身,但价格超出了心理预期,至于是否有赠品为他付出的金额增值,这对他来说并不是重点。既然销售员提出的优惠方案——或者说,销售员的言辞不足以令顾客主动冲破心理预期的上限,那么,销售员失去这次成交机会也是情理之中的事。

当顾客表示衣服价格"超出了心理预期"时，一般是出于以下几种情况。

（1）顾客以此为理由婉拒销售员。销售员应礼貌询问并探明顾客不打算购买的真实原因，然后针对具体情况提出建议，以期有效解决问题。

（2）顾客以此为理由来砍价。销售员应首先明确告知顾客，无法再让价，让其明确这一原则；然后，强调衣服的优势和卖点，挖掘衣服能为顾客创造的更大价值和顾客对衣服的潜在需求；也可以用积分或赠品等为产品增值，化解顾客的价格异议。如果顾客仍纠缠于价格，销售员也可在权限范围内做出适当让步。

（3）报价超出了顾客的心理预期。销售员应采取的策略基本与第二种情况相同，但这类顾客的心理更为矛盾复杂，所以劝服他们时需要付出更多的耐心与热情。

（4）报价超出了顾客的支付能力。服装价格超出了顾客的可支付金额，那么，销售员应转变策略，不必再纠缠于本款服装的本次成交，因为这种情况下，顾客即便再喜欢衣服，也很难下决心当场购买。此时，销售员可以为顾客提供折中的方案，如委婉地介绍款式相近、价格较低的产品。若顾客确实十分中意原先看中的衣服，销售员也可以强调该款十分紧俏，引导其交付定金，以促使其尽快做出购买决定。

通常情况下，顾客对服装的心理预期价格是高于其实际支付能力的。当服装的价格高于顾客的心理预期但不超出其支付能力时，

> 顾客的心态可谓一言难尽，他在犹豫不决时，其实也希望有人能推自己一把，帮忙劝服那个理智的自己。这时，销售员应及时出手，让顾客更清晰地意识到：这已是最低的价格；衣服物有所值，与我十分相配；衣服正在热卖中，随时可能脱销或断码。如此，才能促使顾客更快下定决心。

大师金句

没有需求的地方，就没有购买的行为。只有发现、唤起甚至创造客户对产品和服务的需要，才能实现一次成功的销售。

——汤姆·霍普金斯

"赠品和积分都不要，折后价上再打个九折吧！"

情景回顾

某男装店内，一位中年男士看中了两条商务男裤，在与销售员议价时，顾客表示："折扣再大一点，我两条都买了。"

销售员赔笑道："这是最低折扣了，我们没有办法再让价。这样吧，我送您一条搭配裤子的皮带，再额外送您一些积分。"

顾客摇摇头："家里皮带多得用不完。积分什么的，每年算来算去太费事了，你直接给我换成折扣，方便点。"

销售员也赶紧摇摇头："不行，这是公司的规定，我没有这个权限。"

顾客听闻，眉头微皱："什么年头了，这么大的牌子，还这么不知变通。"说罢，径自转身离店。

情景分析

因为受限于店铺或品牌的相关制度和规定，同时，出于对自身及商家营收利润的考虑，在很多时候，对顾客提出的折扣要求，即如情景中顾客所说"不要赠品和积分，直接抵换折扣"的要求，销售员是无法满足的。这就要求销售员学会拒绝、善于拒绝，能够在拒绝中引导顾客接受商家的价格制度，消除其价格异议。

情景中，销售员的拒绝过于直接，容易让顾客产生受挫感，继而产生不

满；同时，销售员直接把责任推给了公司，这样很容易导致顾客将不满的情绪扩大到商家层面，影响商家或品牌在顾客心中的形象。

如今，大部分服装店铺都有购物赠礼或会员积分制度。这些制度原本是商家回馈顾客、促进销售的利器，但是，由于近些年商家之间的促销竞争呈现出愈演愈烈之势，赠品和积分对于顾客而言没有太大价值，更多人倾向于能够将赠品或积分兑换成折扣，当场抵现。

面对顾客的这种要求，销售员要以积极的方式、巧妙地拒绝：首先对顾客表示理解和歉意，然后让顾客明白赠品或积分与服装价格的关系，并令其看到赠品或积分的实际用途、具体价值。而最核心的一点，还是要引导顾客认可服装本身的价值，具体举例如下。

"女士，我十分理解您的想法。能够把赠品和积分都直接抵现的话，当然是最实惠的办法，毕竟现在挣钱都不容易，确实应该能省就省。不过，真的很抱歉，这个要求我们实在没有办法满足。我们的赠品和积分都是额外赠送的，是公司对顾客表达的一点心意，它们和衣服本身的定价没有关系，所以实在没办法用它们抵换折扣，这一点，请您多多谅解。您看，我们的赠品还是很实用的，也比较上档次。比如这把伞，是晴雨两用的，而且小巧轻便，这是我们公司特意找知名雨伞品牌定做的，市价100多元。至于积分，更是优惠多多。到了年底大促的时候，您不仅可以享受会员专属折扣，还可以用积分直接抵现或兑换礼品。您瞧，我说了这么多，其实，最重要的还是衣服本身，对吗？这件大衣，如果您没瞧上，或是没这么适合您，那么，我让出再大的折扣，您也不会购买，对不对？您再看看这面料、这做工……而且这款式……"

　　为了方便顾客更清楚赠品的价值,店铺内的购物随赠礼品或积分兑换礼品不宜直接贴上"赠品"之类的标签,而还应标上建议零售价格,这样可以让顾客从心理上更容易接受赠品制度。

　　我深知客户需要我们的时间是短暂的,但我们的声誉将永远取决于客户!

——路长全

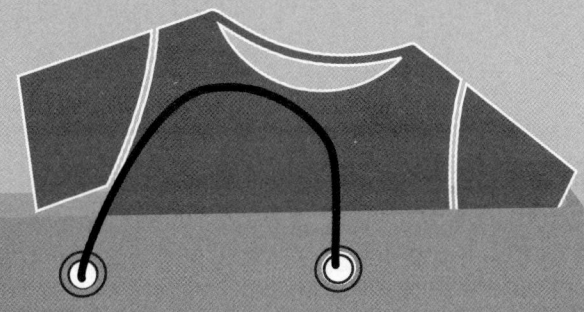

第九章 一锤定音,打好收官之战

实际销售中,当试穿、品质、价格等方面的异议一一解决后,销售工作就来到了临门一脚的时刻。此时,销售员要做的,就是持续刺激顾客的购买欲望,捕捉顾客的购买信号,并灵活运用销售话术与技巧,及时促成交易,实现销售目标。

即时打消顾客"再逛逛"的念头

 情景回顾

这天中午,一位中年男性顾客走进某男装店,销售员肖玲立即热情欢迎,并在适当的时机上前为其提供服务。在她的推介和引导下,男士试穿了一件polo衫,并且对试穿效果感到满意。然而,就在肖玲以为这单生意已经板上钉钉时,男士突然说:"我再逛逛吧。"

肖玲一愣,立即答道:"您不用再比了。这个季节的男装,款式都差不多的,而且别的店不一定有我们家这么多的品种,细节上估计也不会比我们家的好。"男士听了,原本和气的面庞突然挂了一层霜,冷言道:"这样的中端品牌,居然能请得起这么'能干'的人才!"言罢,便匆匆离店。

情景分析

选购商品时"货比三家",是很常见的购物心理。针对顾客在即将成交之际说出的"再逛逛",销售员不要当即气馁,觉得之前的努力都做了无用功。此时,销售员应先利用适宜的话术留住顾客的脚步,然后再劝服顾客。

情景中,顾客已经对试穿的衣服表现出明显的兴趣,销售员也认为胜券在握。也许正是这种强烈的成功预感让她有些急功近利,以致当顾客表示要再逛逛时,她的回答失了分寸。她开口便是"不用再比",容易让顾客感到销售员太过急功近利,自己将被强行销售。接下来,她对别家商品的主观评

价,不仅让顾客开始怀疑她的专业素养,更激起了顾客的逆反心理和反感情绪。以这样的说辞阻止顾客进行比较,只能适得其反。

顾客提出"再逛逛"时,他们的心态是不尽相同的。有的人生性谨慎,习惯货比三家后再做出决定;有的人作势要走,其实是为讨价还价造势。无论顾客出于何种原因想要再逛逛,销售员都要及时挽留顾客,不能任由顾客自行离去,否则,很容易失去这次销售机会。

因此,对待已经对商品表现出明确兴趣,却仍表示要再逛逛的顾客,销售员可以采用如下做法。

1. 表达理解和赞同,切忌直接、生硬地否认顾客的想法

顾客永远是上帝,销售员要尊重他们,并想办法让他们获得良好的购物体验,以同理心对待顾客,他们会对销售员更加满意。

2. 利用提问话术,找出顾客想要再逛逛的真实原因

(1)购买习惯使然,顾客的确希望在比较之后再做出购买决定。

对于这类顾客,销售员可以着重突出己方产品的特点和优势,如很适合顾客、衣服品质好、正值促销活动、价格实惠、衣服销路很好、犹豫久了可能断码、店铺信誉度高、售后有保障等,以刺激顾客的购买欲望。

当然,如果顾客坚持要先比较一二,那么,销售员也不必强留,否则容易让顾客觉得你对自己的产品没有信心,或是你打算强行销售。这种情况下,销售员应尊重顾客以及他的选择自由。合适的时机下,销售员也可以对其报出权限内能给出的最低价,以增大顾客在比较后回来购买的概率。

(2)顾客以此为借口,便于与销售员展开价格博弈。

这种情况下,销售员首先需要通过列举、对比等方式强调服装性价比高，非常值得购买；若顾客仍旧纠缠于价格问题，那么销售员也可以去征求领导的意见，获得同意后，在相对大一些的权限范围内做出让步。

即便这一单生意十分重要，销售员也不能将急于求成的心态表现出来，否则，一旦被顾客察觉，对方就会趁机压价，或者提出许多要求。不过，在实际销售中，有的销售老手会反其道而行，故意露出一点破绽，让顾客自觉掌握了主动权，激发顾客的购买欲望，最终以双方均合适的价格完成交易。

从本质上说，营销就是一门吸引和留住有利可图的顾客的艺术。

——菲利普·科特勒

遇到"选择困难症患者",不妨替他拿个主意

情景回顾

这天中午,一位年轻女士利用午休时间来到单位附近的商业街选购服装。她走进了一家精品服饰店后,在销售员的协助下试穿了好几件上装,并且对每件都非常满意,可若都买下,总额会大大超出她的预算。一时间,她犯了难,又把每件衣服试了两遍,还是没有拿定主意。眼看午休时间还剩不到20分钟,她开始考虑是否先放弃购买。

销售员:"看来眼光好、身材棒有时候也会让人犯愁,眼看着件件都合适,可都买下来又太多了。"

顾客(连连点头):"可不是嘛!"

销售员:"请问您是打算购买什么风格的衣服呢,平时穿,还是工作时穿?"

顾客:"本来就打算买衣服了,刚巧,午饭时把衣服弄脏了,就想来买一件工作装先换上。嗯……另外再带一件休闲的吧。"

销售员:"嗯,这样的话,您看,这两件会更适合一些。这件职业款款式更时尚一些,面料也讲究,比较符合您的气质。那件休闲款则比较青春活泼,面料既柔软又透气,跟您的年轻朝气很相配,穿起来也很舒服,平时和朋友们出去玩,穿着它再合适不过了。"

顾客:"嗯,这两件的确不错,就它们吧。"

情景分析

顾客多件试穿、反复试穿，这表明顾客有购买意愿，只是一时难以做出选择或决定。或许是因为对自己的眼光缺乏自信，或许是因为还没有明确自己的实际需求，又或许是因为顾客本身就是优柔寡断的性格……总而言之，面对已经释放出明显的购买信号却又迟迟没有做出购买行为的顾客，销售员应首先了解阻碍成交的真实原因，然后选择合适的方式引导顾客做出购买决定。

情景中，销售员先是耐心地提供服务，在顾客打算离去时，及时留住了顾客，并适当地恭维顾客的眼光和身材，同时对顾客表示理解，拉近了双方的心理距离。然后，销售员通过询问得知顾客的购买需求，并根据顾客自身的特点，在其所中意的服装中推荐了两件更合适的。这样的引导，考虑了顾客的实际需求，兼顾了顾客的个人特色，并且以尊重顾客的眼光为前提，顾客自然是顺理成章的接受了。也正因如此，最终，顾客欣然买走了销售员的提议的两件服装。

技巧点拨

如今，"患了选择困难症"已经成为人们常常挂在嘴边的自我调侃，尤其在面对琳琅满目的商品时，不少人更是将这种"症状"演绎得淋漓尽致——不是在货架前不断扫视，愁眉紧锁，就是来回打量着两手中的商品，左右为难。

销售员要意识到，很多顾客之所以迟迟不做出购买行为，并非因为他们没有购买意愿，而是因为他们难以做出最终的选择，他们考虑的并不是"我要不要买"，而是"我到底买哪个"。对于这类选择困难的顾客，销售员如果能及时出手，帮助、引导其做出取舍，成功销售便不在话下。

对此，销售员在掌握顾客的真实需求后，不妨尝试下列两种方法。

1. 适当恭维顾客,并突出产品优点

"女士,您的眼光,我真没话说,挑的衣服一件比一件好看。尤其这件,乍一看款式和上一件没什么区别,但这领口、下摆和纽扣的设计感,让人有眼前一亮的感觉。您肯定也注意到了,这一季主打的几件衣服区别都不大,但您试穿的这件,在细节方面的设计巧思足以让它显出一种典雅别致的美。您看,穿在您身上,和您的气质很搭,相得益彰。"

2. 结合顾客自身特点,帮助他缩小选择范围

"先生,您刚才试穿的那几件西装,我感觉第一件(英式)和第四件(欧式)更适合您。您看,您是标准的"倒三角形"身材,肩比较宽,这种身材适合各种板型的西装,不过还是英式和欧式板型的西装更能衬托出您男性的健美造型。您再看这两件的风格,英式时尚优雅,欧式经典大气,可以满足您在各种不同场合的着装需求。而且,这两件的面料更为考究,更符合您的身份和气质。"

小贴士

当顾客出现下列言行时,一般表明顾客已经有了购买意向:突然开始恭维销售员;特别关注某件衣服,目光和话题都集中于此;对衣服由欣赏变为吹毛求疵,开始讨价还价;询问折扣或赠品情况;开始考虑售后问题;离店后又折回,再次查看同一件衣服等。

大师金句

客户不购买的五个理由:缺乏安全感、犹豫不决、拖延、钱的问题、从未被要求。

——汤姆·霍普金斯

"专业建议+服务保证",让代买者放心选购

销售员:"您好,您好像一直在看男士西装,请问我可以为您提供什么服务吗?"

顾客:"我想给男朋友买件西装,又怕买不好……"

销售员:"原来是这样,您男朋友真幸福!那么,您有中意的款式吗?"

顾客:"那件双排扣的,和那件休闲点的,感觉还不错。"

销售员:"您的眼光真不错,这两款是今年卖得最好的,经典又时尚。既然都看中了,不如都拿上吧?刚好是两种不同的风格,让他换着穿。"

顾客:"万一他不喜欢……算了,还是过两天带着他来看吧……"

销售员:"这是您对他的心意,也算是送他礼物。礼物嘛,有点惊喜才好。"

顾客:"可是,颜色我拿不准……"

销售员:"不介意的话,能告诉我您男朋友的身高体型,还有肤色、风格类型吗?"

顾客(犹豫片刻,翻出手机中的照片给销售员看):"这张拍得显矮了,他身高178cm,体重70kg。"

销售员:"嗯,很精神的小伙子,身材也标准,穿西装会很潇洒的。我建议您,那件双排扣的不妨选择深灰色,休闲款则可以尝试米灰色。至于售后方面,您完全不用担心。请您保留好购物小票和三包卡,如果衣服有什么不

合适，只要不影响二次销售，7天之内，您随时可以来退换。"

顾客："那行吧，你帮我拿个合适的号，然后开单吧。"

情景分析

为他人购置服装的顾客，一直到成交的前一刻还在考虑衣服对穿衣人来说是否合身、中意，或是因为这些顾虑最终放弃购买，这些情况都是比较常见的。

这个时候，销售员不可轻易让顾客"溜走"，而要抓顾客的真实心理，用专业建议和售后服务打动顾客，让顾客放心。这样才能促成交易。

情景中的销售员，为我们展示了较为理想的应对方式。当顾客几经犹豫想打退堂鼓时，销售员先是赞美了顾客对男朋友的贴心关怀，然后指出送礼物应该给人惊喜，强化了顾客即时购买的意愿。但此时顾客仍有顾虑，于是，销售员主动询问对方男友的个人特征，在掌握真实信息后，销售员给出了专业建议，并对售后做出保证。在没有后顾之忧的情况下，顾客做出购买决定便容易得多。

技巧点拨

面对犹豫不决的顾客，有的销售员会误以为令其摇摆不定的根本原因是价格，于是一味地在价格方面与之纠缠。

商品价格固然是影响成交的重要因素，但对于不少代买服装的顾客来说，只要对服装的品质、样式等方面满意，价格反而不是最关键的问题，他们往往会更在意这件衣服的实际主人是否和他们品位相契，衣服是否合体等。

对此，销售员一定要掌握对方的真实心理，这样才能找到突破口，对症下药。

销售员做出了推介、引导等一系列销售工作后，顾客依然迟迟难下决心，这时，销售员难免心生懈怠，但此时恰恰是争取成交的最佳时刻。

明明很在意购买后可能存在的诸多问题，但顾客还是在不停犹豫，这表明其本人对服装是满意的，并已经有意购买，只是碍于顾虑才难以做出购买行为。

因此，只要销售员在此时能够以专业的建议和优质的售后劝服顾客，成交便近在眼前。

当代买的顾客表示不敢冒险、以后再带穿衣人前来选购时，首先，销售员应对他的购买初衷表示认同，赞美他的体贴、细心，然后，指出这件服装其实也是一件礼物，并道出人之常情，人们更喜欢收礼物时有点惊喜感，而且，对于送礼人的心意，收礼人会十分珍惜，在感动之余，一般不会有什么异议。

如此，能激发顾客的美好幻想（如送礼时的温馨场面），并弱化顾客的顾虑（如"他不喜欢怎么办"）。

其次，销售员要问明顾客此时犹豫的具体原因。如果顾客是在几件衣服中难以取舍，那么，销售员可以主动提供帮助。在掌握穿衣人的有关信息后，销售员可利用自身的专业知识和销售经验，给出合理的建议，供顾客参考。

如果顾客依旧在考虑"他不喜欢怎么办""不合身就糟了"，那么，销售员可针对顾客的具体顾虑，在店铺规定和自身权限范围内给出最大限度的售后承诺，以强化顾客的购买意愿。

当然，在做出承诺时，也要强调售后保障的限定范围，如时间期限、保留购物证明、保持衣物及附件的原状等，以避免顾客理解有误，给后续工作带来麻烦。

小贴士

服装销售，是一种打造美、奉献爱的艺术。顾客购买服装自用，是为了获得美、赢得爱；购买服装送人，是为了分享美、表达爱。对于这种购买心理的应对方式，销售员要牢牢掌握，以便灵活运用。

大师金句

推销的成败，与事前准备用的功夫成正比。

——原一平

不要让"撞衫"成为销售障碍

某服装店内,一位年轻女性对着模特身上的风衣驻足观看良久,后来,在销售员的邀请下,她试穿了风衣,并且对效果比较满意。然而,当销售员鼓励她购买时,她叹了口气,说道:"好看是好看,可现在满大街都是这一款,撞衫多没劲,还是算了吧……"销售员闻言,急忙道:"今年特别流行这一款,这不很正常吗?每个人都会穿出自己的风格,不用担心。"

顾客原本在打量镜子中的自己,听销售员这么说,她顿时脸色微变,脱下风衣,抓起自己的衣服便扬长而去。

情景分析

在越来越追求个性化的今天,"撞衫"渐渐成为一些时尚弄潮儿的忌讳,也让许多消费者心有顾虑。然而,市场的现状又使撞衫的情况难以避免且渐趋频繁。这样的形势,必然对销售员的口才和机变能力有所要求。

情景中,对于顾客怕撞衫的心态,销售员的回应方式很不理想。每一季的流行款,顾客自己随便逛逛便能心中有数,况且,顾客已然提出"满大街都是这一款",这表明她对潮流很关注,销售员的第一句"今年特别流行",无异于多此一举;而之后的"正常"一词用得更为不妥,顾客已经提出异议,销售员却以"正常"来暗示顾客"不懂行情",这种言辞,容易让顾客觉得与销售员沟通没有意义,甚至产生反感。至于"每个人都会穿出自己的风格",这句话本身没有错,但销售员只有这一句笼统的表述,并没有具体指出该服装对于顾客来说能产生怎样的良性效果。这样草率空泛的回应,导致的结果就是惹恼顾客,失去销售机会。

 技巧点拨

时下,服装从品类到款式,从颜色到风格,一直呈现出不断丰富、日益繁多的趋势。但同时,厂家和消费者对于潮流的追逐,使服装市场中经常出现众多商家当季的新品看上去"差不多"的情形。同时,经典款服装的长盛不衰,爆款服装的热销大卖,也加大了撞衫的概率。每当时尚界推出某种流行风时,大街小巷里,总会出现衣着打扮一模一样的"多胞胎"。

然而,人们追逐着潮流,却又不愿自己泯然众人,成为潮流中与他人无异的一粒沙子。对于撞衫问题,大家敏感而又抗拒。很多时候,即便特别喜欢某件衣服,不少人也会为了避免撞衫而忍痛割爱,甚至直接放弃添置新衣的念头。这种情况下,就需要销售员及时出手,帮助顾客解决关于撞衫的心理障碍。

服装的穿着效果,要结合整体搭配和着装者自身的特点来看。同一件上衣,搭配不同的配饰或下装,或是穿在不同的人身上,就会展现出不同的效果。因此,销售员可以从实际情况出发,着重强调自家产品的特点和优势,结合自己的知识和经验,为顾客提供搭配建议,从而弱化顾客对撞衫的顾忌。具体方法如下。

1. 强调自家产品的特点和优势

"先生,您说得对,这一款是经典中的经典,一直深受顾客们喜爱,确实容易遇到相似的款式。不过,我们的衣服在细节方面有独特的设计,您看这袖口的手工刺绣花样是请专业的大师设计的,还有纽扣的花纹,也很别致;面料则是选用了上等丝绸,夏天穿起来特别亲肤舒适。而且,正因为这个款式非常经典,所以它不会那么快过时。另外,我们公司对这款衬衫的定

位是精致而不凡,所以在每个地区都是限量销售的,这样也就减小了撞衫的概率,您不必太担心。"

2. 为顾客提供搭配建议

"你果然是时尚人士,对于今年的流行风向这么了解!没错,这个款式确实是这一季的爆款。听说还有人做过街头调查,结果是,这种样式的连衣裙,10个时尚女孩里有8个想买,有6个已经买了,有2个正穿在身上。您是追求时尚的人,也很懂得搭配之道,相信您很清楚,一件衣服,有时只要加上一点配饰,就能让它呈现出另一种风格。我们公司正是考虑到这点,所以特意请设计师设计了一系列配件,供顾客搭配穿戴。您看,就在那边的展示台上……比如这条裙子,您搭配一条褐色皮质的束腰,不仅别出心裁,而且更能展现出您的好身材。"

小贴士

虽然很多顾客对撞衫有所顾忌,但出于对衣服的由衷喜爱或潜在的从众心理,不少人还是会更偏爱最初的目标服饰,甚至早已在内心开始自我劝服。这时,就需要销售员及时捕捉顾客释放的购买信号,避免做无用功(如反复引导顾客选择别的衣服)。当然,如果顾客对撞衫问题确实很在意,那么,销售员可根据顾客的需求推荐相近或不同的款式,不必过于执着在某件爆款服装上。

大师金句

挑战是一种礼物,它迫使我们找到新的重心。不要与之对抗,只需更换一下站立的方式就行了。

——金克拉

顾客的同伴，未必是你的敌人

情景回顾

销售员："您好，请问需要什么服务？"

顾客A："我想试一下那件红风衣。"

顾客B："红的，不会太艳吗？"

顾客A："先试试吧，又不打紧。"

销售员："好的，您稍等……（顾客A从试衣间出来后）您的眼光真好，这件特别适合您的肤色和身材，气质也相符。"

顾客A："嗯，确实不错。这件有折扣吗？"

顾客B："这才逛了第一家，你一眼就相中这件，太草率了，再看看吧！我看这件的风格不太适合你。"

销售员："不会啊，这衣服跟您朋友很搭的，您是更习惯给自己挑衣服吧？"

顾客B（顿时气得双颊发红）："我要是就这点本事，还真不敢像某些人那样对着我朋友的穿搭指手画脚。"

顾客A（尴尬地拉着顾客B）："算了，我们走吧，犯不着生这个气。"

情景分析

很多顾客更喜欢"组团"购物，闲暇时，或由家人陪着，或邀上三五知己，一起走走逛逛，这样相互间能够照应一二或帮着做做参谋。因此，结伴购物的顾客，当事人对同伴的意见也会认真考量。而对于销售员来说，顾客同伴的异议，也是考验销售技艺的一道难题。

情景中，针对顾客同伴的异议，销售员回应"这衣服跟您朋友很搭的"，显得空洞，没有什么说服力，且等同于否定了顾客同伴的意见；而表达"更习惯给自己挑衣服"，更是一种看似委婉实则刻薄的挖苦。如此对待顾客的朋友，顾客又怎会让这样的销售员从自己手中赚钱呢？

 技巧点拨

有经验的销售员都知道，通常情况下，成交的难度，会随着结伴购物人数的增加而变大。很多时候，顾客本人对于服装的各方面都比较满意，但往往由于同伴的一两句话，便放弃了购买念头。这种情况十分常见，也很令销售员头疼。毕竟，疏不间亲，即便顾客同伴的意见错得离谱，销售员也不便直言不讳。

其实，顾客的同伴未必是你的敌人，只要你的处理方法得当，这些"搅局者"甚至可以变成你的盟友，为你的销售助力。

那么，如何才能化"敌"为友呢？以下几点，可供销售员参考。

1. 像重视顾客一样重视他的同伴

你需要意识到的是，虽然顾客的同伴不是买主，但是他们对买主的购买意愿会产生巨大的影响，有的甚至拥有"一票否决权"。因此，对于顾客，你要热情招待，对于顾客的同伴，你也要给予同等的尊重。记住，此刻，他们才是一个战壕中的战友，你若厚此薄彼，只会得罪所有人。只有先获得顾客同伴的认可和好感，接下来的销售工作才能少受阻碍。

因此，在与顾客沟通的过程中，你应通过眼神或肢体语言向其同伴传达你的关注和敬意，并在合适的时机询问顾客同伴的想法或意见。此外，在表达赞美之意时，也需兼顾顾客的同伴——赞美顾客的同伴，往往可以

收到一箭双雕的效果，因为，在顾客眼中，你赞美他的同伴，就等于赞美了他。

2. 利用顾客间的关系，向其施加压力

（1）顾客自己对某件衣服中意。

当顾客自己看中了某件衣服，并对试穿效果感到满意时，销售员可以在赞美顾客穿衣效果的同时对顾客的同伴说："您朋友看中的这件衣服确实很适合他！"这种情况下，看到朋友满意的神情，想到自己对销售员的印象并不坏，顾客的同伴基本不会直言衣服不好看或不合适，因为，如果他反馈了否定意见，那无异于在否定朋友的眼光。这种心理压力，一般人不会尝试。

（2）顾客同伴为其推荐了衣服。

当顾客对同伴推荐的衣服感到满意时，销售员可以说："您朋友的眼光真不错，这样搭配起来，把您的身材衬得更好了！而且，看得出他很了解您，这身衣服跟您的气质也很搭。"如此一来，压力就来到了顾客这边——为了顾及朋友的颜面，他很难开口说"不"。如果他自身对衣服也比较满意，那么就会当即做出购买决定。

3. 把顾客的朋友变成你的盟友

顾客的同伴也许在服装知识、搭配经验等方面都远不如你，但他一定比你更了解他的朋友。因此，面对顾客的同伴提出异议，销售员一定要摆正心态，积极地争取他的好感，努力将不利因素变为有利因素。应对此类情况，销售员可以先认同他的意见，赞美他的眼光，以缓解气氛，然后以讨教的方式从他那里探明顾客的喜好，或是引导他给出自己的意见，接着便可以顺水推舟地邀请他一起为顾客挑选服装。

> **小贴士**
>
> 对于顾客同伴的意见，销售员不能直接否定，不能过多纠缠，但也不能完全不回应。即便顾客同伴表达的是赞同，销售员也要附和两句，不可不闻不问，否则，这种忽视的态度同样会惹恼顾客及其同伴。

大师金句

新竞争并不在于各家公司在其工厂中生产什么，而在于在工厂以外它们附加的形式，诸如包装、服务、广告、客户咨询、融资、送货安排、仓储以及人们所重视的其他价值。

——西奥多·李维特

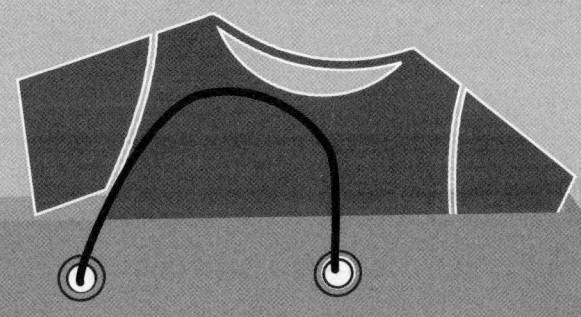

第十章·成交≠成功,售后>售中

服装销售从来不是一锤子买卖,你的业绩来自新顾客的支持,更仰仗老顾客的信任。那些商铺中的翘楚和销售员中的精英,无不是靠着坚实稳定的客情关系才书写出了行业内的华彩篇章。销售员或商家要想建立良好的客情关系,做好售后服务是重中之重。

做好售后，让新顾客变老熟客

 **情景回顾**

销售员："您好，请问我能为您提供什么服务？"

顾客："你们这什么衣服，刚穿一天就开线了。我要退货！"

销售员："好的，请问购物小票还在吗？"

顾客："丢了，谁买东西是巴望着退货的？"

销售员："那不好意思，没有购物小票的话……"

顾客："我就是在你们这儿买的呀，这衣服的三包卡还在呢！你不信调销售记录，调监控录像，15号那天，是一个高个子的姑娘卖给我的，我记得她的工号是0013。我还能讹你们吗？"

销售员："真的很抱歉，同事的销售记录，我没有权限调取。您说的那位销售员这几天休假，不如后天您再过来？"

顾客："还有这种破规定，我真是闻所未闻！你就不能给我办了？"

销售员："不好意思，我没有这个权限。而且，我们店只是代销，您没有购物小票，我们真的很难接受退货要求……"

顾客："好好好，我算是开了眼，头回遇到你家这种店。算我花钱买教训，什么破店，再也不来了！"

情景分析

买时笑脸相迎，买后无人问津，这种前后不一的强烈对比，会极大地激发顾客的厌恶心理。精心挑选的服装出了问题，本就让人心烦，还要平白搭上时间、精力，在这种情况下，如果顾客看到的是销售员爱答不理或急于推卸责任的姿态，其心中怒火很可能在瞬间被点燃。

情景中，销售员诸般推脱，丝毫没有提供售后服务的意愿，彻底背离了"顾客至上"这一基本原则。即便她说的是实情，商铺的相关规定就是那么"闻所未闻"，这也不能成为她在第一时间拒绝提供售后服务的理由。如此慢待顾客，看似避免了一次"退货损失"，实则给自己和店铺造成了极其恶劣的影响。

在当今市场环境下，商家若不能提供好的售后服务，便很难立足于市场。电商平台的加入，使服装零售业的竞争日趋白热化。市场的竞争，说到底就是对顾客的争取，因此，顾客的满意度直接关乎销售工作的成果。而顾客的满意度除了和商品本身相关外，很大程度上也受售后服务的影响。

如今，售后服务已然成为店铺或品牌维护乃至扩大市场份额的重要条件。繁荣的市场经济，激烈的市场竞争，为消费者提供了更大的选择空间，也促进了消费者维权意识的增长和消费观念的转变。面对性价比相近的同类产品，顾客更倾向于选择可提供优质售后的店铺或品牌。

很多顾客已经注意到，通常情况下，相对于很多不知名的产品，名牌产品的售后服务更有保障，更加优质、全面。这其实并不难理解，名牌产品比普通产品的价格高，除了包括产品品质、经营成本等方面的差价，还包含了售后服务所需的成本。也正因如此，在不少顾客心中，正逐渐形成这样一种观念：优质的售后服务体现了商家的整体实力、品牌文化乃至发展宏图。所以，即便你销售的服装都是"杂牌军"，只要你和你的店铺能够尽己所能地提供名牌产品般的售后服务，那么，你销售的服装也能成为顾客心中的"准名牌"。

所以，服装销售人员必须重视售后，坚持"顾客第一，严格遵守相关法律法规，维护商家形象"的基本原则，做好服务。唯有让顾客感到满意，顾客才能为你创造业绩；唯有让顾客在购物前后全程无忧，顾客才能在你这里"乐不思蜀"，由新变老，由生变熟；唯有抓住市场竞争的核心——顾客，才能在竞争中取得优势地位；唯有全方位赢得顾客的心，才能打造你的口碑，树立你的品牌形象。

销售员在处理售后问题时，需注意以下三点。

①若商品本身确实存在质量问题，销售方应无条件承担责任。

②售后服务应采取"首问责任制"，即接待顾客投诉的第一人为责任人。

③处理售后问题时，原则上应该在商场内进行，在商场内解决。

售前的奉承，不如售后服务，这是制造"永久顾客"的不二法则。

——松下幸之助

面对投诉，安抚顾客情绪乃首要任务

 情景回顾

销售员："您好，欢迎光临！"

顾客："甭客气了，我来找事儿的！"

销售员："请问我能帮您些什么呢？"

顾客："来，看看，看看！新买的裤子，就下水一次，刚穿上身没一个钟头，在大街上给我露了裆。你家卖的好裤子啊，专给人露大脸！"

销售员："请问您是正常洗涤吗？"

顾客："那你问我家洗衣机去，我还特意选的'轻柔模式'，就是不知道它那天有没有抽风！你也甭跟我废话，赶紧的，退货，赔钱，还有精神损失费！"

销售员："请问，这条裤子的尺寸，是合身呢，还是比较紧身呢？"

顾客："你什么意思？你是说我太胖，生生把你家裤子撑坏了？你看清楚，这是牛仔裤，牛仔裤！谁家牛仔裤会因为稍微紧身一点就被撑破裆？当时还是你家店员建议我选修身一点的，说穿两天就松快了。好嘛，不用两天，一会儿就彻底松快了。扯这么多闲篇，你是不是打算赖账？叫你们经理来！大家赶紧走，别在他家买衣服，花得起这钱，也丢不起这人，赶紧走……"

情景分析

接受并处理顾客的投诉和抱怨，是每个销售员必然经历的事。面对暴跳

如雷甚至口不择言的顾客，销售员若一时难忍，针锋相对，或方式有误，步骤错乱，很可能造成严重的后果。

情景中，销售员也许并没有推脱责任的意思，只是想问清具体情况，以便办理退货手续时记录存档等，然而，此时的情况是，顾客已然怒火中烧，来到店铺只为发泄和问责。这种情形下，销售员试图以理智的姿态去和他讨论"责任到底在谁"的问题，是一种很不理智的行为。其造成的结果就是，顾客的愤怒彻底爆发，在门店闹得一发不可收拾，不仅影响了其他顾客的购物体验，更损害了店员和商铺的形象。

如果前来投诉的顾客脑门上顶着一把火，那么，负责接待的销售员首先要做的是灭火——至少要冷却这团火焰，而不是置之不理，更不能火上浇油。在顾客怒火正盛时，无论销售员说得多么有理有据，顾客是无法听进去的，甚至可能因为销售员自顾自地演讲而更加暴躁。因此，面对投诉，销售员的当务之急是安抚顾客的情绪，先让他冷静下来。

下面有几个安抚顾客情绪的技巧，供大家参考。

1. 表达你的尊重和理解

心理学家表明，人之所以会愤怒，是因为愿望没有实现或者向着目标前进的行动受到阻碍。在这里，我们姑且理解为，顾客的愤怒源自商品没有达到他们的期望值，源自他们觉得受到了商家的愚弄，自己没有得到应有的尊重。因此，面对愤怒的顾客，销售员首先要表现出尊重的态度。同时，销售员还要站在顾客的角度，表达理解之情。同理心具有相当大的亲和力，能够拉近销售员和顾客的距离，让顾客的怨愤有所缓解。

2. 尽量选择僻静的场所

顾客来投诉或抱怨时，通常会想要争取他人的支持，而此时店内外的顾客或围观群众刚好可以充当他的声援者。声援者的队伍越壮大，呼声越高，顾客就越亢奋，其"临场发挥"也会越好。因此，若前来投诉的顾客情绪较激动，销售员需及时将其请到办公室或僻静的场所，然后再与其进行沟通，这样能避免对其他顾客造成影响。

3. 了解顾客的真实诉求

面对顾客的投诉，销售员只有仔细了解、掌握顾客的真实诉求，才能找到解决问题的方法，进而提供优质的售后服务。在与顾客沟通时，销售员除了使用话术询问顾客的想法、引导顾客表明心迹（如"您能告诉我您的想法吗，我将尽力帮助您""您希望我们怎么做呢"），还应重点关注顾客经常重复的话，以及顾客的反问和建议，这些话语中往往会隐含着顾客的真实诉求。

小贴士

在处理顾客投诉时，销售员还可以根据顾客的身体语言来判断顾客此时的情绪状态。例如，顾客的双手做出挥舞的动作，表明顾客十分愤怒，急于发泄，希望销售员能重视问题；顾客的手紧紧抓着东西，身体会在不经意间晃动，则表明顾客正处于紧张不安的状态中。

真正的销售在成交之后。

——乔·吉拉德

态度积极,不打折扣地履行承诺

销售员:"您好,请问您需要什么服务?"

顾客:"我要退货。"

销售员:"好的,请您稍等,我们需要填一个退货登记表。(拿来表格)请问,您是因为什么问题需要退货呢?"

顾客:"尺码不合适。"

销售员:"尺码不合适?(打量了一下顾客)您的身材,穿这件L号应该正好呀?"

顾客:"买了送人的,人家说不合适。"

销售员:"原来是这样。那么,请问还有别的方面的问题吗?"

顾客:"没有。"

销售员:"好的。您的购物小票还在吗?(接过购物小票)您是8天前购买的,那可能没办法为您办理退货了。"

顾客:"凭啥?你们不是说15天内都可以退的吗?"

销售员:"是这样的,如果是质量方面的问题,那么15天之内我们无条件退换货。但您是由于尺码问题退货,这种情况,我们的规定是售后5天内包退换。您看,在购物小票上也有提示。"

顾客:"你们说得不清不楚的,一会儿5天一会儿15天的,谁能分得清!"

销售员:"很抱歉,让您有了不愉快的体验。不过,这种情况我们店也考虑到了,有的顾客会比较忙,可能无法在期限内过来,所以我们特别推出了一个月内'不限款换货'的服务。只要衣服符合换货规定,您就可以在同等价格的服装中挑选或补差价换货。"

顾客:"行吧,也没别的办法了。你把那件军绿色的大衣拿给我看看。"

情景分析

顾客前来要求售后服务,通常情况下,是因为产品或服务无法满足他们的需求,此时,他们的心中难免怀有不满情绪,对此,销售员应在第一时间以积极的态度接待,不推诿,不搪塞,并严格遵照相关法规和售前承诺为顾客提供售后服务。

情景中,顾客要求超期退货,并表示是店家在销售时没有交代清楚。对此,销售员并没有直接以一句简单的"不可能,我们在售前都会说清楚"来否定顾客,或以"超过时间了,我们没有退货义务"来拒绝顾客——如果这样回应,即便她所说属实,也会让顾客觉得商家态度恶劣,自食其言,有意过河拆桥。所幸这位销售员深谙顾客的心理,先是耐心地为顾客解释了相关规定(说明不能退货的理由),并表示购物小票上有提示(暗示商家已明确标示了期限),然后,在面对顾客的持续抱怨时,虽然明知对方在推卸责任,销售员依旧主动致歉(平复顾客的情绪),并为顾客提供了一种较为灵活的解决方案,让顾客感觉自己享受了增值服务。如此一来,顾客选到了更满意的服装,店家也没有遭受退货损失,可谓皆大欢喜。

在顾客心中建立信任感,本就不是一件容易的事,如果因为售后问题将这种信任感摧毁殆尽,那么,此前的成功销售便算不得成功,让新客变老

客、实现口碑营销等目标,更无从谈起。一旦如此,销售员本身将深受其害,商家也会为此付出代价。因此,在提供售后服务时,销售员应做到待客热情、态度积极、回应迅速、服务有效,除了严格遵守相关法规外,还应特别注意己方的售前承诺。一旦对顾客做出承诺,就要严格执行,要让顾客感觉到,商家不打折扣地兑现了售前承诺,提供了优质的售后保障。如此,才能稳固并加深顾客对你的信任,更好地树立自身和商家的形象。

为此,在实际工作中,销售员需要注意以下几点。

1. 扎实掌握店铺的相关规定

在开始工作前,销售员必须确保已经将店铺的相关制度和规定牢记心中,尤其是关于店铺新活动的内容,如促销的方式、打折的幅度,销售员、店长或相关负责人各自的具体权限有哪些,对应商品的售后保障范围等。如此,销售员才能明确在销售过程中可以让步到什么程度,必须坚守哪些方面,从而保证自己对顾客做出的承诺能够不打折扣地兑现。

2. 话不可说得太满

与顾客沟通时,即便销售员确定给出的承诺在店铺的服务范围内,且没有超出自己的权限,也不宜把话说得太满,应避免使用太过绝对的字眼。凡事都可能出现意外,说话留有余地,也是给自己和店铺留后路。如果你事先给出了顶配承诺,最后却只提供了标配服务,那么,顾客心中的落差很可能演变为不满乃至愤怒;而如果你做出的是标配的承诺,最终给出了更优化乃至顶配的服务,这种惊喜将大大提高顾客的满意度和回头率。

3. 说到就一定做到

不管你是出于何种原因——顾客缠得你没办法也好,这一单对你很重要也好。只要你对顾客做出了承诺,就必须想方设法、排除一切困难,说到做到。这是对顾客负责,也是对自己信誉的维护。信誉破产的恶果,我们不敢想象;良好的信誉为我们带来的收益,却是不可估量的。

> **小贴士**
>
> 为顾客提供退换货服务时,销售员需注意,商品要保持"四个原样"。
>
> ①商品本身保持原样。
>
> ②商品的包装、吊牌等保持原样。
>
> ③商品的配件、附件等保持原样。
>
> ④相关赠品、奖品等保持原样。

大师金句

销售终端是离消费者身体最近的地方,售后服务是离消费者心灵最近的地方。

——菲利普·科特勒

应对胡搅蛮缠的顾客,要礼貌且机智

销售员:"您好,欢迎光临!"

顾客:"退货!"

销售员:"不好意思,让您有了不好的体验。请问是哪方面出现了问题呢?"

顾客:"你自己看!这毛衣是XL号吗?童装XL号吧!这能穿吗?"

销售员:"您这件毛衣已经下水洗过了是吗?"

顾客:"新衣服不洗怎么穿?洗一次就缩水成这样,再洗两次,我得去婴儿服饰店退货了吧!"

销售员:"那么,请问您是机洗还是手洗的呢?"

顾客:"当然手洗,我知道毛衣不能机洗!"

销售员:"那请问您使用的是哪种洗涤剂,水温如何呢?"

顾客:"我用的可是超市里最贵的洗衣液,水温当然是热水,这个天,你愿意把手伸进凉水里?"

销售员:"不好意思,女士,是这样的,毛衣是不适合用热水洗的,水温超过30℃,毛衣就会缩水。您看,吊牌上的洗涤说明都有标示。"

顾客:"什么不能用热水洗,我一柜子毛衣都是用热水洗,没有变形的,就是你家的衣服质量不好。赶紧给我退货,不然我不走。"

销售员:"真的很抱歉,这种情况不在售后保障范围内。国家的'三包'

也规定了，这种情况，卖家不必履行'三包'义务。"

顾客（推搡销售员）："拿国家规定唬我就行了？当我法盲是吧？那我就当一回法盲了，你信不信我砸了你们店？"

销售员："您要再这样，我就叫保安了。"

情景分析

顾客中，对服装相关知识精通的人毕竟是少数。关于服装的退换货规定，很多人也只是一知半解。当所购服装出现问题、顾客前去要求退换货时，只要销售员的拒绝和解释合情、合理、合法，大部分人是能够理解并接受的。

但是，其中也有个别顾客，不管销售员如何解释，他们就是不听不信，也绝不承认自己是责任方，坚决要求销售员满足自己的过分要求，更为偏激者甚至会以各种方式威胁销售员。

情景中就是一个行事较为极端的顾客。面对这个顾客，销售员最初的应对方式是比较合理的，她没有纠缠于顾客的无礼言行，而是先试图安抚顾客的情绪，然后耐心仔细地询问了服装出现问题的原因，并给出了解释。然而，在顾客推卸责任、再次重申自己的无理要求后，销售员没有拿捏好自己的表述方式。

"售后保障范围""国家'三包'规定"本身是合理的，但顾客此时并不在一个可以讲理的状态。销售员这种冷静的态度和言辞，在对方看来就是"想赖账""敢说我要无赖"，于是，对方盛怒之下开始进行言语威胁，并伴有攻击行为。而销售员随后的一句"叫保安"，更是使矛盾急剧升级，甚至产生质变，其后的局面着实不堪想象。

 技巧点拨

这类胡搅蛮缠的顾客,令很多销售员避之唯恐不及。然而,既然从事服务行业,那么,任何性格的人、各种意外的状况,都有可能遇到。因此,对于这类顾客、这类情况,销售员在应对技巧和心理建设上都应有所准备。

销售员要意识到,无论你接到的顾客投诉、退换货要求多么蛮不讲理,你的最终目的不是浇灭顾客的嚣张气焰、教育顾客遵守规则,而是解决问题、维护商家的形象。因此,你不必纠缠于顾客的态度或言行,始终保持自己的礼貌即可。在沟通时,需尽快安抚顾客的情绪,并灵活机变地化解矛盾、处理问题。

以下两种方式,可供销售员参考。

1. 与顾客拉近关系,诚恳地说明店铺售后制度,并表示愿以个人名义提供帮助

"咱是老交情了,您肯定也知道,我们店卖出去的服装,质量都是没问题的,就算偶尔出现质量问题,我们也有严格的售后保障。你还记得吧,上回跟您一起来的那个姑娘,买的衣服不巧有个小洞,她找来时,我们二话没说就给退了,对吧?不过,这次您衣服出现问题,是溅上碱水造成的,您这是真丝的衣服,不能接触强碱啊!所以,店里实在没办法给您办退货。要不这样,您把衣服交给我,我认识个手巧的师傅,请她给您衣服上绣朵花,怎么样?这样一来还更有风格呢!"

2. 条件允许的情况下,以换代退,用小损失换取和解

"杨先生,真的很抱歉,您的衣服不存在质量问题,而且已经购买一个月了,超出了我们的包退换期限。不过,您是我们的老顾客,而且,您是因为工作关系耽误了时间,情况比较特殊,所以,我们这次就破例一回,您既

然不喜欢这个款式,那么,同等价位的衣服,您挑一款吧,价格超出的话,您补一下差价就可以了,我们给您办理换货。"

根据我国关于服装产品的"三包政策"的规定,以下情况,属于包换范围。

①在购买后七天内,吊卡未剪、未穿过、未洗涤过的服装尺码不合的可包换。

②开包装时发现服装严重开线、变形、色染不均匀、有明显破损和油渍的可包换。

③在购买后七天内,第一次正常洗涤时发现服装严重脱色、变形,经检测确认后可包换。

大师金句

有件事很重要,大家都要对自己保证,保持热情的火焰永不熄灭,而不像有些人起起伏伏。

——乔·吉拉德

正确处理顾客对销售人员的投诉

 情景回顾

销售员:"您好,请问我能为您做些什么吗?"

顾客:"我不找你,你们那个002号员工呢?"

销售员:"她今天轮休,请问您找她是……"

顾客:"她满嘴假大空,欺骗消费者!你看看这大衣,买的时候跟我说不会起球,这才穿了半天,都起了多少球了?"

销售员:"不会吧?这是纯羊毛的大衣,这种面料不可能一个毛球都不起的。我们的销售员都是专业的,不可能说这种话。"

顾客:"你什么意思,我自己听错了,还是我理解错了?"

销售员:"我没这么说,您……"

顾客:"你心里是这么说的!你们是专业销售员,我是专业闹事的?叫你们经理来!话都不会说!"

情景分析

如今,在商家收到的顾客投诉中,针对销售员的投诉并不少见。消费观念的转变,使人们在商品质量之外,越来越重视销售员的服务品质。服务行业发展至今,大众对于"优质服务"的定义,不再仅仅局限于"笑迎笑送,有问必答",而已经扩展为"诚信待客,所答必真,重质重诺,言出必行"。甚至,对于有些顾客来说,只要销售员的服务不能完全满足他们的需

求,那么,这次服务就是"不及格"的。同时,随着"顾客是上帝"这一服务业基本守则越来越深地植入人们心中,个别顾客也开始利用这一准则来与商家斗法,为自己争取更大的利益。

情景中,销售员面对愤怒的顾客,既不表达歉意,又不安抚情绪,反而在第一时间否定了顾客的言辞。也许她的初衷是维护同事和店铺的专业形象和信誉度,但这种直白的反驳只会进一步激化矛盾,导致事态升级,使局面更难以收拾。

服装销售业中,在销售员已然做到"迎客热情,待客积极"的前提下,顾客投诉销售员,其原因大致有三种。

(1)销售员自身确实存在问题,例如,有意隐瞒商品的瑕疵,夸大商品的品质、特色,过度承诺售后保障,等等。

(2)双方沟通时,由于个人的表达习惯、思维方式等主观因素的影响,容易出现信息失真、理解误差等情况,导致顾客产生误会。

(3)顾客出于某些目的,如超期退换货、要求补差价等,故意表现出不满情绪,以投诉的方式威逼销售员"就范"。

在售后服务中,无论顾客的投诉出于何种原因、何种目的,销售员需切记,问题的关键在于,顾客对销售员的不满,实质上是对服装的不满。因此,纠缠于顾客投诉理由的真伪没有实际意义。此刻,销售员要做的是切实解决服装的问题,这样才能从根本上化解顾客对销售人员的不满。

为此,销售员的工作流程理应如下。

(1)表达真诚的歉意,安抚顾客的情绪。

(2)检查服装,判断是否真的存在品质问题。如果服装确实存在质量方面的问题,那么,你应遵照顾客的意愿,立即为顾客办理退换货、维修或理赔手续,并致以深切的歉意;如果服装本身的品质没有问题,而是销售员在推销时有心夸大或无意忽略了某些方面,那么,你要耐心地向顾客解释,让他明白眼下出现的问题并非质量问题,而是商品使用中的正常现象,并真实地向顾客重申商品的特色和优势,再次激发其对于商品的兴趣和需求,而且要找到当事销售员,让其对顾客诚挚道歉。

(3)倘若顾客始终坚持自己的观点,认为自己受到了欺瞒,那么,无论当时是出于有意还是无心,或是顾客自己理解有误,当事销售员都需向顾客致歉。必要时,商家可做出让步,为顾客提供退换货服务。

我国关于服装产品的"三包政策"中规定的不包换范围有以下几个。

①消费者穿过、洗涤过,产品无明显质量问题的不包换。

②由消费者自己造成污垢的不包换。

③由消费者洗涤不当造成染色、脱色、变形的不包换。

④在规定日期外的产品不包换。

不要过度承诺,但要超值交付。

——戴尔

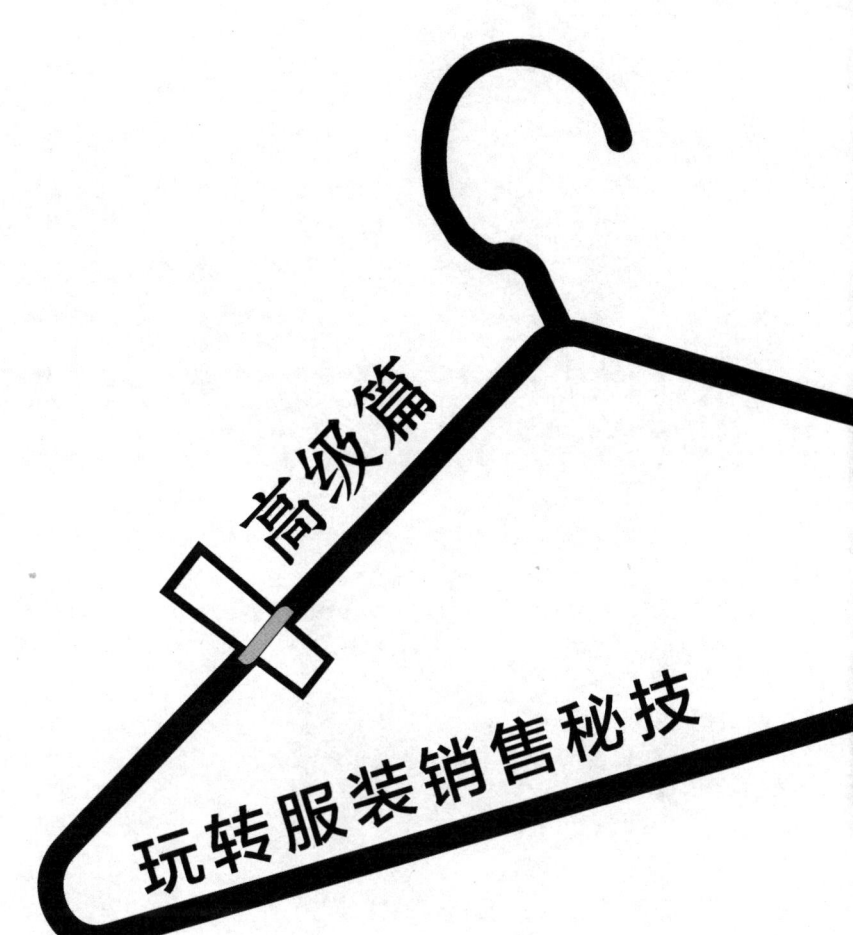

高级篇

玩转服装销售秘技

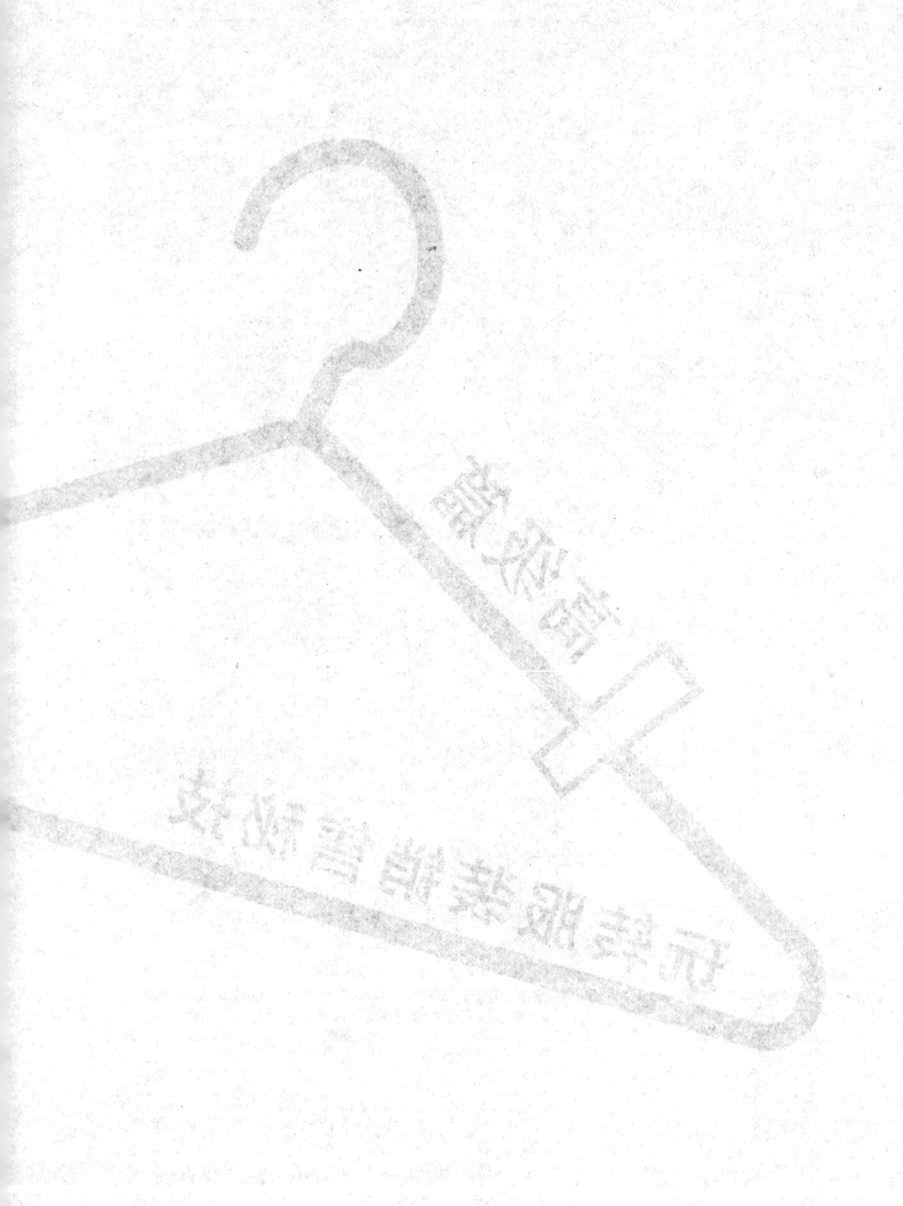

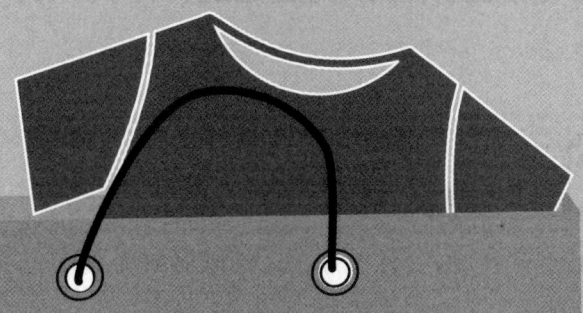

第十一章 千人千面——量体裁衣，对症下药

所谓"千人千面，百人百性"，面对性格各异的顾客，即使是销售老手，也难免有感到棘手的时候。对此，销售员可以顾客大致划分为几个类型，通过练习掌握对应的服务技巧，逐步做到能在各种情况下因人而异、随机应变，向真正的销售高手之路进发。

面对专家型顾客：满足他的"好为人师"

 销售案例

销售员："女士，您好，这边的羽绒服都是这一季的新款，有中意的吗？"

顾客："我再看看。"

销售员："您看模特身上这件，不仅款式好，颜色也跟您的肤色很搭。而且，我们填充的都是白鸭绒，更加蓬松暖和，这跟我们的品牌定位比较相符。"

顾客："小妹妹，查清楚再出来卖东西，白鸭绒和灰鸭绒的保暖性几乎没有区别，白鸭绒贵不是因为更暖和，而是因为产量少。"

销售员："原来您是行家！怪我自以为是了，以为贵的就是好的。"

顾客："再告诉你吧，用更贵的白鸭绒，是因为面料颜色浅，用灰鸭绒会透出颜色。不过你还好点，前段时间有个推销员跟我说他家用灰鸭绒是因为灰鸭绒更上档次，搞笑！"

销售员："遇上您这样的专家，我们想吹牛都不行了！不过，还好您是行家，相信不用我多说，您一眼就能看出来，我给您推荐的这件羽绒服，款式、用料、做工，都是上等，您说对吧？"

顾客："嗯，这倒是实话，你家的品质我一向信得过的。我先试穿一下吧……"

 案例启示

俗话说"术业有专攻",大部分顾客对于服装方面的专业知识不会比服装销售人员更精通,但偶尔也会有例外,销售员有时甚至会被顾客质问或反驳得哑口无言。出现这种情况,或许是因为销售员自身的专业水平不过硬,也或许是因为遇到了案例中"专家型"的顾客。

这种类型的顾客,对于某些服装或品牌的相关知识较为熟识,或是受过更高级"行业专家"的指导,而他们也常常以此为傲,绝对相信自己观点的正确性。他们通常有较强的自我保护意识,认为销售员与顾客之间是对立的。这一点,会令不少销售新人知难而退,认为无机可乘。但其实,这类顾客往往好为人师,尤其在面对洗耳恭听的受教者时,更是"诲人不倦"。这种特质无疑为销售员提供了应对的思路。

1. 放平心态,保持专业的服务态度

当被专家型顾客连连质问或挑出错处时,销售员要在第一时间平稳心态,否则慌乱中更易出错。面对顾客高高在上的态势,销售员必须保持自信(当然,不宜正面表现出来,否则可能会激怒他们),表现温和,以微笑表达真诚,继续热情地提供专业服务。

2. 放弃争论,在迎合中适当赞美

我们常说,要劝服他人,尊重对方及其观点是前提。在与这种类型的顾客打交道时,销售员更要注意,不要试图与之争辩,不要试图浇灭他们的"气焰"。与人作口舌之争,害大利微。与这类顾客发生口角,更是百害而无一利。对于这类顾客,销售员应以迎合为主,在表现出敬佩、顺从的同时,不失时机地赞美几句,会让他们更愿意交谈下去。

3. 放低姿态,满足他们的优越感

与这类顾客交谈时,不宜使用朋友间交流的语气,他们更喜欢那种虚心

求教，类似下级对上级讲话的口吻。因此，销售员应放低姿态，多多讨教，只要满足了他们的优越感和好为人师的心理，成功销售并不是难事。即便最终无法成功销售，能够从他们那里获得一些指教，对于销售员的自我提升也是很有益处的。

当专家型顾客表现出寻求帮助的意愿时，销售员要及时上前提供热忱服务，切忌因为顾客之前的倨傲无礼而怀怨在心，幸灾乐祸。退一万步讲，即便你心有不满，也绝不能表现出来。

越是难缠的客户，他的购买力也就越强。

——原一平

面对理智型顾客：客观中肯，不露破绽

销售员："先生，我发现您观察这件皮夹克很久了，不如我再为您仔细介绍一下它的特色吧……"

顾客："不必了，我早就大致了解了。"

销售员："那这么说，想必您一直关注着我们的产品。那您肯定也知道，这件皮夹克是同档产品里性价比最高的。"

顾客："质量倒是还行，谈到性价比，你家不能说是最理想的吧？"

销售员："先生，别家的产品我也不方便多说，可单就这件皮夹克而言，它绝对是超值的。或许您对它的了解还是略微……"

顾客："好了，我还有事，下回再说吧。"

如果做一个"最让销售员头疼的顾客类型"排行榜，相信大多数销售员都会毫不迟疑地将选票投给案例中那种"理智型顾客"。这一类型的顾客，其"难缠"程度，远远高于专家型顾客。如果说专家型顾客是言辞犀利、态度傲慢让销售员疲于应付，那么理智型顾客就是举止沉稳、态度淡漠让销售员一筹莫展。

理智型顾客一般知识面较宽广，社会阅历较为丰富，具有较强的逻辑思维能力，是最有主见的一类顾客。在选购商品时，他们有着明确的需求，为

了追求利益最大化，会理智地权衡比较，不会轻易做出购买决定，更不会轻易被销售员劝服，而改变自己的购买初衷。有的时候，他们还会反将一军，对销售员的言论提出质疑，令销售员一时无以应对。与专家型顾客不同，他们的质疑不是为了后续的"说教"，而是为了终止销售员"错误"的引导。

虽说和这类顾客打交道很难，但也并非毫无办法。而且，如果他们经过推理分析认定你是可信赖的专业人士，那么，他们很乐意成为你固定的客源。所以，面对这类顾客，你不妨尝试下列几种方法。

1. 倾听顾客的诉求，衡量销售定位

这类顾客因为有着明确的购买目的，所以通常言语简练，不会扯太多闲篇；又因为自身对产品或品牌的了解较多、较深，所以其中不少人并不喜欢销售员在自己面前"班门弄斧"。这无疑对销售员提出了更高的要求——不仅要少说多听，还要在顾客有限的话语中尽可能多地捕捉顾客的具体需求。同时，这类顾客一般在选购前就估好了预算，并且很少做出改变，因此，销售员在推销时，商品的价格不宜超过顾客的预算范围，否则很可能不仅白白浪费精力，还会招致他们的反感。

2. 逻辑周密严谨，案例有理有据

理智型客户的基本原则是用逻辑分析、靠事实说话，"以情动人"这一招，对他们往往很难奏效。无论销售员如何情真意切地描述产品的益处，他们都只会觉得空口无凭，只有自己判定这件产品确实会给自己创造价值、带来收益，他们才会决定购买。

因此，对于这种类型的顾客，销售员需要以严谨的逻辑和真实的案例去赢得认同、尝试说服。当你表现出优秀的专业素质和较强的逻辑思辨能力时，他们会渐渐地认同你、相信你，对于你的话，他们会开始分析判断，不再始终充耳不闻。当然，一旦你的逻辑出现纰漏，如前后矛盾、介绍产品主次优点时顺序混乱，那么，你之前千辛万苦在他心里攒下的一点好感，很可

能在瞬间消失殆尽。在保证逻辑严谨性的同时，你可以举出具体的销售案例和数据，供他们参考。这些真实的信息，能够让他看到产品的真正价值，有利于引导他们主动进行自我劝说。

3. 你只负责分析，顾客自有决断

在理智型顾客面前，你的主要服务内容是提供产品数据和销售案例等，做好资料的整理与分析，剩下的，交给他们自己来判断。这种类型的顾客，因为自身极有主见，所以往往很反感别人替他们做决定。

在分析产品时，你一定要注意，不可夸大产品的性能和特色等，有失客观中肯的言论，很容易被他们拆穿。同时，产品存在的一些瑕疵，不妨适当地告诉他们。他们是理智的人，明白"世上不存在完美"的道理，在权衡利弊，认定瑕不掩瑜后，他们也会感受到你的诚意。

> 对于推销，理智型顾客惯有的态度是或不置可否，或置若罔闻，给人一种可敬而不可亲之感。这种姿态往往会让销售员感到压抑，甚至自卑。此时，你要及时提醒自己努力振奋，否则，消极的状态只会令他们更加质疑你的专业性。当然，凡事过犹不及，在他们面前，你也不宜表现出亢奋的状态。如前文所说，尽量与他们保持一致，展现出冷静从容的姿态即可。

任何准客户都有其一攻就垮的弱点。

——原一平

面对沉默型顾客：循循善诱，破其心防

销售案例

生意冷清的周三下午，服装店里来了一位中年男士。面对销售员小张和小李热情的欢迎语，他点了点头，便径自逛了起来。逛到女装区时，他停下了脚步，来回扫视了许久。小张见状，便上前招呼，问他需要什么，问了半天，顾客也不搭话。于是，小李也过来帮忙招呼。

小李（顺着顾客目光看去）："先生，您是想看看女士风衣吗？"

顾客仍不说话，又看向裙装。

小李："先生，您是想送女士礼物，对吗？"

顾客终于点了点头，回应了小李。

小李："那您是想送什么人呢，您的家人还是朋友？"

顾客："送女儿。"

小李："原来是这样。您的女儿，大概十五六岁吗？"

顾客："不，已经二十多了。"

小李："抱歉……您看着也就四十出头，我以为孩子还小。孩子二十几岁的话……是这样，我们店里的女士风衣和外套基本是成熟风，如果您的女儿已经开始或者准备工作了，可以尝试一下这种风格，能给人一种稳重大方的感觉。若是选择裙装的话，除了职业套裙和休闲的成熟款，我们还有两款秋季新品。您看，就是模特身上的这款。设计师这次尝试了青春路线，穿在年轻女孩身上，会有一种清丽灵动的美感。您觉得令爱更适合哪种款式和风

格呢?"

顾客:"裙子吧,左边那条。"

小李:"好的。那么请问您的女儿穿哪个码呢?"

顾客:"这个……我女儿身高一米六五,体重九十多斤。"

小李:"好的,您稍等。(取来商品)给您从库房拿了一条全新的,还没拆封。您要打开看一下吗?"

顾客犹豫,沉默不语。

小李:"送礼的话,确实不太适合拆开。先生,您放心,我们是有售后保障的。如果商品有质量问题或尺码不合,只要您保存好发票和售后卡,七天内,随时可以来退换货。对了,您是需要购物袋呢,还是礼品盒?我们这里可以提供免费包装。"

顾客:"行吧,我去付款,你帮我包起来吧。"

 案例启示

案例中的"沉默型顾客",在现实销售中并不罕见。这类顾客中,有人是由于性格内向而沉默寡言,有人是为了回绝推销而装聋作哑,总之,销售员早已说得口干舌燥,他们就是惜字如金,不肯轻易开口。

遇到沉默型顾客时,不少销售员会感到有力无处使,很难找到沟通的切入点,更遑论寻机推销。其实,只要你抓好两个关键词——"耐心"和"关心",便可慢慢解开这道销售难题。

这类顾客的沉默无论是性格使然还是源自戒备心,他们自身大多是敏感而小心的人。相对于被销售员一路尾随,他们更喜欢独处,面对销售员不断发起的互动尝试,他们更习惯安静地分析销售员话语中的信息,考虑自己下一步的言行。这种沉闷的氛围会严重耗损销售员的耐心,然而,在此时,销售员最需要的恰恰是耐心。

面对沉默型顾客，如果销售员已尝试过详细地推介相关产品、直截了当地询问顾客的需求，仍无法令其开口，那么，销售员不妨调整沟通思路，先从别的话题入手。比如，通过观察，大致掌握顾客的特点后，你可以尝试与他讨论一些可能引起他兴趣的话题，引导他与你互动。一般情况下，一个人若真的被激发出沟通的欲望，那么，只要时机与氛围适宜，这场交流通常就会顺延下去。

在顾客说话时，你要用心倾听，及时、恰当地给出回应，表达你对其观点的理解与尊重；同时，以眼神、肢体语言等鼓励对方多说，让对方的谈兴愈发浓厚，从愿意讨论某个话题渐渐转变为乐于和你交流，这样做更有利于拉近双方的心理距离，也便于你捕获更多信息。

当顾客的心防逐渐被瓦解，愿意与你讨论有关销售的话题时，如果他没有明确的购买目标，那么，你可以根据已经掌握的信息，尝试为其推介适合的产品。此时，你应从客户的利益出发，细致而贴心地为他分析所荐产品的特点与不足，让他感觉到你的真诚和关怀。同时，你可以引导他畅想一下购买产品后的情景。比如："您不妨想象一下，周日，您穿着这条裙子，和朋友一起去逛街、去公园走走，尤其天气好的时候，秋风送爽，阳光明媚，将您的肌肤衬得更加吹弹可破，偶尔风吹过，微微扬起您的长发和裙摆，那绝对是一道亮丽的风景。"让顾客在想象中体会产品给他带来的实际好处，更容易促使他做出购买决定。

性格内向、沉默寡言的顾客，虽然不善言谈，但其实他们的内心与其他顾客一样，也是渴望交流、渴望获得理解和关爱的，只是

受限于沟通技巧，很多时候不知如何表达。虽然有时表现得木讷，但他们的思维往往很活跃，逻辑思考能力不弱，因此，销售员在跟他们沟通时，要注意自己的言辞，不要让他们感到压力，应以表达理解和关心为主，不可信口开河，让他们听出错漏。

 **大师金句**

重要的不是在于你对所有客户了解多少，而是在于你对每一位客户了解的程度。

——唐·佩珀斯

面对犹豫型顾客：掌握主动，彰显自信

 销售案例

销售员："您好，请问我能为您提供什么服务吗？"

顾客："我想给老公买件衬衫，那件、那件，还有那件跟它旁边那件，麻烦都拿给我看看……"

销售员拿来样衣后，顾客看着四件衬衫犹豫不决。

销售员："请问是买给先生平时上班穿的吗？（顾客点头）那公司有要求必须穿职业衬衫吗，还是？"

顾客："那倒没有，就是他不爱穿T恤。不过这件正装款挺好看的，可是天气又热了……"

销售员："是啊，虽说办公室有空调，可穿正装还是让人有点束缚，您不如考虑休闲一点的。"

顾客（将职业款放到一边，冲着剩下的三件发愁）："条纹的他倒是常穿，可是也想看看他穿格子的，或者这件，样式不错，料子摸着也舒服。"

销售员："冒昧地问一句，您先生的身材是中等呢，还是？"

顾客："他比较瘦，所以我总叫他别穿竖条纹的，他不听，也怪我，每次又忍不住买。"

销售员："这样的话，您可以给他挑一件其他样式的，也让他尝试一下新风格。"

顾客（舍弃条纹款，左右打量剩下的两件）："嗯，也对。"

销售员："其实我早就注意到了，您的眼光很不错，挑中的都是热卖款，

这件格子衬衫更是经典。不过,也是因为它成为经典款许多年了,所以穿的人特别多,您也在考虑这个问题,是吗?"

顾客:"对啊,满大街格子衬衫……"

销售员:"所以,您不妨再看看这件中式的,您看,这款是略修身的,又是五分袖,比较适合瘦的身材,风格比较休闲,又有设计感,而且料子是棉麻的,夏天穿起来特别舒服。请问您先生的肤色是?"

顾客:"比较白。"

销售员:"那这件米色的就刚好,不像深色会把人衬得更瘦。米色让人看起来也比较柔和,是不是?"

顾客:"嗯,确实挺不错的。他穿职业衬衫是M号,你帮我拿个合适的号吧。"

 案例启示

实际销售中,"看了就试、试了就买"的痛快交易毕竟是少数,很多顾客都会在比较、斟酌后才做出购买决定,像案例中这种"好谋少决"的"犹豫型顾客",相信销售员经常会遇到。他们的反复思量、再三琢磨比起一般顾客的犹豫更加耗费销售员的时间和精力。在接待的过程中,销售员稍有不耐烦,恐怕之前的努力就会付之东流。

对于这类顾客,销售员首先要明白他们的心理状态——之所以犹豫,有的人是因为天生优柔寡断,没什么主见;有人则是面对琳琅满目的商品挑花了眼,理智与情感做起了斗争;有人是看中了这件的款式,却更喜欢那件的面料;有人是既看中这件的品牌更好,也舍不得那件的价格更吸引人;还有人是明明知道想买的是裙子,可这条裤子实在很中意,到底是坚持买裙子,还是彻底放弃买裙子……

相对来说,这类顾客是比较容易接近的,他们的态度较为从容,言行举止比较放松,但内心较为谨慎,总是在不停忖度,唯恐买错了东西。因此,

面对犹豫型顾客，销售员不妨主动出击，帮助他们分析各种利弊，解决各种疑难，引导他们找到自己心中最中意的产品，并在沟通中彰显出对自家产品的绝对信心，让他们也产生信任感。

在引导中，销售员除了给出中肯、真诚的建议，也可以适时适度地替顾客拿一拿主意，毕竟，当他们心仪的衣服或顾虑的问题有一大堆时，要他们在每一次的选择中都自己做主，实在是有点难为人。

同时，销售员可以利用"第三者"，刺激顾客尽快做出购买决定。这个"第三者"既可以是竞争者，例如，"这款卖得特别好，您的号库存只有一件了，前天我们一位VIP顾客也看中了这件，也是这个号，她说发了工资就过来"；也可以是同好者，例如，"您的眼光绝对没错，这条裙子特别受你们这个年龄段的小姑娘喜欢，年轻小伙路过的时候也会朝模特多看两眼"。

小贴士

在引导犹豫型顾客时，销售员一定要注意表达的方式和态度，建议要合理，姿态要平和，即便替他们做决定，也要让人觉得顺理成章、自然而然；自己的整体节奏应调节得与他们相近——不慌不忙，慢条斯理，以免给顾客压迫感。一旦让他们有种"强买强卖"的感觉，他们就会彻底放弃购买。

大师金句

产品（服务）良好品质、性能和优势的客观存在，与被消费者知晓、了解和认可完全是两码事，后者比前者更重要。

——何慕

面对顽固型顾客：找出原因，巧妙说服

销售案例

销售员："您看，这件毛衣从款式到颜色都特别适合您。"

顾客："颜色倒是还行，可毛衣只要一下水，不是缩水就是拉得老长，还谈什么款式。干洗又那么贵，算了吧。"

销售员："这点请您放心，我们配有专业的洗涤和保养说明，只要按照说明书操作，基本不会严重变形的。"

顾客："我老婆可是做家事的好手，她能不知道怎么洗毛衣？还不是一洗就坏！照我说，毛衣就是不好洗涤。"

销售员："那么，我是不是可以理解为，因为觉得毛衣不好打理，所以您和家人是较少穿毛衣的？"

顾客："对，我家都穿保暖内衣，暖和又方便。"

销售员："也就是说，您太太很少有机会打理毛衣，对吗？"

顾客："那肯定，十几年前洗过那一回，我们就不买毛衣了。"

销售员："那难怪了。可能是以前我们的销售员一时马虎，忘了详细地为您和您太太说明注意事项，所以让您有了不愉快的体验，这真的是很遗憾。现在，公司正是为了防止这种情况再发生，才特别制作了比普通吊牌更详尽的说明卡。您看，简单易懂，而且易操作。"

顾客："嗯……不过，我记得好像自己对毛衣过敏，一穿就浑身痒痒。"

销售员："您这会儿觉得呢？（顾客表示没有刺痒感）是的，穿毛衣的时

候，建议尽量不要贴身穿着，不然容易有刺痒感。像您现在，里面穿着打底的衬衫，效果好，您穿着又舒适，对吗？"

顾客："好像是，可我还是穿不惯毛衣。"

销售员："您看，您进门第一眼就相中这件毛衣，这表示它真的很合您心意，对吗？您也一定能想象到，您这样挺拔的身材，在冬季，大衣里穿一件得体的毛衣，是多么优雅体面的形象。既然您先前担心的问题都不存在了，您何不试一试呢？"

顾客："好吧，这个号给我拿一件吧，可别漏了说明卡。"

 案例启示

案例中的顾客，我们通常称之为"顽固型顾客"。他们与理智型顾客有些类似，都是自己很有主意、不容易被劝服的类型。两者的不同点在于，顽固型顾客所固守的观点，很多时候并非理性且全面的。如果说理智型顾客因为自身的理智足以辨析正误，所以能够接受他人的中肯观点、理性言论，那么顽固型顾客则是觉得自己足够理智、不会犯错，所以很少接受别人的反驳与劝说。

面对这类顾客，相信很多销售员也会感到头疼。但相较于面对理智型顾客，前者的"优势"在于，正因为这类顾客的观点不够理性、全面，所以，销售员在寻找解题思路时也会相对轻松一些。

销售员首先要明白，顾客那些固有的想法、顽固的成见，必然有其根源——或许是他自身曾有过不好的体验，或许是他目睹或听闻了别人的失败经验。对此，销售员要做的就是找出成因，并逐个"击破"。

遇到这类顾客，销售员切不可抱着"快刀斩乱麻"的心态，慢慢地劝才是搞定这类顾客的关键所在。在沟通中，销售员不要妄想迅速拿下顾客，这个时候，你越努力，对方就越顽固。当你使出浑身解数将顾客的观点一一驳倒、正暗自享受胜利的喜悦时，顾客大概已经甩袖而去，并将你和你的店铺拉入黑名单。

理想的步骤是，首先，对顾客持有的观点，我们要保持耐心，认真倾听，并且适时适当地表示理解。当他感觉到自己的倾诉欲得到满足、自己的意见被我们接受时，他也会自然而然地产生"看看这人对此有什么想法"的念头，这时候，我们再进行引导、劝服，就会容易些。

当顾客开始愿意与我们平和地沟通时，我们应通过提问"控制"顾客，尽量避免让他说出"不"字，而要让他多说"是"。例如，"您觉得自己有些胖，其实是您有一颗追求完美的心，大家都觉得您的身材是稍稍丰满、很有韵味的，对吗？""您的肤色是健康的小麦色，跟这条裙子的颜色很配，对吗？""您并不是讨厌撞衫，而是不愿意看到和您撞衫的人在身材气质等各个方面相差太大，是吗？其实，就像大海有汹涌之美、湖泊有静谧之灵，您穿上这条裙子，自成一道风景，和别人完全不同，也无关，撞衫又有何妨？所以很值得一试，对吗？"这样一来，为了避免认知上的不协调，或是为了维护自身的形象，避免让人觉得他前后不一，顾客在后面的沟通中基本不会在提过的同一或类似问题上说"不"。而且，当肯定式回答多了，他会渐渐相信我们的建议或意见确实能解决他的顾虑，为他找到合适的商品。

虽然顽固型顾客常常固执己见，不愿意接受别人的劝说，乃至认为自己才是"掌握真理的少数人"，但对于"权威效应"，他们往往同很多人一样，也是愿意买账的，在必要的时候，他们还会借助权威人士的说法来支持自己的论点。因此，面对这类顾客，销售员也可以适时借助权威效应达到劝服目的。

 **大师金句**

不论你推销的是何东西,最有效的办法就是让顾客相信——真心相信——你喜欢他,关心他。

——乔·吉拉德

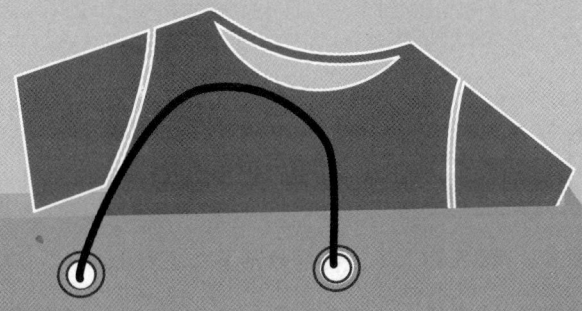

第十二章 优惠折扣——促销得法，盈利有道

如今，商家展开的打折、抽奖、返现、买赠等活动层出不穷，有的商家甚至不惜"赔本赚吆喝"。而真正的销售高手，往往能在顾客的各种试探、疑问乃至不满中举重若轻，将优惠活动的精髓发挥得淋漓尽致。

力证折扣幅度惊人,刺激顾客购买欲望

顾客:"秋装都上了,这件短袖怎么才打七折?"

销售员:"您好,这件是今年的流行款,七折已经是最低价了。"

顾客:"我上次来,好像是打八五折……天再凉一点,你们是不是要变六折了?我记得去年就是,有款裙子,从九折最后一直降到五折,要不是没我的号,我才不能让那便宜溜了!"

销售员:"您说得没错,去年是有一次这种情况。不过您也说了,那时码数已经不全了。其实那款裙子不仅断码,而且最后只剩了两条S号的了,所以厂家才决定五折处理,否则,我们门店经理都没有这样的权限。"

顾客:"那行啊,我再等等吧。"

销售员:"女士,恕我直言,这件短袖是大品牌,厂家给的这个折扣已经是最低价了,不会像去年似的一让再让。到了销售期限,不管剩多少,厂家都是要回收的,就算我们内部人员也只能拿到七折。"

顾客:"那算了,我再逛逛。"

顾客在选购商品时,通常抱着"花小钱办大事"的心态,虽然很多人心里明白这很难做到,但还是会尝试争取更多的优惠。就像案例中的顾客,她觉得商家依旧有利可让,所以没有轻易做出购买决定,而是选择继续观望。

这点贪念是人之常情，相信很多销售员已经习以为常。

这种情况下，销售员首先要抑制顾客"获最大利"的欲望，不能任其无止境地滋长，否则，再低的价格也不能让他满意；同时，要明确表示此时的活动力度已经是最大的了，这种惊人的折扣幅度，会吸引大批的消费者——他的同好与同号者，让他有一种即将与人争夺目标的紧迫感。为此，在沟通时，销售员不妨先道明本次促销活动的真实原因。

1. 节庆促销

"王姐，您是我们的老顾客了，想必您也了解，不是周年庆，我们店是不会让利这么多的。您想想，刚过去的春节也没这个折扣，是不是？我们店庆一共五天，明天是最后一天了。您要有看好的，赶紧拿下。正好又赶上换季，挑几件新款，时尚又划算，多合适啊！您看中哪几件？我给您拿！"

这样的表述，能给顾客一种时间上的紧迫感，让他觉得机不可失，时不再来。

2. 断码促销

"女士，您这么一说我就确定了，您一直挺关注我们店的，真的很感谢您。相信您也了解，这两款连衣裙是今夏的爆款，而且这长度在秋天也能穿。所以，我们这次打折活动，其实并不是为了换季清仓，而是断码促销。眼下L、XL码都已经断货了，您穿的M码还剩两条蓝色的和三条碎花纹的。您看，那边有两位顾客正在考虑入手这条蓝色的，看身型也都是M码，试衣间里还有一位正在试穿这款碎花纹的M码。您要是看中，我建议您试穿一下，至少先看看效果，不然，一会儿可能样品都没了。"

告诉顾客促销并非因为换季，而是因为断码，并提醒顾客库存紧张，且折扣活动受到热捧，也可以刺激顾客早下决定。

在告知顾客此次活动的原因，表明时间限制、库存情况后，销售员还可以利用纵向对比（如"这条裤子平时卖都在350元以上，现在打了折才200元出头")和横向对比(如"现在还是穿裙子的季节,您看,同样参加活动的其他款,码数齐全的,最多也就打八八折")以及客流量("您看,今天这么多顾客,都是冲着这一年一次的六五折活动来的")来力证当下的折扣幅度确实已经表明了店铺最大的诚意,让顾客明白,继续观望只会坐失良机。

小贴士

因为观望而最终错过心头爱的经历,相信大部分人都有过。为此,销售员可以巧妙地制造出一个"第三者",以他的"错过经验"来暗示顾客,帮助顾客回想起曾经那些错过的机会、懊恼的体验,以刺激他们更快地做出购买决定。

大师金句

不论你卖什么,要让它清晰地传达给你的潜在顾客,买了它比不买它要来得好。

——金克拉

优惠亦不失保障,让顾客放心购买

销售员:"姐姐,试过就知道我没骗你吧?这两件衣服既合身又好看,这几天在搞促销,价格较低,一起拿下吧?"

顾客:"别说,我还真看上了,就是你们这价格,倒让我心里没底。你们搞活动,别的衣服都是七五折,怎么就这两件是对折呢?"

销售员:"姐姐,不瞒您说,这两款衣服,每样就剩一件,店长寻思清仓算了,这才给出这个价格。您看,您穿起来效果这么好,又赶上尺寸合适,这是难得的缘分啊!"

顾客:"就剩这个了?那不是挑都没得挑了!"

销售员:"这还有啥好挑的,这不正合适吗?"

顾客:"万一有质量问题,你们这打折的不是不给退吗?"

销售员:"姐姐,都说一分钱一分货,这个价格买到这个牌子,怎么也值了!"

顾客:"算了,我这人心窄,回头出了什么问题,得懊恼好几天。那可是花钱买罪受。"

激烈的业内竞争,服装销售特有的"时效性",或是商家需要清仓、回

笼资金等因素，都使当今的服装市场中时有促销活动变成常态。这种形势下，一方面，顾客可以花更少的钱买到心仪的服装；另一方面，不少顾客根据"自身经验"或"理性分析"，开始怀疑特价商品的品质乃至商家促销的初衷。基于这种顾虑，他们宁愿忍痛放弃"到嘴的肥肉"，也不愿尝试特价商品。案例中，销售员"一分钱一分货"的说法，无异于主动承认了顾客的疑虑是对的，特价商品确实存在质量问题。如此一来，即使价格再诱人，顾客也会望而却步。

因此，在实际销售中，销售员在推介特价商品或优惠活动时，必须打消顾客对服装品质方面产生的疑虑，让他们相信能从你这里买到物美价廉的衣服。

面对顾客的疑虑，首先，销售员应表示理解，并说明促销活动的原因，同时，可以通过邀请顾客检查、比较、试穿等，让其体验商品的质量与优点。

"姐姐，您说得对，平时卖六百多的衣服现在才不到三百，这么低的价格，确实让人有点担心质量。不过，我对于我们家的产品绝对有信心。这次是做感恩活动，为了回报新老顾客多年的支持，才特意拿出了几款衣服做特价款，质量绝对没问题。我知道，我说了不算，不如您亲自对比一下。您看，这款特价大衣，款式和颜色就不用说了，都是今冬流行的风格。您可以仔细检查一下它的面料和做工，没有质量问题，对不对？您再拿它和这款打八折的大衣比比，一样的面料，一样的做工，您要觉得这件活动款在品质上不如这件八折的，我一分钱不收，您直接穿走！"

"女士，关于衣服的质量，请您放心。这款衣服折扣这么大，是因为卖得太好，现在全市一共也就十几件，尺码不太全了，所以厂家统一调度到我们总店，做促销活动。您看，这也是赶巧，您身材这么好，穿S号刚好，而且S号还有五件，您完全可以挑出一件最满意的。不如您先试穿一下，看到上身效果，您肯定不会错过这件衣服。"

其次，在质保方面，销售员必须给予顾客相应的承诺，这样顾客才能踏实放心地购买。

"一看您就是行家，我说得再多，不如您自己体验一下。您看看吊牌，我们的衣服都是经过了严格质检的。您再看看这面料做工，跟那几件和它原价同档的衣服比比，绝对不落下风。而且，我们店对于特价商品也是有售后保障的。您买了之后，请存好购物小票，如果发现质量有问题，七天内是包退包换的。"

小贴士

如果促销的服装确实存在瑕疵（并非严重质量问题），那么，销售员应对顾客实言相告，并强调这些小瑕疵不会影响穿着效果。既然确实存在问题，那么，销售员主动坦诚，总好过顾客发现后对服装品质乃至你的诚信产生怀疑。维护好顾客对你的信任，那是你发展销售事业的无价之宝。

大师金句

在全方位营销观念下，我们的起点便是个别的客户需求，营销的任务便在于发展出与时空背景相融合的产品、服务或能带来特殊经验的事物，以符合个别客户的需求。

——菲利普·科特勒

突出自身优势,无惧顾客价比三家

销售员:"您好,这件衣服您好像看了挺久的,不如试穿一下?"

顾客:"怎么没贴打折标志,这件不打折?"

销售员:"是的,这件是新款,不打折的。"

顾客:"不是商场店庆吗,家家都搞活动,你家不搞?"

销售员:"我们店也参加活动的,全场八五折。但是这件不参加折上折。"

顾客:"人家店里的新款不仅打六折、七折,还都参加折上折。你看你们对面那家,算下来都快有五折了,而且还有赠品。"

销售员:"这个我们比不了,毕竟是品牌,这个价格已经足够优惠了。"

顾客:"在这个商场里,你家的牌子排得上前三吗,这么横?"说罢,顾客拂袖而去。

如今,商家们花样繁多的促销活动,已渐渐让许多消费者养成了购物时必须有优惠,追求更优惠的习惯。在大型商场或商业街中,各家店铺不是"联袂出台",就是"你方唱罢我登场",各种促销活动层出不穷,基本能达到365天日日有优惠的"盛况"。如此行情下,当面对顾客"别家都有折扣,销售员家为什么没有""人家六折,你这才八折"之类的质疑时,销售员又该如何应答促成销售呢？

你家的店铺目前没有活动或活动幅度小于别家，自然会令顾客产生不解乃至失望的情绪，但这并不会成为销售失败的根本原因。说到底，对于服装的价格和质量，顾客终归更看重后者。我们一再强调，"合适"才是顾客购买的前提。仅仅价格低廉，而款式不合、风格不宜，顾客同样不会购买。因此，销售员只需抓住这一本质，即可从容应对。

针对顾客的质疑，首先，销售员需表达理解与尊重；其次，可以利用品牌宗旨、实价销售等来解释，或中肯客观地指出别家促销的原因，削弱顾客对促销活动的关注；最后，突出自家产品的特色，让顾客看到产品的优势。只要产品确实适合顾客，符合他的心意，价格与品质间的利弊，顾客自会权衡清楚，具体举例如下。

"女士，您的想法我很理解。不过，您也逛了一圈了，肯定也明白，我们店虽然没有折扣，但价格是同类产品中最划算的。因为我们店的宗旨就是实价销售，真正做到不仅让利，还要方便顾客。那么多五花八门的促销方式，您算起来也很头疼，是不是？我们直接以最低价销售，省去了算来算去的麻烦。您看，我们墙上还贴着店规呢，如果其他家同款、同品质的衣服比我们的便宜，我们三倍补差价。"

"是的，先生，最近商场里的确有不少专柜在搞活动，不过，您应该也注意到了，那些活动款基本都是比较普通的款式，或者是换季、断码的衣服。您看，我们店里都是比较时尚新潮的款，即便是经典款，比如那件衬衫，也有别具匠心的小设计。所以，您看，虽然没有什么折扣，但还是有很多年轻男士很钟情我们店的。看您的打扮，就知道您是追求时尚、个性十足的人，您看中的这两款外套，真的挺适合您的，您不妨试试。"

顾客之所以用别家商铺的优惠力度来诘问、刺激销售员,无非是想争取更低的价格,因此,销售员不宜纠缠于顾客的态度或言辞,绝不可回以"不可能,他家给不出这个折扣"(质疑顾客的诚信)、"我家货好卖,不用打折"(倨傲无礼)、"您先试试,价格好商量"(让顾客觉得报价水分太大,态度不诚)之类的话。

世事多变化,准客户的情况也是一样。

——原一平

巧妙应对顾客的"补差价"要求

 销售案例

销售员:"您好,欢迎光临!"

顾客(逛到特价区,表现出惊讶,招呼销售员):"你过来!"

销售员:"您好,请问需要什么服务?"

顾客:"你家过分了吧!我上回刚买的衣服,你们像施了多大恩典似的,才给个八折。这才几天,直接改五折了?给我补差价!"

销售员:"是这样的,这周开始我们有一个回馈老顾客的活动,所以挑出了几款衣服搞活动。"

顾客:"你什么意思,我不是老顾客,不配享受这待遇?什么样的算老顾客?我一年在你家消费好几千,也不算老顾客?"

销售员:"您别误会。这是厂家临时决定搞的活动,确实有点突然。您的心情我们理解……"

顾客(打断销售员):"我不用你理解,就要你补差价。哦,不对,不是让你给我补,是让厂家给我补。"

销售员:"这个不太现实,毕竟您买的时候这款衣服刚上市,是没有折扣的。而且,就算厂家没有临时活动,到了换季……"

顾客:"我没买过衣服是吗,用你指点我?换季促销就算了,你们这又不是换季,估计也没断码,就是坑人好吗?"

 **案例启示**

案例中的情况,在实际销售中时有发生。好不容易下定决心,刚买的衣服,没过多久,商家就给出了大幅度的折扣,遇到这种情形,相信没几个顾客能保持淡定。因此,缓解顾客的不满情绪,妥善应对"退差价"的要求,对于销售老手来说,也就成了家常便饭。

毫不夸张地说,案例中销售员的说辞,句句堪称反面教材中的经典模板。

第一句说"回馈老顾客",等于将这位顾客排除在"老顾客群体"之外,容易让顾客心寒。

第二句说"厂家临时决定"这种推卸责任的话,即便是真话,也很难获得顾客的认同。

第三句话在顾客听来,似是在嘲讽自己既想穿新款,又妄图享受换季时的折扣价;或是讥笑她不知服装行业"赚头不赚尾"的行情。

顾客的终极追求,是让自己花的钱发挥出最大的功效,购买到的商品具有其相应的最大价值,而商品的价格是其价值的表现形式。当发现自己买回的商品转瞬间跌价时,顾客认为商品价值严重缩水,自己花了冤枉钱,是很自然的事。在这种心理的驱使下,顾客当然不会善罢甘休。

这种情况下,销售员绝不能因为自己并非决策者或理由正当就表现出一副理直气壮的样子。你首先需要从顾客的角度出发,安抚对方的情绪,然后再耐心地向其解释降价的原因,让他看到他"高价"购买所获利益,并适当地恭维一二,以帮助他找回心理平衡。

"姐姐,您的心情我绝对理解,我自己也经常遇到这种情况啊!不过,您估计平时工作太忙了,没怎么注意到,您上次光临,已经是一个多月前了。现在都已经要换季了,您看,就剩这一个展示架是夏装,再过两天撤完就全剩秋装了。这是换季清仓才搞活动的。"

"没错,女士,我跟您一样,要是看到这样的差价,也得不痛快。不过,说真的,您不必太往心里去。您看,参加活动的都是已经过季的衣服,质量是没问题,但颜色、尺码不太全了。我记得您买的是这款的黄色、M号,对不对?现在这款只剩黑色和蓝色的,也没您的号了。您是我们的熟客,我从第一次为您服务就注意到了,您是注重穿搭、有品位的人,如果将就地从这些活动款里挑,也很难称心如意,不是吗?"

"我完全赞同您的话。一样的东西,一样的质量,前后就差一个月,价格差那么多,这搁谁也不高兴。不过,您也明白,服装这东西吧,尤其是年轻人的时装,太注重季节性、流行性了。如果是这会儿买,确实等于赚回了差价,可是,已经季末了,不仅尺码不全,而且,一来没赶上这一季的潮流前线,二来买回去穿不了几天,又该换季了。这么一算,还是刚上市就买比较划算啊,对吗?"

小贴士

无论顾客是在购买后一段时间后要求补差价,还是在购买时就担心价格会在短期内下跌,销售员要抓住的关键是:顾客选购商品最深层的追求是收获利益,避免痛苦。因此,在面对顾客的不满或质疑时,销售员可根据真实情况,让顾客体会到及时购买能够获得的好处和不购买的话可能造成的遗憾。有研究表明,同时让顾客感受到快乐和痛苦,可以大幅提高销售成功率。

大师金句

顾客不是买产品,他更买做事认真的态度、服务态度和服务精神。

——陈安之

薄利多销，根本是利，要把握尺度

 销售案例

销售员："童姐，您看穿上身多合适，款式新，颜色正，尤其这腰身一收，把您这身材都显出来了。"

顾客："嗯，不错，我挺喜欢。就是才八八折，太贵了，你再让点，我就直接穿着走了。"

销售员："童姐，这个价格很不错了。这也是赶上店里搞活动，全场八八折，不然这件是新款不打折的。"

顾客："我是老顾客，也不能让点？四百多买件外套，太贵了。这样吧，350元，我二话不说。"

销售员："真抱歉，我没有这个权限的……"

顾客："行啦，谁不知道这店就是你和你姐俩人开的，你说是店员，其实算是二老板。你看，最近这服装生意也不好做，我在这儿待了快一上午，也没见别的客人来。350元卖给我，先开个张。"

销售员："400元（该服装进价为350元），不能再少了……"

顾客："360元吧，我也不想多谈了，我是真心想买。而且，这个价，我至少能再给你带来三个人。"

销售员："好吧……也就是您，老顾客了。对了，还要多谢您给我们推荐客人啊……"

 **案例启示**

如今,在供过于求、拼杀惨烈的服装市场,"薄利多销"似乎已经成为众多商家经常采取的应战之术。商家通过让价让利,增加销售数额,从而提高收益总额,这一战术看似十分可靠可行,然而,具体操作起来,其中的尺度并不容易掌握。尤其对个体经营的服装零售商来说,必须牢记,薄利多销,根本是利,如果把握不好尺度,多销非但不会多利,反而会多赔。

薄利多销这一销售手段,既能使产品更易被买方市场接受,更快发挥其价值、服务于大众,也能帮助商家加速资金的周转,增加盈利。在商场中,薄利多销主要用于:①产品具有一定的生命力,但进入销售低谷(如销售淡季);②产品面临淘汰(如服装换季);③市场上同类产品过剩,竞争十分激烈;④新产品上市;⑤商家需要盘活资金。

通常情况下,薄利尽管能能刺激消费者的购买欲望,即增加商品的销售数量,但并非一定能增加收益总额。因为收益总额取决于销售数量和商品价格两方面。如果商品销售数量增加的幅度小于价格减少的幅度,则收益总额反而会降低。例如,定价400元的服装,原价卖出15件,销售总额为6000元;让利到340元(让利15%),卖出17件(销量增长约13.3%),销售总额为5780元,反而低于原价出售。

同时,所谓薄利多销,其根本目的在于获利。案例中,销售员为图尽快交易,大幅降价,虽然看似每件仍有10元的收益,但除去服装进价,考虑到店铺租金、运输费用、人工、损耗等各种成本,如此让利,必然蚀本,且卖得越多亏得越多。

此外,薄利能否真的多销,还要看商品的需求弹性(即商品需求量的变动率和价格的变动率之比)。对于服装销售业来说,销售商尤其应该意识到,绝大部分消费者对服装的需求量是有限的,有些顾客可能在价格的吸引下多买几件非刚需的服装，但理智和经济状况会让更多的人更注重自身的实际需求，而非"能占多少便宜"。所以，薄利多销的实质，在于争取更多数量的顾客。如果让利幅度过大，让顾客对产品、店铺或品牌产生消极想法，则招客反成赶客，势必影响本次的收益和将来的营销，可谓得不偿失。

因此，即便苦恼于销售淡季入不敷出，即便受困于断码尾货清仓困难，为周转资金也好，为打响名声也罢，在让利时，商家必须全方位考量，不能一味追求销售数量。

如今，很多消费者已经有条件并开始有意识地去了解相关市场信息，对于所需商品，他们会自行在同类商品间进行比较，在性价比相差无几的情况下，非价格因素会成为他们做出购买决定的关键。因此，在销售淡季，商家除了通过让利促销等手段争取营业额外，还可以采取一些非价格竞争方式，如产品增值、服务增值等。

大师金句

用人力来做推销成本太昂贵。总的来说，我们无法再进行销售——必须进行营销，即我们必须创造购买欲望，无须进行大量推销就可以满足。

——彼得·德鲁克

服装销售新形势——"电商+实体",联动更高效

随着电商行业的迅猛崛起,传统服装销售模式受到了剧烈冲击,许多实体店面临惨淡经营甚至亏损倒闭的局面。

面对严峻的局面,诸多服装销售商家毅然投身电商领域,因为他们深知,线上与线下完美融合,才是服装销售领域目前乃至未来的发展趋势。

一、线上线下联动运营,是发展趋势

马云曾经说过,纯电商时代已经过去了,未来十年是新零售的时代,将线上线下和物流进行深度结合,服务商利用大数据、云计算等创新技术,构成未来新零售的概念,才是行业发展的必然趋势。

马云这一番极具战略眼光的话,正是基于精密严格的市场调查和数据分析而得出的结论。如今,服装电商仍处于发展上升期,服装实体店看似逐年式微,却仍占据消费市场的半壁江山,且根基将持续保持稳定。因此,企业和商家只有做好线上线下联动运营,才能赶上服装销售发展的潮流。

1. 服装电商进入稳定发展期,并不断走向成熟

近几年,服装电商因便捷、全面、新颖等特点,加之搭上网络飞速普及化、社交媒体流量暴增等便车,实现了短期内的急速发展。而且,在政策鼓励、国民消费水平不断提高、生活节奏日趋加快的大背景下,服装电商仍处

于上升期。同时，得益于社交电商（如抖音、微信等）的发展，电商平台的用户仍在持续增加。

未来，随着电商平台对商品供应链、质保等方面的不断完善，相信线上服装销售将平稳度过发展期，并逐渐走向成熟。

2. 实体店仍是服装销售领域的重要战场

服装电商的发展，着实令服装实体店受到了不小的冲击，许多服装商铺因难以维持而撤店甚至倒闭。然而，在许多人为服装实体店的未来担忧的同时，调查数据显示，近些年，服装实体店的销售额依然占据了服装销售市场总额的大部分份额。

这个数据并不难理解，无论网民基数有多大，仍会有相当数量的人不甚习惯乃至不会网购。而社会上的大部分人，都会成为服装实体店的顾客。因此，我们可以说，截至目前，服装实体店仍是服装销售领域的重要战场。

3. 线上线下结合，互为倚助才是发展之道

目前，服装电商与实体商家的运营模式，都有其自身的优势与不足。消费者选择网购，可享受方式便捷、服装丰富等优势，但同时，也很可能因服装的尺寸、颜色、质量等问题，需要承担退换货等造成的时间成本与情绪落差，难以获得更好的购物体验；相比之下选择服装实体店，可切身体验服装的真实情况，能满足一定的交际、情感需求，但这需要顾客付出一定的时间与精力，且许多同质化的服装很容易削弱顾客的消费意愿。

因此，只有线上与线下结合，取长补短，以电商平台为服装的展示舞台，以实体店铺为服装的体验馆、提货处，才能让顾客享受双重优势，获得更好的购物体验。

二、线上服装销售的主要技巧

如今，越来越多的企业和个人投身线上服装销售领域。要想在混战中脱

颖而出，博得消费者的关注，让线上商铺真正承担起展示、宣传服装的重任，商家需要从以下几个方面多加努力。

1. 挖掘顾客的真实需求

有需求才有消费，挖掘出顾客的真实需求，才能留住顾客的脚步。服装商家应充分利用网店在信息获取方面的便捷，根据平台或相关软件提供的数据分析顾客需求。

以淘宝店铺为例，主要操作步骤有以下几个。

第一，从淘宝卖家中心进入"生意参谋"的主界面。

第二，在菜单栏上找到"专题工具"，点击进入专题页面。

第三，在页面左侧，找到"行业排行"，点击进入。

第四，在右上角的下拉菜单中选择服装所属的类目、想要查询的范围及终端类别。

选好后，就可查询想要获取的数据了，主要可以看到以下数据。

（1）热销商品榜：提供了支付子订单数、交易额增长幅度和支付转化率指数等关键指标，体现了统计周期内爆款服装的实际销售情况和走势。

（2）流量商品榜：除了支付子订单数，主要根据统计周期内的流量指数和搜索人气，罗列行业内TOP 100的服装。该榜在一定程度上体现了网购用户的购买意向与服装的销售趋势。

（3）热销店铺榜和流量店铺榜：热销店铺榜主要根据统计周期内的交易指数、交易增长幅度和支付转化率指数，罗列行业内TOP 100的店铺；流量店铺榜则主要根据流量指数和搜索人气，列出TOP 100的店铺。服装卖家可以根据这两个数据分析顾客的购买需求、习惯，以及自己店铺与同行的差异等。

（4）热门搜索词和飙升搜索词：热门搜索词主要根据统计周期内的搜索人气、商城点击占比、点击人气、支付转化率等，列出行业内TOP 100的搜索热词；飙升搜索词则根据搜索增长幅度、搜索人气、点击人气、支付转化率等，列出行业内人气暴增的TOP 100搜索词。这两个数据均体现出顾客现期乃至长期的大体需求，能帮助服装商家分析服装成为爆款的潜力值。

除了以上几点，以下一些数据，服装商家也应多加关注。

（1）中差评商品排行：在菜单栏找到"服务"选项，点击进入，选择"评价概况"，然后点击"TOP负面评价商品（近30天）"。通过分析这一数据，服装商家可以了解自己的服装、店铺存在哪些问题，顾客的哪些需求没有得到满足，从而有针对性地去改善。

（2）退货情况：在"服务"页面中选择"维权分析"，然后点击"退款商品"。退款金额和退款笔数对店铺有一定的影响，但同时也为服装商家提供了宝贵的数据。通过对退货情况（如哪款服装退货率最高、顾客的退款理由等）进行分析，商家可以大致得知服装自身的问题和顾客真实的需求，从而优化产品、满足顾客的需求。

（3）客户群：在菜单栏中找到"市场"选项，点击进入，选择"买家人群"。这一数据可以帮助服装商家更好地把握店铺的客户群，锁定目标客户后，服装商家便能有的放矢，筛选、推出更有针对性的服装。

2. 突出自身卖点

要想在不计其数的服装网店大军中冲出重围，抓住顾客的眼球，商家必须避免同质化，突出自身卖点。这就要求卖家在进行网店装修时做到以下几点。

（1）利用主图彰显服装卖点。网购时，买家无法看到实物，很多人往往会通过图片对服装做出初步判断，形成大体印象。因此，在制作服装主图时，商家不仅要保证图片质量好，做到美观、得体、引人注目，还应在图上以简洁的文字介绍服装的属性、卖点、促销信息等。同时，主图还要以最佳的角度展示服装的特色，并尽量减少图片与实物的色差。

（2）利用详情页增加服装吸引力。在选购服装时，很多顾客往往是在反复对比、仔细阅读详情页后才最终下单的。因此，商家要善于利用详情页，翔实地展现服装的卖点，以增加服装的吸引力。在编辑详情页时，保证文字简洁顺畅，无病句、错字，是最基本的要求，若能配合店铺自身的特色，采用相应风格的文案，则效果更佳。需注意的是，纯文字或纯图片的详情页都会显得单调乏味，所以应尽量做到图文并茂以使顾客有更好的选购体验。此外，还可以在详情页加一些温馨的板块，如掌柜问候、贴心提示等，这些既能突出服装的特点，又能让顾客感受到商家的用心。

（3）利用装修风格衬托服装特质。网店的装修风格，应以服装的风格为基调，以简洁、大方为原则，着重衬托服装的特质。店铺装修不宜太过浮夸艳丽，否则会削弱服装自身的视觉效果，湮没服装的卖点。另外，现在很多商家会在首页加入视频，这种动态的展示能够让顾客更直观、全面地了解服装的属性，很值得借鉴。

3. 善用社交媒体

如今，网络的普及使社交媒体迸发出巨大的能量，人们利用社交媒体分享、交换意见与观点等，这也令各大社交平台具备了不容小觑的带货能力。相对于传统广告媒介，社交媒体主要具有成本低、覆盖面广、针对性强等特点。在"互联网+"的大背景下，服装商家需灵活掌握社交媒体的营销技巧，以便能更好地推广服装、宣传店铺、挖掘顾客、提升知名度等。这里简单介绍一下微博、微信、短视频、直播平台等营销渠道。

（1）微博。利用微博平台，服装商家可以向网友传播服装或企业的信息，打造商铺或企业的形象。发布相关内容后，服装商家可以通过与粉丝互动，了解并满足顾客、潜在顾客的需求，从而达到营销目的。在营销活动中，服装商家要做到内容简明、主题鲜明、突出个性、积极互动、准确定位。

（2）微信。随着用户数量的暴增与功能的完善，继微博之后，微信也成为网络营销的又一大平台，而它的传播深度及互动深度都是微博难以企及的。在微信平台中，服装商家主要利用公众号和朋友圈进行营销。

①公众号。紧跟国家政策、微信规定，保障公众号平台的安全性，是利用公众号营销的基本要求。同时，公众号需要以内容和服务取胜，吸引住粉丝的眼球，才能进一步抓住粉丝的心。为避免粉丝产生抵触心理，服装商家在利用公众号推送广告时，应注意频率和比例要适当。

②朋友圈。朋友圈的营销优势在于朋友圈中的人基本都与服装商家有过交流，商家在受信度方面可保持相对乐观的态度。当然，受信度的维持与增长的根基在于服装与服务的品质。在朋友圈进行商品宣传时，服装商家可利用引人注目的文案与图片引起顾客的兴趣，同时，尽量将顾客引入公众号和微信群，以便形成私域流量，打造社群营销，从而更好地留住顾客。

（3）短视频。相较于文字和图片，视频具有得天独厚的优势，而短视频因具有适合在碎片化时间观看、信息量集中等特点，越来越受到顾客的青睐。时下，短视频已成为广告营销的重要载体。服装商家在进行短视频营销时，需要做到以下几点。

①组建一支分工协作、执行力强的优质团队。

②视频内容生动有趣，具有创意，能够抓住顾客的痛点或需求点，突出产品的特色，保证宣传的真实性。

③与顾客保持良好的沟通与互动。

④保证商品链接的安全性和顾客边看边买的便捷性。

（4）直播平台。近几年，随着直播的火热，直播营销在诸多推广方式中的占比不断攀升。服装商家要想更好地利用直播营销这一手段，获取更多的行业红利，在进行直播推广时，除了要做到前文提及的符合相关政策的规定、保证服装和服务的品质、优化内容、积极互动等外，还需要注意以下几点。

①根据各平台用户的活跃度、平台特点、直播定位、适合的品类等数据，选择匹配的平台与合适的方式。

②分析各种方式的优劣势，根据自身的实际情况与主要需求，选择适当的营销方式，如找主播带货、委托直播代运营服务等。

③有条件的服装商家，应主动、积极地组建自己的直播运营团队，并努力打造主播的IP，以增加顾客对主播的信任度。同时，为了形成品牌黏性和私域流量池，服装商家应通过品牌直播间的形式，聚合流量，最终达到强化品牌IP的效果。

三、实体店自身优势的运用

线下实体服装商铺具备的特殊优势与立足根基，前文已提到，这里不再赘言。服装商家在用心打造、经营网店时，也要强化、发挥实体店自身的优势，如此才能令二者相得益彰。

1. 营造特色门店

顾客在选购服装时，挑选的不仅是服装本身，还有其体验到的购物氛围。因此，服装商家应着力营造良好的购物环境，尽量打造出个性化的特色门店，从而给顾客留下深刻的印象。对此，服装商家可从以下几个方面入手。

（1）卫生环境：保持门店整洁，是开门迎客的基本要求。门店应保证空气清新，地面不可有垃圾、水渍，墙面不可有污渍。此外，垃圾桶的摆放位置应避开顾客通道。

（2）店面分区：不论面积大小，每个服装店铺基本都包括服装陈列区、试衣间、收银区等几个区域。划分区域时，需保证每个区域的面积足够，并遵循实用化、明显化的原则。最重要的一点是，店铺的布置要便于顾客浏览所有的展示品。

（3）灯光设计：店铺的灯光设计需兼顾内外部装饰、店铺特色、商品风格、顾客感观等。服装店的灯光设计，更要综合考虑服装的面料、色彩等具体的展示需要。

（4）背景音乐：根据店铺定位、服装风格、目标顾客等，选择合适的音乐类型、音量大小、播放时段等。

2. 优化顾客体验

购物体验是实体店相较于网店的最大优势，必须好好加以利用。尤其是服装销售业，当越来越多的顾客遭遇欣喜拆包却沮丧退货的经历，电商女装的退货率甚至到30%～50%时，为顾客提供线下的现实体验，俨然已成为电商走出瓶颈的突破口。在如此形势下，实体店应迅速抓住机会，利用体验式营销，展示自身风采，从而增加顾客黏性。对此，服装商家应做到以下几点。

（1）了解自身，掌握服装或品牌的核心卖点。

（2）探悉顾客需求，分析店铺在服装、服务、品牌等方面能为顾客带来的实际体验值。

（3）根据线上线下数据与顾客反馈，结合相关调查报告，通过分析、对比，找出顾客的体验需求与实际体验之间的差距。

（4）根据所得结果与店铺的实际情况，制订相应的改善措施，不断优化顾客体验。

3. 加强情感沟通

顾客选购服装时，在与店员沟通的过程中，能在一定程度上满足自身的社交沟通、情感宣泄等需求，有时，这种需求的被满足度甚至影响着顾客的购物体验。也就是说，如果服装商家善于加强与顾客的情感沟通，那么店铺的商业价值将随着顾客的情感累积而提高。对此，服装商家不妨从以下几点入手。

（1）掌握相关的沟通心理学知识，让顾客享受到有效的、愉悦的交流。

（2）化解顾客对服装或品牌的不良感受，努力将他们的负面情绪（如厌恶、愤怒、质疑等）转化为正面体验（如欣赏、愉悦、信赖等）。

（3）时常组织线下活动，吸引新顾客的关注，提升老顾客的忠诚度。

四、完美融合，线上线下携手并进

以线上服装商铺为展示、销售平台，提升服装商家的商业价值与知名度，以实体店铺为体验、提货中心，提供良好的购物体验，打造品牌口碑，这种线上线下相互依托的运营方式，实现了资源整合与优势互补，将是服装销售行业发展的重要方向。要想达到二者相辅相成、完美融合的效果，商家还要在以下两个方面付诸努力。

1. 提升服务品质

如今，服装商家的服务品质，已成为顾客在选购服装时所要考虑的重要因素，甚至有不少顾客将其视为首要因素。毕竟，在服装同质化严重的今天，面对几件样式、风格、性价比等均相差无几的普通衣物，顾客所能感受到最大的区别，也就是各商家的服务品质。因此，无论线上线下、售前售后，服装商家都要始终保持热情，为顾客提供全心全意的服务。

尤其在联动运营模式下，双线作战的服装商家，更要凝聚团队，让两条线协同互助。实体店销售员不可因顾客进店只为试穿而冷漠相待，电商客服接收到顾客针对线下的种种投诉，也不能因觉得"与我无关"而敷衍塞责。线下与线上本为一体，休戚相关，二者应共同努力，联手打造协调、统一的服务闭环，为顾客提供日益便捷、舒心的购物体验，以赢得更多的忠诚顾客。

2. 打造品牌效应

双线联动运营的发展规律主要为"增加流量→提升销量→积攒口碑→打

造属于自己店铺的品牌效应→带动销量",由此进入良性循环。对于服装商家来说,品牌效应对其未来发展的推动力量是十分可观的。若服装商家只顾谋求眼前利润,在各种价格战中疲于应付,始终不能树立自己的品牌IP,那么,将来难免会在混战中被淘汰。

打造品牌的根本,是保障商品和服务的品质。在此前提下,商家还应做到以下几点。

(1)有一个长期、系统的规划。对于店铺定位、服装风格、目标顾客等,都要先有大致的概念,有了概念,才好据此装修店铺、筛选服装、选择营销策略等。

(2)紧跟潮流。对市场需求要有敏锐的感知力与洞察力,在运营中不断推出新款服装,尝试打造爆款,逐步提升店铺的竞争力。

(3)制订严格的价格体系。严格定价,严格制订折扣规则(如折扣底线、新老顾客的折扣比例),并始终遵守,避免因随意改变定价或折扣规则而失去顾客信任、损坏店铺形象。

"电商+实体"联动运营,是服装销售业未来发展的重要方向。在竞争大潮中,服装销售人员唯有两手并抓,才能在行业中站稳脚跟,不断前行。